Udo Bankhofer | Jürgen Vogel

Datenanalyse und Statistik

Udo Bankhofer | Jürgen Vogel

Datenanalyse und Statistik

Eine Einführung für Ökonomen im Bachelor

GABLER

Bibliografische Information Der Deutschen Nationalbibliothek
Die Deutsche Nationalbibliothek verzeichnet diese Publikation in der
Deutschen Nationalbibliografie; detaillierte bibliografische Daten sind im Internet über
<http://dnb.d-nb.de> abrufbar.

Prof. Dr. Udo Bankhofer ist Leiter des Fachgebiets Quantitative Methoden der Wirtschaftswissenschaften an der TU Ilmenau.

Dr. Jürgen Vogel ist Wissenschaftlicher Mitarbeiter am Lehrstuhl für Quantitative Methoden der Wirtschaftswissenschaften an der TU Ilmenau.

1. Auflage 2008

Alle Rechte vorbehalten
© Betriebswirtschaftlicher Verlag Dr. Th. Gabler | GWV Fachverlage GmbH, Wiesbaden 2008

Lektorat: Susanne Kramer | Jutta Hinrichsen

Der Gabler Verlag ist ein Unternehmen von Springer Science+Business Media.
www.gabler.de

Umschlaggestaltung: Ulrike Weigel, www.CorporateDesignGroup.de
Druck und buchbinderische Verarbeitung: Wilhelm & Adam, Heusenstamm
Gedruckt auf säurefreiem und chlorfrei gebleichtem Papier
Printed in Germany

ISBN 978-3-8349-0434-8

Vorwort

In der Praxis werden umfassendere statistische Auswertungen heute ausnahmslos mittels entsprechender Software durchgeführt. Dabei muss man nicht zwangsläufig auf spezielle Statistikprogramme zurückgreifen, da selbst in vielen Standardanwendungen, wie beispielsweise in Microsoft Excel, entsprechende Methoden implementiert sind. Dies hat für den Anwender dieser Software zwei entscheidende Vorteile: Zum einen wird ihm die Rechenarbeit abgenommen und zum anderen können aufgrund heutiger Rechnerleistungen auch immense Datenmengen problemlos analysiert werden. Dennoch muss der Anwender selbst entscheiden, welche Methode zur Auswertung der Daten geeignet ist, welche Prämissen gegebenenfalls zu beachten und wie die Analyseergebnisse zu bewerten und im Hinblick auf die zugrundeliegende Problemstellung zu interpretieren sind. Genau an dieser Stelle setzt das vorliegende Buch an. Bei der Darstellung der Methoden wird besonderer Wert darauf gelegt, dass auch die jeweiligen Voraussetzungen, das Anwendungsspektrum und die entsprechenden Ergebnisinterpretationen nicht zu kurz kommen. Darüber hinaus werden die Methoden anhand zahlreicher Beispiele erläutert, um das grundlegende Verständnis zu vertiefen.

Die in der europäischen Hochschullandschaft zurzeit stattfindende Umstellung auf das gestufte Bachelor-Master-System verlangt, Studierende schon in sechs bis sieben Semestern für ihren angestrebten Beruf zu qualifizieren. Die erfordert eine Straffung der Ausbildung und die Konzentration auf grundlegende inhaltliche Schwerpunkte in den neuen Bachelorstudiengängen. Das vorliegende Lehrbuch soll einen Beitrag dazu leisten. Es richtet sich vor allem an Studierende wirtschafts- und sozialwissenschaftlicher sowie verwandter Bachelorstudiengänge, in denen grundlegende Kenntnisse statistischer und datenanalytischer Methoden benötigt werden.

In diesem Buch werden neben der deskriptiven und induktiven Statistik insbesondere auch Methoden der Datenanalyse sowie neuere Ansätze des Data Mining behandelt. Daraus resultiert die Gliederung in vier Teile. In Teil 1 erfolgt eine Einführung in die deskriptive Statistik. Dabei werden in den Kapiteln 1 bis 7 Grundlagen und Grundbegriffe der Statistik, Häufigkeitsverteilungen, statistische Maßzahlen und Zusammenhangsmaße, die lineare Regression sowie Indexzahlen thematisiert. Der Teil 2 widmet sich dann der induktiven Statistik. Nach einer Darstellung der entsprechenden Grundlagen in Kapitel 8 werden in den Kapiteln 9 bis 11 Punkt- und Bereichsschätzungen sowie Signifikanztests behandelt. Der dritte Teil des Buches befasst sich anschließend mit grundlegenden Methoden der Datenanalyse. Den Ausgangspunkt dazu stellen Daten- und Distanzmatrizen dar, die Gegenstand von Kapitel 12 sind. Die Kapitel 13 bis 15 setzen sich dann mit den einzelnen Aufgabenstellungen der Datenanalyse in Form der Klassifikation, Repräsentation und Identifikation auseinander. Abschließend geht der Teil 4 des Buches noch auf den Bereich des Data Mining ein. Mit den Kapiteln 16 bis 18 werden dabei der Gegenstand des Data Mining, der Ansatz der Assoziationsanalyse sowie Entscheidungsbäume vorgestellt. Vorausgesetzt werden dabei mathematische und wahrscheinlichkeitstheoretische Grundkenntnisse, wie Sie üblicherweise in allen oben angesprochenen Studiengängen in den ersten beiden Semestern vermittelt werden. Dennoch wurden insbesondere wahrscheinlichkeitstheoretische Grundlagen im Anhang A dieses Buches zusammengestellt, auf die an den entsprechenden Textstellen auch verwiesen wird. Dadurch soll die Lektüre erleichtert werden, da die notwendigen Grundkenntnisse direkt nachgeschlagen und vertieft werden können. Die unverzichtbaren statistischen Tafeln, die von uns mit Hilfe von Microsoft Excel erstellt wurden, befinden sich im Anhang B.

Wir möchten dieses Vorwort nicht schließen, ohne uns bei all denjenigen recht herzlich zu bedanken, die an der Entstehung dieses Buches mitgewirkt haben. An erster Stelle ist hier Herr Dipl.-Kfm. Christian Kornprobst zu nennen, der das Kapitel 18 verfasst und uns bei der Erstellung der Kapitel 16 und 17 unterstützt hat. Besonderer Dank geht auch an den Gabler-Verlag und in diesem Zusammenhang vor allem an Frau Kramer und Frau Hinrichsen, die mit uns bis zur endgültigen Fertigstellung des Manuskripts verständnisvoll und jederzeit hilfsbereit zusammengearbeitet haben.

Udo Bankhofer
Jürgen Vogel

Inhaltsverzeichnis

Teil 2: Schließende Statistik

Teil 3: Datenanalyse

Teil 4: Data Mining

Teil 1

Beschreibende Statistik

1 Einführung

Kein Wissenschaftler, kein Politiker und kein Unternehmer kann es sich heute leisten, seine Entscheidungen ohne statistisch belegte Informationen zu treffen. Dabei hat die Statistik in der breiten Bevölkerung nicht unbedingt einen guten Ruf. Als trockene Beschäftigung mit vielen Zahlen verschrien, wird ihr zusätzlich noch ein unredlicher Charakter nachgesagt. Der ehemalige britische Premierminister Benjamin Disraeli soll das einmal so auf den Punkt gebracht haben: „There are three kinds of lies: lies, damned lies, and statistics." Hinzu kommt, dass durch unsachgemäßes Interpretieren statistischer Erkenntnisse häufig auch unbeabsichtigt falsche Schlussfolgerungen gezogen werden. Nicht immer sagt einem der gesunde Menschenverstand, dass da etwas nicht stimmen kann, wie in dieser nicht wirklich passierten Episode: Ein Brummifahrer hält sich in einer Raststätte gerade mit einem Kännchen Kaffee munter, als durch das Radio die Meldung kommt: „Neueste statistische Veröffentlichungen besagen, dass bei 10 % aller Verkehrsunfälle Alkohol im Spiel war." Der Fahrer überlegt: „Das bedeutet doch, dass bei 90 % aller Unfälle …? Herr Wirt, bitte zwei Doppelte!"

Der Ursprung des Wortes Statistik liegt im lateinischen „status" (Zustand, Staat) und dem italienischen „statista" (Staatskundiger, Politiker). So bedeutete Statistik in der Mitte des 17. Jahrhunderts die Lehre von den Staatsmerkwürdigkeiten. Damit waren z. B. die Bevölkerung, das Heer, die landwirtschaftlichen Flächen und die Gewerbe gemeint. Erst im 19. Jahrhundert erhielt das Wort die heutige Bedeutung des Sammelns und Analysierens von Daten.

Obwohl die Statistik eine relativ junge Wissenschaft ist, reichen ihre Ursprünge doch mindestens fünftausend Jahre zurück. Die Babylonier hinterließen kleine Tontafeln mit Tabellen über landwirtschaftliche Erträge und getauschte Waren. Die Ägypter nahmen 2500 v. Chr. alle zwei Jahre Zählungen des Geldes, der Felder und der Bevölkerung vor. Im alten Rom fanden innerhalb von 500 Jahren insgesamt 69 Volkszählungen statt, also im Durchschnitt alle sieben Jahre eine. Zum Vergleich, die letzte Volkszählung in der Bundesrepublik Deutschland war im Jahre 1987. Karl der Große ließ im 8. Jahrhundert Güter- und Besitzverzeichnisse anlegen. Später fällt dann allerdings auf, dass im Europa des Mittelalters keine Volkszählungen vorgenommen wurden. Die Ursache kann man im Alten Testament nachlesen. Zwar werden im 4. Buch Moses die Ergebnisse zweier Volkzählungen ausführlich beschrieben. Im 2. Buch Samuel jedoch wird König David durch den Herrn schwer bestraft, weil er sein Kriegsvolk gezählt hatte. Ihr modernes Gesicht erhielt die Statistik Ende des 19. und Anfang des 20. Jahrhunderts mit der zunehmenden Anwendung mathematischer Methoden, vor allem der Wahrscheinlichkeitsrechnung, in der Physik, der Biologie und den anderen

Naturwissenschaften. Bahnbrechenden Einfluss auf die Entwicklung der Statistik zur modernen Wissenschaft hatten die Engländer K. Pearson[1] und R. A. Fisher[2].

Die Statistik wird gegenwärtig gern in drei Teilbereiche gegliedert (vgl. Abbildung 1-1): die **beschreibende** (auch: deskriptive), die **schließende** (auch: induktive) und die **explorative** Statistik, die Methoden sowohl der beschreibenden als auch der schließenden Statistik benutzt.

Abbildung 1-1:　*Teilbereiche der Statistik*

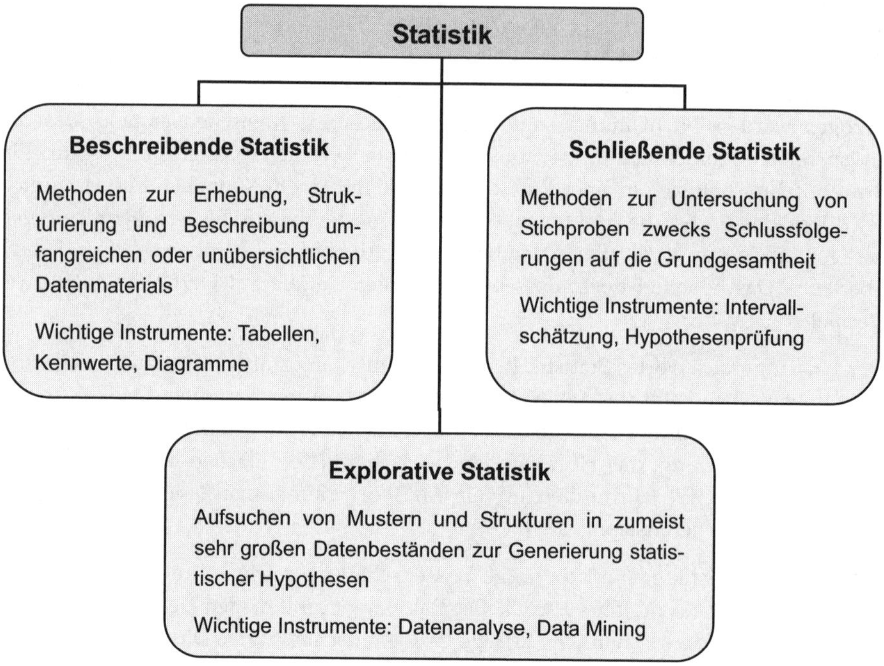

Statistik

Beschreibende Statistik

Methoden zur Erhebung, Strukturierung und Beschreibung umfangreichen oder unübersichtlichen Datenmaterials

Wichtige Instrumente: Tabellen, Kennwerte, Diagramme

Schließende Statistik

Methoden zur Untersuchung von Stichproben zwecks Schlussfolgerungen auf die Grundgesamtheit

Wichtige Instrumente: Intervallschätzung, Hypothesenprüfung

Explorative Statistik

Aufsuchen von Mustern und Strukturen in zumeist sehr großen Datenbeständen zur Generierung statistischer Hypothesen

Wichtige Instrumente: Datenanalyse, Data Mining

---

[1] Karl Pearson, 1857 - 1936.
[2] Sir Ronald Aylmer Fisher, 1890 – 1962.

2 Grundbegriffe der Statistik

2.1 Grundgesamtheit und Merkmale

Die beiden grundlegenden Begriffe, auf denen die Statistik und damit jede statistische Erhebung aufbauen, sind die Grundgesamtheit und das Merkmal. Mit **Grundgesamtheit** wird eine Menge gleichartiger Objekte bezeichnet, an denen mindestens eine Eigenschaft untersucht werden soll. Diese Eigenschaften nennt man **Merkmale**. Die Gleichartigkeit aller Objekte der Grundgesamtheit besteht darin, dass sie eben jene Merkmale haben müssen.

Die Werte, die ein Merkmal annehmen kann, werden in der Statistik als **Ausprägungen** bezeichnet. Das müssen übrigens nicht unbedingt Zahlen sein. Zum Beispiel könnte die Grundgesamtheit aus Autos bestehen und das Merkmal die Farbe der Autos sein. Dann sind die Ausprägungen rot, blau, grün, silber-metallic usw. Es wird wohl selten vorkommen, dass man sich bei einer statistischen Untersuchung nur für ein Merkmal interessiert. Bei den Autos sind vielleicht noch die Merkmale Motorleistung [kW], Hubraum [ccm], Kraftstoffverbrauch [l/100km] und Baujahr interessant. Nebenbei wird hier deutlich, dass Merkmale eine Maßeinheit besitzen können.

Die Elemente der Grundgesamtheit, die vorhin als Objekte bezeichnet wurden, nennt man **Untersuchungseinheiten** oder **statistische Einheiten**. Sie sind die eigentlichen Träger der gewünschten Information. Um an diese Information zu gelangen, führt man ein statistisches Experiment durch. Eine der wichtigsten Aufgaben in Vorbereitung einer solchen statistischen Untersuchung besteht darin, die Grundgesamtheit zu definieren. Es ist unerlässlich, die Fragen *was* will ich *wann* und *wo* untersuchen, klar zu beantworten. Diese sachliche, zeitliche und räumliche Abgrenzung ist nicht nur für die Versuchsdurchführung, sondern auch für die Interpretation der gewonnenen Ergebnisse ganz wichtig.

Hier einige Beispiele für statistische Erhebungen mit dazugehörigen konkret unterlegten Grundbegriffen:

- Studienwunsch von Abiturienten
  Grundgesamtheit: alle Schüler von zwölften Klassen in Thüringen am 31. März eines bestimmten Jahres
  Untersuchungseinheit: Schüler
  Merkmal: Erster Studienwunsch   Ausprägungen: Jura, BWL, …

- Altersstruktur der deutschen Bevölkerung
  Grundgesamtheit: Bevölkerung Deutschlands am 30. Juni 2007

Untersuchungseinheit: Einwohner

Merkmale:	Ausprägungen:
Lebensalter	0, 1, 2, …, 110 [Jahre]
Geschlecht	männlich, weiblich

■ Volkswirtschaftliche Kennwerte

Grundgesamtheit: alle Staaten, die Ende 2003 der Europäischen Union angehörten

Untersuchungseinheit: Staat

Merkmale:	Ausprägungen:
Bruttoinlandsprodukt in 2003	23,1 … 2129,2 [Mrd. €]
durchschnittliche Arbeitslosenquote in 2003	3,7 … 11,3 [%]
durchschnittliche Inflationsrate in 2003	1,0 … 4,0 [%]

■ Wurf mit einer Münze

Grundgesamtheit: alle Münzwürfe am 3. April 2008 in einem Laborversuch

Untersuchungseinheit: Münzwurf

Merkmal: oben liegende Seite   Ausprägungen: Zahl, Wappen

Bei dem letzten Beispiel soll noch ein wenig verweilt werden. Das klassische Experiment mit der Münze ist sicher schon unzählige Male durchgeführt worden. Einige Versuchsergebnisse aus computerlosen Zeiten haben es sogar in die Lehrbücher über Wahrscheinlichkeitsrechnung geschafft. In dem erwähnten Laborversuch ist genau registriert worden, wie häufig die Münze geworfen wurde und wie oft dabei das Wappen oben lag. Die Tabelle **2-1** ist ein Auszug aus der Ergebnisliste. Die darin vorkommende relative Häufigkeit ist das Verhältnis von Anzahl Wappen zu Anzahl Würfe.

Tabelle 2-1:   *Ergebnis einer Reihe von Münzwürfen*

Anzahl der Würfe	davon Anzahl Wappen	relative Häufigkeit
3	1	0,3333
5	2	0,4000
300	148	0,4933
1000	478	0,4780
10000	4984	0,4984
24000	12012	0,5005

Zugegeben, das Ergebnis in der letzten Zeile dieser Tabelle stammt nicht aus dem Laborversuch des Jahres 2008. Es ist 100 Jahre älter und wird Karl Pearson zugeschrieben. Es ist in sofern interessant, weil man davon ausgehen kann, dass diese hohe Zahl von Würfen noch wirklich mit einer Münze erarbeitet wurde. Heutzutage setzt sich wohl kaum jemand längere Zeit einer solchen stupiden Tätigkeit aus. Stattdessen wird vielleicht der Münzwurf auf einem Computer simuliert. Die Abbildung 2-1 zeigt den Verlauf der relativen Häufigkeit des Erscheinens von Wappen bei wachsender Anzahl von Münzwürfen in einer solchen Computersimulation. Insgesamt sind hier 300 voneinander unabhängige Münzwürfe simuliert worden.

Abbildung 2-1: *Entwicklung der relativen Häufigkeit von „Wappen" beim Münzwurf*

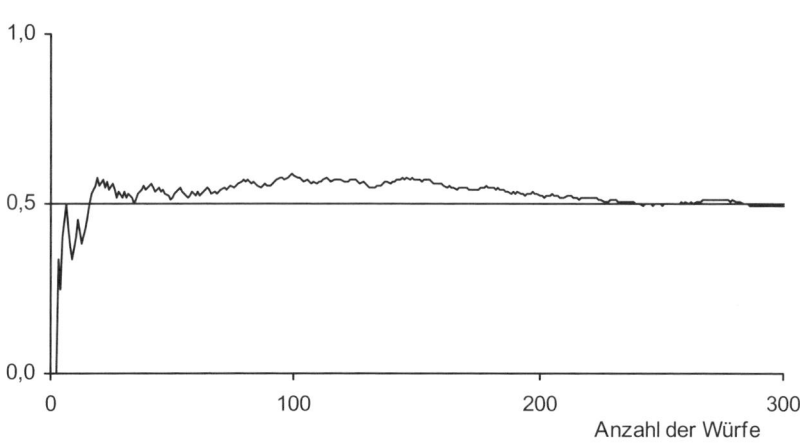

Man sollte sich aber darüber im Klaren sein, dass hier nicht nur die dem Münzwurf innewohnende Gesetzmäßigkeit zu erkennen ist. Vielmehr haben auch die Qualität des benutzten Zufallszahlengenerators und das Simulationsprogramm einen Einfluss auf das Ergebnis und können es im ungünstigen Fall total verfälschen. Einmal vorausgesetzt, dass die Computersimulation den realen Versuch gut beschreibt, kann man sich fragen, welche Gesetzmäßigkeit eigentlich zu erkennen ist. Nun, man sieht, dass nach nur wenigen Münzwürfen die relative Häufigkeit noch stark schwankt. Mit zunehmender Zahl von Würfen stabilisiert sie sich immer mehr und scheint einem Grenzwert zuzustreben. Bei einer ideal-symmetrischen Münze sollte dieser Grenzwert 0,5 sein. Wahrscheinlichkeitstheoretisch formuliert, lautet die Gesetzmäßigkeit dann: Die Wahrscheinlichkeit, dass bei einem Wurf mit einer idealen Münze die Seite mit dem Wappen nach oben zu liegen kommt, beträgt 0,5.

Eine statistische Erhebung besteht darin, aus der Grundgesamtheit alle oder einen Teil der Untersuchungseinheiten auszuwählen und von den interessierenden Merkmalen die konkreten Werte zu ermitteln. Diese tatsächlich beobachteten oder gemessenen

Merkmalswerte nennt man **Beobachtungswerte** oder, wenn nur ein Teil der Grundgesamtheit einbezogen wird, **Stichprobenwerte**. Im weiteren Text wird es häufig nicht
wichtig sein zu unterscheiden, ob Beobachtungs- oder Stichprobenwerte vorliegen.
Deshalb sollen unter Beobachtungswerten im weiteren Sinne auch solche aus Teil-
erhebungen verstanden werden. Die einbezogenen Untersuchungseinheiten sind die
sogenannten Merkmalsträger, ihre Anzahl heißt **Beobachtungs-** bzw. **Stichprobenumfang**. Die erste Auflistung der Beobachtungswerte ohne jede Behandlung und in
der ursprünglichen Reihenfolge ist die **Urliste**. Das Beispiel 2-1 zeigt die Urliste einer
statistischen Untersuchung zum Merkmal Kohlenstoffgehalt bei der Produktion von
Gusseisen. Die Werte stammen von 167 verschiedenen Chargen.

Beispiel 2-1: *Urliste zum Kohlenstoffgehalt von Gusseisen in Prozent*

3,34	3,31	3,35	3,27	3,37	3,34	3,39	3,36	3,35	3,36	3,29	3,37	3,40	3,35
3,35	3,35	3,34	3,39	3,34	3,32	3,30	3,38	3,35	3,31	3,41	3,35	3,30	3,38
3,39	3,31	3,41	3,32	3,29	3,39	3,37	3,39	3,30	3,27	3,33	3,29	3,36	3,24
3,30	3,26	3,35	3,31	3,40	3,32	3,40	3,35	3,34	3,33	3,31	3,28	3,37	3,29
3,34	3,29	3,32	3,35	3,37	3,22	3,39	3,36	3,35	3,37	3,35	3,39	3,31	3,41
3,31	3,33	3,35	3,39	3,36	3,24	3,30	3,38	3,33	3,40	3,42	3,32	3,30	3,34
3,34	3,39	3,37	3,32	3,35	3,29	3,37	3,33	3,32	3,27	3,35	3,29	3,37	3,24
3,35	3,27	3,38	3,36	3,31	3,41	3,18	3,33	3,34	3,33	3,31	3,39	3,35	3,38
3,34	3,36	3,44	3,35	3,37	3,33	3,29	3,40	3,22	3,35	3,32	3,29	3,37	3,40
3,37	3,29	3,35	3,39	3,37	3,32	3,30	3,33	3,29	3,31	3,44	3,35	3,35	3,34
3,33	3,37	3,41	3,36	3,29	3,34	3,33	3,36	3,28	3,37	3,34	3,42	3,22	3,30
3,25	3,37	3,31	3,41	3,20	3,32	3,34	3,39	3,31	3,28	3,30	3,37	3,29	

2.2 Skalenarten

Beobachtungswerte, welche auch immer, werden auf Skalen gemessen. Man kann
Skalen in die drei Arten **nominal**, **ordinal** und **kardinal** (*auch* **metrisch**) einteilen.
Diese Unterscheidung ist in der Statistik von Bedeutung, weil das zu verwendende
Verfahren auch danach ausgewählt werden muss, mit welcher der drei Skalenarten die
Beobachtungswerte ermittelt wurden. Die genannten Skalenarten, die in Abbildung 2-
2 definiert werden, sind hierarchisch geordnet. Die qualifizierteste Skala ist die
metrische, und für sie gibt es auch die wirksamsten statistischen Verfahren. Ordinal
skalierte Merkmale sind schon nicht mehr so ergiebig, doch sind für sie brauchbare
Alternativen zu den klassischen Verfahren entwickelt worden. Die primitivste Skala ist
die nominale. Die Palette der statistischen Verfahren ist hier dürftig. Es gibt nicht
einmal einen vernünftigen Mittelwert. Jede metrische Skala ist natürlich auch ordinal,

und jede ordinale ist nominal. Üblicherweise bezeichnet man eine Skala mit der qualifiziertesten Art, die auf sie zutrifft.

In der schließenden Statistik ist es mitunter wichtig zu wissen, ob das Merkmal als stetig verteilt angesehen werden kann. In diesem Fall kann es nämlich, zumindest theoretisch, nicht passieren, dass in einer zugehörigen Beobachtungsreihe Werte mehrfach vorkommen. Aus diesem Grunde sollen metrische Skalen noch in **diskrete** und **stetige** unterteilt werden.

Abbildung 2-2:   *Übersicht der Skalenarten*

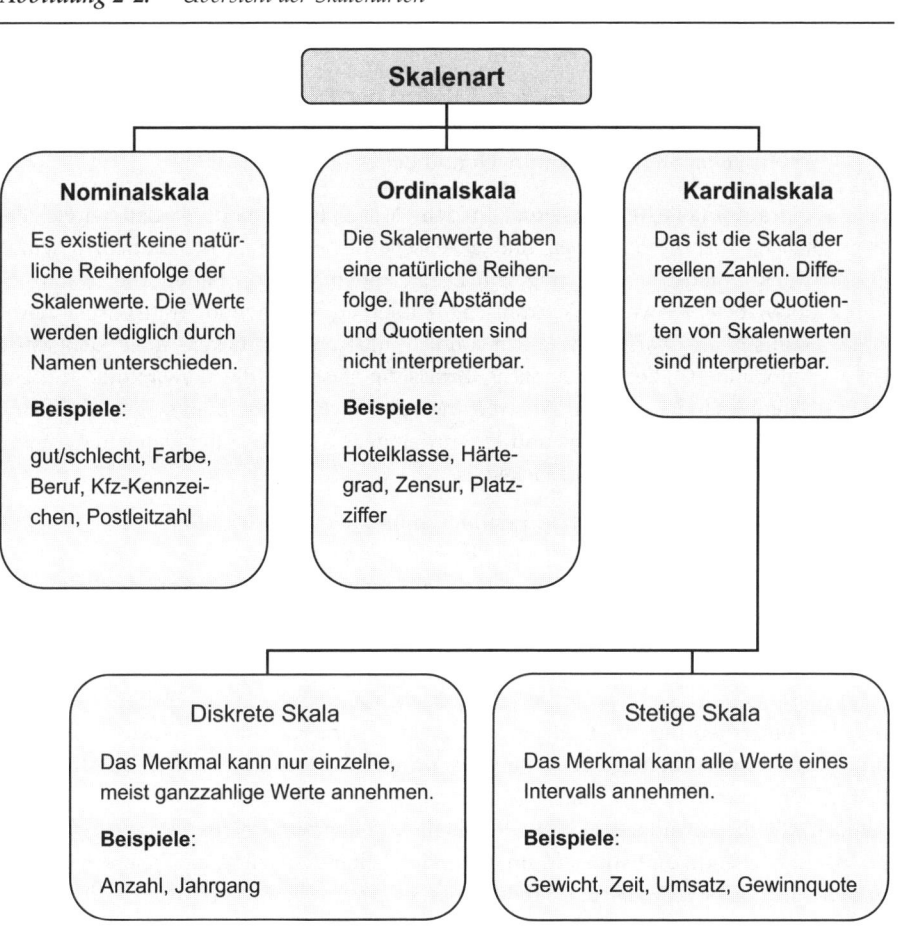

2.3 Datenerhebung

Für die Ermittlung von Beobachtungswerten gibt es grundsätzlich folgende Möglichkeiten:

■ **Primärerhebung**. Die benötigten Daten werden gezielt für die geplante Untersuchung erhoben. Dabei kann man sich folgender Methoden bedienen:

● **Die Befragung**. Sie kann mündlich oder schriftlich durchgeführt werden. Für schriftliche Befragungen werden häufig Fragebögen verwendet.

● **Die Beobachtung**. Dazu gehören z. B. Verkehrszählungen oder das Beobachten des Käuferverhaltens.

● **Das Experiment**. Wenn man den Begriff des Experiments sehr weit fasst, gehören dazu nicht nur Laborversuche und Intelligenztests, sondern auch die bereits genannten Beobachtungen und Befragungen.

● **Die automatische Erfassung**. In dem Maße, wie Computer den wirtschaftlichen, wissenschaftlichen und gesellschaftlichen Alltag bestimmen, gewinnt die automatische Erfassung von Daten zunehmend an Bedeutung. Dazu gehören beispielsweise elektronische Zähler an Türen und Transportbändern, Scanner an Warenhauskassen und Maut-Kontrollbrücken über deutschen Autobahnen. Die automatische Erfassung gestattet die Gewinnung riesiger Datenbestände. Zu ihrer Auswertung reichen die klassischen statistischen Verfahren oft nicht mehr aus und es wurden neue Methoden der Datenanalyse wie z. B. das Data Mining entwickelt.

■ **Die Sekundärerhebung**. Nicht immer muss man die benötigten Daten selbst erheben. Mitunter sind die Daten bereits vorhanden, und der Urheber hat sie publiziert oder bietet sie zum Kauf an. Neben den klassischen Informationsquellen, wie die statistischen Jahrbücher, Zeitschriften und andere Printmedien, wird hier das Internet immer wichtiger.

Die Datenerfassung kann entweder als Vollerhebung oder als Teilerhebung erfolgen. Bei der **Vollerhebung** wird die ganze Grundgesamtheit in die Auswertung einbezogen, während bei einer **Teilerhebung** nur eine Stichprobe aus der Grundgesamtheit gezogen und ausgewertet wird. Die Teilerhebung und der Versuch, daraus Schlüsse für die Grundgesamtheit zu ziehen, sind der entscheidende Ausgangspunkt für die schließende Statistik, die im Kapitel 2 behandelt wird. Ein Beispiel für das Nebeneinander von Voll- und Teilerhebung zum selben Zweck sind die Volkszählungen in Deutschland. Die eigentliche große Volkszählung, die alle 10 Jahre stattfinden sollte, ist eine Vollerhebung. Um zwischenzeitlich die Veränderungen in der Bevölkerung wenigstens tendenziell erfassen zu können, findet zusätzlich eine Teilerhebung statt, der sogenannte Mikrozensus. Dabei werden aus allen privaten Haushalten jedes Jahr 1 % der Haushalte zufällig ausgewählt und mit einem Fragebogen zur Auskunft verpflichtet. Seit 1987, dem Jahr der letzten großen Volkszählung in Deutschland, ist für die statistischen Ämter der Mikrozensus die einzige Informationsquelle über die Bevölkerung und ihre Lebensumstände.

2.4 Quellen wirtschaftsstatistischer Daten

Amtliche Statistiken

Wichtige Informationsquellen sind hier

- **Statistische Jahrbücher**. Diese werden herausgegeben von den Vereinten Nationen, der Weltbank, der CIA, der Europäischen Union (EUROSTAT), der OECD, dem Statistischen Bundesamt, den Statistischen Landesämtern und den meisten deutschen Städten. Die dort gegebenen Informationen kann man fast immer auch gegen entsprechende Bezahlung über das Internet abrufen.

- **Zeitschrift *Wirtschaft und Statistik***. Die Zeitschrift wird vom Statistischen Bundesamt herausgegeben und erscheint monatlich. Die statistischen Monatszahlen im Tabellenteil der Zeitschrift liefern viel aktueller als das Statistische Jahrbuch die wichtigsten Daten der amtlichen Statistik.

- **Ressortstatistiken der Ministerien**. Die meisten Bundesministerien veröffentlichen regelmäßig statistische Daten z. B. in Form von Monatsberichten und Taschenbüchern. Bekannt ist auch die monatliche Arbeitsmarktstatistik der Bundesagentur für Arbeit.

Nichtamtliche Statistiken

Hier sind zu unterscheiden

- **Betriebsstatistiken**. Die meisten Unternehmen erheben und veröffentlichen eigene Statistiken. Betriebsstatistiken werden aber auch von Handwerkskammern publiziert. Aktiengesellschaften sind verpflichtet, einen Lagebericht zum Jahresabschluss zu geben.

- **Statistiken** von Wirtschaftsverbänden, Forschungsinstituten (z. B. ifo e. V. München mit dem Geschäftsklima-Index, GfK Nürnberg e. V. mit dem Consumer Index), Meinungsforschungsinstituten usw.

3 Häufigkeitsverteilungen

Es sollen zunächst einige Bezeichnungen eingeführt werden. Merkmale werden im Allgemeinen mit lateinischen Großbuchstaben vom Ende des Alphabets bezeichnet, also z. B. mit X. Für die Beobachtungswerte nimmt man den entsprechenden Kleinbuchstaben und indiziert ihn von 1 bis n. $x_1, x_2, ..., x_n$ steht somit für eine Beobachtungsreihe oder Stichprobe zum Merkmal X. Wie in der Statistik üblich, bezeichnet n den Beobachtungsumfang.

Die Beschreibung und Darstellung der Häufigkeitsverteilung von Merkmalen ist das wesentliche Anliegen der beschreibenden Statistik. Die zur Verfügung stehende Urliste ist in aller Regel zu unübersichtlich, um darin enthaltene Gesetzmäßigkeiten schnell zu erkennen. Man widme sich nur einmal der simplen Aufgabe, in der Urliste zum Beispiel 2-1 den kleinsten und größten Wert zu ermitteln. Mit einem Blick ist das nicht getan. Ganz anders, wenn man zu diesem Datensatz eine Häufigkeitstabelle hätte oder die Werte wenigstens der Größe nach geordnet wären. Das Ordnen der Urliste kann eine nützliche erste Aufbereitung des Datensatzes sein, was natürlich ein mindestens ordinal skaliertes Merkmal voraussetzt. Die geordneten Beobachtungswerte $x_1^*, x_2^*, ..., x_n^*$ mit $x_1^* \leq x_2^* \leq ... \leq x_n^*$ werden als **Rangliste** oder auch als **Variationsreihe** bezeichnet.

3.1 Primäre Häufigkeitstabelle

Das Aufstellen einer primären Häufigkeitstabelle ist vor allen dann sinnvoll, wenn in der Urliste viele Ausprägungen mehrfach auftreten. Eine solche Häufigkeitstabelle gibt dann an, wie häufig jede Ausprägung in der Stichprobe vorkommt. Die Ausprägungen des Merkmals X seien mit $a_1, a_2, ..., a_k$ bezeichnet.

Dazu soll ein kleines Beispiel betrachten werden. Aus der laufenden Produktion gewisser Teile wurden 20 Stück zufällig entnommen und an einer bestimmten Stelle deren Länge gemessen. Von den gemessenen Längen wurde das Sollmaß subtrahiert. Das Ergebnis sind 20 Abweichungen vom Sollmaß, die in Beispiel 3-1 aufgelistet sind.

Während die Liste $n = 20$ Beobachtungswerte enthält, gibt es nur $k = 9$ Ausprägungen, nämlich $a_1 = -4, a_2 = -3, a_3 = -2, a_4 = -1, a_5 = 0, a_6 = 1, a_7 = 2, a_8 = 3, a_9 = 4$.

Beispiel 3-1: Urliste der Abweichungen vom Sollmaß in µm

| 3 | 2 | -1 | -2 | 0 | 1 | 2 | -1 | 1 | 0 | 0 | 0 | 0 | -4 | 3 | 1 | -2 | -1 | -3 | 4 |

Die **absolute Häufigkeit** der Ausprägung a_j bezeichnet man mit $h(a_j) = h_j$. Durch das Attribut „absolut" soll der Unterschied zur relativen Häufigkeit betont werden. Die **relative Häufigkeit** der Ausprägung a_j wird mit $f(a_j) = f_j$ bezeichnet. Sie ist definiert durch

$$f(a_j) = \frac{h(a_j)}{n} \quad (j = 1, 2, ..., k)$$

und ist der Häufigkeitsanteil der j-ten Ausprägung in der Urliste, liegt zwischen 0 und 1 und kann in Prozent angegeben werden. Es gilt offenbar

$$\sum_{j=1}^{k} h(a_j) = n \quad \text{und} \quad \sum_{j=1}^{k} f(a_j) = 1.$$

Die Minimalform einer Häufigkeitstabelle enthält, zumeist in Spalten angeordnet, die Ausprägungen mit den zugehörigen absoluten oder relativen Häufigkeiten. Bei mindestens ordinal skaliertem Merkmal ist es sehr zweckmäßig, die Ausprägungen in aufsteigender Reihenfolge einzutragen. In diesem Fall kann es manchmal sinnvoll sein, die Tabelle um einige Spalten zu erweitern. Hier bieten sich die **absoluten kumulierten Häufigkeiten** H_j und die **relativen kumulierten Häufigkeiten** F_j an.

Tabelle 3-1: Primäre Häufigkeitstabelle zu der Abweichung vom Sollmaß [µm]

j	a_j	Strichliste	h_j	f_j	H_j	F_j
1	-4	I	1	0,05	1	0,05
2	-3	I	1	0,05	2	0,10
3	-2	II	2	0,10	4	0,20
4	-1	III	3	0,15	7	0,35
5	0	HHI	5	0,25	12	0,60
6	1	III	3	0,15	15	0,75
7	2	II	2	0,10	17	0,85
8	3	II	2	0,10	19	0,95
9	4	I	1	0,05	20	1,00
Summe			$n = 20$	1,00		

Die Summenhäufigkeiten, wie die kumulierten Häufigkeiten auch genannt werden, entstehen durch sukzessives Addieren der absoluten bzw. relativen Häufigkeiten, also

$$H_j = \sum_{i=1}^{j} h_i \quad \text{und} \quad F_j = \sum_{i=1}^{j} f_i \quad (j = 1, \dots, k).$$

Die Strichliste in der Tabelle ist letztendlich überflüssig. Sie soll hier lediglich einen Hinweis darauf geben, wie man aus einer Urliste ohne Zuhilfenahme eines Computerprogramms eine Häufigkeitstabelle erstellt. Die gute alte Strichliste droht in Vergessenheit zu geraten, dabei ist sie doch oft noch der schnellste Weg zur Häufigkeitsverteilung.

Die relativen Summenhäufigkeiten sind eng verwandt mit der empirischen Verteilungsfunktion, die jedoch ein metrisch skaliertes Merkmal voraussetzt. Diese auf der ganzen reellen Achse definierte Funktion nimmt Werte zwischen 0 und 1 an und ist eine monoton wachsende Treppenfunktion. Sie springt bei jeder Ausprägung a_j, die in der Stichprobe auch wirklich vorkommt, um den Betrag f_j nach oben. Zwischen den Ausprägungen ist die **empirische Verteilungsfunktion** F_n konstant, und zwar nimmt sie zwischen den Ausprägungen a_j und a_{j+1} gerade den Wert der relativen kumulierten Häufigkeit F_j an:

$$F_n(x) = \begin{cases} 0 & \text{für } x < a_1 \\ F_j & \text{für } a_j \leq x < a_{j+1} \quad (j = 1, \dots, k-1) \\ 1 & \text{für } a_k \leq x \end{cases}$$

Abbildung 3-1: *Empirische Verteilungsfunktion zum Beispiel 3-1*

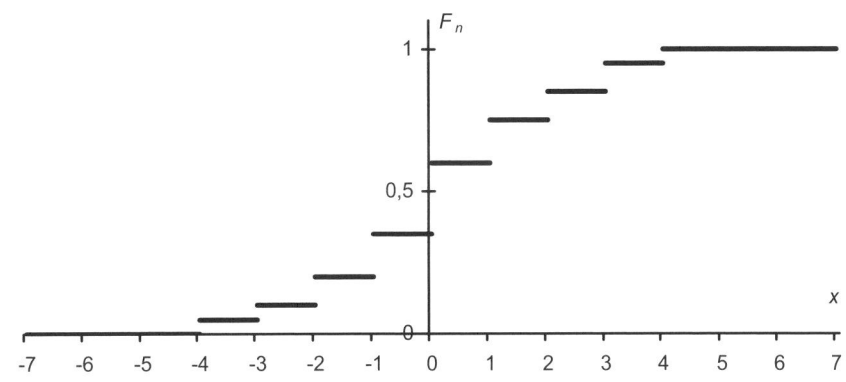

Die empirische Verteilungsfunktion für die Stichprobe aus dem Beispiel 3-1, den Abweichungen vom Sollmaß, ist in Abbildung 3-1 grafisch dargestellt.

Eine für die Statistik grundlegende Aussage der Wahrscheinlichkeitstheorie besagt, dass die empirische Verteilungsfunktion mit wachsendem Stichprobenumfang n gegen die tatsächliche Verteilungsfunktion des Merkmals X konvergiert, wenn es sich bei den Beobachtungswerten $x_1, x_2, ..., x_n$ um eine reine Zufallsstichprobe handelt. Wie in der schließenden Statistik üblich, wird dabei das Merkmal als Zufallsvariable aufgefasst. Unmittelbar verwendet wird die empirische Verteilungsfunktion bei einigen der sogenannten Anpassungstests[3], die der Frage nachgehen, ob ein metrisch skaliertes Merkmal eine bestimmte Wahrscheinlichkeitsverteilung haben kann.

Eine primäre Häufigkeitstabelle zeichnet sich dadurch aus, dass alle in der Beobachtungsreihe relevanten Ausprägungen in der Tabelle vorkommen. Die in der Urliste enthaltene Information kann deshalb ohne Verlust auch aus der Tabelle sowie aus der empirischen Verteilungsfunktion bezogen werden.

3.2 Sekundäre Häufigkeitstabellen

Sekundäre Häufigkeitstabellen sind durch Klassenbildung gekennzeichnet. Der Sinn solcher Tabellen besteht in einer Verdichtung des Informationsgehalts, um weniger den Einfluss des Zufalls, der vor allem bei einer Stichprobenerhebung zum Tragen kommt, und dafür stärker das dahinter stehende Verteilungsgesetz sichtbar zu machen. Die Abbildung 3-2 zeigt zunächst eine grafische Darstellung der primären Häufigkeitstabelle zum Beispiel 2-1. Das Auf und Ab in den Höhen der Säulen ist sicher nicht typisch für die Verteilung des Kohlenstoffgehalts bei Gusseisen, vielmehr dürfte hier vor allem der Zufall zu sehen sein. Eine andere, ebenfalls zufällig gezogene Stichprobe desselben Umfangs würde ein ähnlich unruhiges Verteilungsbild hervorbringen, aber sicher nicht dasselbe. Zum Vergleich zeigen die Abbildungen 3-3 bis 3-5 einige sekundäre Häufigkeitsverteilungen desselben Datensatzes mit zunehmender Informationsverdichtung.

Mitunter dient die Klassenbildung auch einfach nur zur Reduzierung des Aufwands bei der Erhebung und Darstellung der Beobachtungswerte. Dafür muss man den Nachteil in Kauf nehmen, dass sekundäre Häufigkeitstabellen nicht mehr denselben Informationsgehalt haben wie die Urliste. Das bedeutet z. B., dass Kennwerte der Stichprobe, wie Mittelwert und empirische Varianz, nicht mehr exakt bestimmbar sind.

---

[3] z. B. Kolmogorow-Smirnow-Test

Abbildung 3-2:   *Primäres Histogramm zum Beispiel 2-1*

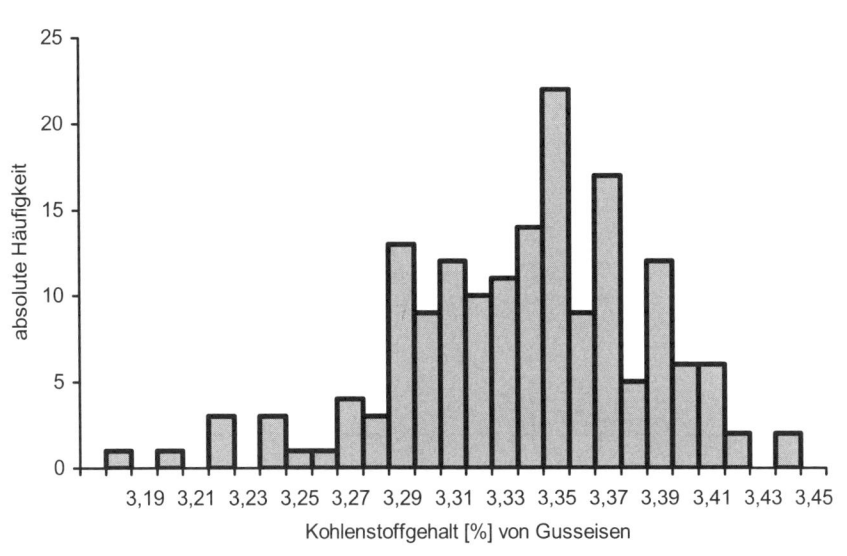

Abbildung 3-3:   *Sekundäres Histogramm aus 14 Klassen zum Beispiel 2-1*

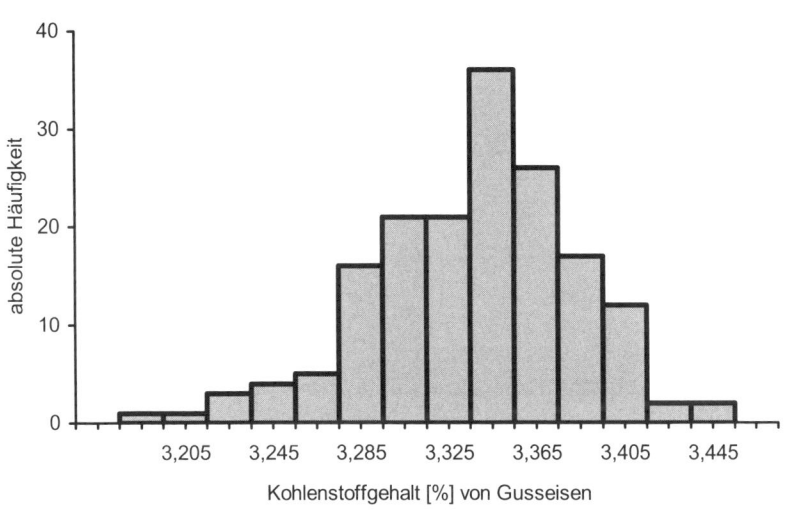

Abbildung 3-4:   *Sekundäres Histogramm aus 9 Klassen zum Beispiel 2-1*

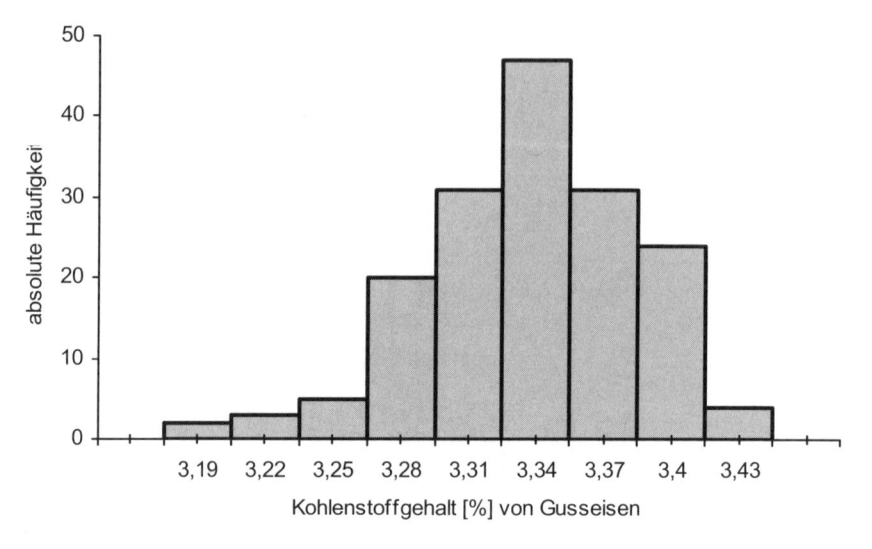

Abbildung 3-5:   *Sekundäres Histogramm aus 6 Klassen zum Beispiel 2-1*

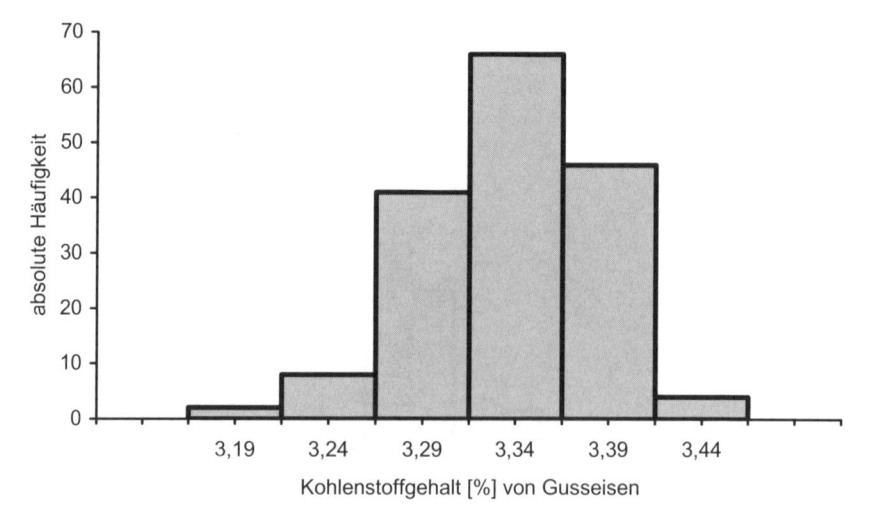

Die Klassenbildung, auch Aggregation oder Gruppenbildung genannt, erfolgt dadurch, dass man mehrere Ausprägungen zu einer neuen gemeinsamen Ausprägung zusammenfasst. Bei metrischen Daten sind Klassen Intervalle.

Abbildung 3-6:   *Klassenbildung bei der Abweichung vom Sollmaß in Beispiel 3-1*

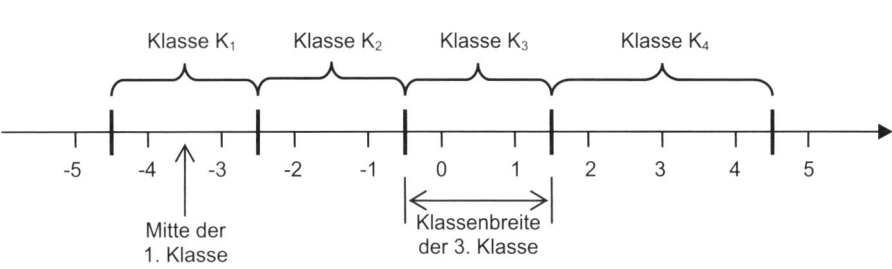

Beim Übergang zu einer sekundären Häufigkeitstabelle treten dann die Klassen K_i ($i = 1, …, m$) an die Stelle der Ausprägungen. Bei metrischen oder ordinalen Merkmalen wird man benachbarte Ausprägungen in eine Klasse packen. Bei nominalen Daten ist es sinnvoll, inhaltlich zusammengehörige Ausprägungen in eine Klasse zu nehmen, um daraus abgeleitete Erkenntnisse besser interpretierbar zu machen. Bei der Bezeichnung der Klassen ist Sorgfalt angebracht, damit dem Nutzer der Häufigkeitstabelle eindeutig klar ist, in welcher Klasse ein jeder Beobachtungswert gezählt wurde. Diese Forderung wird besonders gern bei der Intervallschreibweise verletzt. So ist z. B. nicht zu erkennen, in welcher der beiden Klassen [-4; -2] oder [-2; 0] der Beobachtungswert -2 berücksichtigt wurde. Ein Ausweg wäre hier die Benutzung halboffener Intervalle wie [-4; -2) und [-2; 0) oder, noch besser, man legt die Klassengrenzen wie in Abbildung 3-6 zwischen zwei Ausprägungen. Um bei metrischen Daten auch aus einer sekundären Tabelle noch empirische Kennwerte bestimmen zu können, rechnet man mit der **Klassenmitte** $\tilde{a}_i$ als Repräsentanten der ganzen i-ten Klasse. Man tut damit so, als seien alle in dieser Klasse gezählten Beobachtungswerte gleich dieser Klassenmitte. Das aus der Wahrscheinlichkeitstheorie bekannte Gesetz der großen Zahlen (s. Anhang A.4.3) sorgt dafür, dass bei großen Stichprobenumfängen dadurch nur kleine Fehler entstehen. Zu beachten ist, dass die Klassenmitte das arithmetische Mittel aller in der Klasse liegenden Ausprägungen sein muss. Und es beugt Missverständnissen vor, wenn die Klassenintervalle so bezeichnet sind, dass die Intervallmitte mit der Klassenmitte zusammenfällt. Bei den Abweichungen vom Sollmaß z. B. enthält die Klasse (-4,5; -2,5) die Ausprägungen -4 und -3, deren Mittelwert -3,5 mit der Intervallmitte zusammenfällt.

Die Häufigkeiten in den weiteren Spalten der Tabelle geben dann wieder an, wie viele Beobachtungswerte in der jeweiligen Klasse liegen. Das können natürlich auch hier absolute, relative oder kumulierte Häufigkeiten sein. Der Einfachheit halber sollen dafür dieselben Symbole wie bei der primären Tabelle verwendet werden.

Tabelle 3-2:   *Sekundäre Häufigkeitstabelle zu der Abweichung vom Sollmaß [μm]*

Klasse K_j	Klassenmitte $\tilde{a}_j$	absolute Häufigkeit h_j	relative Häufigkeit f_j
(-4,5; -2,5]	-3,5	2	0,10
(-2,5; -0,5]	-1,5	5	0,25
(-0,5; 1,5]	0,5	8	0,40
(1,5; 4,5]	3,0	5	0,25
Summe		$n = 20$	1,00

Eine interessante Frage ist die nach den Klassenbreiten und damit verbunden nach der **Anzahl m der Klassen**. Darauf gibt es leider keine konkrete Antwort. Mit kleiner werdender Klassenanzahl gilt es, einen vernünftigen Kompromiss zwischen der zunehmenden Informationsverdichtung und dem damit einhergehenden Informationsverlust zu finden. Das kann man gut in den Abbildungen 3-2 bis 3-5 erkennen. Mit Blick auf die grafische Darstellung ist die Wahl von m vielleicht auch eine Frage des persönlichen Geschmacks. Grundsätzlich sollte die Anzahl der Klassen nicht kleiner als 5 und möglichst nicht größer als 20 sein. Bei großem Beobachtungsumfang n kann man natürlich mehr Klassen nehmen als bei einem kleinen. Die folgende Tabelle enthält Empfehlungen für m in Abhängigkeit von n:

Tabelle 3-3:   *Empfehlungen zur Wahl der Anzahl der Klassen*

Stichprobenumfang n	Klassenanzahl m
50 ... 200	5 ... 12
200 ... 1000	12
1000 ...	10 ... 20

Manchmal werden auch Formeln zur Berechnung von m angegeben. Eine solche Faustregel lautet z. B.

$$m \approx 1 + 1,4 \cdot \ln n .$$

In dem Beispiel 2-1 hat die Stichprobe einen Umfang von $n = 167$. Nach obiger Formel ergäbe sich ein m von rund 8. Nun sollte man nicht krampfhaft darauf bestehen, eine Häufigkeitsverteilung mit 8 Klassen zu konstruieren. 9 oder 6 Klassen sind auch geeignet und um einiges praktikabler, weil man dann immer nur 3 bzw. 5 benachbarte Ausprägungen zu einer Klasse zusammenzufassen braucht. Dabei entstehen übrigens **äquidistante Klassen**, wie Klassen mit einheitlicher Breite genannt werden. Die gängigen Computerprogramme zur Statistik erzeugen grundsätzlich nur äquidistante Einteilungen.

Ein Problem sind die **offenen Flügelklassen**. Das sind unbeschränkte Intervalle am linken oder rechten Rand der Klasseneinteilung. Solche Klassen haben keine Mitte und damit erzeugte Häufigkeitsverteilungen entziehen sich der Berechnung wichtiger statistischer Kennzahlen und auch der grafischen Darstellung. Offene Klassen sollten deshalb vermieden werden. Daran ist vor allem bei der Gestaltung von Fragebögen zu denken, wenn darin Klassen als Antwortmöglichkeiten vorzugeben sind.

3.3 Grafische Darstellung von Häufigkeiten

Die grafischen Umsetzung von Häufigkeiten soll auf die Darstellung von absoluten oder relativen Häufigkeiten beschränkt bleiben, denn die Abbildung von Summenhäufigkeiten ist durch die empirische Verteilungsfunktion gedeckt, deren bildhafte Darstellung aus Abbildung 3-1 bereits bekannt ist. Zur grafischen Gestaltung der nicht kumulierten Häufigkeiten gibt es eine Fülle von Möglichkeiten, die nahezu täglich nicht nur in den Printmedien abgebildet werden. Sie sind oft ein Produkt von Grafikdesignern, die mit Unterstützung geeigneter Software repräsentative und geschmackvolle Diagramme erzeugen können. Es ist ein verbreiteter Irrtum, dass zu dieser Klasse von Software auch die professionellen Statistikprogramme gehören. Die Statistiker mögen es etwas schlichter und die von ihnen bevorzugten Diagrammarten sind relativ wenige. Welche Art Diagramm zum Einsatz kommen kann, hängt nicht zuletzt von der Skalenart ab. Die Häufigkeiten metrisch skalierter Merkmale stellt man am besten als Histogramm oder Streckenzugdiagramm dar. Für ordinale Daten bietet sich das Säulendiagramm an, das man auch für nominal skalierte Merkmalswerte nehmen kann. Das Kreisdiagramm sollte der Nominalskala vorbehalten sein. Alle genannten Diagrammarten sind für primäre und sekundäre Häufigkeiten gleichermaßen geeignet. Darüber hinaus gibt es zahlreiche spezielle Diagrammarten, die sich dem Betrachter ohne statistische Vorkenntnisse nicht mehr ganz so leicht erschließen wie ein Säulendiagramm. Dazu gehören die Lorenzkurve und die immer beliebter werdenden Boxplots.

Das **Histogramm** ist die beste Möglichkeit, die Häufigkeitsverteilung eines metrisch skalierten Merkmals grafisch darzustellen. Es hat den Vorteil, dass es auch für nicht äquidistante Klassen verwendet werden kann. Es soll zunächst ein Beispiel zur Darstellung einer primären Häufigkeitsverteilung betrachtet werden.

Abbildung 3-7:   *Histogramm zum Beispiel 3-1*

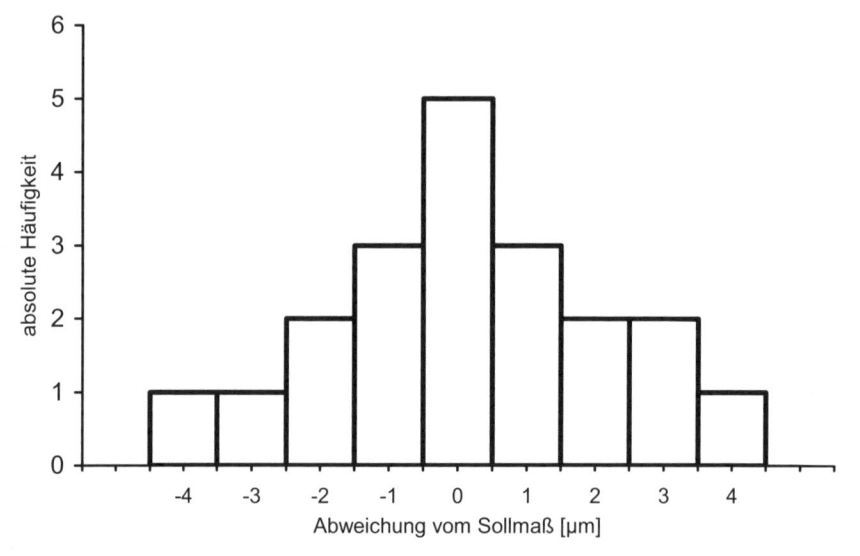

Generell sind statistische Diagramme immer so zu beschriften, dass der Betrachter möglichst auf den ersten Blick erkennen kann, worum es geht. Bei dem Histogramm in Abbildung 3-7 ist die Abszisse die Merkmalsachse, deren Skaleneinteilung klar erkennbar sein muss. Deshalb sollten bei metrischen Skalen mindestens 3 Skalenwerte mit Zahlen beschriftet sein. Wenn nicht schon aus dem Titel des Diagramms hervorgeht, welches Merkmal hier dargestellt wird, gehört diese Information zusammen mit der Maßeinheit an die Achse. Die Ordinate, wenn überhaupt eine gebraucht wird, muss die Abszisse nicht unbedingt im Nullpunkt der Merkmalsskala schneiden. Sie misst die Häufigkeiten, die dann als Säulenhöhen ins Auge fallen. Jeder Balken, wie man die Säulen auch nennen kann, steht für eine Ausprägung oder eine Klasse und schließt lückenlos an den nächsten Balken an. Es ist ziemlich egal, ob man mit der Ordinate die absoluten oder die relativen Häufigkeiten darstellt. Wichtig ist jedoch, dass der Fußpunkt der Säulen mit dem Nullpunkt der Ordinate zusammenfällt und die Säulen in ihrer ganzen Länge dargestellt werden. Die Verletzung dieser Regel ist eine der beliebtesten Methoden, den Betrachtern des Diagramms falsche Informationen zu suggerieren. Um die Wahrheit zu erkennen, müsste man länger hingucken. Der Vorteil der Diagramme gegenüber den Tabellen besteht aber gerade darin, nicht lange hinschauen zu müssen.

Was sieht man in dem Histogramm der Abbildung 3-7 eigentlich? Man erfährt, dass die Abweichung vom Sollmaß keine feste Größe ist, sondern um einen Mittelwert herum streut. Der Mittelwert liegt hier ungefähr bei 0 µm, ansonsten reicht die Abweichung von -4 bis +4 µm. Die Häufigkeitsverteilung ist eingipfelig, annähernd symmetrisch und ungefähr glockenförmig.

Weitere Beispiele für Histogramme sind die Abbildungen 3-2 bis 3-5, die meisten davon stellen Häufigkeitsverteilungen mit Klassenbildung dar. Es wurde auch schon angedeutet, dass man Histogramme auch dann verwenden kann, wenn die Klasseneinteilung nicht äquidistant ist.

Abbildung 3-8: *Histogramm zum Beispiel 3-1 mit nicht äquidistanten Klassen*

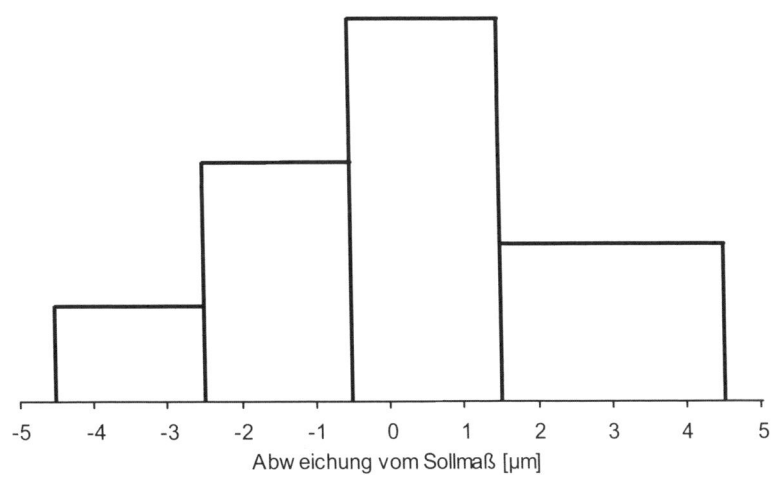

An dieser Stelle muss darauf hingewiesen werden, dass Histogramme immer so zu zeichnen sind, dass der *Flächeninhalt* der Säulen proportional zu den Häufigkeiten ist, was besonders bei einer Klasseneinteilung mit unterschiedlich breiten Klassen zum Tragen kommt. Da die Säulen immer genau so breit sind wie die zugehörigen Klassenintervalle, sind die Säulenhöhen jetzt nicht mehr proportional zu den Häufigkeiten. In dem Histogramm der Abbildung 3-8 haben sowohl die zweite als auch die vierte Klasse die Häufigkeit 2. Da aber die vierte Klasse 1,5-mal so breit ist wie die zweite, darf deren Säule nur Zweidrittel so hoch sein. Das bedeutet aber auch, dass die Ordinate im Diagramm ihre Bedeutung verloren hat. Eine solche senkrechte Achse mag als Konstruktionshilfe noch ganz nützlich sein, sollte aber im fertigen Diagramm nicht mehr auftauchen oder zumindest nicht mit Skalenwerten beschriftet sein.

Das **Streckenzugdiagramm** oder **Häufigkeitspolygon** (vgl. Abbildung 3-9) ist wie das Histogramm nur für metrisch skalierte Merkmale geeignet. Für die Darstellung einer sekundären Häufigkeitstabelle muss zudem noch die Klasseneinteilung äquidistant sein.

Abbildung 3-9: *Streckenzugdiagramm zu Beispiel 3-1*

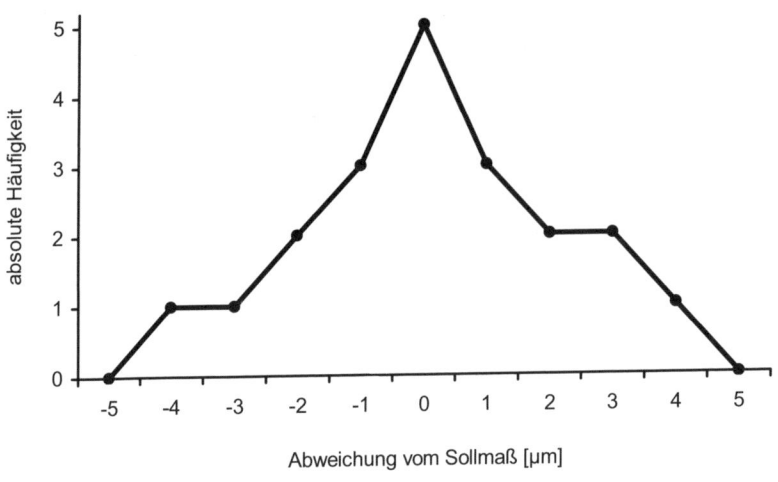

Genau über den Ausprägungen bzw. den Klassenmitten werden in Höhe der Häufigkeiten Punkte in das Koordinatensystem gezeichnet. Benachbarte Punkte sind dann durch Strecken zu verbinden. Es macht sich ästhetisch gut, wenn der Streckenzug in Höhe der Null beginnt und endet. Zu diesem Zweck fügt man rechts und links je eine Flügelklasse derselben Breite zur Klasseneinteilung hinzu. Diese Flügelklassen sind natürlich leer und deshalb mit der Häufigkeit 0 zu versehen. Nimmt man diese beiden Punkte als Anfang und Ende in den Streckenzug mit auf, hat man den gewünschten Effekt erreicht. Die beim Histogramm gegebenen Hinweise sind hier auch zu beachten. Die Interpretation des Streckenzugdiagramms unterscheidet sich nicht von der des Histogramms.

Das **Säulendiagramm**, auch Balken- oder Stabdiagramm genannt, wird für ordinal oder nominal skalierte Merkmale verwendet. Wie man in Abbildung 3-10 erkennt, unterscheidet es sich rein äußerlich vom Histogramm durch die Lücken zwischen den Säulen. Durch diese nimmt das Auge sofort wahr, dass es sich hier um keine metrische Skala handeln kann. Die Säulenlängen müssen proportional zu den Häufigkeiten sein. Ansonsten gelten die beim Histogramm gegebenen Hinweise zur Konstruktion und Interpretation auch hier.

Abbildung 3-10: *Beispiel für ein Säulendiagramm*

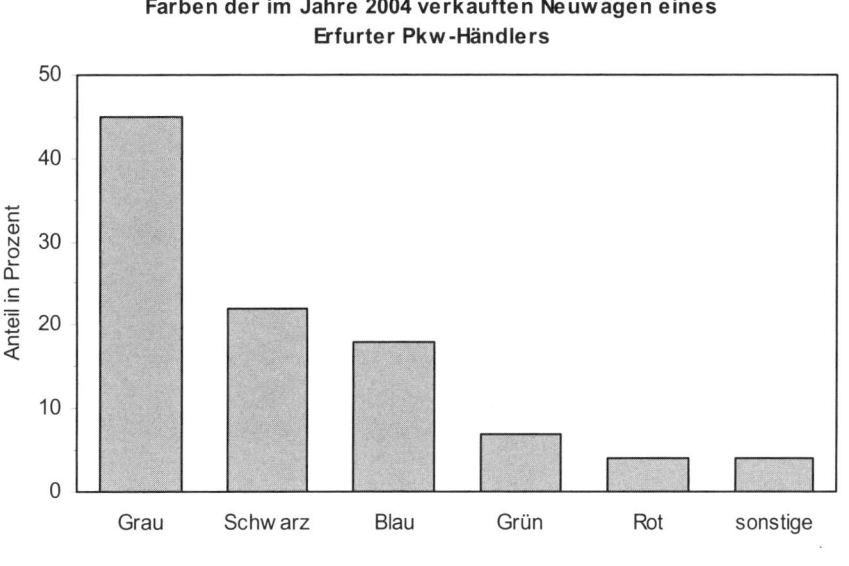

Das **Kreisdiagramm** (vgl. Abbildung 3-11) ist nur zur Häufigkeitsdarstellung nominal skalierter Merkmale geeignet. Jeder Ausprägung oder Klasse entspricht ein Kreissegment, dessen Flächeninhalt die Häufigkeit repräsentiert. Dazu sind die Winkel der Segmente proportional zu den Häufigkeiten zu wählen und nach der Formel

$$\varphi_j = f_j \cdot 360° = \frac{h_j}{n} \cdot 360° \qquad (j = 1, ..., k)$$

bestimmbar.

Da das menschliche Auge die Winkel nicht so gut wie Längen unterscheiden kann, sollte das Kreisdiagramm nicht verwendet werden, wenn die einzelnen Häufigkeiten untereinander verglichen werden sollen. Wenn es jedoch darauf ankommt, den Anteil der Häufigkeiten am Ganzen zum Ausdruck zu bringen, ist das Kreisdiagramm ein geeignetes grafisches Darstellungsmittel.

Abbildung 3-11: *Beispiel für ein Kreisdiagramm[4]*

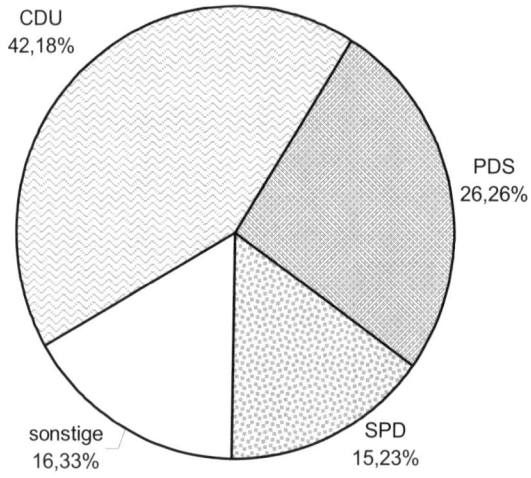

Ergebnis der Landtagswahlen 2004 in Thüringen
Anteil an den gültigen Landesstimmen

CDU
42,18%

PDS
26,26%

sonstige
16,33%

SPD
15,23%

---

[4] Datenquelle: Thüringer Landesamt für Statistik

26

4 Statistische Maßzahlen

Statistische Maßzahlen sind dafür gedacht, wesentliche Informationen über die Häufigkeitsverteilung eines Merkmals oder mehrerer Merkmale durch einige wenige, zumeist numerische Werte zu beschreiben. Die bekanntesten Kennwerte dieser Art sind Mittelwert und Streuung. Der Anblick eines Häufigkeitsdiagramms ist eigentlich viel informativer als allein die Kenntnis dieser beiden Werte. Und auch das Argument aus früheren Zeiten, der Aufwand zur Erstellung eines Diagramms sei viel zu hoch, stimmt heute nicht mehr. Der Nutzen der statistischen Kennwerte liegt vielmehr darin, Häufigkeitsverteilungen miteinander besser vergleichen und theoretische Verteilungen an sie besser anpassen zu können. Mit statistischen Maßzahlen kann man selbst kleine Unterschiede sichtbar machen, die in einem Diagramm oder einer Tabelle vielleicht nur mit Mühe oder gar nicht zu sehen sind. So liegt denn eine der wichtigsten Anwendungen der Maßzahlen in der schließenden Statistik, wo man mit Hypothesenprüfungen und Vertrauensintervallen den erwähnten Unterschieden und Anpassungen nachgeht. Die statistischen Kennzahlen kann man grob einteilen in Lageparameter, Streuungsparameter und Formparameter.

4.1 Lageparameter

Lageparameter bezeichnen eine Stelle auf der Messskala, um die herum das Merkmal X seine Werte im Mittel annimmt. Mittelwert und Lageparameter sind also dasselbe.

4.1.1 Das arithmetische Mittel

Das **arithmetische Mittel** (*auch* empirisches Mittel) ist für metrisch skalierte Beobachtungswerte $x_1, x_2, ..., x_n$ gedacht. Es ist definiert durch die Formel

$$\overline{x} = \frac{1}{n} \sum_{i=1}^{n} x_i \; .$$

Wenn für die Ausprägungen $a_1, a_2, ..., a_k$ des Merkmals X eine primäre Häufigkeitstabelle mit den absoluten Häufigkeiten $h(a_j)$ vorliegt, braucht man nur noch über alle Ausprägungen zu summieren und kann mit

$$\bar{x} = \frac{1}{n} \sum_{j=1}^{k} a_j \cdot h(a_j)$$

den Rechenaufwand vielleicht deutlich reduzieren. Das dürfte vor allem dann der Fall sein, wenn die Beobachtungswerte stark gehäuft auftreten und sich deshalb die Anzahl der Summanden stark verringert. Muss man auf eine sekundäre Häufigkeitstabelle zurückgreifen, nimmt man statt der Ausprägungen die Klassenmitten $\tilde{a}_j$ und kann das arithmetische Mittel allerdings nur noch näherungsweise durch

$$\tilde{x} = \frac{1}{n} \sum_{j=1}^{m} \tilde{a}_j \cdot h_j$$

bestimmen.

Im Beispiel 3-1, den Abweichungen der gemessenen Längen vom Sollmaß, berechnet man das arithmetische Mittel aus der Urliste zu

$$\bar{x} = \frac{1}{20}(3 + 2 - 1 - 2 + 0 + 1 + 2 - 1 + 1 + 0 + 0 + 0 + 0 - 4 + 3 + 1 - 2 - 1 - 3 + 4) = \frac{1}{20} \cdot 3 = 0,15 \,.$$

Diesen Wert kann man so interpretieren: „Die Abweichung vom Sollmaß beträgt im Mittel 0,15 µm." Oder mit anderen Worten: „Die Teile werden mit einem systematischen Fehler von 0,15 µm produziert."

Zum Vergleich soll der Mittelwert auch noch näherungsweise aus den aggregierten Daten der Tabelle 3-2 berechnet werden. Man erhält hier wie zu erwarten einen etwas anderen Wert:

$$\bar{x} \approx \frac{1}{20}(-3,5 \cdot 2 - 1,5 \cdot 5 + 0,5 \cdot 8 + 3,0 \cdot 5) = \frac{1}{20} \cdot 4,5 = 0,225 \,.$$

Das arithmetische Mittel hat eine interessante Eigenschaft, die seine Bedeutung als Mittelwert von einer anderen Seite beleuchtet. Es minimiert nämlich die **mittlere quadratische Abweichung** $\frac{1}{n} \sum_{i=1}^{n} (x_i - a)^2$ der Beobachtungswerte x_i von einem festen Skalenwert a.

Minimaleigenschaft des arithmetischen Mittels
Die mittlere quadratische Abweichung der Beobachtungswerte von einem Wert a ist genau dann minimal, wenn a das arithmetische Mittel ist.

Beweis: Es soll gezeigt werden, dass die Funktion $m(a) = \frac{1}{n} \sum_{i=1}^{n} (x_i - a)^2$ nur ein lokales Minimum hat und dass dieses bei $\bar{x}$ liegt. Dazu setzt man die erste Ableitung von m gleich null: $m'(a) = -2 \cdot \frac{1}{n} \sum_{i=1}^{n} (x_i - a) = -2(\bar{x} - a) = 0$. Diese Gleichung hat die eindeutige

Lösung $a = \bar{x}$. Die zweite Ableitung von m ist konstant 2. Sie ist also auch an der Stelle $a = \bar{x}$ positiv. Folglich hat die mittlere quadratische Abweichung bei $a = \bar{x}$ ein Minimum.

4.1.2 Der empirische Median

Der **empirische Median** (*auch* **Zentralwert**) ist der prädestinierte Mittelwert für ordinal skalierte Daten. Um ihn bestimmen zu können, braucht man die Rangliste $x_1^*, x_2^*, ..., x_n^*$ der Beobachtungswerte. Der Median ist der Beobachtungswert, der in dieser geordneten Beobachtungsreihe in der Mitte steht. Es gibt also genau so viele Beobachtungswerte, die kleiner oder gleich sind als der Median, wie die, die größer oder gleich sind. Sollte der Beobachtungsumfang n eine gerade Zahl sein, so nimmt man (bei metrisch skalierten Daten) als Median den Mittelwert der beiden zentral liegenden Beobachtungswerte:

$$x_{Med} = \begin{cases} \dfrac{x_{\frac{n}{2}}^* + x_{\frac{n}{2}+1}^*}{2} & \text{, falls } n \text{ gerade} \\ x_{\frac{n+1}{2}}^* & \text{, falls } n \text{ ungerade} \end{cases}$$

Die Bestimmung des Medians soll an zwei Beispielen demonstriert werden.

Beispiel 4-1: Prüfungsnoten in Mathematik von 21 zufällig ausgewählten Studenten

---

| 2 | 1 | 2 | 5 | 3 | 4 | 3 | 3 | 2 | 1 | 4 | 5 | 3 | 2 | 2 | 4 | 3 | 5 | 3 | 4 | 2 |

Die Rangliste zum Beispiel 4-1 ist weiter hinten in Tabelle 4-1 aufgelistet. Da $n = 21$ ungerade ist, braucht man wegen $\dfrac{n+1}{2} = 11$ den 11. Wert in dieser Reihe. Aus der Tabelle 4-1 liest man ab, dass die mittlere Mathe-Note der 21 Studenten im Sinne des Medians eine 3 ist.

Im Beispiel 3-1, den Abweichungen vom Sollmaß, ist der Stichprobenumfang $n = 20$ eine gerade Zahl. Der Median wird also das arithmetische Mittel aus dem 10. und 11. Wert in der Rangliste sein. Aus der zugehörigen Tabelle 3-1 der Häufigkeiten lässt sich gut ablesen, dass beide Werte 0 sind. Dabei ist besonders die Spalte mit den kumulierten Häufigkeiten H_j hilfreich. So kann man als Ergebnis festhalten, dass der Median bei den Abweichung vom Sollmaß 0 µm lautet. Er fällt hier nicht mit dem arithmetischen Mittel zusammen, das zu 0,15 µm berechnet worden war.

Ein wichtiger Vorteil des Medians besteht darin, dass er im Gegensatz zum empirischen Mittel ziemlich unempfindlich auf extrem weit außen liegende Werte reagiert. Ein weiteres Argument für den Median ist seine Verwendbarkeit für ordinale Daten. Sollte das Merkmal wirklich nur ordinal und nicht metrisch skaliert sein, hat man bei einem geraden Stichprobenumfang allerdings ein Problem, weil man dann den Mittelwert aus $x^*_{n/2}$ und $x^*_{n/2+1}$ nicht bilden kann. Deshalb sollte man zusehen, dass bei rein ordinalen Daten der Stichprobenumfang ungerade ist. Auch der Median ist ein Mittelwert in dem Sinne, dass er den durchschnittlichen Abstand zu den Beobachtungswerten minimiert. Allerdings gilt dies hier für die **mittlere absolute Abweichung** $\frac{1}{n}\sum_{i=1}^{n}|x_i - a|$ vom Wert a.

> **Minimaleigenschaft des empirischen Medians**
> Die mittlere absolute Abweichung der Beobachtungswerte von einem Wert a wird minimal, wenn a der Median ist.

4.1.3 Der Modalwert

Der **Modalwert** (*auch* **Modus**) ist der Versuch, für ein lediglich nominal skaliertes Merkmal einen Lageparameter anzugeben. Das Problem besteht darin, dass nominal skalierte Ausprägungen wegen der fehlenden Ordnungsrelation eventuell gar keine Mitte haben. Man behilft sich dann mit derjenigen Ausprägung, die die größte Häufigkeit in der Stichprobe hat:

$$x_{Mod} = a_j \text{ mit } h_j \ge h_i \text{ für alle } i = 1, ..., k.$$

Der Modus ist auf diese Weise nicht eindeutig definiert. Es kann sein, dass eine Häufigkeitsverteilung mehrere Modalwerte hat. Eingipfelige Verteilungen bezeichnet man in diesem Zusammenhang auch als **unimodale Verteilungen**.

Bei den Abweichungen vom Sollmaß aus Beispiel 3-1 kann man der Tabelle 3-1 entnehmen, dass die Ausprägung 0 am häufigsten vorkommt. Die mittlere Abweichung vom Sollmaß im Sinne des Modalwerts liegt hier also bei 0 μm. In der Stichprobe zu den Mathe-Noten des Beispiels 4-1 sind die Noten 2 und 3 am häufigsten vertreten. Hier gibt es also keinen eindeutigen Modalwert.

4.1.4 Spezielle Mittelwerte

Es sollen noch zwei Mittelwerte für metrisch skalierte Daten vorgestellt werden, die in der beschreibenden Statistik ihre Berechtigung haben, allerdings nicht so oft verwendet werden. Das ist zum einen das gewogene (*auch* gewichtete) Mittel und zum anderen das geometrische Mittel.

Das **gewogene Mittel** wird benötigt, wenn die Beobachtungswerte mit unterschiedlicher Gewichtung in die Mittelwertbildung eingehen sollen. Als Gewichte fungieren positive Zahlen $g_1, g_2, ..., g_n$, mit denen die Beobachtungswerte zu multiplizieren sind. Um zu gewährleisten, dass das Gesamtgewicht 1 ergibt, teilt man dann noch jeden Faktor g_i durch die Summe aller Gewichte:

$$\overline{x}_{gew} = \frac{\sum_{i=1}^{n} x_i \cdot g_i}{\sum_{i=1}^{n} g_i} .$$

Dazu ein Beispiel: 5 Arbeiterinnen an je einem Fließband schaffen 450, 430, 460, 450 bzw. 500 Stück pro Stunde. Es soll die durchschnittliche gemeinsame Arbeitsleistung der 5 Frauen berechnet werden. Das einfache arithmetische Mittel der 5 Zahlen wäre $\overline{x} = \frac{1}{5}(480 + 435 + 460 + 450 + 500) = 465$. Wenn man aber berücksichtigen will, dass die erste Arbeiterin 6 Stunden täglich, die letzte gar nur 4 Stunden und die anderen jeweils 8 Stunden pro Tag arbeiten, ergibt sich als gemeinsamer gewichteter Mittelwert $\overline{x}_{gew} = \frac{480 \cdot 6 + 435 \cdot 8 + 460 \cdot 8 + 450 \cdot 8 + 500 \cdot 4}{6 + 8 + 8 + 8 + 4} = 460$. Die durchschnittliche Leistung ist hier um 5 Stück pro Stunde geringer, weil jetzt beachtet wird, dass die hohen Leistungen gerade von den Arbeiterinnen gebracht werden, die verkürzt arbeiten und dadurch in geringerem Maße zum Gesamtmittel beitragen.

Das **geometrische Mittel** ist auf Anwendungen begrenzt, bei denen die zu mittelnden Daten die Bedeutung von Wachstumsfaktoren im weitesten Sinne haben. Es ist definiert durch

$$\overline{x}_{geo} = \sqrt[n]{x_1 \cdot x_2 \cdot ... \cdot x_n} ,$$

wobei alle Beobachtungswerte x_i als positiv vorausgesetzt werden. Man kann beweisen, dass das geometrische Mittel niemals größer als das arithmetische Mittel ist, d. h., es gilt stets

$$\overline{x}_{geo} \leq \overline{x} .$$

Zur Motivation des geometrischen Mittels möge man sich vorstellen, dass der Wert w_0 eines Warenkorbs von Jahr zu Jahr um die Faktoren $c_1, c_2, ..., c_n$ wächst und nach n Jahren den Wert $w_n = w_0 \cdot c_1 \cdot c_2 \cdot ... \cdot c_n$ erreicht. Ein mittlerer Wachstumsfaktor c soll jetzt so definiert sein, dass ein jährliches Wachstum immer mit demselben Faktor c den gleichen Effekt brächte. Es muss also $w_n = w_0 \cdot c \cdot c \cdot ... \cdot c$ gelten, woraus $c^n = c_1 \cdot c_2 \cdot ... \cdot c_n$ und schließlich $c = \sqrt[n]{c_1 \cdot c_2 \cdot ... \cdot c_n}$ folgt.

Zu einem Wachstumsfaktor z. B. von 1,2 sagt man auch, das sei ein Zuwachs um 20 %. Diese aus dem Faktor c_i berechnete Kennzahl $r_i = (c_i - 1) \cdot 100\%$ nennt man Wachstumsrate. Um eine **mittlere Wachstumsrate** $\bar{r}$ zu berechnen, sollte man den Umweg über die Wachstumsfaktoren gehen und aus diesen zunächst ein geometrisches Mittel $\bar{c}_{geo}$ bilden. Dann kann man $\bar{r}$ nach der eben erwähnten Vorschrift $\bar{r} = (\bar{c}_{geo} - 1) \cdot 100\%$ bestimmen.

Als Beispiel soll der Energiebedarf eine jungen Familie dienen, die im 1. Jahr nach dem Einzug in ihr neues Häuschen 6200 kWh und im 6. Jahr 5055 kWh Heizenergie verbrauchte. Wie hoch ist die mittlere jährliche Wachstumsrate beim Heizenergieverbrauch? Also, innerhalb von 5 Jahren ist der Heizenergieverbrauch von $w_0 = 6200$ auf $w_5 = 5055$ kWh gesunken. Das ergibt einen mittleren jährlichen Wachstumsfaktor

von $\bar{c}_{geo} = \sqrt[5]{\dfrac{w_1}{w_0} \cdot \dfrac{w_2}{w_1} \cdot \dfrac{w_3}{w_2} \cdot \dfrac{w_4}{w_3} \cdot \dfrac{w_5}{w_4}} = \sqrt[5]{\dfrac{w_5}{w_0}} = \sqrt[5]{\dfrac{5055}{6200}} \approx 0,96$, was einer mittleren Wachstumsrate von -4% entspricht.

4.2   Streuungsparameter

Der bekannte Spruch „Im Mittel war der Teich 1 Meter tief und trotzdem ist die Kuh ersoffen.", beschreibt das Problem zwar drastisch, aber treffend. Ein Lageparameter ist wohl eine wesentliche Information über die Häufigkeitsverteilung. Er allein sagt aber viel zu wenig über die Verteilung, da man damit noch nicht weiß, wie sehr die Beobachtungswerte von dem Mittelwert abweichen können. Eine solche Information geben Streuungsparameter. Die bekanntesten sind die empirische Varianz und die empirische Standardabweichung. Für ordinal skalierte Merkmale ist der Quartilsabstand gedacht. Für rein nominal skalierte Merkmale gibt es kein Streuungsmaß, weil in diesem Fall allein schon der Begriff der Streuung keinen Sinn macht.

4.2.1   Die empirische Varianz

Die **empirische Varianz** (*auch* **empirische Streuung**) setzt metrisch skalierte Daten voraus und ist durch

$$s^2 = \frac{1}{n-1} \sum_{i=1}^{n} (x_i - \bar{x})^2$$

definiert. Das ist im Prinzip die mittlere quadratische Abweichung der Beobachtungswerte vom arithmetischen Mittel. Es stört noch ein wenig die Division durch $n-1$, wo man doch eine Division durch n erwartet hätte, nämlich

$$s_0^2 = \frac{1}{n}\sum_{i=1}^{n}(x_i - \overline{x})^2 \, .$$

Dieses s_0^2 wird in der beschreibenden Statistik tatsächlich auch als Streuungsmaß benutzt. In der Theorie der Punktschätzungen, die im Kapitel 9 behandelt werden, wird jedoch gezeigt, dass die empirische Varianz s^2 im Gegensatz zu s_0^2 erwartungstreu ist und damit eine etwas bessere Eigenschaft besitzt. Allerdings setzt diese Theorie voraus, dass es sich bei der Beobachtungsreihe um eine reine Zufallsstichprobe handelt, die außerdem noch „mit Zurücklegen" zu ziehen ist. Hat man dagegen eine Vollerhebung, also die Merkmalswerte der ganzen Grundgesamtheit als Beobachtungsreihe, sollte man lieber s_0^2 verwenden. In diesem Zusammenhang wird s_0^2 auch als **Grundgesamtheitsvarianz** bezeichnet. Taschenrechner mit Statistikmodus bieten immer beide Streuungsmaße an. Der Vorteil eines solchen Statistikmodus besteht übrigens darin, dass empirisches Mittel und empirische Varianz simultan berechnet werden, und man die Stichprobenwerte nur einmal einzugeben braucht.

Will man die empirische Varianz sozusagen mit Zettel und Bleistift ausrechnen, ist manchmal die folgende Umrechnung ganz nützlich, weil womöglich mit dem $\overline{x}$ erstmals am Ende der Rechnung eine „krumme" Zahl auftaucht:

$$s^2 = \frac{1}{n-1}\left[\left(\sum_{i=1}^{n}x_i^2\right) - n \cdot \overline{x}^2\right].$$

Liegen die Beobachtungswerte in Form einer primären Häufigkeitstabelle vor, kann man mit

$$s^2 = \frac{1}{n-1}\sum_{j=1}^{k}h(a_j)\cdot(a_j - \overline{x})^2$$

auch hier die Anzahl der Summanden und damit den Rechenaufwand reduzieren. Hat man nur eine sekundäre Häufigkeitstabelle zur Verfügung, stellt

$$\tilde{s}^2 = \frac{1}{n-1}\sum_{j=1}^{m}h_j\cdot(\tilde{a}_j - \tilde{x})^2$$

einen Näherungswert für s^2 dar, wobei $\tilde{x}$ der aus den Klassenmitten $\tilde{a}_j$ bestimmte Näherungswert für $\overline{x}$ ist. Da bekannt ist, dass mit $\tilde{s}^2$ die empirische Varianz systematisch überschätzt wird, kann man diesem Fehler mit Hilfe der sogenannten **Sheppard'schen**[5] **Korrektur** entgegenwirken. Das setzt allerdings einen relativ großen Stichprobenumfang und eine äquidistante Klasseneinteilung voraus. In dem Fall wird $\tilde{s}^2$ durch $\tilde{s}^2 - \frac{b^2}{12}$ ersetzt. Dabei bezeichnet b die einheitliche Klassenbreite.

---

[5] William Fleetwood Sheppard, 1863 – 1936, australischer Mathematiker

Andere Streuungsmaße für metrische skalierte Merkmale, wie der mittlere Abstand vom arithmetischen Mittel $\frac{1}{n}\sum_{i=1}^{n}|x_i - \overline{x}|$ oder vom Median $\frac{1}{n}\sum_{i=1}^{n}|x_i - x_{Med}|$ werden in der Statistik seltener benutzt.

4.2.2   Die empirische Standardabweichung

Die Standardabweichung ist die Wurzel aus der Varianz,

$$s = \sqrt{s^2} \, ,$$

und damit prinzipiell kein neues Streuungsmaß. Es wäre allerdings müßig zu fordern, dass sich die Statistiker auf eine von beiden Kenngrößen einigen sollen, denn beide haben gleichermaßen ihre Daseinsberechtigung. Die Standardabweichung ist leichter interpretierbar, sie trägt dieselbe Maßeinheit wie das Merkmal und sie kann bei einer glockenförmigen Häufigkeitsverteilung im Histogramm ungefähr abgelesen werden. Sie ist dann der Abstand der Wendepunkte der Glocke zur Mittelsenkrechten. Die Varianz hat ihre Stärken in der Theorie. Viele nützliche Eigenschaften und wichtige Theoreme lassen sich mit der Varianz einfacher und schöner formulieren.

4.2.3   Der Variationskoeffizient

Ein dimensionsloses Streuungsmaß für metrisch skalierte Merkmale ist der **Variationskoeffizient**

$$v = \frac{s}{\overline{x}} \cdot 100 \ \text{[in Prozent]},$$

der eine Art normierte Standardabweichung darstellt. Die Normierung geschieht dadurch, dass man die Standardabweichung ins Verhältnis zum arithmetischen Mittel setzt. Damit nicht die Gefahr entsteht, durch 0 zu dividieren, fordert man für das Merkmal rein positive Ausprägungen. Der Variationskoeffizient macht besonders Sinn, wenn man die Streuungen verschiedener, auf unterschiedlichen Skalen gemessener Merkmale miteinander vergleichen will. Zum Beispiel könnte man damit der Frage nachgehen, ob beim Menschen die Körpergröße oder das Körpergewicht stärker streut.

An dieser Stelle soll das Beispiel 3-1 mit der Abweichung vom Sollmaß aufgegriffen und für dieses Merkmal Streuungsmaße bestimmt werden. Es werden die Häufigkeiten aus Tabelle 3-1 benutzt und die empirische Varianz nach der entsprechenden Formel für primäre Häufigkeitstabellen aus Abschnitt 4.2.1 zu

$$s^2 = \frac{1}{20-1}\Big[1\cdot(-4-0,15)^2 + 1\cdot(-3-0,15)^2 + 2\cdot(-2-0,15)^2 + \ldots + 1\cdot(4-0,15)^2 \Big] \approx 4,239$$

berechnet. Dabei wurde der Stichprobenumfang $n = 20$ und der früher schon bestimmten Mittelwert $\bar{x} = 0,15$ benutzt. Die empirische Standardabweichung ist folglich $s \approx \sqrt{4,239} \approx 2,059$. Die Berechnung eines Variationskoeffizienten ist hier nicht sinnvoll, weil die Stichprobenwerte um die Null herum liegen. So kann man resümieren, dass die Abweichungen vom Sollmaß mit der empirischen Varianz 4,239 (µm)² und der empirischen Standardabweichung 2,059 µm um ihren Mittelwert von 0,15 µm schwanken. Dieses Ergebnis wird später im Kapitel 11 über Signifikanztests aufgegriffen, um z. B. der Frage nachzugehen, ob der tatsächliche Mittelwert der Grundgesamtheit bei 0 liegt und damit in Wirklichkeit ohne systematischen Fehler produziert wird.

Zum Vergleich soll die Standardabweichung noch einmal aus der sekundären Häufigkeitstabelle 3-2 berechnen werden. Das wird natürlich nur einen angenäherten Wert liefern. Man erhält diesmal

$$s^2 = \frac{1}{19}\Big[2\cdot(-3,5-0,225)^2 + 5\cdot(-1,5-0,15)^2 + 8\cdot(0,5-0,15)^2 + 5\cdot(3,0-0,15)^2 \Big] \approx 4,302$$

und daraus durch Wurzelziehen den Wert 2,074, der sich nur geringfügig von der tatsächlichen empirischen Standardabweichung unterscheidet. Die Korrektur nach Sheppard wäre hier nicht angebracht, weil die Klasseneinteilung nicht äquidistant und der Stichprobenumfang überdies recht klein ist.

4.2.4 Die Spannweite

Als **Spannweite** *SP* wird der Abstand zwischen dem größten und dem kleinsten Beobachtungswert bezeichnet:

$$SP = \max_{i=1,\ldots,n} x_i - \min_{i=1,\ldots,n} x_i \, .$$

Dieses mit geringem Aufwand zu bestimmende Streuungsmaß hat seine Bedeutung spätestens seit der Erfindung des Taschenrechners verloren. Es hat vor allem den Nachteil, dass es sehr empfindlich auf extrem liegende Werte reagiert.

4.2.5 Der Quartilsabstand

Der Quartilsabstand (*auch* Interquartilsabstand) ist ganz einfach der Abstand zwischen den beiden empirischen Quartilen. Es muss also erst einmal der Begriff des Quartils geklärt werden. Das untere Quartil $x_{0,25}$ ist, vereinfacht ausgedrückt, ein Wert auf der Messskala des Merkmals mit der Eigenschaft, dass ein Viertel aller Beobachtungswerte kleiner als dieser Wert ist und die anderen Dreiviertel größer sind. Beim oberen Quartil $x_{0,75}$ ist es genau umgekehrt. Zur Bestimmung der Quartile benötigt man wie beim Median die geordnete Stichprobe $x_1^*, x_2^*, ..., x_n^*$ mit $x_1^* \leq x_2^* \leq ... \leq x_n^*$. Unter $\lceil x \rceil$ soll im Folgenden die kleinste ganze Zahl verstanden werden, die größer oder gleich der reellen Zahl x ist. Kurz gesagt, $\lceil ... \rceil$ bedeutet Aufrunden. Damit kann man die beiden Quartile exakt definieren.

Unteres empirisches Quartil:

$$x_{0,25} = \begin{cases} \dfrac{1}{2}\left(x_{\frac{n}{4}}^* + x_{\frac{n}{4}+1}^* \right), & \text{wenn } n \text{ ohne Rest durch 4 teilbar ist,} \\ x_{\left\lceil \frac{n}{4} \right\rceil}^* & \text{sonst.} \end{cases}$$

Oberes empirisches Quartil:

$$x_{0,75} = \begin{cases} \dfrac{1}{2}\left(x_{\frac{3n}{4}}^* + x_{\frac{3n}{4}+1}^* \right), & \text{wenn } n \text{ ohne Rest durch 4 teilbar ist,} \\ x_{\left\lceil \frac{3n}{4} \right\rceil}^* & \text{sonst.} \end{cases}$$

Der **Quartilsabstand** ist dann

$$Q = x_{0,75} - x_{0,25} .$$

Die Grundidee hinter dem Quartilsabstand ist eigentlich ordinal. Vor allem bei einem ungeraden Stichprobenumfang sind die beiden Quartile wohl definiert auch dann, wenn die Skala zwar ordinal ist, die Ausprägungen aber nicht aus Zahlen bestehen. Jedoch spätestens bei der Differenzbildung zum Quartilsabstand braucht man Werte, die sich sinnvoll subtrahieren lassen. Man hat es hier mit einem grundsätzlichen Problem zu tun. Jedes Streuungsmaß sollte ein Maß für die Abweichung von einem Mittelwert sein. Um Abweichungen zu definieren, bedarf es aber einer Metrik auf der Merkmalsachse. Das heißt also, Streuungsmaße auf nicht metrischen Skalen wird es nicht geben. Und so setzt auch der Quartilsabstand letztendlich metrisch skalierte Daten voraus. Im Vergleich mit der empirischen Varianz hat er wie der Median den Vorteil, gegenüber Ausreißern ziemlich unempfindlich zu sein.

Jetzt soll der Quartilsabstand in den zwei Standardbeispielen dieses Kapitels bestimmt werden, beginnend mit Beispiel 3-1, den Abweichungen vom Sollmaß. Der Stichprobenumfang ist mit $n = 20$ eine durch 4 teilbare Zahl, so dass in den Definitionsgleichungen für die Quartile jeweils der obere Fall zutrifft. Wegen $\dfrac{n}{4} = 5$ und $\dfrac{n}{4}+1 = 6$ werden der 5. und der 6. Wert in der Rangliste benötigt. Doch man braucht die Rangliste gar nicht aufzuschreiben, denn man kann viel besser die Häufigkeitstabelle 3-1 benutzen. Dort ist anhand der kumulierten Häufigkeiten zu erfahren, dass die beiden gesuchten Werte jeweils – 1 sind. Entsprechend ist das obere Quartil die Mitte wischen dem 15. und 16. Wert in der Rangliste, also zwischen $x_{15}^* = 1$ und $x_{16}^* = 2$. Somit erhält man als Quartilsabstand $Q = x_{0,75} - x_{0,25} = 1,5 - (-1) = 2,5$. Praktisch bedeutet dies, dass sich die (mittlere) Hälfte aller gemessenen Abweichungen in einem Intervall der Länge 2,5 μm befindet.

Nun noch die Mathe-Noten aus Beispiel 4-1. Da der Stichprobenumfang mit $n = 21$ jetzt nicht durch 4 teilbar ist, muss jeweils der untere Fall zur Berechnung der Quartile verwendet werden. Man braucht zum einen den 6. und zum anderen den 16. Wert in der Rangliste, weil $\left\lceil \frac{21}{4} \right\rceil = 6$ und $\left\lceil \frac{3 \cdot 21}{4} \right\rceil = 16$. Dazu soll die Rangliste in der Tabelle 4-1 noch einmal explizit aufgeschrieben werden.

Tabelle 4-1:   *Rangliste zum Beispiel 4-1, den Prüfungsnoten in Mathematik*

i	1	2	3	4	5	6	7	8	9	10	11	12	13	14	15	16	17	18	19	20	21
x_i^*	1	1	2	2	2	**2**	2	2	3	3	**3**	3	3	3	4	**4**	4	4	5	5	5

      ↑   ↑   ↑

unteres   Median   oberes
Quartil   Quartil

Man sieht, dass die Quartile $x_{0,25} = 2$ und $x_{0,75} = 4$ sind und somit der Quartilsabstand 2 Noten beträgt.

4.3 Box-Whisker-Plots

Das Box-Whisker-Diagramm ist eine grafische Darstellung der Häufigkeitsverteilung. Es passt trotzdem hier in den Abschnitt über statistische Maßzahlen, weil mit ihm genau genommen nur 5 Kennwerte der Häufigkeitsverteilung dargestellt werden. Das sind der kleinste Beobachtungswert, das untere Quartil, der Median, das obere Quartil und der größte Beobachtungswert. Ein Box-Whisker-Plot sieht aus wie ein Kasten, aus dem links und rechts je ein Schnurrhaar (*englisch:* whisker) herausragt. Zur besseren Erkennbarkeit der Whisker-Enden werden diese mit kleinen Querstrichen markiert.

Zum Beispiel 3-1 ist der entsprechende Plot in Abbildung 4-1 dargestellt. Zu einem Box-Whisker-Diagramm gehört unbedingt eine Merkmalsachse, die nach Möglichkeit metrisch skaliert sein sollte. Die beiden Whisker enden beim kleinsten bzw. größten Beobachtungswert, so dass die Gesamtlänge des Plots der Spannweite entspricht. Und schließlich markiert der Strich, der die Box zweiteilt, den Median. Durch den Box-

Whiker-Plot wird die Skala so in 4 Abschnitte zerlegt, dass sich in jedem Abschnitt gerade ein Viertel aller Beobachtungswerte befindet.

Abbildung 4-1:   *Box-Whisker-Plot zum Beispiel 3-1*

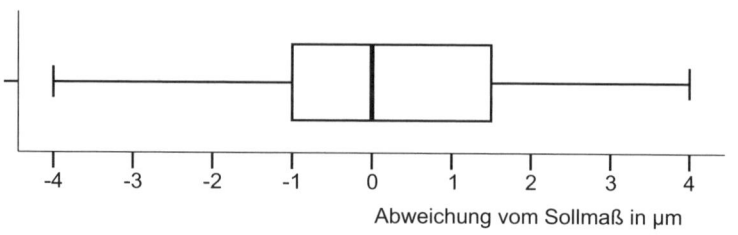

Abweichung vom Sollmaß in µm

Die Box reicht genau vom unteren bis zum oberen Quartil, ihre Länge ist folglich der Quartilsabstand.

Abbildung 4-2:   *Benzinverbrauch von Pkws desselben Typs nach Betriebsdauer*

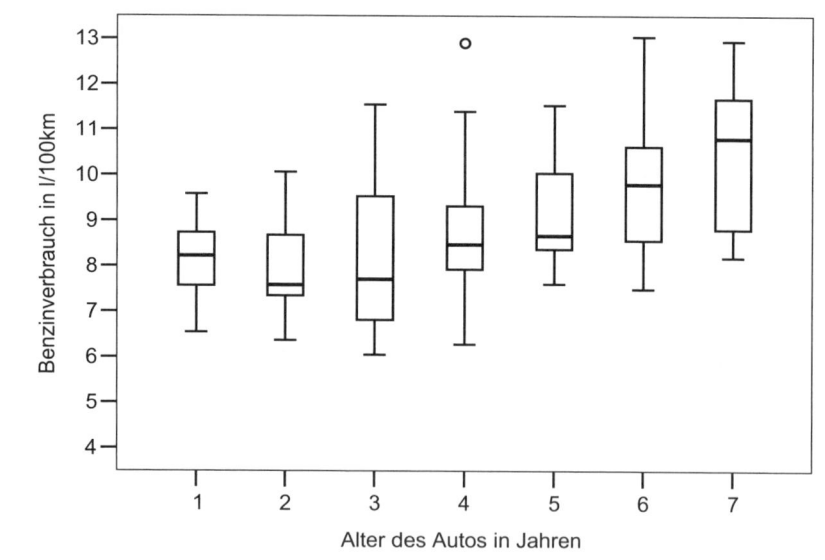

Der Box-Plot wurde 1977 von Tukey[6] entwickelt, der als der Begründer der explorativen Datenanalyse gilt. Der Vorteil der Box-Plots besteht darin, dass man nicht nur die Häufigkeitsverteilung ganz gut erkennen kann, sondern auch noch einen Mittelwert und zwei Streuungsparameter direkt vor Augen hat. Der größte Vorteil jedoch liegt in der Möglichkeit, die Verteilungen von mehreren, ja sogar vielen Gruppen von Messwerten zum selben Merkmal parallel und platzsparend zu visualisieren. Damit ist, wie man in Abbildung 4-2 erkennen kann, dem Betrachter ein direkter Vergleich zwischen den Gruppen möglich, ohne dass er Zahlen in sich aufnehmen muss.

Zum Box-Whisker-Plot gibt es inzwischen zahlreiche Modifikationen. Die bekanntesten sind das Separieren extremer Beobachtungswerte (vgl. den mittleren Plot in der Abbildung **4-2**) und das zusätzliche Einkerben der Box an der Stelle des arithmetischen Mittels, womit man einen sogenannten **gekerbten Box-Plot** erhält.

4.4 Empirische Quantile

Median und Quartile sind Stellen auf der Merkmalsskala, die die geordneten Beobachtungswerte von der Anzahl her halbieren oder vierteln. Es liegt nahe, diese Maßzahlen so zu verallgemeinern, dass der gewünschte Kennwert für ein beliebig vorgegebenes $p \in (0;1)$ den p-ten Teil der Rangliste $x_1^*, x_2^*, ..., x_n^*$ abtrennt. Der so definierte Trennwert

$$x_p = \begin{cases} \dfrac{1}{2}\left(x_{n \cdot p}^* + x_{n \cdot p+1}^*\right) & \text{, falls } n \cdot p \text{ ganzzahlig,} \\ x_{\lceil n \cdot p \rceil}^* & \text{sonst,} \end{cases}$$

heißt **empirisches Quantil p-ter Ordnung**. Das Merkmal sollte dabei mindestens ordinal skaliert sein. Die halben eckigen Klammern bedeuten wiederum Aufrunden auf die nächste ganze Zahl. Mit $p = \dfrac{1}{2}$, $p = \dfrac{1}{4}$ und $p = \dfrac{3}{4}$ erhält man als Spezialfälle die bereits bekannten Kennwerte Median, unteres Quartil bzw. oberes Quartil.

Zur Erläuterung sollen jetzt einige Quantile zu den Kohlenstoffwerten aus Beispiel 2-1 bestimmt werden. Da die Stichprobe hier mit $n = 167$ recht umfangreich ist, erinnere man sich daran, dass zur Bestimmung von Median und Quartilen die primäre Häufigkeitstabelle mit kumulierten Häufigkeiten sehr nützlich war. Zu dem Merkmal Kohlenstoffgehalt von Gusseisen liegt das primäre Histogramm, vgl. Abbildung 3-2, schon vor. Die zugehörigen Häufigkeiten werden hier in Tabelle 4-2 angegeben.

Die Bestimmung der Quantile wird durch die Spalte mit den relativen kumulierten Häufigkeiten sehr einfach. Für den Median z. B. braucht man nur zu schauen, in

---

[6] John Wilder Tukey, 1915 – 2000, US-amerikanischer Statistiker

welcher Zeile der Wert 0,5 zum ersten Mal überschritten wird. Das ist hier in der Zeile 17 mit der Ausprägung 3,34 der Fall. Folglich ist 3,34 der Median. Für die beiden Quartile orientiert man sich am besten an den relativen kumulierten Schwellwerten 0,25 bzw. 0,75 und liest auf diese Weise $x_{0,25} = 3,31$ und $x_{0,75} = 3,37$ ab. Quantile der Ordnung 0,1 oder 0,9 nennt man auch **Dezile**, die man hier in der 11. und 22. Zeile mit $x_{0,1} = 3,28$ und $x_{0,9} = 3,39$ findet.

Tabelle 4-2:   *Primäre Häufigkeitstabelle zum Beispiel 2-1, Kohlenstoffgehalt in Prozent*

laufende Nummer	Ausprägung	absolute Häufigkeit	relative Häufigkeit	absolute kumul. Häufigkeit	relative kumulierte Häufigkeit
1	3,18	1	0,0060	1	0,0060
2	3,19	0	0,0000	1	0,0060
3	3,20	1	0,0060	2	0,0120
4	3,21	0	0,0000	2	0,0120
5	3,22	3	0,0180	5	0,0299
6	3,23	0	0,0000	5	0,0299
7	3,24	3	0,0180	8	0,0479
8	3,25	1	0,0060	9	0,0539
9	3,26	1	0,0060	10	0,0599
10	3,27	4	0,0240	14	0,0838
11	3,28	3	0,0180	17	0,1018
12	3,29	13	0,0778	30	0,1796
13	3,30	9	0,0539	39	0,2335
14	3,31	12	0,0719	51	0,3054
15	3,32	10	0,0599	61	0,3653
16	3,33	11	0,0659	72	0,4311
17	3,34	14	0,0838	86	0,5150
18	3,35	22	0,1317	108	0,6467
19	3,36	9	0,0539	117	0,7006
20	3,37	17	0,1018	134	0,8024
21	3,38	5	0,0299	139	0,8323
22	3,39	12	0,0719	151	0,9042
23	3,40	6	0,0359	157	0,9401
24	3,41	6	0,0359	163	0,9761
25	3,42	2	0,0120	165	0,9880
26	3,43	0	0,0000	165	0,9880
27	3,44	2	0,0120	167	1,0000

4.5   Empirische Momente

Aus den Beobachtungen $x_1, x_2, ..., x_n$ eines metrisch skalierten Merkmals X kann man in Verallgemeinerung des arithmetischen Mittels und der empirischen Varianz sogenannten empirische Momente berechnen. Dabei sind die Zentralmomente von den

Anfangsmomenten zu unterschieden. Das Zentralmoment hat seinen Namen daher, dass bei ihm alle Beobachtungswerte vor ihrer Weiterverarbeitung zunächst zentriert werden, d. h. von ihnen wird ihr arithmetisches Mittel $\bar{x}$ subtrahiert.

Anfangsmoment *l*-ter Ordnung:

$$M_{Anf,l} = \frac{1}{n}\sum_{i=1}^{n} x_i^l = \frac{1}{n}\sum_{j=1}^{k} a_j^l \cdot h_j \qquad (l = 1, 2, \ldots)$$

Zentralmoment *l*-ter Ordnung:

$$M_{Zen,l} = \frac{1}{n}\sum_{i=1}^{n}(x_i - \bar{x})^l = \frac{1}{n}\sum_{j=1}^{k}(a_j - \bar{x})^l \cdot h_j \quad (l = 1, 2, \ldots)$$

Das Anfangsmoment 1. Ordnung $M_{Anf,1} = \frac{1}{n}\sum_{i=1}^{n} x_i$ ist als empirisches Mittel bereits bekannt. Anfangsmomente höherer Ordnung spielen in der Statistik kaum eine Rolle. Wichtiger sind da schon die Zentralmomente. Das Zentralmoment 1. Ordnung ist immer 0 und damit völlig uninteressant. Das Zentralmoment 2. Ordnung ist ein Streuungsmaß, das im Abschnitt 4.2.1 schon einmal als Grundgesamtheitsvarianz s_0^2 vorkam. Der Zusammenhang zur empirischen Varianz s^2 ist

$$M_{Zen,2} = \frac{n-1}{n}\cdot s^2 = \left(\frac{1}{n}\sum_{i=1}^{n} x_i^2\right) - \bar{x}^2 \ ,$$

weil sich zweites Zentralmoment und empirische Varianz nur durch den Vorfaktor $\frac{1}{n}$ bzw. $\frac{1}{n-1}$ unterscheiden.

Statistisch interessant sind aber auch noch das dritte und das vierte empirische Zentralmoment, die in ihrer normierten Fassung zu den Kennwerten Schiefe und Exzess führen, die die eingangs erwähnten Formparameter sind.

Empirische Schiefe:

$$Sch = \frac{M_{Zen,3}}{\left(M_{Zen,2}\right)^{3/2}}$$

Die empirische Schiefe kann sowohl positive als auch negative Werte annehmen und ist im Allgemeinen durch keine Schranke begrenzt. Sie ist ein Maß für die Symmetrie der Verteilung. Eine völlig symmetrische Häufigkeitsverteilung hat die Schiefe 0. Rechts schiefe Verteilungen, die man daran erkennt, dass sie links steil sind, haben eine positive Schiefe. Bei links schiefen Verteilungen ist sie negativ (vgl. Tabelle 4-3).

Schiefe Verteilungen kann man übrigens auch daran erkennen, dass arithmetisches Mittel und Median nicht zusammenfallen. Für eine unimodale Verteilung gilt nach der Fechnerschen Lageregel

- $x_{Mod} = x_{Med} = \overline{x}$, wenn sie symmetrisch ist,

- $x_{Mod} < x_{Med} < \overline{x}$, wenn sie rechts schief ist,

- $x_{Mod} > x_{Med} > \overline{x}$, wenn sie links schief ist.

Tabelle 4-3:   *Interpretation der empirischen Schiefe*

Interpretation	Beispieldiagramm	Kennwert
symmetrisch		Sch = 0
rechts schief (= links steil)		Sch > 0
links schief (= rechts steil)		Sch < 0

Empirischer Exzess (*auch* **empirische Wölbung**):

$$Exz = \frac{M_{Zen,4}}{\left(M_{Zen,2}\right)^2} - 3$$

Der empirische Exzess ist stets größer als -3, nach oben gibt es im Allgemeinen keine Begrenzung. Er dient dazu, die Häufigkeitsverteilung mit der in der schließenden Statistik bedeutsamen Normalverteilung zu vergleichen. Die Normalverteilung (vgl. Anhang A.2.4) hat die gaußsche Glocke als Verteilungsdichte und den Exzess 0. Weicht der empirische Exzess deutlich von 0 ab, spricht das gegen ein normalverteiltes Merkmal. Diese Eigenschaft macht man sich bei den Anpassungstests zunutze, wo man anhand der Kennwerte Schiefe und Exzess entscheiden kann, ob ein Merkmal als normalverteilt angesehen werden darf.

Tabelle 4-4: *Interpretation des empirischen Exzesses*

Interpretation	Beispieldiagramm	Kennwert
normal gewölbt (= mesokurtisch)		Exz = 0
spitz gewölbt (= leptokurtisch)		Exz > 0
flach gewölbt (= platykurtisch)		Exz < 0

Auch beim Exzess ist das Vorzeichen interpretierbar, wie man der Tabelle 4-4 entnehmen kann. Die Bezeichnungen *flach gewölbt* und *spitz gewölbt* sind jedoch irreführend, denn sie suggerieren, dass man bei eingipfeligen Verteilungen das Vorzeichen an der Form des Berges erkennen könnte. Das ist jedoch nicht so. Das Vorzeichen des Exzesses wird ausschließlich dadurch bestimmt, wie schnell sich die Ausläufer des Gipfels dem Nullniveau nähern, nämlich schneller oder langsamer als die Gaußglocke. Diesem Sachverhalt wird übrigens die lateinische Bezeichnung *Exzess* besser gerecht als das deutsche Wort *Wölbung*.

Der Abschnitt über empirische Momente soll wie gewohnt mit einem Zahlenbeispiel abschlossen werden. Dazu soll das Beispiel 2-1, der Kohlenstoffgehalt von Gusseisen, dienen. Die Daten können der Tabelle 4-2 entnommen werden. Etwas Mühe macht die Berechnung des dritten und des vierten Zentralmoments, zumal dabei auch moderne Taschenrechner nicht sonderlich hilfreich sind. Hier nur die Ergebnisse:

$$M_{Anf,1} = \overline{x} \approx 3{,}337485 \quad [\%]$$

$$M_{Zen,2} \approx \frac{1}{167} \sum_{i=1}^{167} (x_i - 3{,}337485)^2 \approx 0{,}002203 \quad [(\%)^2]$$

$$M_{Zen,3} \approx \frac{1}{167} \sum_{i=1}^{167} (x_i - 3{,}337485)^3 \approx -0{,}0005612 \quad [(\%)^3]$$

$$M_{Zen,4} \approx \frac{1}{167} \sum_{i=1}^{167} (x_i - 3{,}337485)^4 \approx 0{,}00001687 \quad [(\%)^4]$$

Daraus kann man jetzt leicht Schiefe und Exzess berechnen:

$$Sch \approx \frac{-0,00005612}{\left(\sqrt{0,002203}\right)^3} \approx -0,5426$$

$$Exz \approx \frac{0,0001687}{0,002203^2} - 3 \approx 0,4755$$

Die negative Wert der Schiefe deutet auf eine leicht links schiefe Häufigkeitsverteilung hin, und der positive Exzess spricht für eine leicht leptokurtische Verteilung. Bei der Beurteilung der soeben berechneten Kennwerte sollte man nicht vergessen, einen Blick auf die zugehörigen Häufigkeitsdiagramme in den Abbildungen 3-2 bis 3-5 zu werfen. Zumindest die Schiefe der Verteilung kann man dort deutlich erkennen.

4.6   Konzentrationsmaße

Das Privatvermögen in Deutschland ist sehr ungleichmäßig verteilt. Die vermögendsten 10 % der Haushalte besaßen im Jahre 2003 knapp 47 % des gesamten Nettovermögens. Die untere Hälfte der Haushalte besaß dagegen nicht einmal 4 % des Gesamtvermögens.[7]

Um solche und ähnliche Ungleichverteilungen z. B. im Zeitverlauf miteinander vergleichen zu können, wurden verschiedene Konzentrationsmaße entwickelt. Mit diesen wird die Größe der Ungleichheit durch eine einzige Kennzahl wiedergegeben. Das vielleicht bekannteste Konzentrationsmaß ist der Gini-Koeffizient, der seine Anschaulichkeit der Lorenzkurve verdankt. Andere Konzentrationsmaße, auf die hier auch kurz eingegangen werden wird, sind die Konzentrationsraten, der Herfindahl-Index und der Exponentialindex.

4.6.1   Die Lorenzkurve

Die Lorenzkurve[8] ist eine spezielle grafische Darstellung einer Häufigkeitsverteilung, bei der das Maß der Ungleichheit besonders gut zu erkennen ist. Wie bei allen Konzentrationsmessungen muss vorausgesetzt werden, dass das Merkmal metrisch skaliert ist und die Beobachtungswerte $x_1,...,x_n$ nicht negativ sein können. Außerdem muss die Addition von Beobachtungswerten vernünftig interpretierbar sein. Beispiele für derartige Merkmale sind eigentlich immer irgendwelche Mengen (z. B. Geld-, Verbrauchs-, Produktions-, Transport-, Förder- oder Schadstoffmengen).

---

[7] Quelle: 2. Armuts- und Reichtumsbericht der Bundesregierung, 2005.
[8] genannt nach Max Otto Lorenz, 1876 – 1959, US-amerikanischer Mathematiker

Zur Konstruktion der Lorenzkurve kann man von einer primären Häufigkeitstabelle ausgehen. Dabei sollen die Bezeichnung aus Abschnitt 3.1. beibehalten werden. Die Ausprägungen müssen jetzt zwingend in aufsteigender Reihenfolge sortiert sein: $0 < a_1 < a_2 < ... < a_k$. In die Häufigkeitstabelle nimmt man neben den absoluten Häufigkeiten h_j auch noch die relativen kumulierten Häufigkeiten $F_j = \sum_{i=1}^{j} \frac{h_i}{n}$ auf. Neu ist, dass außer der Kumulation von Häufigkeiten jetzt auch noch die Kumulation der Beobachtungswerte eine Rolle spielt. Die Summe aller Beobachtungswerte, die sogenannte **Merkmalssumme**, sei mit $MS = \sum_{j=1}^{k} a_j \cdot h_j = \sum_{i=1}^{n} x_i$ bezeichnet, mit der man dann die relativen Summen der Beobachtungswerte bis zur j-ten Ausprägung

$$S_j = \frac{1}{MS} \sum_{i=1}^{j} a_j \cdot h_j \qquad (j = 1, ..., k)$$

berechnet.

Abbildung 4-3: *Beispiel für eine Lorenzkurve*

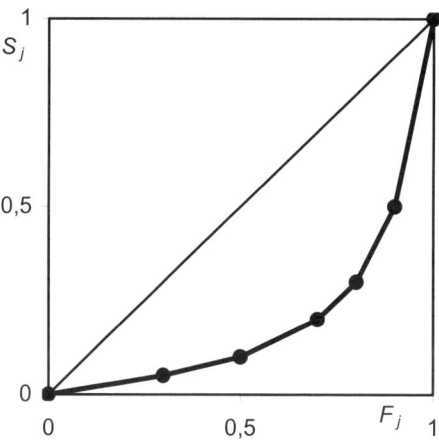

Mit der Festlegung $F_0 = 0$ und $S_0 = 0$ kann nun die Lorenzkurve gezeichnet werden, indem alle Punkte $(F_j; S_j)$ für $j = 0, 1, ..., k$ in ein rechtwinkliges Koordinatensystem eintragen und aufeinander folgende Punkte durch Strecken verbunden werden. Der dabei entstehende Streckenzug ist die Lorenzkurve, die stets im Punkt $(0; 0)$ beginnt, im Punkt $(1; 1)$ endet und konvex ist, und somit unterhalb der Winkelhalbierenden verläuft. In Abbildung 4-3 ist ein Beispiel für eine Lorenzkurve dargestellt.

Die Winkelhalbierende ist selbst auch eine Lorenzkurve, nämlich dann, wenn alle Beobachtungswerte gleich groß sind und damit überhaupt keine Konzentration vorliegt. Das passiert, wenn es nur eine Ausprägung a_1 mit der Häufigkeit $h_1 = n$ gibt. Folglich ist die Lorenzkurve die Verbindung der Punkte $(0; 0)$ und $(1; 1)$ durch eine Strecke. Die Winkelhalbierende als Lorenzkurve repräsentiert also die völlige Gleichheit der Beobachtungen.

Das andere Extrem, die völlige Ungleichheit, besteht darin, dass genau ein Beobachtungswert positiv ist und alle anderen 0 sind. (Maximale Konzentration: Einer hat alles, alle anderen haben nichts.) Dann gibt es genau zwei Ausprägungen $a_1 = 0$ und $a_2 > 0$ mit den Häufigkeiten $h_1 = n-1$ bzw. $h_2 = 1$. Daraus folgt $F_1 = \dfrac{h_1}{n} = \dfrac{n-1}{n}$ und $S_1 = \dfrac{a_1 \cdot h_1}{MS} = 0$. Die Lorenzkurve einer maximalen Konzentration hat also außer ihren obligatorischen Endpunkten $(0; 0)$ und $(1; 1)$ noch genau einem Knickpunkt, nämlich auf der Abszisse ganz nahe beim Punkt $(1; 0)$. Die beiden Extremfälle sind in Abbildung 4-4 grafisch dargestellt.

Abbildung 4-4:   *Extremfälle der Lorenzkurve*

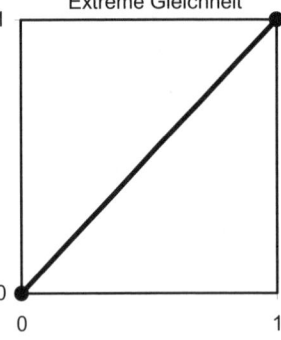 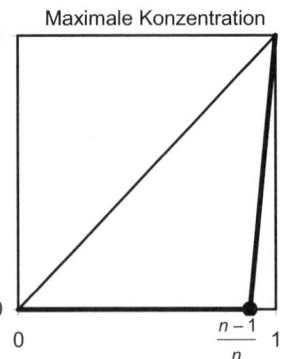

Im Beispiel 4-2 wird eine Region mit 5 Herstellern von CDs betrachtet. Das interessierende Merkmal X sei die im Jahre 2007 produzierte Stückzahl, die in der Tabelle für die einzelnen Hersteller angegeben ist. Ein für die Lorenzkurve geeignetes Arbeitsblatt ist in Tabelle 4-5 wiedergegeben. Die letzte Spalte in dieser Tabelle wird allerdings erst im nächsten Abschnitt zur Berechnung des Gini-Koeffizienten benötigt.

Mit Hilfe der Tabelle 4-5 lässt sich dann leicht die Lorenzkurve für die Jahresproduktionszahlen von CDs zeichnen.

Beispiel 4-2: *Jahresproduktion verschiedener Hersteller von CDs*

Hersteller	Anzahl (in Millionen Stück)
I	5
II	5
III	70
IV	15
V	5

Tabelle 4-5: *Arbeitstabelle zum Beispiel 4-2*

a_j	h_j	F_j	$a_j \cdot h_j$	S_j	$F_{j-1} + F_j$
5	3	0,6	15	0,15	0,6
15	1	0,8	15	0,30	1,4
70	1	1,0	70	1,00	1,8
Summe	$n = 5$		$GS = 100$		

Abbildung 4-5: *Lorenzkurve zum Beispiel 4-2*

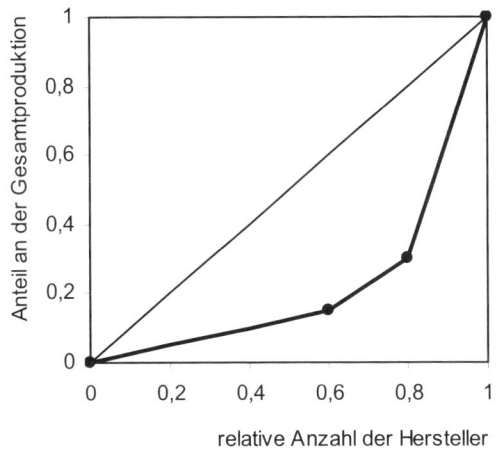

47

Während auf der Abszisse der Anteil der „kleinsten" Merkmalsträger an der Anzahl aller Merkmalsträger aufgetragen ist, gibt die Ordinate deren Anteil an der Merkmalssumme wieder. So bedeutet z. B. der dritte Punkt im Streckenzug, dass 80 % aller Hersteller 30 % der Gesamtproduktion an CDs bringen.

4.6.2 Der Gini-Koeffizient

Der italienische Statistiker C. Gini[9] hatte 1910 die Idee, den Flächeninhalt zwischen Lorenzkurve und Winkelhalbierender als Konzentrationsmaß zu benutzen. Je größer dieser Flächeninhalt, desto größer ist auch die Ungleichheit in der Verteilung der Merkmalssumme. Der Flächeninhalt ist klein, wenn die Lorenzkurve nahe der Winkelhalbierenden verläuft und eine unwesentliche Konzentration von Merkmalsanteilen auf wenige Merkmalsträger signalisiert. Da der Flächeninhalt den Wert ½ nicht überschreiten kann, nimmt man lieber das Zweifache der Fläche als Konzentrationsmaß, das dann Werte zwischen 0 und 1 annimmt und als **Lorenz'sches Konzentrationsmaß** oder eben als **Gini-Koeffizient** G bezeichnet wird. Der Gini-Koeffizient lässt sich ausrechnen nach einer der Formeln

$$G = \left[\frac{1}{MS} \sum_{j=1}^{k} \left(F_{j-1} + F_j \right) \cdot a_j \cdot h_j \right] - 1$$

$$= 1 - \frac{1}{n} \sum_{j=1}^{k} \left(S_{j-1} + S_j \right) \cdot h_j \ .$$

Hat man als Datenbasis nur eine sekundäre Häufigkeitstabelle zur Verfügung, ersetzt man wie üblich die Ausprägungen durch die Klassenmitten. Damit erhält man in der Regel brauchbare Näherungsergebnisse sowohl beim Gini-Koeffizienten als auch bei der Lorenzkurve.

Im vorigen Abschnitt wurde zur Erläuterung der Lorenkurve schon darauf hingewiesen, dass bei einer extremen Konzentration der eine Knickpunkt der Lorenzkurve nicht bei $(1; 0)$, sondern knapp daneben bei $\left(\frac{n-1}{n}; 0 \right)$ zu liegen kommt. Der Flächeninhalt zwischen Lorenzkurve und 45°-Linie kann also niemals $\frac{1}{2}$, sondern maximal $\frac{n-1}{n} \cdot \frac{1}{2}$ werden. Das bedeutet aber auch, dass der Gini-Koeffizient niemals die 1 erreichen wird. Deshalb bestimmt man besser den **normierten Gini-Koeffizienten**

$$G_{norm} = \frac{n}{n-1} \cdot G \, ,$$

---

[9] Corrado Gini, 1884 – 1965.

und erhält damit ein Konzentrationsmaß, das zwischen 0 und 1 liegt. Bei größter Ungleichheit ist es 1, bei völliger Gleichheit dagegen 0.

Mit den Werten aus Tabelle 4-5 berechnet man im Beispiel 4-2 der CD-Produktionszahlen $G = \frac{1}{100}[0,6 \cdot 15 + 1,4 \cdot 15 + 1,8 \cdot 70] - 1 = \frac{1}{100} \cdot 156 - 1 = 0,56$, woraus wegen $n = 5$ ein normierter Gini-Koeffizient von $G_{norm} = \frac{5}{5-1} \cdot G = 0,7$ folgt. Der Wert 0,7 bedeutet schon eine erhebliche Konzentration, die man wegen des übersichtlichen Datensatzes gut nachvollziehen kann.

An dieser Stelle soll noch einmal auf die sehr ungleichmäßige Verteilung des Privatvermögens in Deutschland zurückgekommen werden. Der 2. Armuts- und Reichtumsbericht der Bundesregierung weist dazu auch Gini-Koeffizienten aus. Im Jahre 2003 betrug er beim Vermögen 0,675. Beim Einkommen lag der Koeffizient jedoch nur bei 0,257, womit Deutschland weltweit zu den Ländern mit den geringsten Einkommensunterschieden gehört.

4.6.3 Andere Konzentrationsmaße

Die **Konzentrationsrate** R_i ist der gemeinsame Anteil der i „größten" Merkmalsträger an der Merkmalssumme. Sie wird gern zur Beschreibung der Wettbewerbssituation in einer Branche benutzt. $R_3 = 0,9$ gibt z. B. an, dass die 3 größten Energieträger 90 % der benötigten Energie liefern.

Zur Berechnung der Konzentrationsrate geht man von den aufsteigend geordneten Beobachtungswerten $x_1^*, x_2^*, ..., x_n^*$ aus. $MS = \sum_{i=1}^{n} x_i^* = n \cdot \bar{x}$ bezeichnet wie im vorigen Abschnitt die Merkmalssumme und

$$c_j = \frac{x_j^*}{MS}$$

beschreibt dann den Anteil des j-ten Merkmalsträgers an der Merkmalssumme. Die Konzentrationsrate R_i kumuliert diese Anteile für die i größten Merkmalsträger:

$$R_i = \frac{1}{MS} \sum_{j=n-i}^{n} x_j^* .$$

Die Konzentrationsrate lässt sich auch aus der Lorenzkurve ablesen. Wenn nämlich $S:[0;1] \rightarrow [0;1]$ die durch die Lorenkurve dargestellte Funktion bezeichnet, gilt

$$R_i = 1 - S\left(\frac{n-i}{n}\right).$$

Will man zum Beispiel 4-2 wissen, welchen Anteil die zwei größten CD-Hersteller an der Gesamtproduktion haben, kann man mit $i = 2$ für das Argument $(5-2)/2 = 0,6$ den Funktionswert $S(0,6) = 0,15$ ablesen (vgl. Abbildung 4-5). Das würde auch dann funktionieren, wenn die Lorenzkurve an dieser Stelle keinen Knickpunkt hätte. Wegen $R_2 = 0,85$ lautet die Antwort, dass die 2 größten Hersteller zusammen 85 % der Gesamtproduktion erzeugen.

Der **Herfindahl-Index** (*auch* **Hirschmann-Herfindahl-Index**[10]) ist definiert durch

$$K_H = \sum_{j=1}^{n} c_j^2 = \frac{1}{(GS)^2} \cdot \sum_{i=1}^{n} x_i^2 \; .$$

Er variiert zwischen $\frac{1}{n}$ (bei völliger Gleichheit) und 1 (bei maximaler Konzentration).

Er lässt sich wegen $K_H = \sum_{j=1}^{n} c_j \cdot c_j$ mit $\sum_{j=1}^{n} c_j = 1$ als gewogenes Mittel der Anteile c_j der einzelnen Merkmalsträger auffassen. Es gibt eine interessante Beziehung zum Variationskoeffizienten v. Man kann nämlich leicht zeigen, dass

$$K_H = \frac{n-1}{n^2} \cdot v^2 + \frac{1}{n} \, .$$

Damit lässt sich dieses Konzentrationsmaß auch als Streuungsmaß interpretieren.

In dem Beispiel 4-2 ist $x_1^* = 5$, $x_2^* = 5$, $x_3^* = 5$, $x_4^* = 15$, $x_5^* = 70$ mit der Summe $GS = 100$. Der Herfindahl-Index beträgt folglich $K_H = \frac{1}{100^2}\left(5^2 + 5^2 + 5^2 + 15^2 + 70^2\right) = 0,52$.

Der **Exponentialindex** ist definiert durch

$$K_E = c_1^{c_1} \cdot c_2^{c_2} \cdot \ldots \cdot c_n^{c_n} \; .$$

Er variiert ebenso wie K_H zwischen $1/n$ und 1. Der Exponentialindex lässt sich als gewogenes geometrisches Mittel der einzelnen Merkmalsanteile c_j auffassen. Er wurde Ende der 60er Jahre des vorigen Jahrhunderts entwickelt und zeichnet sich durch günstige Eigenschaften (z. B. bei der Fusion zweier Unternehmen) aus.

Im Beispiel 4-2 werden zunächst einmal die Merkmalsanteile der 5 Hersteller berechnet: $c_1 = 0,05$; $c_2 = 0,05$; $c_3 = 0,05$; $c_4 = 0,15$ und $c_5 = 0,70$. Daraus ergibt sich der Exponentialindex

$$K_E = 0,05^{0,05} \cdot 0,05^{0,05} \cdot 0,05^{0,05} \cdot 0,15^{0,15} \cdot 0,7^{0,7} \approx 0,861 \cdot 0,861 \cdot 0,861 \cdot 0,752 \cdot 0,779 \approx 0,37 \; .$$

---

[10] Der Index wurde von Orris C. Herfindahl, 1918 -1972, erstmals 1952 zur Messung der ökonomischen Konzentration in der amerikanischen Stahlindustrie benutzt. Albert O. Hirschmann (geb. 1915) hatte die Idee für diesen Index aber schon vorher.

5 Zusammenhänge zwischen Merkmalen

In diesem Kapitel sollen empirische Maßzahlen für den Fall behandelt werden, dass in einem statistischen Versuch nicht nur ein Merkmal untersucht wird, sondern *mehreren* Merkmalen das Interesse gilt. Damit kommt gegenüber dem univariaten Fall, der bisher behandelt worden ist, eine neue Qualität in die statistische Auswertung, die darin besteht, dass Abhängigkeiten und Zusammenhänge zwischen Merkmalen untersucht werden können. So könnte man z. B. durch Stichprobenerhebungen zu klären versuchen, ob die Einführung einer Kaffeepause zu einer Erhöhung oder Verringerung der Arbeitleistung führt, ob und wie in den Landkreisen die Geburtsrate von der Arbeitslosenquote abhängt oder ob es in den Ländern der Welt einen Zusammenhang zwischen dem Nettosozialprodukt und der Höhe der Staatsverschuldung gibt. Es soll hier jedoch auf den Fall von zwei Merkmalen beschränkt bleiben, da die multivariaten Methoden im Teil 3 dieses Buches ausführlich behandelt werden.

Im Folgenden seien X und Y zwei miteinander verbundene Merkmale. Miteinander verbunden bedeutet, dass an jeder Untersuchungseinheit *beide* Merkmale beobachtet werden. Als Beobachtungen hat man dann Wertepaare $(x_1, y_1), (x_2, y_2), ..., (x_n, y_n)$, die man natürlich auch tabellarisch anordnen kann, z. B. zeilenweise:

X	x_1	x_2	x_3	...	x_n
Y	y_1	y_2	y_3	...	y_n

Wesentlich ist, dass untereinander stehende Werte zusammengehören, weil sie an demselben Merkmalsträger ermittelt wurden. n bezeichnet wieder den Beobachtungsumfang, auch wenn jetzt insgesamt $2n$ Beobachtungswerte zur Verfügung stehen. In den folgenden Abschnitten werden Maßzahlen behandelt, die anhand der Beobachtungen den Zusammenhang zwischen X und Y messen können. Die Antwort auf die Frage, welches Zusammenhangsmaß besser geeignet ist, wird auch hier vorrangig von den Skalenarten der Merkmale bestimmt.

5.1 Der empirische Korrelationskoeffizient

Zur Berechnung des empirischen Korrelationskoeffizienten braucht man unbedingt Beobachtungswerte von zwei metrisch skalierten Merkmalen X und Y. Zunächst bestimmt man die univariaten Kennzahlen arithmetisches Mittel und empirische Standardabweichung für beide Merkmale einzeln:

$$\overline{x} = \frac{1}{n}\sum_{i=1}^{n} x_i \qquad\qquad \overline{y} = \frac{1}{n}\sum_{i=1}^{n} y_i$$

$$s_x = \sqrt{\frac{1}{n-1}\sum_{i=1}^{n}(x_i - \overline{x})^2} \qquad s_y = \sqrt{\frac{1}{n-1}\sum_{i=1}^{n}(y_i - \overline{y})^2}$$

Damit kann man den **empirischen Korrelationskoeffizienten** von X und Y berechnen. Er wird auch **Korrelationskoeffizient nach Bravais**[11] **und Pearson**[1] genannt und ist definiert durch

$$r_{xy} = \frac{\dfrac{1}{n-1}\sum_{i=1}^{n}(x_i - \overline{x})(y_i - \overline{y})}{s_x \cdot s_y}.$$

Der Zähler in der Definitionsgleichung ist die sogenannte **empirische Kovarianz** s_{xy}, zu deren konkreter Berechnung die Formel

$$s_{xy} = \frac{1}{n-1}\sum_{i=1}^{n}(x_i - \overline{x})(y_i - \overline{y}) = \frac{1}{n-1}\left(\sum_{i=1}^{n} x_i y_i - n \cdot \overline{x} \cdot \overline{y}\right)$$

ganz nützlich sein kann. Für die Interpretation des Korrelationskoeffizienten ist es wichtig, sich seine Eigenschaften anzusehen.

Eigenschaften des empirischen Korrelationskoeffizienten

1. Es gilt $-1 \le r_{xy} \le +1$.

2. Es gilt $r_{xy} = r_{yx}$.

3. $r_{xy} = +1$ gilt genau dann, wenn alle Beobachtungspaare (x_i, y_i) im kartesischen Koordinatensystem auf einer steigenden Geraden liegen.

4. $r_{xy} = -1$ gilt genau dann, wenn alle Beobachtungspaare (x_i, y_i) im kartesischen Koordinatensystem auf einer fallenden Geraden liegen

---

[11] Auguste Bravais, 1811 – 1863, französischer Physiker

Somit ist der Korrelationskoeffizient eine Maß für den linearen Zusammenhang zwischen den beiden Merkmalen. Dessen Wert liegt immer zwischen -1 und +1 und ändert sich nicht, wenn man X und Y vertauscht. Den Fall $r_{xy} = 0$ kann man als lineare Unabhängigkeit von X und Y interpretieren. Doch dieser Fall, wie auch $|r_{xy}| = 1$, dürfte bei realistischen Stichproben nur äußerst selten eintreten.

Abbildung 5-1: *Scatterplots mit leicht interpretierbaren Korrelationskoeffizienten*

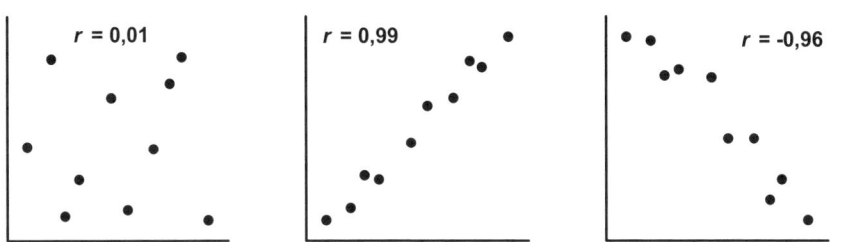

Eher schon bekommt man es mit Korrelationskoeffizienten zu tun, die in der Nähe von 0 liegen. Zeichnet man die Beobachtungspaare in ein rechtwinkliges Koordinatensystem, dann würde man in diesem Fall typischerweise eine regelose Punktwolke ohne jede erkennbare Struktur erhalten und die Merkmale als *nahezu linear unabhängig* voneinander bezeichnen. Liegt der Korrelationskoeffizient dagegen in der Nähe von +1 oder -1, sollte man Punkte sehen, die scheinbar um eine unsichtbare Gerade herum liegen. Die Merkmale könnten hier *annähernd linear abhängig* genannt werden. In Abbildung **5-1** sind Beispiele für die soeben geschilderten Situationen abgebildet. Solche Bilder werden gern als **Scatterplots** bezeichnet, im Deutschen nennt man sie etwas unglücklich Streudiagramme.

Abbildung 5-2: *Bemerkenswerte Scatterplots*

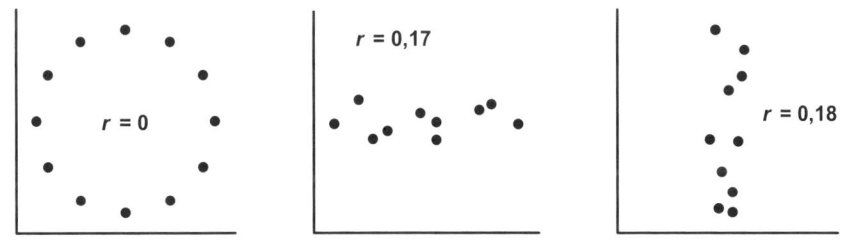

Es soll jetzt noch auf zwei Sonderfälle von Scatterplots hingewiesen werden. Der erste Fall ist der, dass die beobachteten Punkte gleichmäßig verteilt auf einem Kreis liegen. Niemand wird behaupten können, die zugehörigen Merkmale seien unabhängig voneinander, da ihre Beobachtungen einer Kreisgleichung genügen. Aber der Korrelationskoeffizient ist 0. Das macht noch einmal deutlich, dass die Korrelation eben immer nur ein Maß für die *lineare* Abhängigkeit ist. Der andere Fall ist ebenfalls in Abbildung **5-2** dargestellt. Wenn man nämlich Punktwolken sieht, die fast eine *vertikale* oder *horizontale* Gerade bilden, so deutet das weniger auf einen betragsmäßig großen Korrelationskoeffizienten hin, sondern vielmehr darauf, dass eine der Achsen unangemessen skaliert worden ist.

„Ist der Maien kalt und nass, füllt's dem Bauern Scheun' und Fass." Ob an dieser Bauernregel etwas dran ist, soll mit Hilfe des empirischen Korrelationskoeffizienten untersucht werden. Als Beispiel soll nach der Abhängigkeit der Niederschlagsmenge im Mai, gemessen in Potsdam, und dem Hektarertrag bei Feldfutter ein paar Monate später gefragt werden. Dazu liegen für die Jahre 1981 bis 1990 folgende Beobachtungen vor[12]:

Beispiel 5-1: *Niederschlagsmenge im Mai und Hektarertrag bei Feldfutter*

Jahr	1981	1982	1983	1984	1985	1986	1987	1988	1989	1990
Niederschlag [l/m²]	30	51	112	61	23	113	64	15	16	33
Hektarertrag [dt/ha]	403,6	339,5	395,5	435,1	428,8	396,9	444,5	406,1	346,0	335,9

X bezeichne die Niederschlagsmenge und Y den Hektarertrag. Zur Berechnung des Korrelationskoeffizienten wird die Tabelle **5-1** als Arbeitstabelle benutzt. Daraus werden zunächst für die beiden Merkmale einzeln die empirischen Mittelwerte und Standardabweichungen bestimmt:

$$\bar{x} = \frac{1}{10} \cdot 518 = 51,8 \qquad s_x^2 = \frac{1}{9}\left(38730 - 10 \cdot 51,8^2\right) \approx 1321,96 \qquad s_x = \sqrt{s_x^2} \approx 36,36$$

$$\bar{y} = \frac{1}{10} \cdot 3931,9 = 393,19 \qquad s_y^2 = \frac{1}{9}\left(1560326,79 - 10 \cdot 393,19^2\right) \approx 1593,67 \qquad s_y = \sqrt{s_y^2} \approx 39,92$$

Den Korrelationskoeffizienten erhält man schließlich durch

$$r_{xy} = \frac{\frac{1}{n-1}\left(\sum_{i=1}^{n} x_i y_i - n \cdot \bar{x} \cdot \bar{y}\right)}{s_x \cdot s_y} \approx \frac{\frac{1}{9}\left(206131,9 - 10 \cdot 51,8 \cdot 393,19\right)}{36,36 \cdot 39,92} \approx 0,188 .$$

---

[12] Quelle: Statistisches Jahrbuch 1991 für das vereinte Deutschland.

Tabelle 5-1: *Arbeitstabelle zum Beispiel 5-1*

x_i	y_i	x_i^2	y_i^2	$x_i y_i$
30	403,6	900	162892,96	12108,0
51	339,5	2601	115260,25	17314,5
112	395,5	12544	156420,25	44296,0
61	435,1	3721	189312,01	26541,1
23	428,8	529	183869,44	9862,4
113	396,9	12769	157529,61	44849,7
64	444,5	4096	197580,25	28448,0
15	406,1	225	164917,21	6091,5
16	346,0	256	119716,00	5536,0
33	335,9	1089	112828,81	11084,7
518	**3931,9**	**38730**	**1560326,79**	**206131,9**

Der Wert 0,188 liegt relativ nahe bei 0. Deshalb kann man nur den Schluss ziehen, dass sich die Bauernregel anhand der zur Verfügung stehenden Daten nicht bestätigen lässt. Kritiker dieses Ergebnisses werden zu Recht darauf verweisen, dass auch die Temperatur berücksichtigt werden müsse. Ihnen sei gesagt, dass detaillierte Untersuchungen unter Einbeziehung auch des Merkmals Temperatur zu keinem anderen Ergebnis gekommen sind.

Wen die vielen Zahlen in der Arbeitstabelle 5-1 erschrecken und der trotzdem kein Computerprogramm benutzen will, ist vielleicht an dem folgenden Hinweis interessiert. Selbst preisgünstige Taschenrechner verfügen heute über verschiedene Statistikmodi. Ist nur ein einfacher Statistikmodus vorhanden, kann man zunächst die univariaten Kenngrößen $\bar{x}, s_x$ und $\bar{y}, s_y$ recht schnell ermitteln. Nur zur Berechnung der Summe $\sum x_i y_i$ müssen dann alle Beobachtungswerte noch einmal eingegeben werden. Hat der Taschenrechner gar einen Modus „Lineare Regression", braucht man alle Wertepaare (x_i, y_i) wirklich nur einmal einzugeben und hat nach dem Drücken der Taste für *r* den Korrelationskoeffizienten sofort in der Anzeige. Natürlich kann man sich auch alle Zwischenergebnisse und die im nächsten Kapitel behandelte Regressionsgerade anzeigen lassen. Wie das geht, steht in der Bedienungsanleitung zum Taschenrechner.

5.2 Der Rangkorrelationskoeffizient von Spearman

Der Rangkorrelationskoeffizient ist ein Abhängigkeitsmaß für den Fall, dass die beiden Merkmale *X* und *Y* ordinal skaliert sind. Ihn wird man auch verwenden, wenn ein Merkmal metrisch und das andere nur ordinal skaliert ist. Um ihn zu berechnen, braucht man die Rangzahlen der beobachteten x-Werte und die der y-Werte. Man definiert als **Rangzahl**

$Rg(x_i)$ die Position des Wertes x_i in der Variationsreihe $x_1^* \leq x_2^* \leq ... \leq x_n^*$,

$Rg(y_i)$ die Position des Wertes y_i in der Variationsreihe $y_1^* \leq y_2^* \leq ... \leq y_n^*$.

Das kleinste x_i hat also den Rang 1, das größte den Rang n. Bei den y-Werten ist es genauso. Es gibt mehrere Ideen, wie man aus Rangzahlen einen Korrelationskoeffizienten definieren kann. Eine sehr einfache Methode wurde von Spearman[13] vorgeschlagen. Sein Korrelationskoeffizient ist nichts anderes als der aus den Rangzahlen berechnete empirische Korrelationskoeffizient.

Da Rangzahlen als Beobachtungsreihe einige Besonderheiten aufweisen, lässt sich die Berechnungsvorschrift für den Korrelationskoeffizienten ein wenig vereinfachen. Die Summe aller x-Rangzahlen ist nämlich genau wie die der y-Rangzahlen identisch mit der Summe der ersten n natürlichen Zahlen $\sum_{i=1}^{n} i = \frac{n(n+1)}{2}$. Setzt man nun in den Formeln zur Berechnung des empirischen Korrelationskoeffizienten als arithmetisches Mittel der Rangzahlen jeweils $\frac{n+1}{2}$ ein, ergibt sich der **Rangkorrelationskoeffizient nach Spearman** zu

$$r_{SP} = \frac{\sum_{i=1}^{n} Rg(x_i) \cdot Rg(y_i) - k_n}{\sqrt{\left[\sum_{i=1}^{n} Rg(x_i)^2 - k_n \right] \cdot \left[\sum_{i=1}^{n} Rg(y_i)^2 - k_n \right]}} \quad \text{mit } k_n = \frac{n(n+1)^2}{4}.$$

Da r_{SP} der auf die Rangzahlen angewandte Korrelationskoeffizient von Bravais-Pearson ist, hat er auch ähnliche Eigenschaften.

Eigenschaften des Rangkorrelationskoeffizienten von Spearman

1. Es gilt $-1 \leq r_{SP} \leq +1$.

2. r_{SP} ändert sich nicht, wenn X und Y vertauscht werden.

3. $r_{SP} = 0$ ist als Unabhängigkeit von X und Y zu interpretieren.

4. $r_{SP} = +1$ bedeutet, dass X und Y gleichsinnig stark voneinander abhängen.

5. $r_{SP} = -1$ bedeutet, dass X und Y gegensinnig stark voneinander abhängen.

---

[13] Charles Spearman, 1863 – 1945, britischer Psychologe

Der Rangkorrelationskoeffizient kümmert sich im Gegensatz zu r_{xy} nicht um die Linearität. Er ist auch für zwei metrisch skalierte Merkmale geeignet, besonders dann, wenn einzelne Beobachtungspunkte extrem weit ab liegen und dadurch scheinbar eine Gerade im Scatterplot andeuten. Der Bravais-Pearson-Korrelationskoeffizient r_{xy} würde hier mit einem verhältnismäßig großem Absolutwert reagieren. Dagegen sind Rangmaßzahlen gegenüber Extremwerten und Ausreißern ziemlich unempfindlich.

Sind innerhalb der x-Reihe mehrere Beobachtungswerte gleich groß (sogenannte **Bindungen**), erhalten diese einen gemeinsamen mittleren Rang. Müssten sich z. B. die Werte x_4 und x_9 um die Ränge 12 und 13 streiten, weil sie gleich groß sind, erhalten beide den Rang 12,5. Der nächst größere x-Wert bekommt dann, wenn er allein ist, den Rang 14. Genau so verfährt man mit den Rängen innerhalb der y-Reihe.

Sollte der glückliche Umstand eintreten, dass keine mittleren Ränge vergeben werden müssen, so vereinfacht sich die Berechnungsvorschrift für den Rangkorrelations-koeffizienten nach Spearman mittels der Gleichungen $\sum\limits_{i=1}^{n} Rg(x_i)^2 = \sum\limits_{i=1}^{n} Rg(y_i)^2 = \sum\limits_{i=1}^{n} i^2 =$

$= \dfrac{n(n+1)(2n+1)}{6}$ weiter zu

$$r_{SP} = 1 - \frac{6 \cdot \sum\limits_{i=1}^{n} (Rg(x_i) - Rg(y_i))^2}{(n-1) \cdot n \cdot (n+1)} \ .$$

Als Beispiel sei der Versuch angeführt, der am 19. Mai 1998 im Auditorium maximum der Technischen Universität Ilmenau während einer Statistikvorlesung stattfand. Der Dozent wählte mit dem Einverständnis aller Anwesenden zufällig einige Studenten aus und ermittelte die Entfernung ihres Sitzplatzes zum Pult. Der Sinn der Aktion bestand darin, diese Entfernung mit der späteren Prüfungsnote im Fach Statistik zu vergleichen. Der Vorlesende hatte nämlich den Verdacht, dass zwischen der Sitz-position der Studierenden im Hörsaal und ihrer fachlichen Leistung ein Zusammen-hang besteht. Am Ende nahmen 17 der ausgewählten Studenten auch an der Klausur teil. Die zu den Merkmalen X (Entfernung zum Pult in m) und Y (erreichte Punktzahl in der Klausur) ermittelten Werte sind in der Tabelle 5-2 enthalten.

Der Frage nach der Abhängigkeit der beiden Merkmale soll hier mit dem Spearman'schen Korrelationskoeffizienten nachgegangen werden, obwohl natürlich auch der von Bravais-Pearson geeignet wäre. Man berechnet r_{SP} mit Hilfe von

$k_{17} = \dfrac{17 \cdot (17+1)^2}{4} = 1377$ und erhält auf diese Weise

$$r_{SP} = \frac{1409,25 - 1377}{\sqrt{(1781,5 - 1377) \cdot (1783,0 - 1377)}} \approx 0,08 \ .$$

Der relativ nahe bei 0 liegende Rangkorrelationskoeffizient bedeutet, dass zwischen der Sitzentfernung zum Pult und dem Prüfungsergebnis kein Zusammenhang besteht.

Der Verdacht des Dozenten erwies sich zumindest in dieser Lehrveranstaltung als unbegründet.

Tabelle 5-2: *Arbeitstabelle zur Ermittlung des spearmanschen Rangkorrelationskoeffizienten*

i	x_i	y_i	$Rg(x_i)$	$Rg(y_i)$	$Rg(x_i)^2$	$Rg(y_i)^2$	$Rg(x_i) \cdot Rg(y_i)$
1	3,60	7,5	1,5	1	2,25	1,00	1,50
2	3,60	21,0	1,5	13	2,25	169,00	19,50
3	4,30	26,0	3,5	15	12,25	225,00	52,50
4	4,30	13,0	3,5	4	12,25	16,00	14,00
5	5,00	16,5	5,5	5,5	30,25	30,25	30,25
6	5,00	17,5	5,5	9,5	30,25	90,25	52,25
7	6,00	17,0	7	7,5	49,00	56,25	52,50
8	6,90	8,0	8	2	64,00	4,00	16,00
9	7,75	25,5	9,5	14	90,25	196,00	133,00
10	7,75	28,0	9,5	17	90,25	289,00	161,50
11	8,50	26,5	11	16	121,00	256,00	176,00
12	9,30	20,0	12,5	11,5	156,25	132,25	143,75
13	9,30	11,0	12,5	3	156,25	9,00	37,50
14	10,00	20,0	14,5	11,5	210,25	132,25	166,75
15	10,00	17,5	14,5	9,5	210,25	90,25	137,75
16	11,00	16,5	16,5	5,5	272,25	30,25	90,75
17	11,00	17,0	16,5	7,5	272,25	56,25	123,75
				Summe	**1781,50**	**1783,00**	**1409,25**

5.3   Der Kontingenzkoeffizient

Mit dem Kontingenzkoeffizienten kann man die Abhängigkeit zweier Merkmale X und Y messen, wenn wenigstens eines davon nur nominal skaliert ist. Dazu benötigt man eine zweidimensionale Häufigkeitstabelle für die gemeinsame Verteilung von X und Y, die sogenannte Kontingenztafel.

Zunächst soll ein Beispiel betrachtet werden. Während einer Epidemie wurden die Erkrankten mit dem dafür empfohlenen Wirkstoff in der üblichen Dosis behandelt. Manche Ärzte verordneten auch eine erhöhte Dosis. Später stellte sich heraus, dass es Patienten gab, die nur symptomatisch behandelt wurden, weil offenbar die Krankheit nicht rechtzeitig erkannt worden war. Später ist aus der Gesamtheit aller von der Epidemie Betroffenen eine Zufallsstichprobe vom Umfang $n = 120$ gezogen worden. Dabei wurden Werte zu den Merkmalen *Behandlungsmethode* und *Heilungserfolg* ermittelt, die in Form von Häufigkeiten in der Tabelle 5-3 zusammengefasst sind.

Tabelle 5-3:   *Häufigkeitstabelle zum Beispiel Epidemie*

h_{ij}	Behandlungsmethode		
	symptomatisch	übliche Dosis	erhöhte Dosis
schnell geheilt	14	22	32
langsam geheilt	14	10	4
gestorben	16	8	0

Zur grafischen Darstellung einer solchen zweidimensionalen Häufigkeitsverteilung ist ein 3D-Säulendiagramm wie in Abbildung 5-3 gut geeignet.

Abbildung 5-3:   *Säulendiagramm zur Tabelle 5-3*

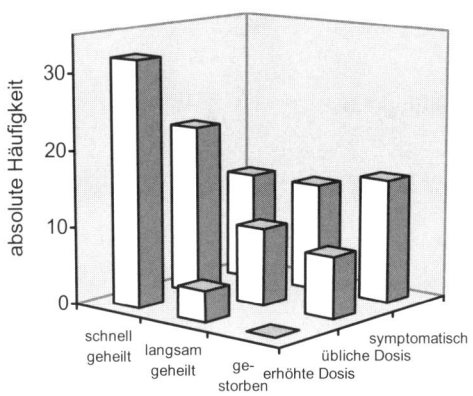

Die Frage, der hier nachgegangen werden soll, ist die nach einer Abhängigkeit des Heilungserfolgs von der Behandlungsmethode. Die Suche nach der Antwort soll ein wenig zurückstellt und zunächst die Kontingenztafel, wie man Tabelle 5-3 auch nennt, allgemein eingeführt werden. Es seien $a_1, a_2, ..., a_k$ die Ausprägungen des Merkmals X und $b_1, b_2, ..., b_m$ die Ausprägungen des Merkmals Y. Zur Verfügung stehe eine Stichprobe vom Umfang n von Wertepaaren $(x_1, y_1), (x_2, y_2), ..., (x_n, y_n)$. Die absolute Häufigkeit der Ausprägung (a_i, b_j) in der Stichprobe sei mit h_{ij} bezeichnet. Die zweidimensionale Häufigkeitstabelle

Y X	b_1	b_2	$\cdots$	b_m	
a_1	h_{11}	h_{12}	$\cdots$	h_{1m}	$h_{1\bullet}$
a_2	h_{21}	h_{22}	$\cdots$	h_{2m}	$h_{2\bullet}$
$\vdots$	$\vdots$	$\vdots$		$\vdots$	$\vdots$
a_k	h_{k1}	h_{k2}	$\cdots$	h_{km}	$h_{k\bullet}$
	$h_{\bullet 1}$	$h_{\bullet 2}$	$\cdots$	$h_{\bullet m}$	$h_{\bullet\bullet}$

nennt man **Kontingenztafel** vom Format $k \times m$. Die letzte Zeile und die letzte Spalte enthalten die Spalten- bzw. Zeilensummen. Für diese sogenannten Randhäufigkeiten werden folgende Bezeichnungen benutzt:

◼ Summe der i-ten Zeile: $\quad h_{i\bullet} = \sum\limits_{j=1}^{m} h_{ij}$,

◼ Summe der j-ten Spalte: $\quad h_{\bullet j} = \sum\limits_{i=1}^{k} h_{ij}$,

◼ Summe aller Häufigkeiten: $\quad h_{\bullet\bullet} = \sum\limits_{i=1}^{k}\sum\limits_{j=1}^{m} h_{ij} = n$.

Ersetzt man in der Kontingenztafel jede absolute Häufigkeit h_{ij} durch ihre sogenannte **Erwartungshäufigkeit** $e_{ij} = \dfrac{h_{i\bullet} \cdot h_{\bullet j}}{n}$, erhält man eine neue Tafel, die unter Beibehaltung der Randhäufigkeiten die völlige Unabhängigkeit von X und Y repräsentiert. Je mehr also die h_{ij} von den e_{ij} abweichen, desto mehr spricht das für die Abhängigkeit der Merkmale. Dieser Umstand liegt dem **pearsonschen Chiquadrat**

$$\chi^2 = \sum_{i=1}^{k}\sum_{j=1}^{m} \frac{(h_{ij} - e_{ij})^2}{e_{ij}} = n \cdot \left[\left(\sum_{i=1}^{k}\sum_{j=1}^{m} \frac{h_{ij}^2}{h_{i\bullet} h_{\bullet j}} \right) - 1 \right]$$

zugrunde, das damit ein Maß für die Abhängigkeit von X und Y ist. Allerdings ist es schwer interpretierbar, da es vom Tabellenformat und dem Stichprobenumfang stark beeinflusst wird. Stattdessen nimmt man als Abhängigkeitsmaß den **Kontingenzkoeffizienten**

$$C = \sqrt{\frac{\chi^2}{n + \chi^2}} ,$$

der besser interpretierbar ist.

Eigenschaften des Kontingenzkoeffizienten

1. Es gilt $0 \leq C \leq C_{max}$ mit $C_{max} = \sqrt{\dfrac{\min(k,m)-1}{\min(k,m)}} < 1$.

2. $C = 0$ ist als Unabhängigkeit von X und Y zu interpretieren.

3. $C = C_{max}$ bedeutet, dass X und Y sehr stark voneinander abhängen.

Der größte Wert, den der Kontingenzkoeffizient annehmen könnte, hängt also immer noch vom Format der Kontingenztafel ab, d. h. von der Anzahl k der Zeilen und der Anzahl m der Spalten. Will man diesen Nachteil nicht haben, sollte man den **korrigierten** (*auch* **normierten**) **Kontingenzkoeffizienten**

$$C_{korr} = \frac{C}{C_{max}} = C \cdot \sqrt{\frac{\min(k,m)}{\min(k,m)-1}}$$

verwenden. C_{korr} liegt zwischen 0 und 1 und kann im Gegensatz zu C auch den Wert 1 annehmen. Insofern ist der korrigierte Kontingenzkoeffizient noch leichter interpretierbar als der ursprüngliche. Die Extremfälle $C_{korr} = 0$ und $C_{korr} = 1$ dürften in realistischen Untersuchungen äußerst selten vorkommen. Es ist vernünftig, ein C_{korr} in der Nähe von 0 als Unabhängigkeit und in der Nähe von 1 als starke Abhängigkeit der Merkmale aufzufassen. Die manchmal zu lesende Empfehlung, Merkmale mit einem korrigierten Kontingenzkoeffizienten unter 0,3 als nahezu unabhängig und mit einem über 0,7 als stark abhängig zu interpretieren, darf auch nur als grobe Faustregel verstanden werden.

Wird eine Kontingenztafel zu umfangreich, weil es sehr viele Ausprägungen gibt oder die Merkmale gar metrisch skaliert sind, kann man benachbarte Ausprägungen zu Klassen zusammenfassen. Die Häufigkeiten h_{ij} sind dann die Klassenhäufigkeiten. Da die Ausprägungen der Merkmale zur Berechnung des Kontingenzkoeffizienten nicht benötigt werden, spielen auch Klassenmitten keine Rolle. Selbst offene Flügelklassen würden hier nicht stören.

Nun soll das Beispiel mit der Epidemie (Tabelle 5-3) zu Ende gebracht werden. Die auf der nächsten Seite dargestellte Tabelle **5-4** ist die zugehörige Tafel mit den Randsummen und den Erwartungshäufigkeiten. Daraus kann man das pearsonsche Chiquadrat

$$\chi^2 = \frac{(14-24,93)^2}{24,93} + \frac{(22-22,67)^2}{22,67} + \frac{(32-20,40)^2}{20,40} + \frac{(14-10,27)^2}{10,27} + \ldots + \frac{(0-7,20)^2}{7,20} \approx 28,21$$

berechnen, was einen Kontingenzkoeffizienten von $C \approx \sqrt{\dfrac{28,21}{28,21+120}} \approx 0,436$ nach sich

zieht. Wegen $\min(k,m) = \min(3,3) = 3$ ist dann der korrigierte Kontingenzkoeffizient

$C_{korr} \approx 0,436 \cdot \sqrt{\dfrac{3}{2}} \approx 0,53$.

Tabelle 5-4: *Erwartungshäufigkeiten zur Tabelle 5-3*

e_{ij}				
	24,93	22,67	20,40	68
	10,27	9,33	8,40	28
	8,80	8,00	7,20	24
	44	40	36	120

Leider liegt der berechnete korrigierte Kontingenzkoeffizient nicht in der Nähe der leicht interpretierbaren Grenzen 0 und 1. Es lässt sich aber doch so viel sagen, dass hier nicht von Unabhängigkeit ausgegangen werden darf, da der Wert 0,53 relativ weit von 0 entfernt ist. Die Behandlungsmethode hat also schon einen Einfluss auf den Heilungserfolg gehabt.

6   Lineare Regression

Im vorigen Kapitel wurde der empirische Korrelationskoeffizient behandelt, der ein Maß für die lineare Abhängigkeit zweier Merkmale ist. Liegt dieser Koeffizient nahe bei +1 oder -1, so scheinen die Beobachtungspaare im Scatterplot um eine unsichtbare Gerade herum zu liegen. In der linearen Regression geht es darum, diese Gerade zu bestimmen.

Das Attribut *linear* in der Überschrift ist damit geklärt. Was aber hat die Bestimmung der Geraden mit *Regression*, also Rückschritt, zu tun? Dass sich diese Bezeichnung durchgesetzt hat, ist wirklich erstaunlich, denn sie hat mit dem Verfahren selbst nichts zu tun. Vielmehr geht sie auf ein Anwendungsbeispiel zurück. Karl Pearsons Freund Francis Galton[14] hatte bei der Untersuchung der Körpergrößen von Vätern und ihren erwachsenen Söhnen festgestellt, dass besonders kleine oder besonders große Körperlängen zwar an die Nachkommen vererbt werden, dabei aber im statistischen Mittel ein gewisser Rückschritt eintritt.

Abbildung 6-1:   *Körpergrößen von Vätern und ihren erstgeborenen Söhnen*

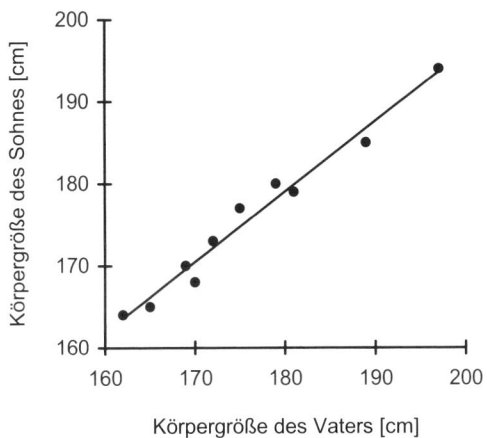

---

[14] Sir Francis Galton, 1822 – 1911, britischer Naturforscher und Schriftsteller

Gemeint ist, wie man heute sagen würde, dass die in Abbildung 6-1 zu erkennende Gerade einen Anstieg kleiner als 1 hat. Seine Erkenntnisse verallgemeinerte Galton im Jahre 1889 zu seinem *Gesetz der universalen Regression*, das als Namensgeber für die Regressionsanalyse in der Statistik gilt.

6.1   Lineare einfache Regression

Wenn man einen linearen oder anderen funktionalen Zusammenhang zwischen zwei Merkmalen X und Y herstellen will, benötigt man metrisch skalierte Beobachtungen, die außerdem miteinander verbunden sein müssen. Als Informationsquelle mögen Beobachtungspaare $(x_1, y_1), (x_2, y_2), ..., (x_n, y_n)$ zur Verfügung stehen. Gesucht ist eine Gerade, die die beobachteten Punkte approximiert. Genauer gesagt, sucht man optimale Parameter a und b, die die lineare Funktion $y = a + b \cdot x$ den gegebenen Punkten (x_i, y_i) am besten anpasst.

Das soll an einem Beispiel illustriert werden. Elf zufällig ausgewählte private Haushalte wurden nach ihrem Nettoeinkommen und den Konsumausgaben im November 2007 befragt. Die erhaltenen Antworten sind in Tabelle 6-1 zusammengestellt worden.

Tabelle 6-1:   *Nettoeinkommen und Ausgaben für Konsum ausgewählter Haushalte*

Haushalt *i*	monatliches Nettoeinkommen x_i [€]	monatlicher Konsum y_i [€]
1	1780	1600
2	1480	1480
3	1540	1500
4	2070	1750
5	3390	2300
6	1900	1750
7	4220	2750
8	2800	2050
9	2700	1850
10	3990	2500
11	4600	3000

Die Frage ist, ob es ungefähr einen linearen Zusammenhang zwischen dem Monatseinkommen und den monatlichen Ausgaben für Konsum gibt und, wenn ja, welchen. Die Antwort auf diese konkrete Frage soll zunächst zurückgestellt werden, um zuvor ein wenig die Theorie beleuchten zu können.

Welche Werte für die sog. **Regressionskoeffizienten** a und b „am besten" sind, muss anhand eines Optimalitätskriteriums entschieden werden. Es hat gute Gründe, in der Regressionsanalyse das Kriterium der kleinsten quadratischen Abweichungen zu benutzen. Die darauf beruhende **Methode der kleinsten Quadrate** zur Ermittlung der unbekannten Parameter geht auf C. F. Gauß[15] zurück. Gemäß dieser Methode sind die optimalen Parameter eine Lösung der Optimierungsaufgabe

$$m(a,b) = \sum_{i=1}^{n}(y_i - a - b \cdot x_i)^2 \xrightarrow[a,b]{} \text{Min.}$$

Die Abbildung 6-2 soll diese Methode veranschaulichen. Die an die 4 gegebenen Punkte am besten angepasste Gerade ist diejenige, die die Summe der Flächeninhalte aller 4 Quadrate minimiert. Dabei ist die Kantenlänge eines Quadrats jeweils der Abstand des Punktes zur Geraden parallel zur y-Achse.

Abbildung 6-2: *Methode der kleinsten Quadrate*

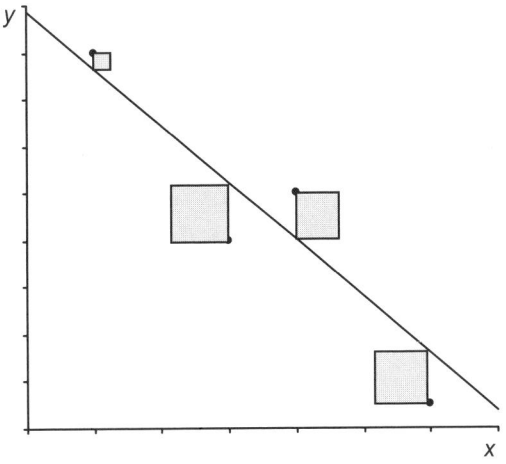

---

15 Carl Friedrich Gauß, 1777 – 1855, berechnete im Jahre 1801 die Bahn des Planetoiden Ceres, dessen Bahn man kurz nach seiner Entdeckung wieder verloren hatte, mit Hilfe der Methode der kleinsten Quadrate, so dass Heinrich Olbers ihn genau ein Jahr später wiederfinden konnte.

Die obige Minimierungsaufgabe hat eine eindeutige Lösung. Sie lautet

$$\hat{b} = \frac{\sum\limits_{i=1}^{n}(x_i - \overline{x})(y_i - \overline{y})}{\sum\limits_{i=1}^{n}(x_i - \overline{x})^2} = \frac{s_{xy}}{s_x^2} = r_{xy} \cdot \frac{s_y}{s_x},$$

$$\hat{a} = \overline{y} - \hat{b} \cdot \overline{x}.$$

Die hier benutzten Symbole für empirische Kennwerte sind schon in dem Abschnitt 5.1 über den empirischen Korrelationskoeffizienten eingeführt worden. Die durch die Gleichung

$$y = \hat{a} + \hat{b} \cdot x$$

im kartesischen *x-y*-Koordinatensystem beschriebene Gerade heißt **Regressionsgerade**. $\hat{b}$ ist der Anstieg dieser Geraden, und $\hat{a}$ wird als Achsenabschnitt bezeichnet.

Zur Herleitung der angegebenen Formeln für $\hat{a}$ und $\hat{b}$ benutzt man die übliche Methode zur Ermittlung relativer Extremwerte einer zweimal differenzierbaren Funktion zweier Veränderlicher. Notwendig für einen Extremwert der Funktion *m* ist das Verschwinden der ersten partiellen Ableitungen. Die partiellen Ableitungen nach *a* und *b* sind

$$m_a = \frac{\partial m}{\partial a} = -2\sum_{i=1}^{n}(y_i - a - b \cdot x_i),$$

$$m_b = \frac{\partial m}{\partial b} = -2\sum_{i=1}^{n}x_i \cdot (y_i - a - b \cdot x_i).$$

Während man diese beiden Ableitungen 0 setzt, tauscht man den Faktor -2 jeweils durch $\frac{1}{n}$ aus, was keinen Einfluss auf die Lösung hat, aber die Verwendung empirischer Mittelwerte gestattet:

$$\frac{1}{n}\sum_{i=1}^{n}(y_i - a - b \cdot x_i) = \frac{1}{n}\sum_{i=1}^{n}y_i - a - b \cdot \frac{1}{n}\sum_{i=1}^{n}x_i = \overline{y} - a - b \cdot \overline{x} = 0,$$

$$\frac{1}{n}\sum_{i=1}^{n}x_i \cdot (y_i - a - b \cdot x_i) = \frac{1}{n}\sum_{i=1}^{n}x_iy_i - a \cdot \frac{1}{n}\sum_{i=1}^{n}x_i - b \cdot \frac{1}{n}\sum_{i=1}^{n}x_i^2 = 0.$$

Die erste Gleichung nach *a* aufgelöst ergibt $a = \overline{y} - b \cdot \overline{x}$, was in die zweite Gleichung eingesetzt wird:

$$\frac{1}{n}\sum_{i=1}^{n}x_iy_i - (\overline{y} - b \cdot \overline{x})\frac{1}{n}\sum_{i=1}^{n}x_i - b \cdot \frac{1}{n}\sum_{i=1}^{n}x_i^2 = 0.$$

Diese Gleichung wird noch so umgeformt, dass *b* auf der linken Seite allein steht:

$$b \cdot \left(\frac{1}{n} \sum_{i=1}^{n} x_i^2 - \overline{x}^2 \right) = \frac{1}{n} \sum_{i=1}^{n} x_i y_i - \overline{x} \cdot \overline{y} \quad \text{und folglich} \quad b = \frac{\frac{1}{n} \sum_{i=1}^{n} x_i y_i - \overline{x} \cdot \overline{y}}{\frac{1}{n} \sum_{i=1}^{n} x_i^2 - \overline{x}^2} = \frac{\sum_{i=1}^{n} x_i y_i - n \cdot \overline{x} \cdot \overline{y}}{\sum_{i=1}^{n} x_i^2 - n \cdot \overline{x}^2}.$$

Die oben angegebene Lösung $(\hat{a}, \hat{b})$ ist also als eine extremwertverdächtige Stelle der Funktion $m(a, b)$ ausgemacht worden. Es bleibt noch zu zeigen, dass m an dieser Stelle ein Minimum hat. Hinreichend dafür ist bekanntlich, dass sowohl die Determinante $\begin{vmatrix} m_{aa} & m_{ab} \\ m_{ba} & m_{bb} \end{vmatrix}$ als auch $m_{aa} = \dfrac{\partial^2 m}{\partial a^2}$ an der Stelle $(\hat{a}, \hat{b})$ positiv sind. Wegen $\begin{vmatrix} m_{aa} & m_{ab} \\ m_{ba} & m_{bb} \end{vmatrix}$

$$= \begin{vmatrix} 2n & 2n\overline{x} \\ 2n\overline{x} & 2\sum x_i^2 \end{vmatrix} = 4n \left(\sum x_i^2 - n \cdot \overline{x}^2 \right) = 4n \cdot \sum (x_i - \overline{x})^2 \quad \text{gilt dies sogar für jeden beliebigen}$$

Punkt (a, b).

Nun zurück zu dem Beispiel aus Tabelle 6-1. Aus den Daten dieser Tabelle berechnet man die univariaten Kennwerte $\overline{x} = 2770$ und $s_x \approx 1128{,}450$ bzw. $\overline{y} \approx 2048{,}18$ und $s_y \approx 520{,}323$. Der empirische Korrelationskoeffizient $r_{xy} \approx 0{,}9878$ liegt nahe bei 1 und deutet damit auf einen fast linearen Zusammenhang zwischen Einkommen und Konsum. Die optimal geschätzten Regressionskoeffizienten ergeben sich dann zu

$$\hat{b} = r_{xy} \cdot \frac{s_y}{s_x} \approx 0{,}9878 \cdot \frac{520{,}323}{1128{,}45} \approx 0{,}455 \quad \text{und} \quad \hat{a} = \overline{y} - \hat{b} \cdot \overline{x} \approx 2048{,}18 - 0{,}455 \cdot 2770 \approx 786{,}6.$$

Abbildung 6-3: *Regressionsgerade zu Einkommen und Konsum aus Tabelle 6-1*

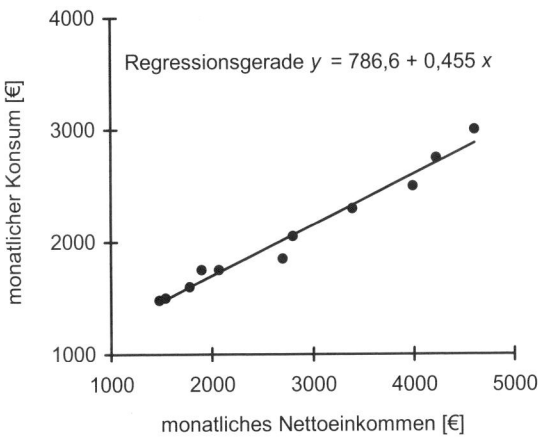

Die Regressionsgerade, die hier gefunden wurde, lautet also $y = 0,455 \cdot x + 786,6$. Den Anstieg der Regressionsgeraden kann man so interpretieren, dass mit einer Zunahme der Nettoeinkünfte um 100 € im Mittel 45,50 € mehr für Konsum ausgegeben werden. Bei der Interpretation des Absolutgliedes der Regressionsgeraden bietet sich der Fall $x = 0$ an. Doch hier ist Vorsicht geboten, insbesondere dann, wenn die Null nicht zum Wertebereich der beobachteten x-Werte gehört. Die Schlussfolgerung z. B., dass ein privater Haushalt ohne Nettoeinkommen im Mittel 786,60 € für Konsum ausgibt, klänge ziemlich merkwürdig.

Der empirische Korrelationskoeffizient als ein Maß für die lineare Abhängigkeit der Merkmale X und Y ist somit auch ein Gütemaß für die Anpassung der Beobachtungspunkte an eine Gerade. Aus dem vorigen Kapitel ist bekannt, je näher dieser Koeffizient an 1 oder -1 liegt, desto besser ist eine lineare Funktion geeignet, den Zusammenhang zwischen den Merkmalen zu beschreiben. Allerdings ist der Zahlenwert von r_{xy} schlecht interpretierbar. Wesentlich besser sieht es dagegen mit dem Wert des quadrierten Korrelationskoeffizienten r_{xy}^2 aus, der als **Bestimmtheitsmaß** B eine Rolle spielt. Hintergrund dafür ist die **Varianzzerlegung**

$$\frac{1}{n-1}\sum_{i=1}^{n}(y_i-\overline{y})^2 = \frac{1}{n-1}\sum_{i=1}^{n}(\hat{y}_i-\overline{y})^2 + \frac{1}{n-1}\sum_{i=1}^{n}(y_i-\hat{y}_i)^2,$$

wobei mit $\hat{y}_i = \hat{a} + \hat{b}x_i$ der zu x_i gehörige Funktionswert auf der Geraden bezeichnet wird. Auf der linken Seite der Gleichung steht die empirische Varianz s_y^2 der y-Werte. Der erste Summand auf der rechten Seite kann wegen $\overline{y} = \frac{1}{n}\sum_{i=1}^{n}y_i = \frac{1}{n}\sum_{i=1}^{n}\hat{y}_i$ als Varianz der auf der Geraden liegenden Funktionswerte aufgefasst werden, während der zweite Summand die Varianz der Abweichungen von der Geraden darstellt.

Zur Herleitung der obigen Varianzzerlegung geht man am besten von der Identität $y_i - \overline{y} = (\hat{y}_i - \overline{y}) + (y_i - \hat{y}_i)$ aus. Die binomische Formel liefert dann nach dem Quadrieren beider Seiten und Summation über alle $i = 1,...,n$

$$\sum(y_i-\overline{y})^2 = \sum(\hat{y}_i-\overline{y})^2 + 2\cdot\sum(\hat{y}_i-\overline{y})(y_i-\hat{y}_i) + \sum(y_i-\hat{y}_i)^2.$$

Es bleibt nur noch zu zeigen, dass der mittlere Summand auf der rechten Seite verschwindet. Tatsächlich gilt

$$\sum(\hat{y}_i-\overline{y})(y_i-\hat{y}_i) = \sum(\hat{a}+\hat{b}x_i-\hat{a}-\hat{b}\overline{x})\cdot(y_i-\hat{a}-\hat{b}x_i) = \hat{b}\sum(x_i-\overline{x})\cdot(y_i-\overline{y}+\hat{b}\overline{x}-\hat{b}x_i) =$$
$$= \hat{b}\sum(x_i-\overline{x})(y_i-\overline{y}) - \hat{b}^2\sum(x_i-\overline{x})^2 = \hat{b}\cdot(n-1)\cdot s_{xy} - \hat{b}^2\cdot(n-1)\cdot s_x^2 =$$
$$= \hat{b}\cdot(n-1)\cdot\hat{b}\cdot s_x^2 - \hat{b}^2\cdot(n-1)\cdot s_x^2 = 0,$$

was zu beweisen war.

Die soeben bewiesene Gleichung besagt, dass sich die Gesamtvarianz der y-Werte in die durch die Gerade verursachte Varianz und die Varianz der Abweichungen von der Geraden zerlegen lässt. Das Verhältnis $\sum_{i=1}^{n}(\hat{y}_i - \overline{y})^2 \Big/ \sum_{i=1}^{n}(y_i - \overline{y})^2$ ist also der Anteil der allein durch die Gerade erzeugten Varianz zur Gesamtvarianz in den y-Werten und identisch mit dem Bestimmtheitsmaß B. Das ist so, weil aus $\hat{y}_i - \overline{y} = \hat{a} + \hat{b}x_i - \hat{a} - \hat{b}\overline{x} = \hat{b} \cdot (x_i - \overline{x})$ folgt, dass

$$\frac{\sum_{i=1}^{n}(\hat{y}_i - \overline{y})^2}{\sum_{i=1}^{n}(y_i - \overline{y})^2} = \frac{\hat{b}^2 \cdot \sum_{i=1}^{n}(x_i - \overline{x})^2}{\sum_{i=1}^{n}(y_i - \overline{y})^2} = \hat{b}^2 \cdot \frac{s_x^2}{s_y^2} = r_{xy}^2 = B$$

gilt.

In dem Beispiel zu Tabelle 6-1 war ein empirischer Korrelationskoeffizient von 0,9878 berechnet worden, was einem Bestimmtheitsmaß von 0,976 entspricht. Die Varianz beim monatlichen Konsum wird also zu 97,6 % durch den linearen Anstieg verursacht, die restlichen 2,4 % gehen auf das Konto der Abweichungen von der Geraden.

Abschließend zur einfachen linearen Regression noch einige Bemerkungen:

1. Vor der Berechnung einer Regressionsgeraden sollte man klären, ob das überhaupt sinnvoll ist. Es ist auf jeden Fall ratsam, sich vorher den empirischen Korrelationskoeffizienten oder das Bestimmtheitsmaß anzusehen. Liegen diese in der Nähe von 0, wäre die Bestimmung einer Regressionsgeraden ein zweifelhaftes Anliegen, weil kein linearer Zusammenhang zwischen den Merkmalen vorhanden ist.

2. Während sich die im vorigen Kapitel behandelten Abhängigkeitsmaße beim Vertauschen von x und y nicht ändern, muss man in der Regressionsanalyse darauf achten, welches Merkmal als X und welches als Y genommen wird. Wie in der Mathematik üblich, wird durch die Gleichung der Regressionsgeraden

$$y = a + b \cdot x$$

zum Ausdruck gebracht, dass y die abhängige und x die unabhängige Variable zu sein hat. In der Regressionsanalyse wird die Zielgröße Y auch als **Regressand** und die Einflussgröße X als **Regressor** bezeichnet. Meistens geht aus dem Kontext hervor, welches Merkmal die Wirkung und welches die Ursache darstellt.

3. Eine Vertauschung von x und y ist in der Regressionsanalyse deshalb nicht egal, weil das Optimalitätskriterium auf die Minimierung der Abstände zwischen Beobachtungspunkt und Gerade in *y-Richtung* zielt. Würde man die beobachteten x- und y-Reihen miteinander vertauschen, danach die Regressionsgerade berechnen und schließlich in der Geradengleichung $y = a + b \cdot x$ die Variablen x und y zurück-

tauschen, erhielte man (außer im Fall $|r_{xy}| = 1$) eine andere Gerade als ursprünglich. Ein Beispiel dafür ist in Abbildung 6-4 dargestellt. Die Ursache liegt darin, dass jetzt die Abstände in *x-Richtung* minimiert worden sind. Beide Geraden schneiden einander im Punkt $(\bar{x}, \bar{y})$ und bilden eine Schere, die umso größer ist, je näher der Korrelationskoeffizient r_{xy} bei 0 liegt. Im Falle $r_{xy} = 0$ ist die Bestimmung einer Regressionsgeraden zwar nicht sinnvoll, mit Hilfe der Lösungsformeln aber durchaus möglich. Man würde als ursprüngliche Gerade eine horizontale Linie erhalten, die durch Vertauschen von x und y berechnete Gerade stünde senkrecht zu ihr.

Abbildung 6-4:　　*Schere der Regressionsgeraden bei* $r_{xy} = 0{,}473$

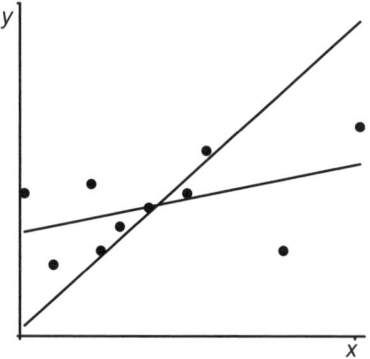

6.2　Curvilineare Regression

In der curvilinearen Regression werden Regressionsansätze benutzt, die zwar nicht linear in den zu optimierenden Parametern sind, sich aber durch geeignete Transformationen in einen linearen Ansatz umwandeln lassen. Nichtlineare Ansätze würden nämlich zu nichtlinearen Optimierungsaufgaben führen, die sich in der Regel nur mit numerischen Algorithmen lösen lassen. Auf das lineare Ersatzproblem können stattdessen die vorhin hergeleiteten, viel einfacheren Lösungsformeln angewendet und die so ermittelten Parameter anschließend zurücktransformiert werden. Dafür muss man in Kauf nehmen, dass die auf diese Weise bestimmten Parameter nicht mehr optimal im Sinne der Methode der kleinsten Quadrate sind.

Als Beispiel wird ein Getränkehändler betrachtet, der alle 3 Wochen systematisch den Preis einer bestimmten Biersorte verändert, um die Auswirkung des Preises auf den Absatz zu untersuchen. Er machte folgende Beobachtungen:

Beispiel 6-1: *Preis-Absatz-Verhalten bei einer bestimmten Biersorte*

| Preis [Euro pro Flasche]: | 0,57 | 0,54 | 0,47 | 0,59 | 0,49 |
| Absatz [Anzahl Flaschen innerhalb von 3 Wochen]: | 2140 | 2400 | 4120 | 1980 | 3060 |

Zur Anpassung des Absatzes Y an den Preis X soll eine Absatzfunktion mit konstanter Preiselastizität verwendet werden. Die **Preiselastizität** einer Preis-Absatz-Funktion $y = f(x)$ ist

$$PE(x) = \frac{dy}{dx} \cdot \frac{x}{y},$$

die mit $PE(x) = b$ konstant zu setzen ist. Damit entsteht die Differenzialgleichung $y' = b \cdot \frac{y}{x}$, deren allgemeine Lösung die Potenzfunktion $y = a \cdot x^b$ ist. Die Parameter a und b sollen so gewählt werden, dass sich die Absatzfunktion optimal an die gegebenen Beobachtungspunkte anpasst. Der Ansatz

$$y = a \cdot x^b$$

ist allerdings nicht linear in a und b. Durch Logarithmieren beider Seiten erhält man jedoch den Ansatz

$$\ln y = \ln a + b \cdot \ln x,$$

der linear in den Parametern $\ln a$ und b ist. Die Lösungsformel für die lineare Regression ist hier natürlich auf die Beobachtungspunkte $(\ln x_i, \ln y_i)$ anzuwenden.

Zum Beispiel 6-1 kann deshalb zur Anpassung einer Absatzfunktion die Tabelle 6-2 ganz nützlich sein kann.

Tabelle 6-2:   *Arbeitstabelle zum Beispiel 6-1*

x_i	y_i	$\ln x_i$	$\ln y_i$
0,57	2140	-0,562	7,669
0,54	2400	-0,616	7,783
0,47	4120	-0,755	8,324
0,59	1980	-0,528	7,591
0,49	3060	-0,713	8,026

Die Lösungsformeln liefern zunächst die Schätzwerte $\hat{b} \approx -3$ und $\widehat{\ln a} \approx 5{,}975$. Der Schätzwert für $\ln a$ muss noch zurücktransformiert werden auf den Parameter $\hat{a} = \exp(\widehat{\ln a}) \approx 393{,}4$. Die gesuchte Regressionsfunktion lautet somit $y = 393{,}4 \cdot x^{-3}$, die in Abbildung 6-5 grafisch dargestellt ist.

Abbildung 6-5: *Regressionsfunktion zum Beispiel 6-1*

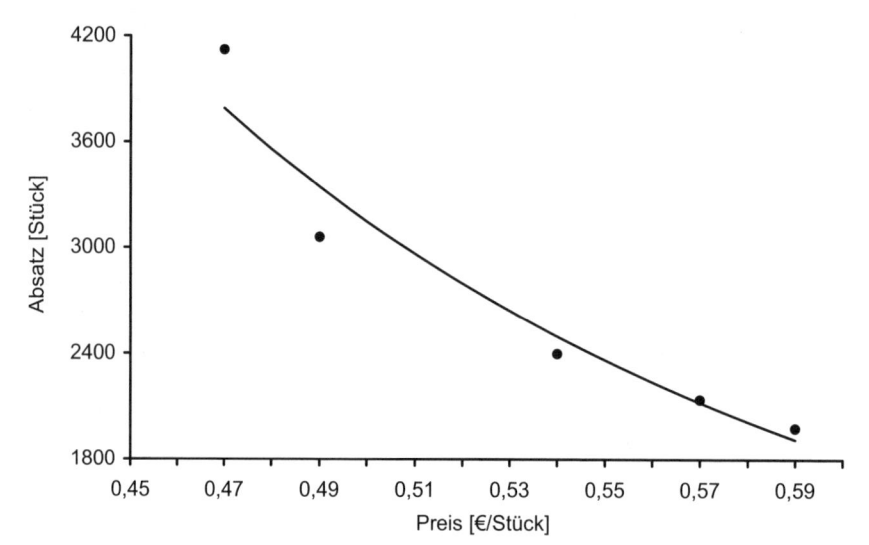

Mit der gefundenen Regressionsfunktion ließe sich abschätzen, welchen Absatz der Händler zu erwarten hat, wenn er z. B. 0,50 € pro Flasche verlangen würde. In diesem Fall könnte er mit $\hat{y}(0{,}50) = 393{,}4 \cdot 0{,}50^{-3} \approx 3147$ verkauften Flaschen innerhalb von 3 Wochen rechnen.

Es wurde schon darauf hingewiesen, dass die oben ermittelten Parameter $\hat{b}$ und $\hat{a}$ nicht optimal im Sinne der kleinsten Quadrate sind. Im Beispiel 6-1 wären die optimalen Werte $\hat{b} = -3{,}217$ und $\hat{a} = 341{,}35$. Zu diesen Werten kann man mit Hilfe numerischer Verfahren gelangen, eine Lösungsformel dafür gibt es leider nicht.

Natürlich ist die Potenzfunktion nicht der einzige Ansatz, der sich in ein lineares Ersatzproblem umwandeln lässt. Eine Auswahl praktisch relevanter linearisierbarer Ansätze ist in Tabelle 6-3 zusammengestellt.

Tabelle 6-3:   *Linearisierbare Regressionsansätze*

Ansatz	Grafische Darstellung	Transformierte Funktion
$y = a \cdot x^b$ Potenzfunktion		$\log y = \log a + b \cdot \log x$
$y = a \cdot e^{b \cdot x}$ Exponential-funktion		$\ln y = \ln a + b \cdot x$
$y = \dfrac{1}{a + b \cdot e^{-x}}$ logistische Funktion $a > 0,\ b > 0$		$\dfrac{1}{y} = a + b \cdot e^{-x}$
$y = \dfrac{1}{a + b \cdot x}$ Hyperbelfunktion $a > 0,\ b > 0$		$\dfrac{1}{y} = a + b \cdot x$
$y = \dfrac{a \cdot x}{b + x}$ Törnquist-Funktion $a > 0,\ b > 0$		$\dfrac{1}{y} = \dfrac{1}{a} + \dfrac{b}{a} \cdot \dfrac{1}{x}$

Hat man für einen Datensatz von Beobachtungspunkten $(x_1, y_1), ..., (x_n, y_n)$ mehrere Regressionsansätze zur Auswahl, kann man anhand der **Stichprobenreststreuung**

$$\widehat{\sigma^2} = \frac{1}{n} \sum_{i=1}^{n} (y_i - \hat{y}_i)^2$$

beurteilen, welcher Ansatz die bessere Anpassung liefert. Dabei bezeichnet $\hat{y}_i$ den Wert der Regressionsfunktion an der Stelle x_i, also z. B. $\hat{y}_i = \hat{a} + \hat{b} \cdot x_i$ im Falle eines linearen Ansatzes. Je kleiner die Stichprobenreststreuung, desto besser ist die Anpassung.

7 Indexzahlen

Eine **Indexzahl** oder kurz ein **Index** ist der Quotient zweier gleichartiger statistischer Maßzahlen. Die beiden Maßzahlen, die ins Verhältnis gesetzt werden, sind Kenn- oder Beobachtungswerte zu ein und demselben Merkmal. Zähler und Nenner unterscheiden sich zumeist dadurch, dass sie zu verschiedenen Zeiten oder an verschiedenen Orten erhoben worden sind. Als Beispiel zum ersten Fall könnten alle Aktienindizes dienen, zum zweiten Fall gehört beispielsweise die Verbrauchergeldparität im internationalen Preisvergleich. Der Zeitpunkt oder Zeitraum bzw. der Ort, auf den sich der Nenner bezieht, ist die **Basis**.

7.1 Einfache Indizes

Gegeben sei eine (zumeist zeitliche) Reihe von Beobachtungswerten $x_0, x_1, ..., x_t, ...$ zu einem Merkmal X. Die Zählung der Werte beginnt nicht wie bisher bei 1, sondern bei 0, weil der erste Wert der Reihe häufig als Basiswert dient und die Null mit dem Begriff Basis assoziiert ist. So soll hier auch $t = 0$ die Basis repräsentieren. Dann liefert die Berechnungsvorschrift

$$I_{0t} = \frac{x_t}{x_0} \cdot 100\%$$

für $t = 0, 1, 2, ...$ eine **Folge einfacher Indizes** $I_{00}, I_{01}, I_{02}, ...$ Der Wert des Index I_{0t} gibt die relative Größe des Merkmals X zum sogenannten **Berichtszeitpunkt** t im Vergleich zum **Basiszeitpunkt** 0 an. Der Index trägt keine Maßeinheit und wird gern in Prozent angegeben.

Als Beispiel wird in Tabelle **7-1** die Anzahl der Studierenden an deutschen Hochschulen jeweils zum Wintersemester betrachtet. Man entnimmt der Tabelle **7-1**, dass z. B. die Zahl der Studierenden im Jahre 1990 fast 7-mal so groß war wie im Basisjahr 1960. In der letzten Spalte sind zusätzlich noch die Indexwerte zum Basisjahr 2000 angegeben. Sie berechnen sich zu $I_{4t} = x_t / x_4$, könnten aber auch aus den Indizes einer anderen Basis bestimmt werden. Letzteres nennt man **Umbasieren**. Zum Beispiel ergeben sich die Indizes $I_{\tau t}$ zur Basis τ aus den Indizes I_{0t} zur Basis 0 aus der Formel

$$I_{\tau t} = \frac{I_{0t}}{I_{0\tau}} \cdot 100\% \,.$$

Tabelle 7-1:   *Anzahl der Studierenden an deutschen Hochschulen*

t	Jahr	Anzahl x_t in Tausend	Index I_{0t} (Basis 1960)	Index I_{4t} (Basis 2000)
0	1960	247	100,0 %	13,7 %
1	1970	422	170,9 %	23,5 %
2	1980	1036	419,4 %	57,6 %
3	1990	1719	696,0 %	95,6 %
4	2000	1799	728,3 %	100,0 %

7.2   Zusammengesetzte Indizes

Um die Entwicklung wirtschaftlicher Kenngrößen im Zeitverlauf zu beschreiben, sind einfache Indizes kaum zu gebrauchen. Soll z. B. die Entwicklung des Preises einer Ware dargestellt werden, hat man das Problem, dass die Ware in unterschiedlichen Regionen und bei den einzelnen Händlern verschiedene Preise hat. Damit gibt es zu derselben Ware womöglich viele, (leicht) voneinander abweichende Preisentwicklungen. Das Problem wird noch deutlicher, wenn man ähnliche Waren anderer Hersteller einbezieht oder gar die Preisentwicklung aller Waren eines Landes in einer Indexreihe darstellen möchte.

Ein praktisch relevanter Ausweg sind hier die zusammengesetzten Indizes. Kennzeichnend für solche Indizes ist, dass aus allen zu einem Zeitpunkt erhobenen Kennwerten zunächst ein gewichteter Mittelwert gebildet wird, den man dann in Relation zu dem entsprechenden Mittelwert des Basiszeitpunktes setzt. Als Gewichte bei Preisen z. B. werden die verkauften Mengen verwendet. Die für die Wirtschaft interessanten Indizes lassen sich nahezu alle in die Kategorien

■ Preisindex

■ Mengenindex

■ Umsatzindex

einteilen. Um sie berechnen zu können, braucht man zu den umgesetzten Waren oder produzierten Erzeugnissen die Preise und die Mengen sowohl für den Basiszeitpunkt 0 als auch für den Berichtszeitpunkt *t*. Die in die Berechnung einbezogenen Waren, Erzeugnisse oder auch Dienstleistungen bilden den sogenannten **Warenkorb**. Der Index ist dann stets der Umsatz zum Berichtszeitpunkt dividiert durch den Umsatz zum Basiszeitpunkt. Dabei kommen durchaus auch fiktive Umsätze vor, wie etwa die Preise von heute gewogen mit den Verbrauchsmengen von vor 10 Jahren.

Als Beispiel sollen der durchschnittliche monatliche Fleischverbrauch der privaten Haushalte und die Fleischpreise in der einzigen Metzgerei der Gemeinde Langenbostel im März 2007 und im März 2008 betrachtet werden. Die zur Verfügung stehenden Daten sind in der folgenden Tabelle zusammengefasst worden:

Tabelle 7-2: *Fleischpreise und Verkaufsmengen pro Monat*

Fleischsorte	Preis [€/kg]		Menge [kg]	
	März 2007	**März 2008**	**März 2007**	**März 2008**
Rindfleisch zum Kochen	3,80	3,50	1,45	1,41
Rindfleisch zum Braten	6,00	6,20	1,31	1,04
Schweinefleisch	4,50	4,30	4,74	4,43

Um die Entwicklung des Fleischpreises in der Gemeinde mit einer Zahl zum Ausdruck zu bringen, könnte man als Preisindex den Quotienten

$$\frac{\text{Wert des im Basiszeitraums verbrauchten Fleischs mit Preisen zum Berichtszeitraum}}{\text{Wert des im Basiszeitraums verbrauchten Fleischs mit Preisen zum Basiszeitraum}}$$

bestimmen. Es soll nun etwas konkreter der März des Jahres 2007 als Basis festgelegt sein. Somit erhält man

$$P_{2007,2008} = \frac{3,50 \cdot 1,45 + 6,20 \cdot 1,31 + 4,30 \cdot 4,74}{3,80 \cdot 1,45 + 6,00 \cdot 1,31 + 4,50 \cdot 4,74} \approx 0,9677 = 96,77\,\% \, .$$

Diesen Wert kann man so interpretieren, dass in Langenbostel der Preis der drei Fleischsorten innerhalb eines Jahres im Mittel um 3,23 % gefallen ist.

Bei der Berechnung des **Preisindex** ist das gewogene Mittel der Preise im Berichtszeitraum mit dem gewogenen Mittel der Preise im Basiszeitraum verglichen worden. Als Gewichte fungierten sowohl im Zähler als auch im Nenner die Verbrauchsmengen aus der Basis. Das beinhaltet eine gewisse Willkür, denn man hätte als Gewichte auch die Mengen aus der Berichtszeit oder ganz andere Verbrauchsmengen nehmen können. Wichtig aber ist, dass die Preise in Zähler und Nenner immer mit denselben Gewichten versehen werden, um den Einfluss von Mengenstrukturveränderungen auf die Preisrelation auszuschließen. Bei einem **Mengenindex** werden die Verbrauchsmengen ins Verhältnis gesetzt, um die Veränderung der Verbrauchsmengen in einer Zahl abzubilden. Beim Mengenindex steht im Zähler das gewogene Mittel der Mengen aus dem Berichtszeitraum, im Nenner das der Mengen aus dem Basiszeitraum. Als Gewichte dienen jetzt die Preise der im Warenkorb enthaltenen Güter. Wichtig ist auch hier, dass in Zähler und Nenner mit denselben Preisen gearbeitet wird.

Ein Preis- oder Mengenindex heißt

■ **Laspeyres[16]-Index** oder **Basiszeitindex**, wenn die Gewichte jeweils aus der Basiszeit stammen,

■ **Paasche[17]-Index** oder **Berichtszeitindex**, wenn die Gewichte jeweils aus der Berichtszeit stammen.

Die Formeln zur Berechnung der 4 möglichen Indizes sind in den ersten beiden Zeilen der Tabelle 7-4 zusammengefasst worden. Die dabei verwendeten Symbole für die Preise und Mengen der k Güter im Warenkorb werden vorher in Tabelle 7-3 bereitgestellt.

Tabelle 7-3:   *Allgemeine Bezeichnung der Preise und Mengen*

Gut	Preise zur		Mengen zur	
i	Basiszeit 0	Berichtszeit t	Basiszeit 0	Berichtszeit t
1	p_{01}	p_{t1}	q_{01}	q_{t1}
2	p_{02}	p_{t2}	q_{02}	q_{t2}
$\vdots$	$\vdots$	$\vdots$	$\vdots$	$\vdots$
k	p_{0k}	p_{tk}	q_{0k}	q_{tk}

Tabelle 7-4:   *Liste der Indexformeln*

Indexart	Preisindex	Mengenindex
nach Laspeyres	$P_{0t}^{L} = \dfrac{\sum\limits_i p_{ti} \cdot q_{0i}}{\sum\limits_i p_{0i} \cdot q_{0i}}$	$Q_{0t}^{L} = \dfrac{\sum\limits_i p_{0i} \cdot q_{ti}}{\sum\limits_i p_{0i} \cdot q_{0i}}$
nach Paasche	$P_{0t}^{P} = \dfrac{\sum\limits_i p_{ti} \cdot q_{ti}}{\sum\limits_i p_{0i} \cdot q_{ti}}$	$Q_{0t}^{P} = \dfrac{\sum\limits_i p_{ti} \cdot q_{ti}}{\sum\limits_i p_{ti} \cdot q_{0i}}$
nach Fisher	$P_{0t}^{F} = \sqrt{P_{0t}^{L} \cdot P_{0t}^{P}}$	$Q_{0t}^{F} = \sqrt{Q_{0t}^{L} \cdot Q_{0t}^{P}}$

Die Summation in den Indexformeln erstreckt sich stets über alle Güter, also von $i = 1$ bis k. In die Tabelle 7-4 ist zusätzlich der sogenannte **Idealindex nach Fisher**[18] auf-

---

[16] Ernst Louis Étienne Laspeyres, 1834 – 1913, deutscher Nationalökonom und Statistiker
[17] Hermann Paasche, 1851 – 1925, deutscher Statistiker und Politiker
[18] Irving Fisher, 1867 – 1947, US-amerikanischer Ökonom

genommen worden. Er ist das geometrische Mittel aus Laspeyres- und Paasche-Index und zeichnet sich durch einige günstige theoretische Eigenschaften aus. Die Unterscheidung der Indizes nach Laspeyres, Paasche und anderen Ideenträgern ist nicht möglich und nicht notwendig beim **Umsatzindex**. Während Preisindex und Mengenindex immer auch fiktive Umsätze einbeziehen, vergleicht der Umsatzindex die *realen* Umsätze der Warenkörbe von Berichtszeit und Basiszeit:

$$U_{0t} = \frac{\sum\limits_i p_{ti} \cdot q_{ti}}{\sum\limits_i p_{0i} \cdot q_{0i}} \, .$$

Er gibt somit die Entwicklung des Umsatzes wieder und wird wie alle anderen Indizes auch gern in Prozent angegeben.

In dem Beispiel mit den Fleischpreisen aus Tabelle 7-2 ist bisher der Preisindex nach Laspeyres bestimmt worden. Jetzt sollen auch noch die anderen erwähnten Indizes berechnet werden.

Die Preisindizes:

$$P^L_{2007,2008} = \frac{3,50 \cdot 1,45 + 6,20 \cdot 1,31 + 4,30 \cdot 4,74}{3,80 \cdot 1,45 + 6,00 \cdot 1,31 + 4,50 \cdot 4,74} = \frac{33,579}{34,700} \approx 96,77\%,$$

$$P^P_{2007,2008} = \frac{3,50 \cdot 1,41 + 6,20 \cdot 1,04 + 4,30 \cdot 4,43}{3,80 \cdot 1,41 + 6,00 \cdot 1,04 + 4,50 \cdot 4,43} = \frac{30,432}{31,533} \approx 96,51\%,$$

$$P^F_{2007,2008} = \sqrt{\frac{33,579}{34,700} \cdot \frac{30,432}{31,533}} \approx 96,64\%.$$

Die Mengenindizes:

$$Q^L_{2007,2008} = \frac{3,80 \cdot 1,41 + 6,00 \cdot 1,04 + 4,50 \cdot 4,43}{3,80 \cdot 1,45 + 6,00 \cdot 1,31 + 4,50 \cdot 4,74} = \frac{31,533}{34,700} \approx 90,87\%,$$

$$Q^P_{2007,2008} = \frac{3,50 \cdot 1,41 + 6,20 \cdot 1,04 + 4,30 \cdot 4,43}{3,50 \cdot 1,45 + 6,20 \cdot 1,31 + 4,30 \cdot 4,74} = \frac{30,432}{33,579} \approx 90,63\%,$$

$$Q^F_{2007,2008} = \sqrt{\frac{31,533}{34,700} \cdot \frac{30,432}{33,579}} \approx 90,75\%.$$

Der Umsatzindex:

$$U_{2007,2008} = \frac{3,50 \cdot 1,41 + 6,20 \cdot 1,04 + 4,30 \cdot 4,43}{3,80 \cdot 1,45 + 6,00 \cdot 1,31 + 4,50 \cdot 4,74} = \frac{30,432}{34,700} \approx 87,70\% \, .$$

Der ortsansässige Fleischer hatte, wenn er wirklich nur die 3 Fleischsorten verkaufen würde, von März 2007 bis März 2008 einen Umsatzeinbruch von 12,3 %. Das liegt zum einen daran, dass der Fleischverbrauch in der Gemeinde im Mittel um 9,25 % zurückgegangen ist, überdies aber auch die Preise im Mittel um 3,36 % gesunken sind, um nur die Fisher-Indizes zu interpretieren.

In dem Zahlenbeispiel ist zu bemerken, dass Laspeyres- und Paasche-Index geringfügig voneinander abweichen. Der Unterschied rührt daher, dass z. B. den Preisindizes für Laspeyres und Paasche verschiedene Warenkörbe zugrunde liegen. Da die Preisentwicklung einer umsatzstarken Ware einen größeren Einfluss auf den Preisindex hat als eine umsatzschwache, ändert sich mit den Mengenverhältnissen womöglich auch der Indexwert. Dass der Unterschied zwischen Laspeyres und Paasche nur geringfügig ausfällt, ist allerdings typisch für die bekannten, volkswirtschaftlich wichtigen Indizes. In Wirklichkeit sind die Unterschiede meist noch viel geringer als in dem behandelten Beispiel mit den Fleischpreisen. Deshalb wird die Frage, welche Indexart zu bevorzugen ist, mehr von der praktischen Handhabbarkeit beantwortet. Normalerweise ist der Berichtszeitpunkt der letzte Zeitpunkt, zu dem die notwendigen Preis- und Mengenangaben ermittelt werden konnten. Sobald wieder aktuelle Werte vorliegen, wird der Index erneut berechnet. Auf diese Weise erhält man eine ganze Zeitreihe von Indexwerten. Fast alle vom Statistischen Bundesamt veröffentlichen Indexreihen sind vom Typ Laspeyres. Der Vorteil besteht darin, dass man immer denselben Warenkorb aus der Basiszeit verwenden kann und nur die Preise aktualisiert werden müssen.

Der vielleicht populärste Index in Deutschland ist der **Deutsche Aktienindex** (DAX). Er ist ein Laspeyres-Preisindex mit dem 31.12.1987 als Basiszeitpunkt und wird in Promille angegeben, das heißt, er startete zum Basiszeitpunkt mit 1000 Punkten. Im „Warenkorb" sind die 30 bedeutendsten deutschen Aktiengesellschaften. Die Preise sind die XETRA-Kurse der Aktien, als Gewicht fungiert das an Börsen zugelassene, in Streubesitz befindliche Aktienkapital. Der DAX wird von der Deutschen Börse AG im Sekundentakt berechnet. Die Formel dafür ist ein wenig komplizierter als die in Tabelle 7-4 angegebene Indexformel, weil Kapitalveränderungen und Dividendenzahlungen bereinigt werden.

Der bekannteste Aktienindex der Welt dürfte der **Dow Jones** sein, gemeint ist zumeist der Dow Jones Industrial Average (DJIA). 1896 gegründet, ist er der älteste noch bestehende Aktienindex der USA. Er begann mit 12 Aktien, aus deren Kursen lediglich ein arithmetisches Mittel gebildet wurde. Erst im Jahre 1928 führte man einen Divisor in die Berechnung ein. Von da an war der DJIA ein Index, sein Name Average wurde aber beibehalten. Heute enthält er die Aktien von 30 der umsatzstärksten US-Industriegesellschaften, die sogenannten blue chips. Allerdings ist er nach wie vor ein ungewichteter Index, der lediglich die Summen der Aktienkurse ins Verhältnis setzt. Seine geringe Aussagekraft kann mit seinem Bekanntheitsgrad in keiner Weise mithalten.

Möchte man eine Indexreihe $I_{00}, I_{01}, I_{02}, \ldots$ der Basis 0 auf eine andere Basiszeit τ umrechnen, so geht das beim einfachen Index sehr leicht allein aus der Kenntnis der ursprünglichen Indexreihe heraus. So leicht ist das **Umbasieren** bei zusammengesetzten Indizes im Allgemeinen nicht mehr. Reihen aus Laspeyres-, Paasche- oder Fisherindizes müssten mit der neuen Basis völlig neu berechnet werden. Wenn die dazu notwendigen Preis- und Mengenangaben aller einzelnen Bestandteile des Warenkorbs nicht verfügbar sind, begnügt man sich auch bei diesen Indizes mit der genau genommen ungültigen Umbasierungsformel aus Abschnitt 7.1, weil dadurch erfahrungsgemäß nur kleine Fehler in Kauf genommen werden müssen.

Eine relativ oft anstehende Aufgabe ist das **Verknüpfen** mehrerer kurzer Indexreihen zu einer langen. So hat das Statistische Bundesamt die begründete Angewohnheit, seine Indizes alle 5 Jahre auf eine neue Basis zu stellen und dann nur 5 bis 10 Jahre lange Zeitreihen zu veröffentlichen. Benötigt man längere Indexreihen, muss man mehrere kurze miteinander verknüpfen. Eine Verknüpfung ist z. B. auch dann notwendig, wenn die Zusammensetzung eines Aktienindex verändert wird und damit eigentlich eine völlig neue Indexreihe beginnen müsste. Man benötigt mindestens zwei Indexreihen

$$I_{00}, I_{01}, ..., I_{0t}$$
$$..., I'_{\tau t}, I'_{\tau, t+1}, I'_{\tau, t+2}, ...,$$

die sich zu einem Zeitpunkt t überlappen. Unter Beibehaltung der ersten Reihe werden beide Reihen zu einer neuen Indexreihe

$$I_{00}, I_{01}, ..., I_{0t}, c \cdot I'_{\tau, t+1}, c \cdot I'_{\tau, t+2}, ...$$

verknüpft, indem die Werte des angefügten zweiten Teils mit $c = \dfrac{I_{0t}}{I'_{\tau t}}$ multipliziert werden. Der Faktor c ist gerade so gewählt worden, dass die Indexwerte zum Überlappungszeitpunkt t identisch sind: $c \cdot I'_{\tau t} = I_{0t}$.

Als Beispiel ist in Tabelle 7-5 der Index der Großhandelsverkaufspreise für Deutschland wiedergegeben. Leider steht keine durchgängige Zeitreihe für die Jahre 1995 bis 2006 zur Verfügung. Die Indexreihe zur Basis 1995 endet schon im Jahre 2002, die weiterführende Reihe hat dagegen die Basis 2000.

Tabelle 7-5: *Index der Großhandelsverkaufspreise in Deutschland[19]*

Jahr	1995	1996	1997	1998	1999	2000	2001	2002	2003	2004	2005	2006
Basis 1995	100,0	99,6	101,5	99,5	98,6	104,0						
Basis 2000						100,0	101,6	101,8	102,3	105,3	108,2	112,2

Die beiden Indexreihen überlappen sich im Jahr $\tau = 2000$. Man hat also den Umrechnungsfaktor c = 104/100 = 1,04 zu wählen. Nimmt man nun die erste Reihe (Basis 1995) und fügt ab dem Jahr 2000 die mit 1,04 multiplizierte zweite Reihe (Basis 2000)

---

[19] Quelle: Statistisches Bundesamt

an, erhält man eine durchgehende Indexreihe für die Jahre 1995 bis 2006. Das ist die in Tabelle 7-6 zuerst aufgeführte Reihe, der Index der Großhandelsverkaufspreise zur Basis 2000. Sollte man den Index zur Basis 1995 benötigen, wird umbasiert, indem man jeden einzelnen Wert durch 96,2 dividiert.

Tabelle 7-6:   *Index der Großhandelsverkaufspreise in Deutschland verkettet*

Jahr	1995	1996	1997	1998	1999	2000	2001	2002	2003	2004	2005	2006
Basis 2000	96,2	95,8	97,6	95,7	94,8	100,0	101,6	101,8	102,3	105,3	108,2	112,2
Basis 1995	100,0	99,6	101,5	99,5	98,6	104,0	105,7	105,9	106,4	109,5	112,5	116,7

7.3   Internationale Preisvergleiche

Wenn ein Deutscher in ein anderes Land kommt, z. B. nach Italien, und er hat ein Hotelzimmer gefunden und erste Einkäufe getätigt, dann sagt er: „Hier ist es aber teuer." Wie kommt er zu dieser Meinung? Statistisch ausgedrückt hat er die Kaufkraft des Euros in Italien mit der in Deutschland verglichen. Dabei hat er, womöglich unbewusst, einen bestimmten Warenkorb zugrunde gelegt. Im umgekehrten Fall käme ein Italiener, der Deutschland besucht, vielleicht zu dem Schluss, dass es in Deutschland teurer ist. Er hat dann einen anderen Warenkorb benutzt, der seinen Kaufgewohnheiten entspricht und vielleicht gerade solche Güter enthält, die in Italien billiger sind.

Einem Kaufkraftvergleich voran geht ein Preisvergleich. Dafür benötigt man mindestens einen Warenkorb und zu diesem die Preise in den entsprechenden Ländern. Der Warenkorb enthalte wie schon vorhin k Güter. Es sollen die allgemeinen Formeln exemplarisch für einen Kaufkraftvergleich zwischen Deutschland und USA aufschrieben werden. Es bezeichne für $i = 1, 2, ..., k$

- $p_{D,i}$ den Preis des Gutes i im deutschen Warenkorb [€/ME[20]],

- $p_{USA,i}$ den Preis des Gutes i im amerikanischen Warenkorb [\$/ME],

- $q_{D,i}$ die Menge des Gutes i im deutschen Warenkorb [ME],

- $q_{USA,i}$ die Menge des Gutes i im amerikanischen Warenkorb [ME].

---

[20] ME steht für Mengeneinheit

Das Verhältnis der Werte eines Warenkorbs in zwei verschiedenen Ländern nennt man bilaterale **Verbrauchergeldparität**. So sind

$$VGP_{D,USA} = \frac{\sum p_{USA,i} \cdot q_{D,i}}{\sum p_{D,i} \cdot q_{D,i}} \quad \left[\frac{\$}{€}\right] \quad \text{und} \quad VGP_{USA,D} = \frac{\sum p_{D,i} \cdot q_{USA,i}}{\sum p_{USA,i} \cdot q_{USA,i}} \quad \left[\frac{€}{\$}\right]$$

die Verbrauchergeldparitäten der USA zu Deutschland bzw. Deutschlands zur USA. Die erste gibt an, welcher Betrag in US-Dollar einem Euro entspricht, wenn der deutsche Warenkorb zugrunde gelegt wird. Bei der zweiten ist es umgekehrt: Sie gibt an, welchem Eurobetrag ein US-Dollar entspricht, wenn der amerikanischen Warenkorb die Mengenstruktur liefert. Beide Paritäten sind im Prinzip Laspeyres-Preisindizes, bei denen sich jedoch Zähler und Nenner nicht zeitlich, sondern örtlich unterscheiden. Eine weitere Besonderheit besteht darin, dass Verbrauchergeldparitäten eine Maßeinheit tragen, es sei denn, die beteiligten Länder benutzen dieselbe Währung. Um aus beiden Warenkörben eine gemeinsame mittlere Verbrauchergeldparität zu bilden, empfiehlt sich das geometrische Mittel, z. B.

$$\overline{VGP}_{D,USA} = \sqrt{\frac{VGP_{D,USA}}{VGP_{USA,D}}} \ .$$

Als Beispiel soll ein Preisvergleich zwischen der Schweiz und Deutschland anhand eines Warenkorbs von 4 Gütern durchgeführt werden. Die entsprechenden Daten sind in Tabelle 7-7 zusammengestellt.

Tabelle 7-7:   *Beispiel zum Preisvergleich Schweiz-Deutschland[20]*

Gut	Deutschland		Schweiz	
	Menge [ME]	Preis [EUR/ME]	Menge [ME]	Preis [CHF/ME]
A	10	2,50	5	4,50
B	15	4,00	20	7,00
C	30	3,00	25	7,00
D	20	7,50	25	12,00

Die Verbrauchergeldparität anhand des deutschen Warenkorbs ist

$$VGP_{D,CH} = \frac{\sum p_{CH,i} \cdot q_{D,i}}{\sum p_{D,i} \cdot q_{D,i}} = \frac{4,50 \cdot 10 + 7,00 \cdot 15 + 7,00 \cdot 30 + 12,00 \cdot 20 \ \text{CHF}}{2,50 \cdot 10 + 4,00 \cdot 15 + 3,00 \cdot 30 + 7,50 \cdot 20 \ \text{EUR}} = \frac{600 \ \text{CHF}}{325 \ \text{EUR}} \approx$$
$$\approx 1,846 \ \frac{\text{CHF}}{\text{EUR}}.$$

Das bedeutet, dass ein Deutscher mit seinen Kaufgewohnheiten in der Schweiz 1,85 Franken bezahlen muss, wofür er in Deutschland 1 Euro ausgeben würde.

Die Verbrauchergeldparität anhand des schweizerischen Warenkorbs ist

$$VGP_{CH,D} = \frac{\sum p_{D,i} \cdot q_{CH,i}}{\sum p_{CH,i} \cdot q_{CH,i}} = \frac{2,50 \cdot 5 + 4,00 \cdot 20 + 3,00 \cdot 25 + 7,50 \cdot 25}{4,50 \cdot 5 + 7,00 \cdot 20 + 7,00 \cdot 25 + 12,00 \cdot 25} \frac{\text{EUR}}{\text{CHF}} = \frac{355,0 \text{ EUR}}{637,5 \text{ CHF}} \approx$$

$$\approx 0,557 \frac{\text{EUR}}{\text{CHF}}.$$

Umgekehrt wird also ein Eidgenosse in Deutschland 55,7 Cent ausgeben müssen, wofür er bei sich zu Hause 1 Franken zu bezahlen hätte. Die mittlere Verbrauchergeldparität zwischen Deutschland und der Schweiz beträgt dann

$$\overline{VGP}_{D,CH} = \sqrt{\frac{VGP_{D,CH}}{VGP_{CH,D}}} = \sqrt{1,846 \cdot \frac{1}{0,557}} \approx \sqrt{1,846 \cdot 1,796} \approx 1,821.$$

Angenommen, der Preisvergleich sei am 1. Oktober 2006 durchgeführt worden. An diesem Tag entsprach also ein Euro gemäß dem deutschen Warenkorb rund 1,85 Schweizer Franken. Noch ist aber unklar, ob es dort teurer oder billiger war als in Deutschland. Um diese Frage zu beantworten, muss man die Verbrauchergeldparität noch um den Devisenkurs bereinigen.

Der Devisenkurs $DK_{D,USA}$ USA-Deutschland trägt die Maßeinheit $\frac{\$}{€}$ und gibt an, wie viele US-Dollar man für einen Euro beim Geldwechseln bekommt. Die Kaufkraft einer Währung in einem anderen Land ist dann der Quotient aus Devisenkurs und Verbrauchergeldparität. So bezeichnet

$$KKP_{D,USA} = \frac{DK_{D,USA}}{VPG_{D,USA}}$$

die **Kaufkraftparität** des Euro in den USA im Vergleich zu Deutschland anhand des deutschen Warenkorbs. Wenn Verbrauchergeldparität und Devisenkurs nicht übereinstimmen, und das ist die Regel, empfindet man im Ausland ein Preisgefälle gegenüber zu Hause. Dieses Preisgefälle wird durch die Kaufkraftparität in eine Zahl gefasst, die keine Maßeinheit trägt. Ist diese Zahl größer als 1, dann empfindet man die Preise in dem anderen Land als billiger. Das funktioniert natürlich noch besser, wenn beide Länder dieselbe Währung haben und deswegen Kaufkraftparität und Verbrauchergeldparität identisch sind. Das Statistische Bundesamt veröffentlicht auch die Kehrwerte der Kaufkraftparitäten unter der Bezeichnung **Verbraucherpreisniveau**.

Nun zurück zu dem Beispiel des Preisvergleichs Schweiz-Deutschland. Am 1. Oktober 2006 lautete der mittlere Devisenkurs 1 EUR = 1,584 CHF, was eine Kaufkraftparität von $KKP_{D,CH} = 1,584/1,846 \approx 0,86$ und ein Verbraucherpreisniveau von 116,5 % errechnen lässt. Ein Deutscher musste mit seinen Euros in der Schweiz 16,5 % mehr aufwenden als in Deutschland. Oder etwas salopp formuliert, war damals der deutsche Euro in der Schweiz nur 86 Cent wert.

7.4 Einige wirtschaftlich bedeutsame Indizes

Die nachfolgend erwähnten Indizes sind wichtig zur Beurteilung der Wirtschaftslage in der Bundesrepublik Deutschland. Sie werden monatlich vom Statistischen Bundesamt berechnet und veröffentlicht. Es sind alles Laspeyres-Indizes.

7.4.1 Verbraucherpreisindex

Der Verbraucherpreisindex ist ein Index der Einkaufspreise und hieß früher Preisindex für die Lebenshaltung aller privaten Haushalte. Er misst die mittlere Preisveränderung aller Waren und Dienstleistungen, die von privaten Haushalten für Konsumzwecke gekauft werden. Der Warenkorb enthält ca. 750 Positionen typischer Waren und Dienstleistungen. Dazu gehören auch Mieten, Reisen, Friseurleistungen usw. Preise werden in rund 100 über das gesamte Bundesgebiet verteilten Gemeinden in ca. 40.000 Berichtsstellen für insgesamt ca. 350.000 Verkaufsfälle erhoben. Sie werden auch anhand allgemein zugänglicher Quellen wie Internet oder Versandhauskatalogen ermittelt. In den Preisen sind Mehrwertsteuer und Verbrauchssteuern (Tabaksteuer, Mineralölsteuer, …) enthalten.

Der Verbraucherpreisindex ist der wichtigste Kennwert des preisstatistischen Systems Deutschlands. Er wird vor allem als Inflationsmaßstab verwendet. Seine Entwicklung ist, wie auch die der beiden nachfolgend behandelten Preisindizes, für die Jahre 1991 bis 2005 in Abbildung 7-1 grafisch dargestellt.

7.4.2 Index der Einzelhandelspreise

Mit den Einzelhandelspreisen sind die Verkaufspreise des Einzelhandels gemeint. Für den Index der Einzelhandelspreise gilt im Wesentlichen das Gleiche wie für den Verbraucherpreisindex mit der Ausnahme, dass keine Dienstleistungen einbezogen werden. Der Warenkorb umfasst rund 530 Güter, die typischerweise von privaten Haushalten im Einzelhandel gekauft werden und für die in ca. 30.000 Berichtsstellen Preise für insgesamt ca. 280.000 Verkaufsfälle monatlich erhoben werden.

7.4.3 Index der Großhandelsverkaufspreise

Die Statistik der Großhandelsverkaufspreise ist vor allem für das Bundesministerium für Wirtschaft und Arbeit, die Bundesbank und Wirtschaftsverbände und auf internationaler Ebene für die Europäische Zentralbank von Interesse. Die Großhandelsverkaufspreise werden monatlich von den Unternehmen des Großhandels mit Sitz in

Deutschland an die Statistischen Ämter gemeldet. Der Index der Großhandelsverkaufspreise misst die Preisveränderungen auf der Stufe des Großhandels. Er kann zur Erkennung künftiger Inflationstendenzen oder zur Deflationierung anderer wirtschaftsstatistischer Kenngrößen dienen. Der Warenkorb für diesen Index enthält ca. 400 Warenarten, für die in ca. 1.000 Unternehmen für insgesamt ca. 3.600 Verkaufsfälle Preise erfragt werden. Für einige Lebensmittel fließen auch Preisnotierungen von Großmärkten und Warenbörsen ein. Im Warenkorb sind auch Güter, die normalerweise nicht in den Einzelhandel gelangen, wie lebendes Vieh, Land- und Baumaschinen, Bürobedarf und Laborausrüstungen. Die Preise werden einschließlich Verbrauchssteuern, aber ohne Mehrwertsteuer erhoben.

Abbildung 7-1: *Einige Preisindizes[21] für die Jahre 1991 bis 2005*

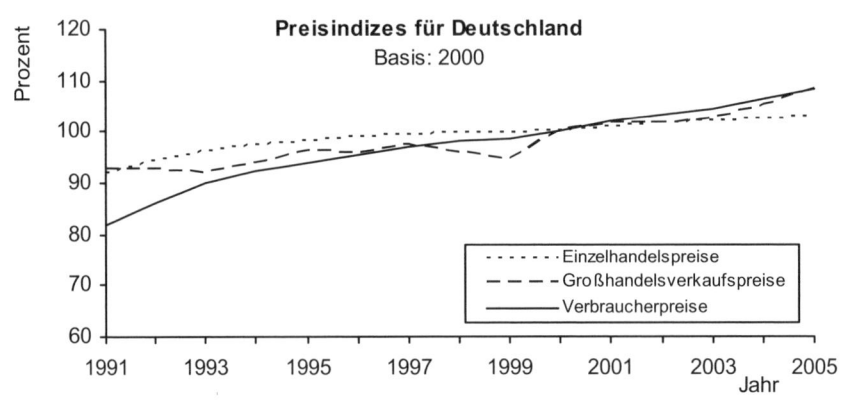

7.4.4 Lohnindizes

Die Entwicklung der vorhin besprochenen Verbraucherpreise ist nicht nur von volkswirtschaftlicher Bedeutung, sondern betrifft jeden einzelnen Bürger. Allerdings ist eine Bewertung der Verbraucherpreise erst dann sinnvoll, wenn sie in Relation zum Einkommen gesehen werden. Zu den Bezügen der Arbeitnehmer veröffentlicht das Statistische Bundesamt u. a. den **Index der tariflichen Wochenlöhne** und den **Index der tariflichen Monatsgehälter**. Mit dem erstgenannten Index wird die Entwicklung des Einkommens der Arbeiter, mit dem zweiten das der Angestellten beschrieben. Unter dem Gesichtspunkt, dass Lohn und Gehalt der Preis für die Arbeit sind, handelt es sich bei den Lohnindizes um Preisindizes. Es wird mit den Bruttolöhnen bzw.

---

[21] Quelle: Statistisches Bundesamt

-gehältern einschließlich der Steuern und Arbeitnehmeranteile zur Sozialversicherung gerechnet, aber ohne die Arbeitgeberanteile. Nicht hinzugezählt werden Urlaubs- und Weihnachtsgeld. Als Mengen fungieren die Anzahl der Beschäftigten, für die der Tarifvertrag gilt. In die Berechnung werden rund 130 Tarifverträge einbezogen, die mindestens 75 % der Beschäftigten erfassen.

Abbildung 7-2: *Lohnindizes und Verbraucherpreisindex[21] für die Jahre 1995 bis 2005*

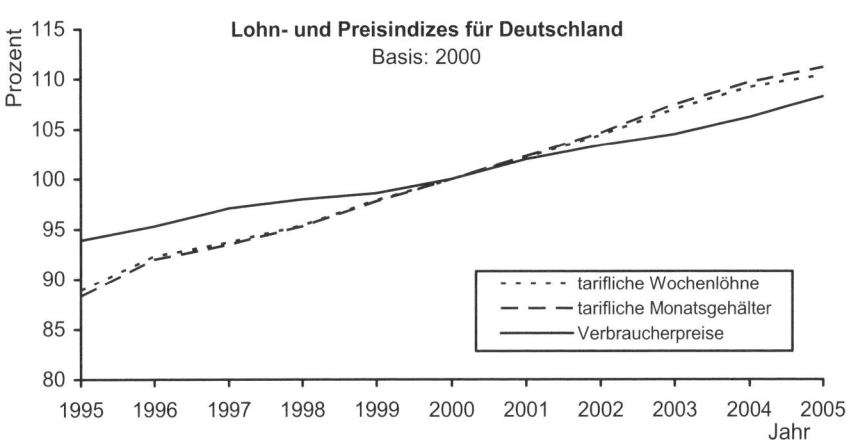

Die vom Statistischen Bundesamt veröffentlichten Nominallohnindizes (siehe auch Abbildung 7-2) zeigen seit Jahren beständig steigende Bruttolöhne an. Dabei könnte es sein, dass die Reallöhne in Wirklichkeit sinken. Eine wesentliche Ursache dafür ist die Inflation. Um eine Deflationierung des Lohnindex durchzuführen, dividiert man die Nominallohnindexwerte durch den Wert des Verbraucherpreisindex. Damit erhält man allerdings noch keinen Reallohnindex, weil die Veränderungen in den Steuern und Sozialabgaben nicht berücksichtigt worden sind.

7.4.5 Produktionsindex für das Produzierende Gewerbe

Der Produktionsindex misst die Leistungen des Produzierenden Gewerbes. Er wird unter Ausschaltung der Preisveränderungen monatlich zunächst für die einzelnen Wirtschaftszweige berechnet und dann mit den Bruttowertschöpfungen als Gewichten zu einem Gesamtindex für Deutschland gemittelt. Durch diese Gewichtung wird verhindert, dass Wirtschaftszweige höherer Fertigungsstufen überrepräsentiert sind. Der Produktionsindex ist im Gegensatz zu den bisher besprochenen Wirtschaftsindizes ein Mengenindex. Für seine Berechnung erheben die Statistischen Landesämter bei rund 15.000 Betrieben von Unternehmen des Produzierenden Gewerbes mit mindestens 20 Beschäftigten den Wert und die Menge von über 6.000 Industrieerzeugnissen. Diese Betriebe decken knapp 80 % des Wertes der deutschen Industrieproduktion ab. Der Index der Produktion des Produzierenden Gewerbes ist ein zentraler Indikator für die kurzfristige Wirtschaftsentwicklung, der relativ rasch auf wirtschaftliche Veränderungen reagiert. In Abbildung 7-3 ist er für die Jahre 1991 bis 2006 grafisch dargestellt.

Abbildung 7-3: *Monatlicher Produktionsindex für das Produzierende Gewerbe[21]*

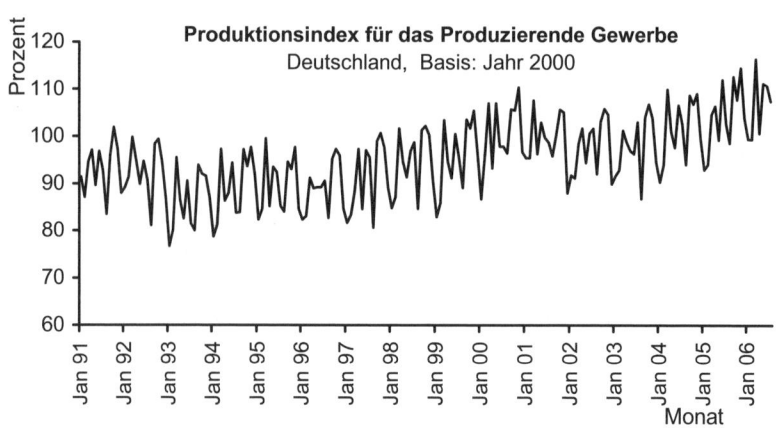

Teil 2

Schließende Statistik

8 Grundlagen der schließenden Statistik

Die **schließende Statistik** heißt so, weil mit ihr Schlussfolgerungen aus einer Stichprobe auf die Grundgesamtheit gezogen werden. Wegen dieses Schlusses vom Besonderen auf das Allgemeine spricht man auch von **induktiver Statistik**. Die Ausgangssituation ist also grundsätzlich eine Teilerhebung. Die Voraussetzungen, die in der schließenden Statistik an die Stichprobe gestellt werden, verlangen überdies, dass die einzelnen Stichprobenelemente voneinander unabhängig und unter identischen Versuchsbedingungen zufällig ausgewählt sein müssen. Eine solche reine Zufallsstichprobe erfordert damit genau genommen einen Ziehungsvorgang „mit Zurücklegen", um die Grundgesamtheit während der Ziehung nicht zu verändern. Rein theoretisch hat man somit auch in Kauf zu nehmen, dass Elemente aus der Grundgesamtheit mehrfach in die Stichprobe aufgenommen werden. Nur wenn der Umfang der Grundgesamtheit wesentlich größer ist als der der Stichprobe, wird der Unterschied zwischen einer Ziehung „ohne Zurücklegen" und „mit Zurücklegen" praktisch vernachlässigbar sein.

Die tragende Idee der schließenden Statistik ist ihre Einbettung in die Wahrscheinlichkeitstheorie, die im Anhang A kurz umrissen wird. Damit stellt die schließende Statistik ein Teilgebiet der Mathematik dar, weshalb sie auch als mathematische Statistik bezeichnet wird.

8.1 Grundbegriffe der schließenden Statistik

Die Einbettung der Statistik in die Wahrscheinlichkeitstheorie geschieht einfach dadurch, dass man das zu untersuchende Merkmal X als Zufallsvariable auffasst. Die Ergebnismenge Ω, auf der die Zufallsvariable definiert ist, ist die Grundgesamtheit der statistischen Erhebung. Die konkrete Stichprobenziehung denkt man sich dann als wiederholte Durchführung des zugrunde liegenden Versuchs, bei dem jeweils eine Realisierung der Zufallsvariablen X beobachtet wird. Die beobachteten Werte $x_1, x_2, ..., x_n$ bilden die in der beschreibenden Statistik benutzte konkrete Stichprobe.

Dazu ein Beispiel: Der Referent für Marketing einer Universität möchte damit werben, wie gering die Lebenshaltungskosten seiner Studenten sind. Er interessiert sich nicht nur für die mittleren Lebenshaltungskosten der Studierenden, er will z. B. auch wissen, wie hoch der Anteil derer ist, die nicht mehr als 700 € im Monat ausgeben, und ob er behaupten darf, dass diese monatlichen Kosten an seiner Hochschule im Mittel nur 600 € betragen. Die Grundgesamtheit ist hier die gesamte Studentenschaft der Universität. Das Merkmal X bezeichnet die mittleren monatlichen Lebenshaltungskosten (in Euro) eines aus der Grundgesamtheit zufällig ausgewählten Studierenden. X wird als Zufallsvariable aufgefasst, für deren Wahrscheinlichkeitsverteilung sich der Marketing-Referent interessiert. Um Erkenntnisse über diese Verteilung zu gewinnen, wurden aus der Studentenschaft 60 Studierende zufällig ausgewählt und nach ihren Lebenshaltungskosten befragt. Das Ergebnis dieser Befragung ist in **Tabelle 8-1** festgehalten.

Tabelle 8-1:   *Mittlere monatliche Lebenshaltungskosten von 60 Studierenden (in Euro)*

500	780	850	430	660	550	490	1050	720	600
590	590	560	510	550	750	470	690	620	800
530	610	800	680	480	580	700	550	650	540
670	610	600	630	900	520	750	640	500	520
570	470	460	600	550	450	700	630	550	570
480	400	650	730	490	560	700	500	480	540

Die Ermittlung dieser Stichprobe stellt man sich in der schließenden Statistik so vor: Der zufällige Versuch „Auswahl eines Studierenden" wird 60-mal unabhängig voneinander durchgeführt. X_i sind dann die in der i-ten Wiederholung festgestellten Lebenshaltungskosten. Auch die X_i ($i = 1, \ldots, 60$) sind Zufallsvariablen, die voneinander unabhängig sein und alle dieselbe Verteilung besitzen sollen. Um das zu gewährleisten, muss der Ziehungsvorgang genau genommen sogar zulassen, dass Studierende auch mehrfach in die Auswahl gelangen (Ziehung mit Zurücklegen). Die in der obigen Tabelle aufgeführten Zahlenwerte stellen jeweils eine Realisierung der Zufallsvariablen $X_1, X_2, \ldots, X_{60}$ dar und bilden die konkrete Stichprobe $x_1, x_2, \ldots, x_{60}$.

Die in der schließenden Statistik für theoretische Herleitungen verwendete Stichprobe nennt man mathematische Stichprobe. Diese muss nicht nur den erwähnten Zufallscharakter haben, sondern überdies auch repräsentativ für das zu untersuchende Merkmal sein. Das wird mit der folgenden Definition sichergestellt.

Unter einer **mathematischen Stichprobe** vom Umfang n zu dem Merkmal X versteht man n unabhängige, identisch wie X verteilte Zufallsgrößen $X_1, X_2, \ldots, X_n$. Jede Realisierung $x_1, x_2, \ldots, x_n$ der mathematischen Stichprobe ist eine **konkrete Stichprobe**.

Damit erhalten viele der in der Statistik üblichen Begriffe ihr mathematisches Pendant aus der Wahrscheinlichkeitstheorie. Die drei wichtigsten Begriffspaare sind in Tabelle 8-2 noch einmal zusammengestellt worden.

Tabelle 8-2: *Entsprechende Grundbegriffe der Statistik und der Wahrscheinlichkeitstheorie*

statistischer Begriff	wahrscheinlichkeitstheoretischer Begriff
Grundgesamtheit	Ergebnismenge Ω
Merkmal	Zufallsvariable X
mathematische Stichprobe	Zufallsvariablen $X_1, X_2, ..., X_n$

Ein durch die Statistik zu lösendes Problem entsteht erst dann, wenn die Wahrscheinlichkeitsverteilung P_X des Merkmals X ganz oder teilweise unbekannt ist. „Teilweise unbekannt" könnte z. B. bedeuten, dass man von dem Merkmal den Erwartungswert und die Varianz nicht kennt, aber man weiß, dass es normalverteilt ist. Die Aufgabe der Statistik besteht ganz allgemein gesprochen darin, aus der Stichprobe $X_1, X_2, ..., X_n$ fehlende Kenntnisse über die Verteilung P_X zu gewinnen.

Die in der schließenden Statistik verwendeten Methoden sind das **Schätzen** und das **Testen**. Es gibt in der Statistik sehr viele verschiedene Analyseverfahren, die in diesem Buch gar nicht alle behandelt werden können und die sich wiederum in unterschiedliche Ansätze und Modelle aufgliedern, aber letztendlich wird immer nur geschätzt oder getestet. Geschätzt werden z. B. Wahrscheinlichkeiten, Dichtefunktionen oder Parameter von Verteilungen. Getestet werden Hypothesen über die Verteilung des Merkmals oder – wenn es mehrere gibt – der Merkmale.

Beispiele für statistische Aufgaben

▨ Wie verändert sich die abgesetzte Menge einer Ware, wenn die Werbeausgaben um 10 % gekürzt werden? – Das wäre vielleicht eine Aufgabe der Regressionsanalyse.

▨ Der Referent für Marketing in dem zu Beginn dieses Abschnitts eingeführten Beispiels behauptet, die mittleren monatlichen Lebenshaltungskosten seiner Studenten betragen nicht mehr als 600 €. Verträgt sich diese Behauptung mit der angegebenen Stichprobe? – Das ist eine typische Aufgabe für einen Mittelwerttest.

▨ In einem Wald wurde stichprobenartig ermittelt, dass 37,3 % aller Bäume geschädigt waren. Drei Jahre später sind es 39,4 %. Ist dieser Zuwachs bedeutsam? – So etwas weist man ebenfalls mit einem Signifikanztest nach.

▨ Gibt es einen Zusammenhang zwischen der Witterung im Mai und dem Hektarertrag bei Feldfutter? – Im Abschnitt 5.1 war dazu der empirischen Korrelationskoeffizient berechnet worden. Da dieser mit 0,188 recht klein ausfiel, wurde die Frage mit Nein beantwortet. Mithilfe der schließenden Statistik könnte man versuchen, doch noch einen signifikanten Zusammenhang nachzuweisen.

8.2   Wichtige Stichprobenfunktionen

In diesem Abschnitt sollen Aussagen über die Wahrscheinlichkeitsverteilungen der wichtigsten Stichprobenfunktionen gemacht werden. Dabei geht es vor allem um ihre Erwartungswerte und Varianzen sowie das Grenzverhalten bei wachsendem Stichprobenumfang. Wenn man zusätzlich noch voraussetzen kann, dass das Merkmal normalverteilt ist, nehmen einige Stichprobenfunktionen Verteilungen an, die als **Prüfverteilungen** innerhalb der schließenden Statistik eine große Rolle spielen. Diese Verteilungen werden so genannt, weil sie bei einigen der bekanntesten Signifikanztests zur Hypothesenprüfung gebraucht werden. Solche Prüfverteilungen sind neben der standardisierten Normalverteilung die χ^2-, die t- und die F-Verteilung.

Es sei X ein Merkmal mit Erwartungswert μ und Varianz σ^2 und $X_1, ..., X_n$ sei eine mathematische Stichprobe zu X. Weil die Stichprobenvariablen X_i identisch wie X verteilt sind, haben sie alle denselben Erwartungswert und dieselbe Varianz wie das Merkmal:

$$E(X_1) = E(X_2) = ... = E(X_n) = \mu,$$
$$Var(X_1) = \quad ... \quad = Var(X_n) = \sigma^2.$$

Hier ist stillschweigend unterstellt worden, dass das Merkmal X ein zweites Moment besitzt. Auch im weiteren Text werden häufig Momente von Zufallsvariablen vorkommen. Es soll im Weiteren stets vorausgesetzt sein, dass sie auch existieren, ohne dass gesondert darauf hingewiesen wird.

8.2.1   Das Stichprobenmittel

Das **Stichprobenmittel**

$$\overline{X} = \frac{1}{n} \sum_{i=1}^{n} X_i$$

entspricht dem arithmetischen oder empirischen Mittel aus der beschreibenden Statistik. Weil diese Stichprobenfunktion hier aber auf die mathematische Stichprobe angewandt wird, ist $\overline{X}$ jetzt eine Zufallsgröße.

Es gilt:

$$E(\overline{X}) = E\left(\frac{1}{n} \sum_{i=1}^{n} X_i \right) = \frac{1}{n} \sum_{i=1}^{n} E(X_i) = \frac{1}{n}(\mu + \mu + ... + \mu) = \mu,$$
$$Var(\overline{X}) = Var\left(\frac{1}{n} \sum_{i=1}^{n} X_i \right) = \frac{1}{n^2} \sum_{i=1}^{n} Var(X_i) = \frac{1}{n^2}(\sigma^2 + ... + \sigma^2) = \frac{\sigma^2}{n}.$$

Man erkennt, dass die Varianz von $\bar{X}$ mit wachsendem Stichprobenumfang n gegen 0 strebt. Aus dem starken Gesetz der großen Zahlen (s. Anhang A.4.3) folgt außerdem, dass $\bar{X}$ für $n \to \infty$ fast sicher gegen μ konvergiert.

Eigenschaften des Stichprobenmittels

Es gilt $E(\bar{X}) = \mu$, $Var(\bar{X}) \xrightarrow[n \to \infty]{} 0$ und $\bar{X} \xrightarrow[n \to \infty]{\text{fast sicher}} \mu$.

Diese Eigenschaften legen folgende Anwendung nahe: Falls der Mittelwert μ des Merkmals nicht bekannt ist, kann er durch das Stichprobenmittel $\bar{X} = \dfrac{1}{n}\sum_{i=1}^{n} X_i$ näherungsweise bestimmt werden. Diese Schätzung ist im Mittel richtig und umso „besser", je größer der Stichprobenumfang ist. In der praktischen Umsetzung muss man allerdings mit der konkreten Stichprobe vorliebnehmen und das empirische Mittel $\bar{x} = \dfrac{1}{n}\sum_{i=1}^{n} x_i$ als Schätzwert für μ verwenden.

8.2.2 Die Stichprobenvarianz

Die **Stichprobenvarianz**

$$S^2 = \frac{1}{n-1}\sum_{i=1}^{n}(X_i - \bar{X})^2$$

entspricht der empirischen Varianz, die schon in der beschreibenden Statistik benutzt wurde. Die Wurzel aus der Stichprobenvarianz ist dann die **Stichprobenstandardabweichung**.

Man kann zeigen, dass die Stichprobenvarianz folgende Eigenschaften besitzt:

Eigenschaften der Stichprobenvarianz

Es gilt $E(S^2) = \sigma^2$, $Var(S^2) \xrightarrow[n \to \infty]{} 0$ und $S^2 \xrightarrow[n \to \infty]{\text{fast sicher}} \sigma^2$.

Analog zum Stichprobenmittel könnte man diese Eigenschaften dazu nutzen, die unbekannte Varianz σ^2 des Merkmals durch die Stichprobenvarianz zu schätzen. Dieser Schätzer hätte günstige asymptotische Eigenschaften und würde, auf viele wiederholte Stichproben angewandt, im Mittel richtig liegen.

8.2.3   Die Verteilungen des Stichprobenmittels und der Stichprobenvarianz unter Normalverteilung

Der wesentliche Gegenstand der schließenden Statistik sind die Bereichsschätzungen und die Tests, die im Kapitel 10 bzw. 11 behandelt werden. Dort wird es sich als notwendig erweisen, von solchen Stichprobenfunktionen wie $\bar{X}$ und S^2 nicht nur Erwartungswert und Varianz zu kennen, sondern ihre gesamte Wahrscheinlichkeitsverteilungen. Welche Verteilungen das sind, hängt natürlich von der Verteilung des Merkmals X ab. Wenn das Merkmal metrisch skaliert ist, kann in vielen praktischen Situationen in guter Näherung davon ausgegangen werden, dass es normalverteilt ist. Und so wurden Anfang des 20. Jahrhunderts die ersten Schätzintervalle und Hypothesentests genau unter dieser Voraussetzung entwickelt. Sie bilden heute den Grundstock der schließenden Statistik.

Die Normalverteilung ist die bekannteste Verteilung der Wahrscheinlichkeitstheorie. Sie wird im Anhang A.2.4 erläutert und hier als bekannt vorausgesetzt. Es erweist sich, dass bei normalverteiltem Merkmal X die Stichprobenfunktionen $\bar{X}$ und S^2 (nach entsprechender Normierung) Wahrscheinlichkeitsverteilungen besitzen, die als t- bzw. χ^2-Verteilung bekannt sind. Diese beiden Verteilungen und die ebenfalls zu den Prüfverteilungen gehörende F-Verteilung, mit denen man es in der schließenden Statistik ständig zu tun hat, sollen jetzt etwas näher betrachtet werden.

Abbildung 8-1:   *Dichte von t-Verteilungen mit verschiedenen Freiheitsgraden*

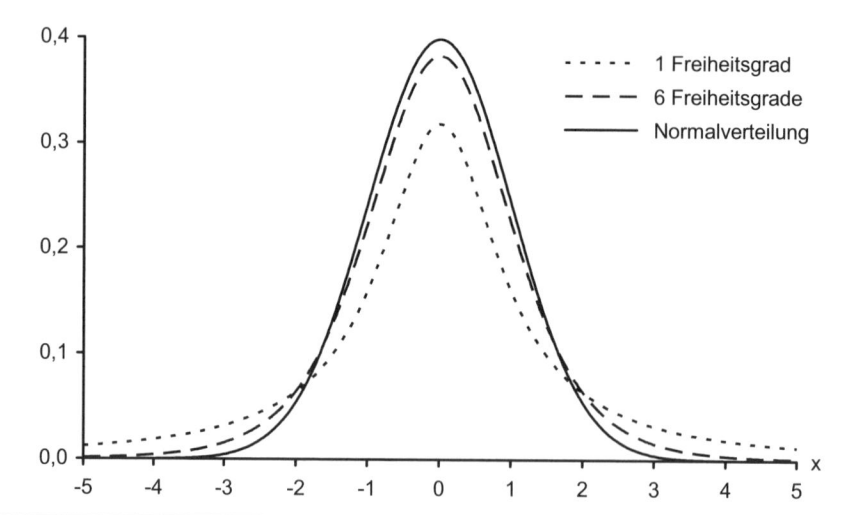

Eine stetige Verteilung mit der Dichte (vgl. Abbildung 8-1)

$$g(x) = c_1 \cdot \left(1 + \frac{x^2}{f}\right)^{-\frac{f+1}{2}} \qquad (-\infty < x < \infty)$$

nennt man **t-Verteilung** (auch: Student-Verteilung[22]) mit f Freiheitsgraden ($f = 1, 2, \ldots$). Dabei ist c_1 eine positive Konstante, die nur vom Parameter f abhängt und so bestimmt wird, dass die Normierungsbedingung $\int_{-\infty}^{\infty} g(x)dx = 1$ für Wahrscheinlichkeitsdichten erfüllt ist.

Mit den folgenden Aussagen soll auf einige Charakteristika der t-Verteilung aufmerksam gemacht werden:

■ Die t-Verteilung ist symmetrisch bezüglich 0.

■ Für $f > 1$ existiert der Erwartungswert und ist 0.

■ Für $f > 2$ existiert die Varianz. Sie ist $f/(f-2)$.

■ Mit $f \to \infty$ nähert sich die t-Verteilung der $N(0;1)$-Verteilung.

Abbildung 8-2: *Dichte von Chi-Quadrat-Verteilungen mit verschiedenen Freiheitsgraden*

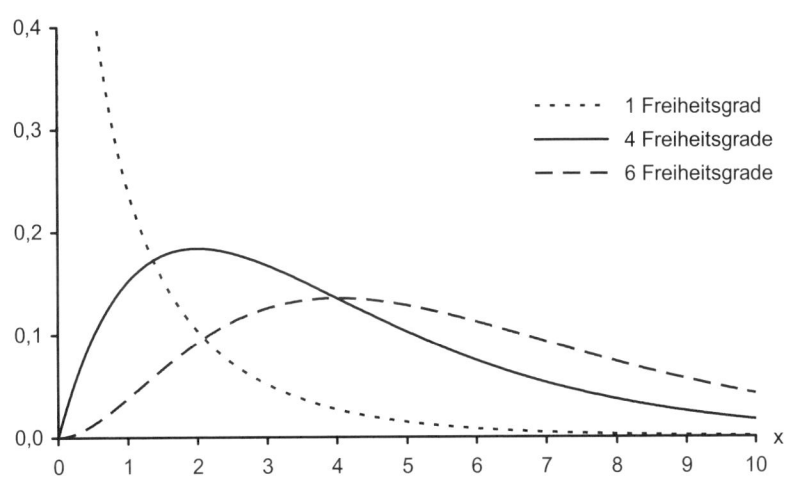

---

[22] Genannt nach William Gosset, 1876 – 1937, einem englischen Mathematiker und Chemiker, der unter dem Pseudonym „Student" veröffentlichte.

Eine stetige Verteilung mit der Dichte (vgl. auch Abbildung 8-2)

$$g(x) = \begin{cases} c_2 \cdot x^{\frac{f}{2}-1} \cdot \exp\left(-\frac{x}{2}\right) & \text{für } x > 0 \\ 0 & \text{für } x \leq 0 \end{cases}$$

nennt man **Chi-Quadrat-Verteilung** mit f Freiheitsgraden. Auch hier ist c_2 eine positive Konstante, die nur von f abhängt und die Einhaltung der bereits erwähnten Normierungsbedingung gewährleistet.

Die χ^2-Verteilung besitzt für jeden Freiheitsgrad Momente beliebig hoher Ordnung. Ihr Erwartungswert ist f und ihre Varianz $2 \cdot f$. Mit mehr als 2 Freiheitsgraden ist sie unimodal, der Modalwert beträgt f - 2.

Um den Zusammenhang der Stichprobenfunktionen $\overline{X}$ und S^2 mit den soeben behandelten Prüfverteilungen herzustellen, soll jetzt zusätzlich angenommen sein, dass das Merkmal X und damit die Stichprobenvariablen X_i normalverteilt sind, also $X \sim N(\mu; \sigma^2)$. Dann gilt:

■ $Z = \dfrac{\overline{X} - \mu}{\sigma} \sqrt{n}$ ist N(0;1)-verteilt.

■ $T = \dfrac{\overline{X} - \mu}{S} \sqrt{n}$ ist t-verteilt mit $n - 1$ Freiheitsgraden.

■ $\chi^2 = \dfrac{n-1}{\sigma^2} \cdot S^2$ ist χ^2-verteilt mit $n - 1$ Freiheitsgraden.

Das Symbol N(0;1) steht für die **standardisierte Normalverteilung**, also die spezielle Normalverteilung mit Erwartungswert 0 und Varianz 1. Sie hat die Dichte

$$\varphi(x) = \frac{1}{\sqrt{2\pi}} \exp\left(-\frac{x^2}{2}\right) \qquad (-\infty < x < \infty),$$

deren Graph die berühmte gaußsche Glocke ist (vgl. Abbildung 8-1).

Eine weitere häufig gebrauchte Prüfverteilung ist die F-Verteilung. Eine solche Verteilung besitzt z. B. der Quotient aus zwei Stichprobenvarianzen, die mittels zweier unabhängiger mathematischer Stichproben aus derselben normalverteilten Grundgesamtheit gewonnen wurden. Eine stetige Verteilung mit der Dichte (vgl. Abbildung 8-3)

$$g(x) = \begin{cases} c_3 \cdot x^{f_Z/2-1} \left(1 + \frac{f_Z}{f_N} x\right)^{-\frac{f_Z + f_N}{2}} & \text{für } x \geq 0 \\ 0 & \text{für } x < 0 \end{cases}$$

heißt **F-Verteilung**[23] mit $(f_Z; f_N)$ Freiheitsgraden. c_3 hängt nicht von x ab.

Abbildung 8-3:   *Dichte von F-Verteilungen mit verschiedenen Freiheitsgraden*

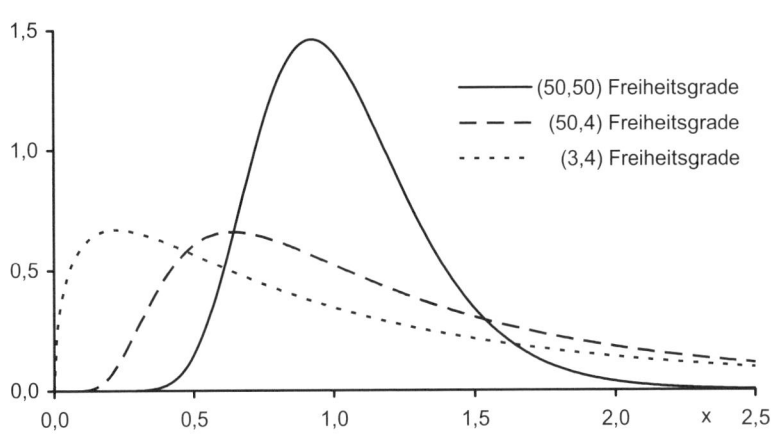

Eine F-Verteilung hat folgende Eigenschaften:

- Für $f_N > 2$ existiert der Erwartungswert, und er ist gleich $\dfrac{f_N}{f_N - 2}$.

- Erwartungswert und Gipfelpunkt dieser Verteilung liegen in der Nähe von 1.

Die beiden Parameter f_Z und f_N der Verteilung sind natürliche Zahlen, die man **Zähler-** bzw. **Nennerfreiheitsgrad** nennt. Diese Bezeichnungsweise soll durch den nachfolgend beschriebenen Sachverhalt verdeutlicht werden. Es seien X und Y zwei Merkmale, die identisch normalverteilt mit dem Erwartungswert μ und der Varianz σ^2 sind. Es seien weiterhin $X_1,...,X_n$ und $Y_1,...,Y_m$ voneinander unabhängige mathematische Stichproben zu den Merkmalen X bzw. Y mit den Stichprobenumfängen n bzw. m. Daraus bildet man die beiden empirischen Varianzen

$$S_X^2 = \frac{1}{n-1}\sum_{i=1}^{n}(X_i - \overline{X})^2 \quad \text{und} \quad S_Y^2 = \frac{1}{m-1}\sum_{i=1}^{m}(Y_i - \overline{Y})^2 .$$

Dann gilt:

- Die Zufallsgröße $\dfrac{S_X^2}{S_Y^2}$ ist F-verteilt mit $f_Z = n-1$ und $f_N = m-1$ Freiheitsgraden.

---

[23] genannt nach R. A. Fisher, siehe Fußnote 2

■ Besitzt eine Zufallsvariable F eine F-Verteilung mit $(f_Z; f_N)$ Freiheitsgraden, dann hat $\dfrac{1}{F}$ eine F-Verteilung mit $(f_N; f_Z)$ Freiheitsgraden.

Der Zählerfreiheitsgrad wird also durch den Stichprobenumfang der im Zähler stehenden Stichprobenvarianz bestimmt. Das Entsprechende gilt für den Nenner. Damit wird auch klar, dass bei einer Vertauschung von Zähler und Nenner nur die Freiheitsgrade miteinander vertauscht zu werden brauchen.

8.3 Quantile von Prüfverteilungen

In der Statistik werden von den Prüfverteilungen ihre sogenannte Quantile gebraucht. Vereinfacht ausgedrückt ist das Quantil eine reelle Zahl Q_α, die die Wahrscheinlichkeitsmasse der Verteilung im Verhältnis α zu 1-α teilt. Die **Ordnung** α des Quantils ist eine Zahl zwischen 0 und 1, die gegeben sein muss. Wie in den nachfolgenden Kapiteln noch zu sehen sein wird, hängt die Ordnung in der Regel von einer vorgegebenen Irrtumswahrscheinlichkeit ab.

Es soll jetzt der Begriff des Quantils der Verteilung einer Zufallsvariablen T exakt definiert werden. Als **Quantil** (*auch* **Fraktil**) der Ordnung α wird jede Zahl Q_α bezeichnet, für die $P(T < Q_\alpha) \le \alpha \le P(T \le Q_\alpha)$ gilt (s. Abbildung 8-4).

Abbildung 8-4:   *α-Quantil einer Prüfverteilung*

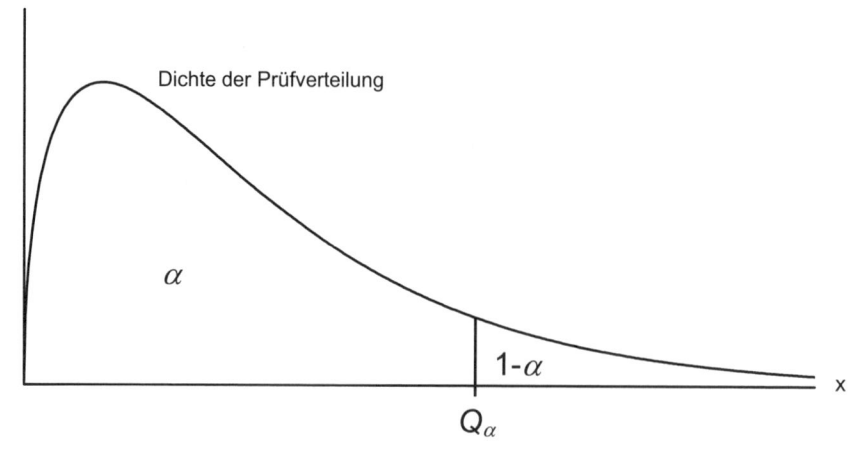

Dichte der Prüfverteilung

α

1-α

x

Q_α

Diese Definition mutet ein wenig kompliziert an. Das liegt daran, dass sich die Wahrscheinlichkeitsmasse z. B. einer diskreten Verteilung nicht in jedem beliebigen Verhältnis durch eine Zahl aufteilen lässt. Glücklicherweise sind die meisten Prüfverteilungen stetig und besitzen (im wesentlichen Teil) eine streng monotone Verteilungsfunktion. In diesem Fall ist das Quantil bereits durch die einfache Gleichung $P(T \leq Q_\alpha) = \alpha$ eindeutig bestimmt.

Das spezielle Quantil der Ordnung $\alpha = 0{,}5$ ist als **Median** bekannt und ist ein wichtiger Lageparameter einer jeden Wahrscheinlichkeitsverteilung, also nicht nur der Prüfverteilungen. Dies ist ein Mittelwert in dem Sinne, dass er sozusagen die Wahrscheinlichkeitsmasse halbiert.

Die Quantile von Prüfverteilungen lassen sich, von wenigen Ausnahmen abgesehen, nicht einfach berechnen. Traditionell werden sie Tabellen entnommen, die als Statistische Tafeln den Lehrbüchern oder Formelsammlungen beigefügt sind. Um die Tafeln in ihrem Umfang zu begrenzen, haben sich die Statistiker auf Standardwerte für Irrtumswahrscheinlichkeiten geeinigt. Daraus resultieren dann Standardwerte auch für die Ordnungen von Quantilen. Die am häufigsten gebrauchten Ordnungen sind 0,995 und 0,99 und 0,975 und 0,95 sowie deren Differenzen zu 1.

8.3.1 Quantile der Normalverteilung

Wenn von Quantilen der Normalverteilung gesprochen wird, ist immer die standardisierte Normalverteilung, also die mit Erwartungswert 0 und Varianz 1, gemeint. Das α-Quantil der Normalverteilung sei mit z_α bezeichnet. Wegen der Symmetrie dieser Verteilung gilt

$$z_{1-\alpha} = -z_\alpha \,,$$

so dass es ausreicht, die Quantile nur für die großen Ordnungen $\alpha > 0{,}5$ zu vertafeln. Da die Prüfverteilung hier keine weiteren Parameter hat, ist die Tafel recht übersichtlich. Sie kann gleich hier angegeben werden:

Tabelle 8-3:   *Quantile der Normalverteilung*

Ordnung α	0,9	0,95	0,975	0,99	0,995	0,999	0,9995
Quantil z_α	1,282	1,645	1,960	2,326	2,576	3,090	3,290

8.3.2   Quantile der t-Verteilung

$t_{f;\alpha}$ sei das Quantil der t-Verteilung mit f Freiheitsgraden. Da die t-Verteilung ebenfalls symmetrisch bezüglich des Nullpunktes ist, gilt auch hier die Beziehung

$$t_{f;1-\alpha} = -t_{f;\alpha} \, ,$$

die in der Tafel eine Beschränkung auf die Ordnungen $\alpha > 0{,}5$ erlaubt (s. Tabelle B-2 im Anhang B). Da die Quantile der t-Verteilung mit wachsender Zahl von Freiheitsgraden gegen die der Normalverteilung konvergieren, kann man die Tabelle bei $f = 500$ aufhören lassen. Bei größeren Freiheitsgraden nimmt man ersatzweise die Quantile der Normalverteilung. Fehlende Werte zwischen den Freiheitsgraden dürfen durch lineare Interpolation näherungsweise bestimmt werden.

8.3.3   Quantile der Chi-Quadrat-Verteilung

$\chi^2_{f;\alpha}$ sei das Quantil der χ^2-Verteilung mit f Freiheitsgraden. Solche Quantile sind in Tabelle B-3 im Anhang B zu finden. Da die χ^2-Verteilung nicht symmetrisch ist, müssen die Quantile sowohl für Ordnungen tabelliert sein, die nahe bei 1 liegen, als auch für solche in der Nähe von 0. Das Interpolieren zwischen fehlenden Freiheitsgraden ist hier nicht ratsam. Deshalb sind die Tafeln meist vollständig in den Freiheitsgraden bis mindestens $f = 30$. Für größere Anzahlen von Freiheitsgraden gibt es gute Näherungsformeln, nach denen das Quantil bestimmt werden kann. Für $f > 30$ wird die folgende empfohlen:

$$\chi^2_{f;\alpha} \approx f \cdot \left(1 - \frac{2}{9 \cdot f} + z_\alpha \cdot \sqrt{\frac{2}{9 \cdot f}} \right)^3 .$$

Dabei bezeichnet z_α das Normalverteilungsquantil derselben Ordnung α. Wenn z. B. das 2,5%-Quantil der χ^2-Verteilung mit 249 Freiheitsgraden gesucht ist, liest man zunächst aus Tabelle **8-3** das Quantil $z_{0,025} = -0{,}196$ ab. Damit ergibt sich nach der

obigen Formel der Näherungswert $\chi^2_{249;0,025} \approx 249 \cdot \left(1 - \frac{2}{9 \cdot 249} - 1{,}96 \cdot \sqrt{\frac{2}{9 \cdot 249}} \right)^3 \approx 207{,}2$.

8.3.4   Quantile der F-Verteilung

$F_{f_Z;f_N;\alpha}$ sei das Quantil der F-Verteilung mit $(f_Z; f_N)$ Freiheitsgraden. Da die F-Verteilung von zwei Parametern – dem Zählerfreiheitsgrad f_Z und dem Nennerfreiheitsgrad f_N – bestimmt wird, fallen die Tabellen recht umfangreich oder lückenhaft aus. Allerdings reicht es hier, Quantile nur für große Ordnungen zu vertafeln, weil es die am Ende des Abschnitts 8.2.3 beschriebene Kehrwert-Eigenschaft gestattet, auf kleine Ordnungen umzurechnen. Es gilt nämlich der Zusammenhang

$$F_{f_Z; f_N; 1-\alpha} = \frac{1}{F_{f_N; f_Z; \alpha}} \,.$$

Auch dazu ein Beispiel: Gesucht sei das Quantil der F-Verteilung mit $f_Z = 30$ und $f_N = 50$ Freiheitsgraden der Ordnung $\alpha = 0{,}05$. In den Tabellen B-4 bis B-7 im Anhang B stehen nur Quantile der Ordnung $\alpha = 0{,}95$ und $\alpha = 0{,}99$. Man benutzt $\alpha = 0{,}95$, ermittelt $F_{50;30;0,95} \approx 1{,}76$ und berechnet daraus $F_{30;50;0,05} = \dfrac{1}{F_{50;30;0,95}} \approx \dfrac{1}{1{,}76} \approx 0{,}57$.

9 Punktschätzungen

Es sei X ein Merkmal, dessen Wahrscheinlichkeitsverteilung P_X von einem Parameter ϑ abhängt, dessen wahrer Wert unbekannt ist. Es sei allerdings bekannt, dass der Parameter in der Menge Θ, der sogenannten **Parametermenge**, liegt. Im Allgemeinen wird von der Parametermenge nur gefordert, dass sie nicht leer ist. Damit könnte Θ auch die Menge aller Verteilungsfunktionen sein. Das wiederum würde bedeuten, dass mit ϑ die gesamte Verteilung des Merkmals unbekannt ist. Der allgemeinste Fall, nämlich dass gar nichts über die Verteilung P_X bekannt ist, wird bei dieser Vorgehensweise also nicht ausgeschlossen. In den meisten Anwendungen handelt es sich jedoch um einen oder mehrere reellwertige unbekannte Parameter. Bei einem reellen Parameter ist die Parametermenge eine Teilmenge der Menge der reellen Zahlen, häufig die ganze reelle Achse $\mathbb{R} = (-\infty; \infty)$ selbst oder die positive Halbachse $\mathbb{R}^+ = [0; \infty)$. Bei k unbekannten Parametern fasst man Θ als Teilmenge des k-dimensionalen euklidischen Raums $\mathbb{R}^k$ auf. Der unbekannte Parameter ist dann ein Vektor $\vartheta = (\vartheta_1, \ldots, \vartheta_k)^T$.

In dem Beispiel zur Tabelle 8-1 des vorhergehenden Kapitels mit den monatlichen Lebenshaltungskosten der Studierenden interessierte sich der Marketingchef zunächst für den Mittelwert. Er will aber auch wissen, wie sehr diese Kosten streuen, wie schief sie verteilt sind und wie hoch der Anteil derer ist, die mit 700 € im Monat auskommen. Das Merkmal X bezeichnet hier die monatlichen Lebenshaltungskosten eines Studierenden. Die Verteilung des Merkmals X ist unbekannt, gesucht sind die folgenden Parameter dieser Verteilung:

- $\vartheta_1 = \mu = E(X)$, der Erwartungswert des Merkmals,

- $\vartheta_2 = \sigma^2 = Var(X)$, die Varianz des Merkmals,

- $\vartheta_3 = \gamma_1 = E(X - E(X))^3 / \sqrt{\sigma^3}$, die Schiefe des Merkmals,

- $\vartheta_4 = p = P(X \leq 700)$, die Wahrscheinlichkeit, dass das Merkmal Werte annimmt, die nicht größer als 700 sind.

Die vier Parameter kann man zum Vektor $\vartheta = (\mu, \sigma^2, \gamma_1, p)^T$ zusammenfassen. In diesem Teil 2 des Buches wird es jedoch niemals notwendig sein, mehr als zwei unbekannte Parameter zu betrachten. Somit ist ϑ, ohne dass noch einmal gesondert darauf hingewiesen wird, stets eine Teilmenge der reellen Zahlen oder des $\mathbb{R}^2$.

Mit einer Punktschätzungen verfolgt man das Ziel, einen möglichst guten Näherungswert für den unbekannten Parameter ϑ zu berechnen. Als Informationsquelle dient eine Stichprobe zum Merkmal X, die ja das Merkmal X, dessen Verteilung P_X und damit auch den Parameter ϑ repräsentiert. Da es um die theoretischen Eigenschaften des Schätzers geht, benutzen man wie immer in der schließenden Statistik die mathematische Stichprobe $X_1, \ldots, X_n$ und definiert eine **Punktschätzung** für ϑ als eine Stichprobenfunktion $\hat{\vartheta}_n = \hat{\vartheta}(X_1, \ldots, X_n)$ mit Werten in Θ. Das Dach über dem Symbol soll signalisieren, dass es sich um eine Schätzung für den mit diesem Symbol bezeichneten Parameter handelt.

Beispiele für Punktschätzungen:

- $\hat{\mu} = \bar{X} = \dfrac{1}{n} \sum_{i=1}^{n} X_i$ ist eine Punktschätzung für den unbekannten Erwartungswert $\mu = E(X)$ des Merkmals X.

- $S^2 = \dfrac{1}{n-1} \sum_{i=1}^{n} (X_i - \bar{X})^2$ ist eine Punktschätzung für die unbekannte Varianz σ^2 des Merkmals X.

- Das Merkmal X sei gleichmäßig stetig verteilt im Intervall $[0; b]$, wobei die obere Intervallgrenze $b > 0$ hier den unbekannten Parameter darstellt. Dann ist die Stichprobenfunktion $\hat{b} = \max(X_1, \ldots, X_n)$ eine Punktschätzung für b.

- Der empirische Korrelationskoeffizient von Pearson-Bravais,

$$R = \frac{\dfrac{1}{n-1} \sum_{i=1}^{n} (X_i - \bar{X})(Y_i - \bar{Y})}{\sqrt{\dfrac{1}{n-1} \sum_{i=1}^{n} (X_i - \bar{X})^2} \sqrt{\dfrac{1}{n-1} \sum_{i=1}^{n} (Y_i - \bar{Y})^2}},$$

ist eine Punktschätzung für den tatsächlichen, theoretischen Korrelationskoeffizienten

$$\rho_{X,Y} = \frac{E[(X - EX)(Y - EY)]}{\sqrt{Var(X) \cdot Var(Y)}}$$

der Merkmale X und Y.

9.1 Wünschenswerte Eigenschaften von Punktschätzungen

Die soeben in den Beispielen angegebenen Punktschätzer sind - wie erst später klar werden wird - sinnvolle und zum Teil sehr gute Schätzfunktionen. Die obige Definition einer Punktschätzung ist allerdings so allgemein gehalten, dass das nicht selbstverständlich zu sein braucht. Ob eine Schätzfunktion $\hat{\vartheta}_n = \hat{\vartheta}(X_1,\ldots,X_n)$ sinnvoll oder gar gut für ϑ ist, kann erst an ihren theoretischen Eigenschaften festgemacht werden. Einige dieser Eigenschaften sind asymptotischer Natur. Sie fordern, dass die Schätzung mit wachsendem Stichprobenumfang n in irgendeinem Sinne immer besser wird.

Die wichtigsten Eigenschaften, die gute Punktschätzungen auszeichnen, sind:

■ *Erwartungstreue*
Eine Punktschätzung $\hat{\vartheta}_n$ heißt **erwartungstreu** (*auch* **unverzerrt**) für ϑ, wenn $E(\hat{\vartheta}_n) = \vartheta$ für jeden Stichprobenumfang n gilt. Der Erwartungswert der Schätzfunktion liegt genau bei dem unbekannten Parameter. Wenn man die Möglichkeit hätte, aus sehr vielen Stichproben den Schätzer $\hat{\vartheta}_n$ zu berechnen, würde man ebenso viele verschiedene Schätzwerte bekommen. Diese Schätzwerte schwanken um den wahren Parameter als Mittelwert.

■ *Asymptotische Erwartungstreue*
Wenn eine Punktschätzung nicht erwartungstreu ist, wünschte man sich wenigstens noch die asymptotische Variante dieser Eigenschaften. Eine Punktschätzung $\hat{\vartheta}_n$ heißt **asymptotisch erwartungstreu** für ϑ, wenn $E(\hat{\vartheta}_n) \to \vartheta$ für $n \to \infty$ gilt.

■ *Konsistenz*
Eine Punktschätzung $\hat{\vartheta}_n$ heißt **schwach konsistent** oder einfach nur konsistent für ϑ, wenn $\hat{\vartheta}_n$ mit $n \to \infty$ in Wahrscheinlichkeit gegen den wahren Parameter ϑ konvergiert. Liegt sogar fast sichere Konvergenz vor, nennt man die Punktschätzung **stark konsistent**. Im Gegensatz zur asymptotischen Erwartungstreue wird hier die Konvergenz gegen ϑ nicht für den Erwartungswert des Schätzers, sondern für den Schätzer selbst gefordert. Hinreichend für die schwache Konsistenz eines asymptotisch erwartungstreuen Schätzers ist die Konvergenz seiner Varianz gegen 0. Dies folgt aus der Ungleichung von Tschebyschew (s. Anhang A.2.3).

■ *Effizienz*
Eine Punktschätzung $\hat{\vartheta}_n$ heißt **effizient** für ϑ, wenn sie erwartungstreu ist und von allen erwartungstreuen Punktschätzungen die kleinste Varianz hat. Für Schätzer, die im Mittel richtig liegen, ist eine kleine Streuung natürlich ein Qualitätsmerkmal. Haben zwei erwartungstreue Schätzer für ϑ unterschiedliche Varianzen, so heißt der mit der kleineren Varianz der wirksamere. Ein effizienter Schätzer ist der wirksamste von allen.

Im Folgenden sollen exemplarisch für einige wichtige Parameterschätzer Gütebetrachtungen angestellt werden.

■ Über das Stichprobenmittel $\overline{X}$ ist aus dem vorigen Kapitel bekannt, dass $E(\overline{X}) = \mu$ und $\overline{X} \xrightarrow[n \to \infty]{\text{fast sicher}} \mu$. Damit ist $\overline{X}$ ein erwartungstreuer und konsistenter Schätzer für den Erwartungswert des Merkmals, und zwar unabhängig von der Verteilung des Merkmals.

■ Von der Stichprobenvarianz S^2 weiß man wiederum aus Kapitel 8, dass $E(S^2) = \sigma^2$ und $S^2 \xrightarrow[n \to \infty]{} \sigma^2$. Daraus folgt, dass S^2 stets eine erwartungstreue und konsistente Punktschätzung für die Varianz $\sigma^2 = Var(X)$ des Merkmals ist. Das bedeutet aber auch, dass die Stichprobenfunktion $S_0^2 = \dfrac{1}{n}\sum_{i=1}^{n}(X_i - \bar{X})^2$, die mitunter als Schätzung für die Varianz benutzt wird, nicht erwartungstreu, sondern nur asymptotisch erwartungstreu ist. Auch kann durch die Transformation eines Schätzers, wie das Wurzelziehen, die Erwartungstreue verloren gehen. Das hat hier zum Beispiel zur Konsequenz, dass die Stichprobenfunktion $\sqrt{S^2}$ im Allgemeinen nicht erwartungstreu für die Standardabweichung σ ist. Die Konsistenz dagegen bleibt bei Anwendung einer stetigen Funktion auf den Parameter und seinen Schätzer erhalten.

■ Es soll die Wahrscheinlichkeit p eines zufälligen Ereignisses A geschätzt werden. Zwecks Stichprobenerhebung wird der Versuch, in dem das Ereignis A eintreten kann, n-mal unabhängig voneinander durchgeführt und dabei beobachtet, ob A eintritt oder nicht. Als Stichprobe dienen dann Zufallvariablen $X_1, \dots, X_n$, die wie folgt definiert sein könnten:

$$X_i = \begin{cases} 1, \text{ falls } A \text{ im } i\text{-ten Versuch eintritt,} \\ 0, \text{ falls } A \text{ im } i\text{-ten Versuch nicht eintritt.} \end{cases}$$

Die Stichprobenfunktion $\bar{X}$ ist in diesem Fall die Häufigkeit des Eintretens von A dividiert durch die Anzahl aller Versuche, was man als **relative Häufigkeit** $h_n(A)$ des Ereignisses A in n Versuchen bezeichnet. Weil die X_i den Erwartungswert p haben, hat auch $\bar{X}$ diesen Erwartungswert. Außerdem konvergiert $h_n(A)$ nach dem Gesetz der großen Zahlen gegen den unbekannten Parameter p. Man kommt somit zu dem Ergebnis, dass die relative Häufigkeit eines Ereignisses eine erwartungstreue und konsistente Schätzung für die Wahrscheinlichkeit dieses Ereignisses ist.

Man kann übrigens zeigen, dass die relative Häufigkeit auch eine effiziente Schätzung für die Wahrscheinlichkeit eines Ereignisses ist. Im Allgemeinen lässt sich die Frage nach der Effizienz von Schätzern erst dann beantworten, wenn man (bis auf die unbekannten Parameter) die Verteilung des Merkmals kennt. So kann man nicht unbedingt behaupten, das Stichprobenmittel und die Stichprobenvarianz seien effizient für μ bzw. σ^2. Wenn man jedoch weiß, dass das Merkmal normalverteilt ist, gilt diese Behauptung.

In sind die Eigenschaften der gebräuchlichsten Schätzfunktionen aufgelistet, soweit sie bekannt sind.

Tabelle 9-1: *Die wichtigsten Schätzer für ein Merkmal und ihre Eigenschaften*

zu schätzender Parameter	Punktschätzung	Erwartungstreu?	Asymptot. erwartungstreu?	Konsistent?	Effizient?
$\mu = E(X)$	$\overline{X} = \dfrac{1}{n}\sum_{i=1}^{n} X_i$	Ja	Ja	Ja	Ja[24]
$\sigma^2 = Var(X)$	$S^2 = \dfrac{1}{n-1}\sum_{i=1}^{n}(X_i - \overline{X})^2$	Ja	Ja	Ja	
	$S_0^2 = \dfrac{1}{n}\sum_{i=1}^{n}(X_i - \overline{X})^2$	Nein	Ja	Ja	Nein
$\sigma = \sqrt{Var(X)}$	$S = \sqrt{S^2}$		Ja	Ja	
$p = P(A)$	$h_n(A)$	Ja	Ja	Ja	Ja

Nun ist es an der Zeit, das Beispiel vom Beginn dieses Kapitels zu Ende zu bringen. Dabei ging es um die monatlichen Lebenshaltungskosten der Studenten einer Universität. Aus der Stichprobe vom Umfang $n = 60$, die in Tabelle 8-1 gegeben ist, sollen die Kennzahlen Erwartungswert, Varianz, Schiefe und die Wahrscheinlichkeit $P(X \leq 700)$ geschätzt werden.

◼ Der Erwartungswert $\mu = E(X)$ wird durch den Wert $\overline{x} = \dfrac{1}{60}\sum_{i=1}^{60} x_i = 605$ geschätzt.

Daraus zieht man den Schluss, dass die mittleren monatlichen Lebenshaltungskosten in der Grundgesamtheit, also die aller Studierenden der Universität, ebenfalls ungefähr 650 € betragen. Dabei kann man darauf verweisen, dass zur Ermittlung dieses Schätzwertes eine erwartungstreue und konsistente, also eine gute Schätzfunktion verwendet wurde.

◼ Die Varianz $\sigma^2 = Var(X)$ des Merkmals X wird durch die empirische Varianz

$\overline{x} = \dfrac{1}{59}\sum_{i=1}^{60}(x_i - \overline{x})^2 \approx 15211{,}9$ geschätzt. Auch hier ist eine erwartungstreue und kon

sistente Schätzfunktion benutzt worden.

◼ Der Anteilswert $p = P(X \leq 700)$ wird durch die relative Häufigkeit des Ereignisses $\{X \leq 700\}$ geschätzt. Sie berechnet sich zu $\hat{p} = 50/60 \approx 83\%$, weil in der konkreten Stichprobe vom Umfang 60 genau 50 Werte sind, die die 700 nicht überschreiten. Man kann somit davon ausgehen, dass an der Universität rund 83 Prozent aller Studierenden mit 700 € im Monat für die Lebenshaltung auskommen. Dieser

---

[24] Ja, wenn das Merkmal normalverteilt ist.

Schätzwert ist mit der besten erwartungstreuen Schätzfunktion, die es für die Schätzung einer Wahrscheinlichkeit gibt, ermittelt worden.

Eine Schätzfunktion für die Schiefe der Verteilung ist in Tabelle 9-1 nicht aufgeführt worden. Diese Aufgabe wird deshalb ein klein wenig zurückgestellt und im folgenden Abschnitt im Rahmen der Momentenmethode behandelt.

9.2 Konstruktionsmethoden für Punktschätzungen

Es sei X ein Merkmal, dessen Verteilung bis auf einen reell- oder vektorwertigen Parameter ϑ bekannt sei. ϑ soll anhand einer Stichprobe $X_1,...,X_n$ zu X geschätzt werden. Es ist inzwischen klar, welche Eigenschaften eine Punktschätzung haben sollte. Aber wie kommt man zu einer Stichprobenfunktion, die einen guten Schätzer abgibt? Es sind verschiedene Konstruktionsmethoden für Schätzer bekannt, die günstige Eigenschaften garantieren oder zumindest erwarten lassen. Die wichtigsten werden hier vorgestellt. Die Maximum-Likelihood-Methode liefert Schätzer mit sehr guten Eigenschaften, ihre Anwendung aber kann mathematisch anspruchsvoll sein. Sehr einfach handhabbar ist dagegen die Momentenmethode, die auf jeden Fall konsistente Schätzer liefert. Die Methode der kleinsten Quadrate setzt spezielle parametrische Modelle voraus, wie z. B. ein Regressionsmodell. Bei Parametern, die nichtlinear im Regressionsansatz vorkommen, führt die Methode der kleinsten Quadrate auf ein nichtlineares Optimierungsproblem, das man wohl am besten mit einem Computerprogramm löst.

9.2.1 Die Momentenmethode

Es soll mit einem Beispiel begonnen werden. Kinder spielen auf dem Hof einer Nagelfabrik, in der zurzeit Nägel der Länge b hergestellt werden. Ein Kind stibitzt aus einer Abfallkiste Drahtreste, ohne auf deren Länge zu achten. Zu Hause entdeckt der Vater die Drahtreste. Er denkt darüber nach, welche Länge die gerade produzierten Nägel wohl haben könnten.

Jetzt soll dasselbe Problem statistisch formulieren werden. Mit X sei die zufällige Länge des Drahtrestes bezeichnet. Da nur ein Drahtstück als Rest übrig bleibt, das zu kurz für einen weiteren Nagel ist, kann man davon ausgehen, dass X gleichmäßig stetig verteilt auf dem Intervall $[0;b]$ ist. Der Parameter $b > 0$ ist unbekannt und soll geschätzt werden. Aus der Wahrscheinlichkeitstheorie ist bekannt, dass $\mu = E(X) = \dfrac{b}{2}$

gilt, woraus $b = 2 \cdot E(X)$ folgt. Damit bietet sich $\hat{b} = 2 \cdot \overline{X}$ als Punktschätzung für b an. Hier wurde einfach der Erwartungswert durch den Stichprobenmittelwert $\overline{X}$ ersetzt, eben weil das empirische Anfangsmoment 1. Ordnung ein guter Schätzer für das theoretische Anfangsmoment 1. Ordnung ist. Dieses Vorgehen ist das Prinzip der Momentenmethode.

Nun soll die Momentenmethode allgemein formuliert werden: Der unbekannte Parameter ϑ möge sich als Funktion von Momenten darstellen lassen, etwa in der Form

$$\vartheta = f(E(X), Var(X), E(X - E(X))^3, E(X - E(X))^4, \ldots) \ ,$$

wobei f eine reellwertige, stetige Funktion sein soll. Dann besagt das Momentenprinzip, dass ϑ durch

$$\hat{\vartheta} = f(\overline{X}, M_{Zen,2}, M_{Zen,3}, M_{Zen,4}, \ldots)$$

mit $M_{Zen,k} = \dfrac{1}{n} \sum_{i=1}^{n} (X_i - \overline{X})^k$ zu schätzen ist, das heißt, die theoretischen Momente werden durch die entsprechenden empirischen Momente ersetzt. Die auf diese Weise gewonnenen Schätzfunktionen sind im Allgemeinen nicht erwartungstreu, aber stark konsistent.

An dieser Stelle bietet es sich an, in dem Beispiel mit den monatlichen Lebenshaltungskosten vom Anfang dieses Kapitels die noch ausstehende Schiefe der Merkmalsverteilung zu schätzen.

Abbildung 9-1:   *Histogramm zu den monatlichen Lebenshaltungskosten von Studenten*

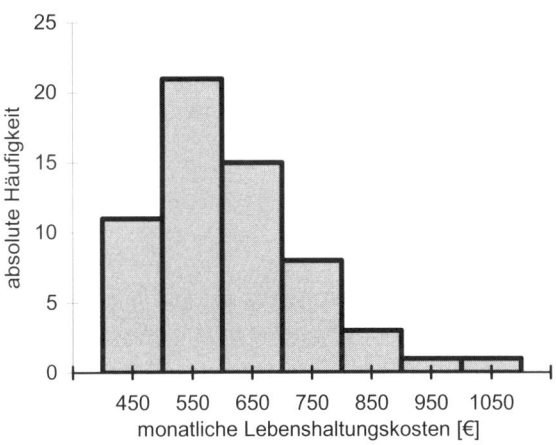

Die Schiefe einer Zufallsvariablen X ist bekanntlich (s. Anhang A.2.3) definiert durch

$$\gamma_1 = \frac{E(X - E(X))^3}{(E(X - E(X))^2)^{3/2}} \,.$$

Der Momentenschätzer für diesen Parameter ist offenbar die empirische Schiefe

$$Sch = \frac{M_{Zen;3}}{\left(M_{Zen;2}\right)^{3/2}} \,.$$

Aus der konkreten Stichprobe in Tabelle 8-1 berechnet man die empirischen Momente $M_{Zen;2} = \frac{1}{60}\sum_{i=1}^{60}(x_i - \overline{x})^2 \approx 14958,33$ und $M_{Zen;3} = \frac{1}{60}\sum_{i=1}^{60}(x_i - \overline{x})^3 = 2005800$. Daraus ergibt sich dann der konkrete Schätzwert $Sch \approx 1,1$ für die empirische Schiefe. Daraus kann man schlussfolgern, dass die monatlichen Lebenshaltungskosten aller Studierenden rechts schief verteilt sein dürften. Dieser Sachverhalt, den man auch in Abbildung 9-1 gut erkennen kann, ist wenig überraschend, weil mit dem Existenzminimum eine natürliche unter Grenze für die Lebenshaltungskosten existiert, nicht aber eine obere.

9.2.2 Die Maximum-Likelihood-Methode

Das Prinzip der maximalen Wahrscheinlichkeit besteht darin, den unbekannten Parameter so zu wählen, dass die ausgewertete konkrete Stichprobe im Nachhinein die Stichprobe wird, die man mit größter Wahrscheinlichkeit im Ziehungsvorgang erhalten hätte. Da die mathematische Stichprobe eines stetig verteilten Merkmals wiederum stetig verteilt ist, hat hier jede konkrete Stichprobe die Wahrscheinlichkeit 0 und es gibt nichts zu maximieren. Deshalb ersetzt man im stetigen Fall die Wahrscheinlichkeit durch die Dichtefunktion der Stichprobe und maximiert diese. Sowohl die Einzelwahrscheinlichkeiten als auch die Dichtefunktion der mathematischen Stichprobe nennt man **Likelihood-Funktion** $L(x_1, x_2, ..., x_n; \vartheta)$, die als Funktion der konkreten Stichprobe $x_1, x_2, ..., x_n$ und des unbekannten Parameters $\vartheta \in \Theta$ aufgefasst wird:

■ Wenn das Merkmal X *diskret verteilt* ist mit den Einzelwahrscheinlichkeiten $P_\vartheta(X = x_i)$, dann berechnet sich L nach

$$L(x_1, x_2, ..., x_n; \vartheta) := P_\vartheta(X = x_1) \cdot P_\vartheta(X = x_2) \cdot ... \cdot P_\vartheta(X = x_n) \,.$$

■ Wenn das Merkmal X *stetig verteil*t ist mit der Dichte f_ϑ, dann berechnet sich L nach

$$L(x_1, x_2, ..., x_n; \vartheta) := f_\vartheta(x_1) \cdot f_\vartheta(x_2) \cdot ... \cdot f_\vartheta(x_n) \,.$$

Das Maximum-Likelihood-Prinzip besteht darin, ϑ so festlegen, dass die konkrete Stichprobe am wahrscheinlichsten wird, d. h. $L \xrightarrow[\vartheta]{} \text{Maximum}$. Eine Lösung $\hat{\vartheta}$ der Maximierungsaufgabe heißt **Maximum-Likelihood-Schätzung** für ϑ.

Betrachtet werden soll zunächst ein Beispiel, das wegen seiner Einfachheit praktisch keine Bedeutung hat, die Maximum-Likelihood-Methode dafür aber gut demonstriert. Es sei nämlich X ein normalverteiltes Merkmal mit bekannter Varianz 1 und unbekanntem Erwartungswert μ. Um μ zu schätzen, stehe eine konkrete Stichprobe vom Umfang 1 zur Verfügung. Dieser eine Beobachtungswert heiße x_1. In Abbildung 9-2 ist die Verteilungsdichte der Stichprobe, das ist eine Glockenkurve mit dem Mittelwert μ, grafisch dargestellt. Auch der eine Beobachtungswert x_1 ist auf der Merkmalsachse eingezeichnet worden. Eine Veränderung des Parameters μ ist gleichbedeutend mit einer Verschiebung der Glockenkurve entlang der Merkmalsachse. Um dem konkreten Stichprobenwert x_1 die maximale „Wahrscheinlichkeit" zu geben, ist die Glocke so zu verschieben, dass ihr Gipfelpunkt genau über x_1 liegt. Das bedeutet aber, μ gleich x_1 zu setzen. Der Maximum-Likelihood-Schätzer für μ lautet somit $\hat{\mu} = x_1$.

Abbildung 9-2:   *Das Maximum-Likelihood-Prizip bei einer Stichprobe vom Umfang n = 1*

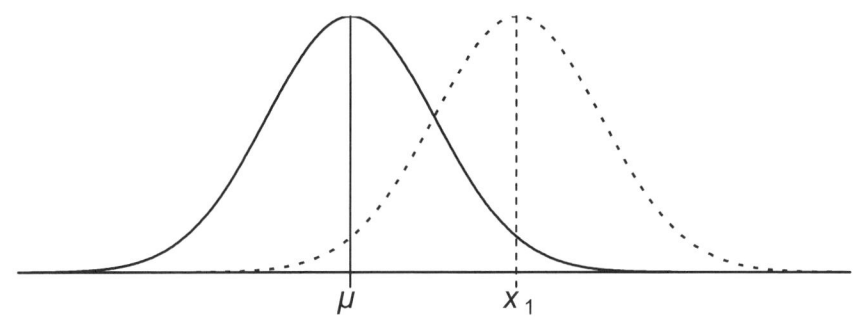

Wenn der zu schätzende Parameter reellwertig und die Likelihood-Funktion zweimal nach ϑ differenzierbar ist, wird man $\hat{\vartheta}$ als Lösung der sogenannten **Maximum-Likelihood-Gleichung**

$$\frac{d}{dx} \ln L(X_1, \ldots, X_n; \vartheta) = 0$$

bestimmen. Hat diese Gleichung mehr als eine Lösung, kann die zweite Ableitung darüber Auskunft geben, welche der Lösungen eine Maximalstelle ist. Das Logarithmieren der Likelihood-Funktion verändert die Stelle ihres Maximums nicht. Es soll nur eine Empfehlung sein, weil es meistens das Differenzieren erleichtert. Man kann unter wenig einschneidenden Bedingungen nachweisen, dass ML-Schätzungen asymptotisch erwartungstreu, konsistent, asymptotisch effizient und asymptotisch normalverteilt sind. Außerdem besitzen sie folgende nützliche Eigenschaft:

> Ist $\hat{\vartheta}$ ein Maximum-Likelihood-Schätzer für ϑ und g eine streng monotone Funktion, dann ist $g(\hat{\vartheta})$ ein Maximum-Likelihood-Schätzer für $g(\vartheta)$.

Wenn beispielsweise $\hat{\sigma}^2$ eine Maximum-Likelihood-Schätzung für die Varianz eines Merkmals ist, dann ist $\hat{\sigma} = \sqrt{\hat{\sigma}^2}$ immer auch eine Maximum-Likelihood-Schätzung für die Standardabweichung dieses Merkmals.

Im Folgenden soll an zwei Beispielen die Maximum-Likelihood-Methode erläutert werden.

Schätzung der Wahrscheinlichkeit eines zufälligen Ereignisses

Im Abschnitt 9.1 war herausgearbeitet worden, dass die relative Häufigkeit eines Ereignisses A ein guter Schätzer für die Wahrscheinlichkeit dieses Ereignisses sein würde. Zwecks Stichprobenerhebung wurde der Versuch, in dem das Ereignis A eintreten kann, n-mal unabhängig voneinander durchgeführt und dabei beobachtet, ob A eintritt oder nicht. Als konkrete Stichprobe werden jetzt analog zu damals für $i = 1, ..., n$ die Beobachtungswerte

$$x_i = \begin{cases} 1, \text{ falls } A \text{ im } i\text{-ten Versuch eintritt,} \\ 0, \text{ falls } A \text{ im } i\text{-ten Versuch nicht eintritt,} \end{cases}$$

verwendet. Das Merkmal X ist hier eine Zufallsvariable, die nur die Werte 1 oder 0 annehmen kann und die Verteilung

$$P(X = x_i) = \begin{cases} p \quad, \text{ wenn } x_i = 1 \\ 1-p, \text{ wenn } x_i = 0 \end{cases}$$

besitzt. Dabei ist $p = P(A)$ der zu schätzende Parameter. Die Likelihood-Funktion lautet:

$$L(x_1, ..., x_n; p) = P(X = x_1) \cdot P(X = x_2) \cdot ... \cdot P(X = x_n) = \underbrace{p \cdot p \cdot p \cdot ... \cdot p}_{a \text{ Faktoren}} \cdot \underbrace{(1-p) \cdot (1-p) \cdot ... \cdot (1-p)}_{n-a \text{ Faktoren}} =$$

$$= p^a \cdot (1-p)^{n-a}$$

mit $a = \sum_{i=1}^{n} x_i$ als der absoluten Häufigkeit des Eintretens des Ereignisses A in n Versuchen. Im Falle $0 < p < 1$ bestimmt man den Logarithmus von L zu

$$\ln L(x_1, ..., x_n; p) = a \cdot \ln p + (n-a) \cdot \ln(1-p),$$

woraus sich die Maximum-Likelihood-Gleichung

$$\frac{d}{dp}\ln L(x_1,...,x_n;p) = \frac{a}{p} - \frac{n-a}{1-p} = 0$$

ergibt. Die Lösung dieser Gleichung ist $p = \frac{a}{n}$, was bedeutet, dass die relative Häufig-

keit $h_n(A) = \frac{1}{n}\sum_{i=1}^{n} X_i$ die Maximum-Likelihood-Schätzung für die Wahrscheinlichkeit p

des Ereignisses A ist.

Schätzung der oberen Grenze einer Rechteckverteilung

Zu dieser Aufgabe war im Abschnitt 9.2.1 schon eine Lösung mit Hilfe der Momentenmethode ermittelt worden. Das Merkmal X sei gleichmäßig stetig verteilt auf dem Intervall $[0;b]$. Der Parameter $b > 0$ ist der zu schätzende Parameter. Es soll jetzt die Maximum-Likelihood-Methode verwendet werden. Dazu liege eine konkrete Stichprobe $x_1,...,x_n$ vor. Die Dichte des Merkmals X ist

$$f_b(x) = \begin{cases} \dfrac{1}{b}, & \text{wenn } 0 \le x \le b, \\ 0 & \text{sonst,} \end{cases}$$

und in Abbildung 9-3 grafisch dargestellt.

Abbildung 9-3: *Die Dichte der gleichmäßigen stetigen Verteilung auf dem Intervall [0; b]*

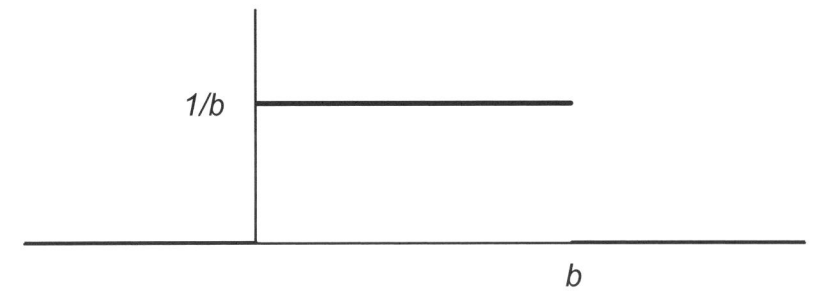

1/b

b

Daraus ergibt sich die Likelihood-Funktion

$$L(x_1,...,x_n;b) = f_b(x_1) \cdot f_b(x_2) \cdot ... \cdot f_b(x_n) = \begin{cases} \left(\dfrac{1}{b}\right)^n, \text{wenn alle } 0 \le x_i \le b, \\ 0 \quad \text{sonst.} \end{cases}$$

Offenbar wird die Funktion $L(x_1,...,x_n;b)$ maximal, wenn b möglichst klein, aber nicht kleiner als eines der x_i ist. Der Maximum-Likelihood-Schätzer für b muss deshalb $\hat{b} = \max(X_1,...,X_n)$ sein. An dieser Stelle ist übrigens L nicht differenzierbar, sodass der Weg über die Maximum-Likelihood-Gleichung hier nicht gangbar wäre.

Als Momentenschätzer war $2 \cdot \overline{X}$ ermittelt worden, der eine erwartungstreue Punktschätzung für b darstellt. Der soeben ermittelte Maximum-Likelihood-Schätzer ist jedoch nicht erwartungstreu für b. Man kann nämlich zeigen, dass $E(\hat{b}) = \dfrac{n}{n+1} \cdot b < b$.

Ein erwartungstreue Punktschätzung für b wäre demnach $\dfrac{n+1}{n} \cdot \max(X_1,...,X_n)$.

Dieser Schätzer ist wirksamer als der nach der Momentenmethode bestimmte, weil er die kleinere Varianz hat.

9.2.3 Die Methode der kleinsten Quadrate

Die Methode der kleinsten Quadrate war schon im Kapitel 6 dieses Buches im Zusammenhang mit der linearen Regression erklärt worden. Sie wird später im Kapitel 15 im Rahmen der Identifikationsverfahren noch ausführlicher erläutert. Deshalb soll hier nur kurz ein sehr einfaches Beispiel behandelt werden.

Von einem Merkmal X sei der Erwartungswert $\mu = E(X)$ nicht bekannt und soll geschätzt werden. Dazu liege eine mathematische Stichprobe $X_1,...,X_n$ vor. Es soll der Ansatz $X_i = \mu + \varepsilon_i$ verwendet werden, in dem die ε_i unabhängige, identisch verteilte Zufallsvariablen mit dem Erwartungswert 0 sein müssen. Nach der **Methode der kleinsten Quadrate** ist μ so zu bestimmen, dass die Quadratsumme der Fehler ε_i möglichst klein wird. Es ist also die Minimierungsaufgabe

$$\sum_{i=1}^{n}(X_i - \mu)^2 \xrightarrow{\mu} \text{Minimim}$$

zu lösen. Die Lösung dieser Aufgabe ist aus dem Abschnitt 4.1.1, in dem die Minimaleigenschaft des arithmetischen Mittels bewiesen worden war, bereits bekannt. Es ist das Stichprobenmittel, und die Schätzung für den Erwartungswert lautet demnach $\hat{\mu} = \overline{X}$.

10 Bereichsschätzungen

In einer Quizshow werden die Kandidaten gebeten, den Durchmesser einer 1-Cent-Münze zu schätzen. Der erste Kandidat vermutet 14 mm. Der zweite Kandidat dagegen antwortet: „Der Durchmesser liegt zwischen 10 und 18 mm." Wenn man davon absieht, dass beide Kandidaten keine Schätzungen im Sinne der Statistik abgeben konnten, weil sie keine Stichprobe zur Verfügung hatten, wäre die erste Antwort eine Punktschätzung und die zweite eine Bereichsschätzung gewesen. Das Dilemma in der Quizshow ist dasselbe wie in der Statistik: Die Punktschätzung ist falsch[25], die Bereichsschätzung ist zwar richtig, wird aber vom Quizmaster nicht akzeptiert, weil sie ihm zu unpräzise ist.

10.1 Definition des Begriffs Konfidenzintervall

Ausgangspunkt soll zunächst das Beispiel 3-1 mit der Abweichung X vom Sollmaß sein. Aus einer konkreten Stichprobe vom Umfang $n = 20$ aus der laufenden Produktion wurden dann im Kapitel 4 das arithmetische Mittel $\bar{x} = 0,15\,\mu m$ und die empirische Standardabweichung $s = 2,059\,\mu m$ berechnet. Inzwischen ist bekannt, dass diese beiden Werte als Punktschätzungen für die unbekannten Parameter $\mu = E(X)$ bzw. $\sigma = \sqrt{Var(X)}$ aufgefasst werden können. Trotzdem bleiben die wahren Werte von μ und σ letztendlich unbekannt. Damit entsteht die Frage nach der Genauigkeit der gewonnenen Punktschätzungen. Kann man also Grenzen angeben, innerhalb derer der wahre Parameterwert liegt? Die Antwort lautet Ja, allerdings mit der in der schließenden Statistik obligatorischen Einschränkung, dass das angegebene Ergebnis falsch sein kann. Jedoch ist es möglich, eine Wahrscheinlichkeit vorzugeben, mit der der wahre Wert des Parameters innerhalb der Intervallgrenzen liegt. Diese (große) Wahrscheinlichkeit nennt man Konfidenzniveau (*auch* statistische Sicherheit), und das Intervall wird zum Konfidenz- oder Vertrauensintervall, wie man Bereichsschätzungen auch nennt.

Die Verteilung eines Merkmals X hänge von einem reellwertigen Parameter $\vartheta \in \Theta$ ab, dessen wahrer Wert unbekannt ist. Ein Intervall $KI_\vartheta = (G_u, G_o)$, dessen Grenzen $G_u(X_1, \ldots, X_n)$ und $G_o(X_1, \ldots, X_n)$ Stichprobenfunktionen sind, heißt **Konfidenzintervall** für ϑ zum **Konfidenzniveau** $1 - \alpha$, wenn

---

[25] Eine 1-Cent-Münze hat einen Solldurchmesser von 16,25 mm.

$$P(G_u < \vartheta < G_o) = 1 - \alpha \quad \text{für den wahren Wert von } \vartheta$$

und

$$P(G_u < \vartheta' < G_o) \leq 1 - \alpha \quad \text{für jeden anderen Wert } \vartheta' \text{ aus } \Theta$$

gilt.

Mit anderen Worten, der wahre Wert des Parameters wird vom Konfidenzintervall mit der Wahrscheinlichkeit $1 - \alpha$ überdeckt, ein falscher Wert mit einer Wahrscheinlichkeit, die zumindest nicht größer ist.

Aus den im Abschnitt 8.3 angegebenen Gründen benutzt man für α Standardwerte und spricht bei einem Konfidenzniveau $1 - \alpha = 0,95$ von einer normalen Sicherheit, bei $1 - \alpha = 0,99$ von hoher Sicherheit und bei $1 - \alpha = 0,999$ von sehr hoher Sicherheit. Welche statistische Sicherheit vorzugeben ist, hängt von der realen Situation und dem möglichen Schaden ab, der entsteht, wenn sich das berechnete Konfidenzintervall als falsch erweisen sollte. Das Konfidenzniveau vorsichtshalber immer sehr hoch anzusetzen, ist keine gute Idee. Denn mit wachsendem $1 - \alpha$ wird das Intervall größer und damit immer weniger brauchbar. Der extremste Fall $1 - \alpha = 100\,\%$ dürfte in der Regel zu einem Vertrauensintervall führen, das mit der gesamten Parametermenge Θ identisch und damit völlig sinnlos ist. Das Konfidenzniveau muss also ein Kompromiss zwischen der Genauigkeit und der Wahrheit der damit einhergehenden Aussage sein. Ein zumindest theoretisch gangbarer Weg, die Genauigkeit und die Vertrauenswahrscheinlichkeit zu verbessern, wäre die Erhöhung des Stichprobenumfangs.

10.2 Konfidenzintervalle für normalverteilte Merkmale

In diesem Abschnitt soll vorausgesetzt sein, dass das Merkmal X normalverteilt ist. In dieser Situation kann es überhaupt nur zwei unbekannte Parameter geben, den Erwartungswert $\mu = E(X)$ und die Varianz $\sigma^2 = Var(X)$. Damit geht es hier ausschließlich um Vertrauensintervalle für μ und σ^2 (oder σ). Allerdings ist es zweckmäßig zu unterscheiden, ob der jeweils andere Parameter bekannt ist oder ob beide Parameter unbekannt sind, weil man im ersten Fall bessere (*sprich* engere) Intervalle angeben kann als im zweiten. Auf diese Weise erhält man 4 denkbare Fälle zur Berechnung von Bereichsschätzungen.

Eine Aufgabe geht beispielsweise davon aus, dass ein Konfidenzintervall für μ benötigt wird, die Varianz σ^2 aber bekannt ist. Als Informationsquelle stehe eine mathematische Stichprobe $X_1, \ldots, X_n$ vom Umfang n zur Verfügung. Ein Konfidenzintervall KI_μ zum Konfidenzniveau $1 - \alpha$ kann nach der Formel

$$KI_\mu = \left(\overline{X} - \frac{\sigma}{\sqrt{n}} \cdot z_{1-\alpha/2}\,;\, \overline{X} + \frac{\sigma}{\sqrt{n}} \cdot z_{1-\alpha/2} \right)$$

berechnet werden. Dabei bezeichnet $\overline{X} = \frac{1}{n}\sum_{i=1}^{n} X_i$ den Stichprobenmittelwert. $z_{1-\alpha/2}$ ist

das in Abschnitt 8.3.1 eingeführte Quantil der Normalverteilung der Ordnung $1-\alpha/2$.

Im Folgenden soll – exemplarisch auch für die anderen 3 Fälle – gezeigt werden, wie man auf das angegebene Intervall kommt. Ausgangspunkt dazu ist die aus Abschnitt 8.2.3 bekannte Tatsache, dass die Stichprobenfunktion $Z = \dfrac{\overline{X} - \mu}{\sigma}\sqrt{n}$ unter der getroffenen Normalverteilungsannahme eine standardisierte Normalverteilung besitzt.

Abbildung 10-1: *Wahrscheinlichkeitsdichte der Stichprobenfunktion Z*

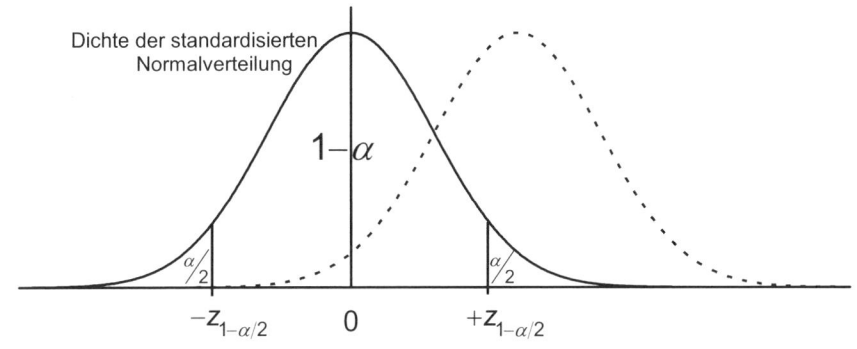

Daraus folgt dann durch identische Umformungen der Ungleichungen innerhalb der runden Klammern

$$1-\alpha = P(-z_{1-\alpha/2} < \frac{\overline{X}-\mu}{\sigma}\sqrt{n} < +z_{1-\alpha/2}) = P(-\frac{\sigma}{\sqrt{n}} \cdot z_{1-\alpha/2} < \overline{X} - \mu < +\frac{\sigma}{\sqrt{n}} \cdot z_{1-\alpha/2}) =$$

$$P(-\overline{X} - \frac{\sigma}{\sqrt{n}} \cdot z_{1-\alpha/2} < -\mu < -\overline{X} + \frac{\sigma}{\sqrt{n}} \cdot z_{1-\alpha/2}) = P(\underbrace{\overline{X} - \frac{\sigma}{\sqrt{n}} \cdot z_{1-\alpha/2}}_{G_u} < \mu < \underbrace{\overline{X} + \frac{\sigma}{\sqrt{n}} \cdot z_{1-\alpha/2}}_{G_o}).$$

Wenn μ nicht der wahre Erwartungswert des Merkmals X wäre, hätte Z nicht mehr den Erwartungswert 0. Das Bild der Dichte von Z wäre dann eine aus dem Nullpunkt herausgeschobene gaußsche Glocke, wie in Abbildung 10-1 dargestellt. Man erkennt, dass dadurch die Wahrscheinlichkeit

$$P(-z_{1-\alpha/2} < \frac{\overline{X} - \mu}{\sigma} \sqrt{n} < +z_{1-\alpha/2})$$

kleiner würde. Das gälte somit auch für die Wahrscheinlichkeit, mit der das falsche μ vom Konfidenzintervall überdeckt wird.

An dieser Stelle sollen noch einige allgemeingültige Bemerkungen zu Bereichsschätzungen angebracht werden:

■ Das Zufällige am Konfidenzintervall KI_μ sind die Intervallgrenzen und nicht etwa der zu schätzende Parameter. Diesen Umstand kann man betonen, indem man besser von der Wahrscheinlichkeit spricht, mit der „das Konfidenzintervall den Parameter überdeckt" als von der, dass „der Parameter in dem Konfidenzintervall liegt".

■ Je größer der Stichprobenumfang n ist, desto kleiner wird das Konfidenzintervall.

■ Je größer das Konfidenzniveau $1-\alpha$ gewählt wird, desto größer ist auch das Konfidenzintervall.

■ Das oben angegebene Konfidenzintervall für μ ist in dem Sinne symmetrisch, dass die Wahrscheinlichkeit für den wahren Parameter, oberhalb bzw. unterhalb aus dem Intervall herauszufallen, gleich groß ist, nämlich jeweils $\alpha/2$. Das ist auch deshalb zweckmäßig, weil es das kürzeste Konfidenzintervall für μ liefert. Mitunter werden aber auch einseitige Konfidenzintervalle der Gestalt

$$KI_\mu = \left(-\infty; \overline{X} + \frac{\sigma}{\sqrt{n}} \cdot z_{1-\alpha}\right) \quad \text{oder} \quad KI_\mu = \left(\overline{X} - \frac{\sigma}{\sqrt{n}} \cdot z_{1-\alpha}; \infty\right)$$

benutzt, die man sich analog zum soeben geführten Beweis leicht selbst herleiten kann.

In der Tabelle **10-1** sind die möglichen Konfidenzintervalle für die Parameter μ, σ^2 bzw. σ eines normalverteilten Merkmals zusammengestellt worden, immer nur in der symmetrischen Variante. Dabei bezeichnen $t_{n-1;\gamma}$, z_γ, $\chi^2_{n-1;\gamma}$ und $\chi^2_{n;\gamma}$ Quantile der t-Verteilung mit $n-1$ Freiheitsgraden, der Normalverteilung, der Chi-Quadrat-Verteilung mit $n-1$ bzw. mit n Freiheitsgraden. Die Ordnung γ des Quantils hängt jeweils in der angegebenen Weise vom Konfidenzniveau ab. Die Werte der Quantile können den Tabellen im Anhang B entnommen werden.

In der praktischen Anwendung wird die mathematische Stichprobe $X_1, \ldots, X_n$ durch eine konkrete Stichprobe $x_1, \ldots, x_n$ ersetzt.

Tabelle 10-1:   *Konfidenzintervalle für die Parameter einer Normalverteilung*

zu schätzender Parameter	der andere Parameter	untere Konfidenz-intervallgrenze	obere Konfidenz-intervallgrenze
μ	σ unbekannt	$\bar{X} - t_{n-1;1-\alpha/2} \cdot \dfrac{S}{\sqrt{n}}$	$\bar{X} + t_{n-1;1-\alpha/2} \cdot \dfrac{S}{\sqrt{n}}$
μ	σ bekannt	$\bar{X} - z_{1-\alpha/2} \cdot \dfrac{\sigma}{\sqrt{n}}$	$\bar{X} + z_{1-\alpha/2} \cdot \dfrac{\sigma}{\sqrt{n}}$
σ^2	μ unbekannt	$\dfrac{(n-1) \cdot S^2}{\chi^2_{n-1;1-\alpha/2}}$	$\dfrac{(n-1) \cdot S^2}{\chi^2_{n-1;\alpha/2}}$
σ^2	μ bekannt	$\dfrac{\sum\limits_{i=1}^{n}(X_i - \mu)^2}{\chi^2_{n;1-\alpha/2}}$	$\dfrac{\sum\limits_{i=1}^{n}(X_i - \mu)^2}{\chi^2_{n;\alpha/2}}$
σ	μ unbekannt	$\sqrt{\dfrac{(n-1) \cdot S^2}{\chi^2_{n-1;1-\alpha/2}}}$	$\sqrt{\dfrac{(n-1) \cdot S^2}{\chi^2_{n-1;\alpha/2}}}$
σ	μ bekannt	$\sqrt{\dfrac{\sum\limits_{i=1}^{n}(X_i - \mu)^2}{\chi^2_{n;1-\alpha/2}}}$	$\sqrt{\dfrac{\sum\limits_{i=1}^{n}(X_i - \mu)^2}{\chi^2_{n;\alpha/2}}}$

Zur Illustration soll das Beispiel 3-1, die Abweichung vom Sollmaß, wieder aufgegriffen werden, in dem eingangs dieses Kapitels nach der Genauigkeit der gewonnenen Punktschätzungen gefragt worden war. Diese Punktschätzungen, gewonnen aus einer konkreten Stichprobe vom Umfang $n = 20$, sind $\bar{x} = 0{,}15$ µm für den Erwartungswert und $s = 2{,}059$ µm für die Standardabweichung des Merkmals, von dem jetzt zusätzlich vorausgesetzt wird, dass es als normalverteilt angesehen werden kann. Es soll je ein Konfidenzintervall für die beiden unbekannten Parameter μ und σ bestimmt werden. Für den Erwartungswert möge ein Konfidenzniveau von 95 % vorgegeben sein, bei der Standardabweichung soll eine Sicherheit von 90 % genügen.

Das Konfidenzintervall für μ wird nach der ersten in Tabelle 10-1 angegebenen Formel mit $n = 20$ und $\alpha = 0{,}05$ berechnet. Dazu braucht man das Quantil der t-Verteilung mit 19 Freiheitsgraden der Ordnung $1 - \alpha/2 = 0{,}975$. In Tabelle B-2 des Anhangs B liest man $t_{19;0,975} = 2{,}093$ ab. Daraus folgt $\dfrac{s}{\sqrt{20}} \cdot t_{19;0,975} = \dfrac{2{,}06}{\sqrt{20}} \cdot 2{,}093 \approx 0{,}964$ und damit $KI_\mu = (0{,}15 - 0{,}964; 0{,}15 + 0{,}964) = (-0{,}814; 1{,}114)$. Die mittlere Abweichung vom Sollmaß liegt also mit 95 % Wahrscheinlichkeit in den Grenzen von -0,814 bis +1,114 µm.

Da der Erwartungswert des Merkmals unbekannt ist, wird zur Berechnung des Konfidenzintervalls für σ die vorletzte Formel in Tabelle 10-1 benutzt:

$$KI_\sigma = \left(\sqrt{\frac{(n-1) \cdot s^2}{\chi^2_{n-1;1-\alpha/2}}} ; \sqrt{\frac{(n-1) \cdot s^2}{\chi^2_{n-1;\alpha/2}}} \right).$$

Die erforderlichen Quantile der χ^2-Verteilung sind in Tabelle B-3 des Anhangs B zu finden. Man liest dort $\chi^2_{19;0,95} = 30,1$ und $\chi^2_{19;0,05} = 10,1$ ab und berechnet daraus

$$KI_\sigma \approx \left(\sqrt{\frac{19 \cdot 2,059^2}{30,1}} ; \sqrt{\frac{19 \cdot 2,059^2}{10,1}} \right) \approx (1,636 ; 2,824).$$

Die Standardabweichung des Merkmals liegt demnach mit 90 % Wahrscheinlichkeit zwischen 1,636 und 2,824 µm .

10.3 Konfidenzintervall für eine Wahrscheinlichkeit *p*

Es soll die Wahrscheinlichkeit p eines zufälligen Ereignisses A geschätzt werden. Zur Stichprobenerhebung wird der Versuch, in dem das Ereignis A eintreten kann, n-mal unabhängig voneinander durchgeführt und dabei beobachtet, ob A eintritt oder nicht. Aus Abschnitt 9-1 ist bekannt, dass eine sehr gute Punktschätzung für p die relative Häufigkeit $h_n(A)$ des Ereignisses A in n Versuchen ist. Es soll nun auch eine Bereichsschätzung für den Parameter $p = P(A)$ hergeleitet werden. Dazu benutzt man, dass die relative Häufigkeit als Stichprobenfunktion $h_n(A) = \overline{X}$ dargestellt werden kann, wobei die Stichprobenvariablen zu

$$X_i = \begin{cases} 1, \text{ falls } A \text{ im } i\text{-ten Versuch eintritt,} \\ 0, \text{ falls } A \text{ im } i\text{-ten Versuch nicht eintritt,} \end{cases}$$

definiert sind. Zur Vereinfachung der Herleitung eines Konfidenzintervalls für p werden außerdem zwei Approximationen benutzt:

1. Zum einen wird die Tatsache verwendet, dass $\overline{X}$ annähernd normalverteilt ist mit Erwartungswert p und Varianz $\dfrac{p(1-p)}{n}$, weil die absolute Anzahl $\sum_{i=1}^{n} X_i$ des Eintretens von A in n unabhängigen Versuchen bekanntermaßen eine Binomialverteilung mit Erwartungswert $n \cdot p$ und Varianz $n \cdot p \cdot (1-p)$ besitzt. Daraus folgt

$$E(\hat{p}) = \frac{1}{n} \cdot n \cdot p = p \quad \text{und} \quad \text{Var}(\hat{p}) = \frac{1}{n^2} \cdot n \cdot p \cdot (1-p) = \frac{p \cdot (1-p)}{n} .$$

Die Normalverteiltheit folgt aus dem Zentralen Grenzwertsatz (vgl. Anhang A.4.4).

2. Zum anderen erweist es sich als ungünstig, dass die Varianz von $\hat{p}$ noch vom unbekannten Parameter p abhängt. Deshalb $Var(\hat{p})$ angenähert durch $\frac{1}{n} \cdot \hat{p} \cdot (1 - \hat{p})$ ersetzt.

Wenn jetzt $\hat{p}$ mittels dieser approximativen Varianz standardisiert wird, erhält man eine Stichprobenfunktion

$$Z = \frac{\hat{p} - p}{\sqrt{\frac{1}{n}\hat{p}(1-\hat{p})}},$$

die näherungsweise standardnormalverteilt ist. Folglich gilt $P(-z_{1-\alpha/2} < Z < +z_{1-\alpha/2}) \approx$ $\approx 1 - \alpha$, wobei $z_{1-\alpha/2}$ das Quantil der standardisierten Normalverteilung der Ordnung $1 - \alpha/2$ bezeichnet. In der folgenden Gleichungskette werden nur die Ungleichungen innerhalb der Klammern identisch umgeformt, so dass die Wahrscheinlichkeit immer dieselbe bleibt:

$$1 - \alpha \approx P(-z_{1-\alpha/2} < Z < +z_{1-\alpha/2}) = P\left(-z_{1-\alpha/2} < \frac{\hat{p} - p}{\sqrt{\frac{\hat{p}(1-\hat{p})}{n}}} < z_{1-\alpha/2}\right) =$$

$$= P\left(-z_{1-\alpha/2} \cdot \sqrt{\frac{\hat{p}(1-\hat{p})}{n}} < \hat{p} - p < z_{1-\alpha/2} \cdot \sqrt{\frac{\hat{p}(1-\hat{p})}{n}}\right) =$$

$$= P\left(-\hat{p} - z_{1-\alpha/2} \cdot \sqrt{\frac{\hat{p}(1-\hat{p})}{n}} < -p < -\hat{p} + z_{1-\alpha/2} \cdot \sqrt{\frac{\hat{p}(1-\hat{p})}{n}}\right) =$$

$$= P\left(\hat{p} - z_{1-\alpha/2} \cdot \sqrt{\frac{\hat{p}(1-\hat{p})}{n}} < p < \hat{p} + z_{1-\alpha/2} \cdot \sqrt{\frac{\hat{p}(1-\hat{p})}{n}}\right)$$

Schließlich erhält man

$$KI_p \approx \left(\hat{p} - z_{1-\alpha/2} \cdot \sqrt{\frac{\hat{p}(1-\hat{p})}{n}} \; ; \hat{p} + z_{1-\alpha/2} \cdot \sqrt{\frac{\hat{p}(1-\hat{p})}{n}}\right)$$

als Konfidenzintervall für p. Wegen der zur Herleitung benutzten Approximationen sollte man diese Bereichsschätzung nur verwenden, wenn der Stichprobenumfang n groß ist. Es wird empfohlen darauf zu achten, dass die beiden Bedingungen $n \cdot \hat{p} > 5$ und $n \cdot (1 - \hat{p}) > 5$ eingehalten werden.

Die erste Approximation ist die kritischere. Hier wird eine diskrete Verteilung (die Binomialverteilung) durch eine stetige (die Normalverteilung) ersetzt. Die maximale Abweichung zwischen den beiden Verteilungsfunktionen kann $\frac{1}{n}$ betragen. Um mit dem Konfidenzintervall auf der sicheren Seite zu bleiben, d. h. zu garantieren, dass der wahre Wert p mit mindestens der Wahrscheinlichkeit $1 - \alpha$ vom Intervall überdeckt wird, kann man das Konfidenzintervall um die sogenannte **Stetigkeitskorrektur** verbreitern:

$$KI_p \approx \left(\hat{p} - \frac{1}{2n} - z_{1-\alpha/2} \cdot \sqrt{\frac{\hat{p}(1-\hat{p})}{n}} \; ; \hat{p} + \frac{1}{2n} + z_{1-\alpha/2} \cdot \sqrt{\frac{\hat{p}(1-\hat{p})}{n}} \right).$$

Aber auch hier sollte der Stichprobenumfang hinreichend groß sein, weil ja noch die zweite Approximation das Ergebnis ungenau machen kann.

Als Beispiel soll auf statistischem Wege die Wahrscheinlichkeit p ermittelt werden, dass ein bestimmtes Kopiergerät innerhalb von 24 Stunden nach der Wartung ausfällt. Dazu wurden 30 solche Wartungen überwacht. In 12 Fällen ging das Gerät innerhalb von 24 Stunden wieder defekt. Man kann daraus mit der relativen Häufigkeit zunächst eine Punktschätzung für p berechnen, nämlich $\hat{p} = \frac{12}{30} = 0,4$. Nun soll auch noch eine Bereichsschätzung für p ermittelt werden. Dazu möge ein Konfidenzniveau von $1 - \alpha = 0,95$ vorgegeben sein. Wegen $n \cdot \hat{p} = 12 > 5$ und $n \cdot (1 - \hat{p}) = 18 > 5$ sind die Approximationsbedingungen erfüllt. Es kann die Formel mit der Stetigkeitskorrektur Anwendung finden. In dieser wird das Quantil der Normalverteilung der Ordnung $1 - \alpha/2 = 0,975$ benötigt, laut Tabelle 8-2 ist das der Wert $z_{0,975} = 1,96$. Dadurch erhält man schließlich mit

$$KI_p = (0,4 - \frac{1}{60} - 1,96 \cdot \sqrt{\frac{0,4 \cdot 0,6}{30}} \; ; 0,4 + \frac{1}{60} + 1,96 \cdot \sqrt{\frac{0,4 \cdot 0,6}{30}}) \approx (0,208 ; 0,592)$$

das gesuchte Konfidenzintervall. Es besagt, dass die Wahrscheinlichkeit für den Ausfall des Kopierers innerhalb eines Tages mit 95%iger Sicherheit zwischen 20,8 und 59,2 % liegt.

Erst mit diesem Ergebnis fällt auf, dass die Genauigkeit der relativen Häufigkeit als Punktschätzung für die Wahrscheinlichkeit eines zufälligen Ereignisses ziemlich gering ist. Das liegt hier zum einen an dem kleinen Stichprobenumfang von $n = 30$. Würde man ihn auf $n = 300$ verzehnfachen und unterstellen, dass sich dabei die relative Häufigkeit nicht verändert, käme man jetzt für p auf das Konfidenzintervall $(0,343 ; 0,457)$. Das ist aber immer noch eine recht grobe Schätzung. Leider ist es so, dass zur genauen Schätzung von Wahrscheinlichkeiten generell sehr große Stichprobenumfänge erforderlich sind.

11 Signifikanztests

Im Beispiel 3-1 waren Teile aus der laufenden Produktion zufällig entnommen, an einer bestimmten Stelle deren Länge gemessen und mit dem Sollmaß verglichen worden. Aus den 20 Differenzen wurde später das empirische Mittel $\bar{x} = 0,15$ µm berechnet. Es ist nur eine Punktschätzung für den tatsächlichen Erwartungswert μ des Merkmals „Abweichung vom Sollmaß". Wenn aus derselben Grundgesamtheit weitere Stichproben gezogen würden, bekäme man womöglich jedes Mal einen etwas anderen Schätzwert. Deswegen, und weil $\bar{x}$ ziemlich nahe bei 0 liegt, ist es gerechtfertigt zu fragen, ob in Wirklichkeit $\mu = 0$ gilt. Das würde nämlich bedeuten, dass die Teile zumindest bei diesem Längenmaß ohne systematischen Fehler produziert werden, was für eine exakte Einstellung der Werkzeuge spricht. Die Überprüfung solcher und anderer Vermutungen, Behauptungen oder Vorschriften anhand von Stichproben ist eine typische Angelegenheit von Signifikanztests.

11.1 Grundbegriffe der Testtheorie

Es bezeichne X ein Merkmal, dessen Verteilung ganz oder teilweise unbekannt ist. Als Information über diese Verteilung stehe eine mathematische Stichprobe $X_1, \ldots, X_n$ zur Verfügung. Das Anliegen eines Tests besteht darin, anhand dieser Stichprobe eine Hypothese über die unbekannte Verteilung von X zu überprüfen.

Die zu überprüfende Hypothese heißt **Nullhypothese** H_0. Beispiele für Nullhypothesen, die sich mit einem statistischen Test überprüfen lassen, sind:

1. $H_0 : E(X) = 3,54$

2. $H_0 : X$ ist exponential verteilt mit $\lambda = 2,7$.

3. $H_0 : X$ ist normalverteilt.

Während in den ersten beiden Hypothesen mit einem konkreten Parameter bzw. einer konkreten Verteilung eindeutige Vorgaben gemacht werden, wird in der dritten eine ganze Klasse von Verteilungen zugelassen. Die ersten zwei Beispiele bilden sogenannte **einfache** Nullhypothesen das dritte eine **zusammengesetzte**. Es gibt aber auch einen wichtigen Unterschied zwischen dem ersten Beispiel und den beiden anderen. Die zuerst angeführte Nullhypothese wendet sich an einen (unbekannten) Parameter, die zweite und die dritte beziehen sich auf die ganze Verteilung. Diese

Unterscheidung führt auf die Begriffe **parametrische** und **nichtparametrische** Hypothesen oder Tests.

Man kann der Nullhypothese eine **Alternativhypothese** H_1 gegenüberstellen. Bei nichtparametrischen und häufig auch bei parametrischen Nullhypothesen ist H_1 das genaue Gegenteil von H_0. Hier einige Beispiele für Null- und Alternativhypothesen:

4. $H_0 : E(X) = 3,54$ gegen $H_1 : E(X) < 3,54$ oder $E(X) > 3,54$

5. $H_0 : E(X) = 3,54$ gegen $H_1 : E(X) > 3,54$

6. $H_0 :$ „X ist normalverteilt."   gegen $H_1 :$ „X ist nicht normalverteilt."

Das 4. bzw. 5. Beispiel unterscheiden sich durch eine **zweiseitige** bzw. **einseitige** Fragestellung, die sich beide im Prinzip mit demselben Test überprüfen lassen. Eine Unterscheidung in einseitig und zweiseitig wäre im 6. Beispiel nicht möglich, weil es sich hier um nichtparametrische Hypothesen handelt, die keine Ordnungsrelation haben.

Ein statistischer Test soll eine Entscheidung darüber fällen, ob die Stichprobe mit der Nullhypothese verträglich ist. Dabei sind grundsätzlich zwei Entscheidungen möglich: H_0 wird (zugunsten von H_1) abgelehnt oder H_0 wird angenommen. Deswegen sind grundsätzlich auch zwei Fehlentscheidungen denkbar, die als Fehler 1. Art und Fehler 2. Art bezeichnet werden.

■ **Fehler 1. Art**: H_0 wird abgelehnt, obwohl H_0 richtig ist.

■ **Fehler 2. Art**: H_0 wird angenommen, obwohl H_0 falsch ist.

Da die für die Testentscheidung zur Verfügung stehende Information einer Zufallsstichprobe entstammt, können diese Fehler wirklich vorkommen. Man muss immer damit rechnen, durch Zufall eine Stichprobe zu ziehen, die die wahre Verteilung des Merkmals nicht richtig wiedergibt und deshalb zu einer Fehlentscheidung führt. Es ist vernünftig zu fordern, dass die Wahrscheinlichkeiten für das Auftreten dieser Irrtümer möglichst klein sein sollen.

■ Die **Wahrscheinlichkeit** α eines Fehlers 1. Art ist die Wahrscheinlichkeit, H_0 abzulehnen, obwohl H_0 richtig ist.

■ Die **Wahrscheinlichkeit** β eines Fehlers 2. Art ist die Wahrscheinlichkeit, H_0 anzunehmen, obwohl H_0 falsch ist.

Das Problem ist aber, dass sich bei vorgegebenem Stichprobenumfang n nicht beide Irrtumswahrscheinlichkeiten gleichzeitig beliebig klein machen lassen. α und β wären überhaupt erst einmal nur dann eindeutig bestimmt, wenn H_0 bzw. H_1 einfache Hypothesen sind. In praktischen Anwendungen ist fast immer nur H_0 eine einfache Hypothese und die Alternative H_1 steht für den ganzen Rest. Damit liegen

H_0 und H_1 lückenlos beieinander und β kann damit ganz nahe bei $1-\alpha$ sein. Je kleiner man also die Wahrscheinlichkeit des Fehlers 1. Art wählt, desto größer kann die Wahrscheinlichkeit des Fehlers 2. Art werden, und umgekehrt. Als Ausweg ist es üblich, nur die Wahrscheinlichkeit des Fehlers 1. Art durch Angabe einer oberen Schranke klein zu halten und sich um die Wahrscheinlichkeit des Fehlers 2. Art nicht zu kümmern. Einen solchen Test nennt man **Signifikanztest**, und die obere Schranke für die Wahrscheinlichkeit des Fehlers 1. Art ist das **Signifikanzniveau**. Da im Weiteren ausschließlich nur solche Signifikanztests behandelt werden sollen, wird das Signifikanzniveau ebenfalls mit α bezeichnet, ohne dass es dadurch zu Verwechslungen kommen kann.

Eine einschneidende Konsequenz hat die Vorgehensweise bei Signifikanztests: Nur die Ablehnung der Nullhypothese ist eine signifikante, d. h. bedeutsame, Entscheidung. Denn nur im Falle der Ablehnung von H_0 weiß man etwas über die Fehlerwahrscheinlichkeit, nämlich dass die des Fehlers 1. Art kleiner als α ist. Im Falle der Annahme von H_0 ist nichts über die Irrtumswahrscheinlichkeit bekannt, so dass man sich hüten sollte, in diesem Fall eine Aussage über die Gültigkeit der Nullhypothese zu treffen. Empfehlenswert ist hier der Gebrauch des Konjunktivs, etwa in dem Sinne: „Es könnte sein, dass die Nullhypothese richtig ist."

Das Signifikanzniveau α wählt man natürlich klein. Auch hier muss man, wie schon bei den Konfidenzintervallen, einen Kompromiss eingehen. Denn je kleiner man das α vorgibt, desto schwerer wird man eine signifikante Testentscheidung bekommen. Im Extremfall $\alpha = 0$ wird man niemals eine brauchbare Entscheidung, sprich die Rückweisung der Nullhypothese, erhalten. Als Standard für α haben sich wie schon bei den Konfidenzintervallen die Werte 0,05 oder 0,01 oder 0,001 herausgebildet. Man spricht dann bei Ablehnung von H_0 von einer **signifikanten**, **hoch signifikanten** bzw. **höchst signifikanten** Entscheidung.

Einen Signifikanztest gibt man in der Regel durch drei Komponenten an: die Nullhypothese H_0, die Testgröße T und den Ablehnungsbereich K^*. Die **Testgröße** ist eine Stichprobenfunktion. Der **Ablehnungsbereich** (*auch* **kritische Bereich**) wird durch das vorgegebene Signifikanzniveau α beeinflusst und anhand der Verteilung von T unter H_0 bestimmt. Die Entscheidungsregel für das Testergebnis ist dann einheitlich geregelt. Sie besagt, dass H_0 genau dann abzulehnen ist, wenn T in K^* liegt.

11.2 Parametertests für normalverteilte Merkmale

In diesem Abschnitt wird zusätzlich vorausgesetzt, dass das Merkmal X normalverteilt ist mit dem Erwartungswert $\mu = E(X)$ und der Varianz $\sigma^2 = Var(X)$. Hypothesen können sich in diesem Fall nur an die Parameter μ und σ^2 wenden. Man unterscheidet hier folglich Mittelwert- und Streuungstests. Es macht allerdings auch noch einen Unterschied, ob der jeweils andere Parameter bekannt ist oder aus der Stichprobe erst geschätzt werden muss.

11.2.1 Mittelwerttests

Es soll zunächst ein Test betrachtet werden, der zur Überprüfung einer Hypothese über den unbekannten Erwartungswert des Merkmals geeignet ist. Außerdem sei, und das dürfte der praktisch relevante Fall sein, die Varianz des Merkmals ebenfalls nicht bekannt.

Der einfache t-Test

Hypothesen $\quad$ $H_0: \mu = \mu_0$ $\quad$ gegen $\quad$ $H_1: \mu \neq \mu_0$ $\qquad$ (μ_0 vorgegeben)

Testgröße $\qquad$ $T = \dfrac{\overline{X} - \mu_0}{S} \sqrt{n}$

Ablehnungsbereich $\quad K^* = (-\infty; -t_{n-1;1-\alpha/2}) \cup (t_{n-1;1-\alpha/2}; \infty)$

Dabei bezeichnet n den Stichprobenumfang und $t_{n-1;1-\alpha/2}$ das Quantil der t-Verteilung mit $n-1$ Freiheitsgraden. Diese **kritische Schranke** kann man aus Tabelle B-2 im Anhang B ablesen. Das Stichprobenmittel $\overline{X}$ und die Stichprobenstandardabweichung S sind die aus dem Kapitel 8 bekannten Stichprobenfunktionen.

Wie bei allen Signifikanztests trifft man eine von zwei möglichen Entscheidungen in Abhängigkeit davon, ob die Testgröße im Ablehnungsbereich liegt oder nicht. In der praktischen Durchführung wird man natürlich statt der mathematischen Stichprobe die konkrete Stichprobe zur Berechnung der Testgröße T benutzen.

■ Wenn $T \in K^*$, dann ist H_0 abzulehnen. Das wäre eine signifikante Entscheidung, die eine entschiedene Antwort zulässt, zum Beispiel: „Der Mittelwert des Merkmals ist signifikant von μ_0 verschieden." Diese Antwort kann zwar falsch sein, aber man weiß, dass hier die Wahrscheinlichkeit einer Fehlentscheidung nicht größer als das klein vorgegebene Signifikanzniveau α ist.

■ Wenn $T \notin K^*$, dann darf H_0 nicht abgelehnt werden. Da bei der Annahme von H_0 die Irrtumswahrscheinlichkeit nicht bekannt ist, sollte man niemals die Gültigkeit der Nullhypothese postulieren. Hier ist besondere Vorsicht bei der Formulierung einer Antwort geboten, weil man eigentlich nichts gezeigt hat. Ein Antwortsatz zu dem Testproblem könnte etwa lauten: „Es gibt keine Einwände gegen die Behauptung, dass μ_0 der Mittelwert des Merkmals ist."

Als Einstieg in dieses Kapitel diente das Beispiel 3-1. Es ging dort um die Abweichung vom Sollmaß, zu der früher einmal aus einer Stichprobe vom Umfang $n = 20$ die Kennwerte $\bar{x} = 0,15$ und $s = 2,06$ µm berechnet worden waren. Mit der Unterstellung, dass das Merkmal normalverteilt ist, soll zum Signifikanzniveau $\alpha = 0,05$ überprüft werden, ob die Abweichungen im Mittel 0 sind. Dazu wird der einfache t-Test verwendet. Zu dessen Durchführung wird das Quantil der t-Verteilung mit 19 Freiheitsgraden und der Ordnung $1 - \alpha/2 = 0,975$ benötigt. Aus Tabelle B-2 im Anhang B liest man dafür den Wert $t_{19;0,975} = 2,093$ ab. Die drei Komponenten des Tests sind somit

$$H_0 : \mu = 0 \quad \text{gegen} \quad H_1 : \mu \neq 0$$

$$t = \frac{0,15 - 0}{2,06} \sqrt{20} \approx 0,33$$

$$K^* = (-\infty; -2,093) \cup (2,093; \infty)$$

Da offensichtlich $t \notin K^*$, kann die Nullhypothese nicht abgelehnt werden. Es könnte also sein, dass die Teile bezüglich des betrachteten Maßes ohne systematischen Fehler produziert werden.

Sollte der Fall eintreten, dass man auf Vorliegen eines bestimmten Erwartungswertes testen will und die Varianz σ^2 des Merkmals bekannt ist, nimmt man in der Formel zur Berechnung der Testgröße T statt der Stichprobenstandardabweichung S natürlich gleich die tatsächliche Standardabweichung σ. Dann besitzt T unter H_0 eine standardisierte Normalverteilung, was zu dem folgenden Test führt.

Der einfache z-Test (Gauß-Test)

Hypothesen	$H_0 : \mu = \mu_0$	gegen	$H_1 : \mu \neq \mu_0$ (μ_0 vorgegeben)
Testgröße	$T = \dfrac{\bar{X} - \mu_0}{\sigma} \sqrt{n}$		
Ablehnungsbereich	$K^* = (-\infty; -z_{1-\alpha/2}) \cup (z_{1-\alpha/2}; \infty)$		

Die kritische Schranke ist hier ein Quantil der Normalverteilung, das z. B. in der Tabelle 8-2 vertafelt ist. Das Normalverteilungsquantil als kritische Schranke kann man in guter Näherung auch beim t-Test benutzen, wenn der Stichprobenumfang n so groß ist, dass die t-Verteilungsquantile nicht mehr in der Tabelle stehen.

Zur Begründung des Gauß-Tests soll die Rückweisewahrscheinlichkeit der Nullhypothese berechnen werden, getrennt für die Fälle, dass H_0 wahr oder falsch ist.

a) H_0 sei wahr, also $\mu = \mu_0$. Dann ist aus Abschnitt 8.2.3 bekannt, dass die Testgröße

$T = \dfrac{\bar{X} - \mu_0}{S} \sqrt{n}$ eine standardisierte Normalverteilung hat. Folglich gilt für die

Wahrscheinlichkeit, H_0 abzulehnen, obwohl H_0 wahr ist, $\dfrac{\alpha}{2} + \dfrac{\alpha}{2} = \alpha$.

Abbildung 11-1: *Bestimmung der Rückweisewahrscheinlichkeiten beim einfachen z-Test*

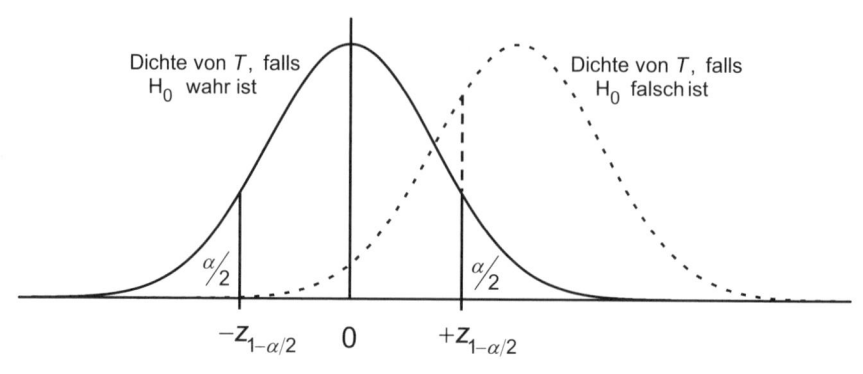

b) H_0 sei falsch, also $\mu \neq \mu_0$. Dann hat die Testgröße T eine Verteilungsdichte, die gegenüber der Standardnormalverteilungsdichte längs der Abszisse verschoben ist (vgl.). Die Wahrscheinlichkeit, dass T außerhalb des Intervalls $(-z_{1-\alpha/2}; +z_{1-\alpha/2})$ Werte annimmt, ist jetzt größer als α. Das ist aber gerade die Wahrscheinlichkeit, dass H_0 abgelehnt wird, wenn H_0 falsch ist.

Somit wird bei diesem Test die wahre Nullhypothese (fälschlicherweise) mit der Wahrscheinlichkeit α abgelehnt. Eine falsche Nullhypothese wird dagegen (richtigerweise) mit einer Wahrscheinlichkeit abgelehnt, die größer als α ist. Das bedeutet mithin, dass der einfache z-Test das Signifikanzniveau α einhält und **unverfälscht** ist, wie man die zuletzt gezeigte Eigenschaft nennt. Der zuvor behandelte einfache t-Test ist übrigens ebenfalls unverfälscht.

Der t-Test und der z-Test sind auch dann anwendbar, wenn die Normalverteilungsannahme verletzt ist. Aufgrund des Zentralen Grenzwertsatzes ist $\bar{X}$ zumindest noch näherungsweise normalverteilt. Allerdings sollte der Stichprobenumfang nicht zu klein sein. Empfohlen wird $n > 30$.

11.2.2 Der Chi-Quadrat-Streuungstest

Hier wird ein Test zur Überprüfung einer Hypothese über die unbekannte Varianz des Merkmals betrachtet. Der Erwartungswert des Merkmals sei ebenfalls unbekannt. In der folgenden Beschreibung des Tests bezeichnen $\chi^2_{n-1;\alpha/2}$ und $\chi^2_{n-1;1-\alpha/2}$ Quantile der Chi-Quadrat-Verteilung mit $n-1$ Freiheitsgraden, die man aus Tabelle B-3 im Anhang B ablesen kann. Das Stichprobenmittel $\bar{X}$ und die Stichprobenvarianz S^2 sind aus Kapitel 8 schon bekannt.

Der Chi-Quadrat-Streuungstest

Hypothesen $\quad$ H_0: $\sigma^2 = \sigma_0^2$ $\quad$ gegen $\quad$ H_1: $\sigma^2 \neq \sigma_0^2$ $\qquad$ ($\sigma_0^2 > 0$ vorgegeben)

Testgröße $\quad$ $T = \dfrac{(n-1)}{\sigma_0^2} \cdot S^2 = \dfrac{1}{\sigma_0^2} \cdot \sum_{i=1}^{n}(X_i - \bar{X})^2$

Ablehnungsbereich $\quad K^* = [0; \chi_{n-1;\alpha/2}^2) \cup (\chi_{n-1;1-\alpha/2}^2; \infty)$

Sollte der seltene Fall eintreten, dass man den Erwartungswert μ kennt, berechnet man die Testgröße nach $T = \dfrac{1}{\sigma_0^2} \cdot \sum_{i=1}^{n}(X_i - \mu)^2$ und verwendet bei den Chi-Quadrat-Quantilen n Freiheitsgrade statt $n-1$.

Der χ^2-Streuungstest ist ebenfalls unverfälscht. Im Gegensatz zum t-Test reagiert er jedoch empfindlich gegenüber Verletzung der Normalverteilungsvoraussetzung. Er sollte also nicht verwendet werden, wenn ein Test die Normalverteiltheit des Merkmals signifikant verneint.

Zur Illustration soll noch einmal das Beispiel 3-1 aufgegriffen werden. Dort geht es um die Abweichung vom Sollmaß, zu der aus einer Stichprobe vom Umfang $n = 20$ die Kennwerte $\bar{x} = 0{,}15$ und $s = 2{,}06$ µm berechnet worden waren. Es wird wiederum unterstellt, dass das Merkmal normalverteilt ist. Nun soll zum Signifikanzniveau $\alpha = 0{,}05$ überprüft werden, ob die Standardabweichung der gemessenen Längen in Wirklichkeit gleich $3{,}00$ µm sein kann. Zur Durchführung des χ^2-Streuungstests benötigt man die Quantile der χ^2-Verteilung mit 19 Freiheitsgraden der Ordnungen 0,025 und 0,975, die man aus Tabelle B-3 im Anhang B ablesen kann. Die drei Komponenten des Tests sind somit

$$H_0: \sigma = 3 \qquad \text{gegen} \qquad H_1: \sigma \neq 3$$

$$t = \frac{19 \cdot 2{,}06^2}{3^2} \approx 8{,}96$$

$$K^* = [0; \chi_{19;0,025}^2) \cup (\chi_{19;0,975}^2; \infty) = [0; 8{,}91) \cup (32{,}9; \infty)$$

Da offensichtlich $t \notin K^*$, kann die Nullhypothese nicht abgelehnt werden. Es gibt somit keine Einwände gegen die Annahme, die Standardabweichung sei gleich 3 µm.

11.2.3 Zusammenstellung ein- und zweiseitiger Tests

Es wurde schon darauf hingewiesen, dass Parametertests auch einseitige Fragestellungen zulassen. Dabei wird dieselbe Testgröße benutzt wie im zweiseitigen Fall. Der kritische Bereich besteht dann aber nur noch aus einem Intervall, und die Ordnung der Quantile ändert sich ebenfalls, denn das α wird nicht mehr halbiert. Die genauen Formeln für die soeben behandelten Mittelwert- und Streuungstests sind in Tabelle 11-1 zusammengestellt. Dabei wird unterstellt, dass für das Merkmal X eine konkrete Stichprobe $x_1, ..., x_n$ vom Umfang n vorliegt und daraus das arithmetische Mittel $\bar{x} = \sum_{i=1}^{n} x_i$ und die empirische Standardabweichung $s = \sqrt{\dfrac{1}{n-1} \sum_{i=1}^{n} (x_i - \bar{x})^2}$ berechnet worden sind.

Tabelle 11-1: *Mittelwert- und Streuungstests für ein metrisch skaliertes Merkmal X*

Null-hypothese	Alternativ-hypothese	Voraussetzung	Testgröße	Ablehnungsbereich K^*
$\mu = \mu_0$	$\mu \neq \mu_0$ $\mu < \mu_0$ $\mu > \mu_0$	σ^2 bekannt. X normalverteilt oder $n > 30$.	$\dfrac{\bar{x} - \mu_0}{\sigma} \sqrt{n}$	$(-\infty; -z_{1-\alpha/2}) \cup (z_{1-\alpha/2}; \infty)$ $(-\infty; -z_{1-\alpha})$ $(z_{1-\alpha}; \infty)$
$\mu = \mu_0$	$\mu \neq \mu_0$ $\mu < \mu_0$ $\mu > \mu_0$	σ^2 unbekannt. X normalverteilt oder $n > 30$.	$\dfrac{\bar{x} - \mu_0}{s} \sqrt{n}$	$(-\infty; -t_{n-1;1-\alpha/2}) \cup (t_{n-1;1-\alpha/2}; \infty)$ $(-\infty; -t_{n-1;1-\alpha})$ $(t_{n-1;1-\alpha}; \infty)$
$\sigma^2 = \sigma_0^2$	$\sigma^2 \neq \sigma_0^2$ $\sigma^2 < \sigma_0^2$ $\sigma^2 > \sigma_0^2$	μ bekannt. X normalverteilt.	$\dfrac{\sum_{i=1}^{n} (x_i - \mu)^2}{\sigma_0^2}$	$[0; \chi_{n;\alpha/2}^2) \cup (\chi_{n;1-\alpha/2}^2; \infty)$ $[0; \chi_{n;\alpha}^2)$ $(\chi_{n;1-\alpha}^2; \infty)$
$\sigma^2 = \sigma_0^2$	$\sigma^2 \neq \sigma_0^2$ $\sigma^2 < \sigma_0^2$ $\sigma^2 > \sigma_0^2$	μ unbekannt. X normalverteilt.	$\dfrac{\sum_{i=1}^{n} (x_i - \bar{x})^2}{\sigma_0^2}$	$[0; \chi_{n-1;\alpha/2}^2) \cup (\chi_{n-1;1-\alpha/2}^2; \infty)$ $[0; \chi_{n-1;\alpha}^2)$ $(\chi_{n-1;1-\alpha}^2; \infty)$

Man könnte nun zum Beispiel 3-1 die Nullhypothese $\sigma = 3$ noch einmal testen, diesmal einseitig. Da die Punktschätzung s für σ rund 2,06 beträgt, wird man mit der vorliegenden Stichprobe die Alternative $\sigma > 3$ wohl nicht nachweisen können. Nur die Hypothese H_1: $\sigma < 3$ ist hier die interessante einseitige Fragestellung. Es soll also versucht werden nachzuweisen, dass die Standardabweichung bei dem Merkmal Abweichung vom Sollmaß signifikant ($\alpha = 0,05$) kleiner als 3 μm ist.

$$H_0: \ \sigma = 3 \ \text{gegen} \ H_1: \ \sigma < 3$$

$$t = \frac{19 \cdot 2,06^2}{3^2} \approx 8,96$$

$$K^* = [0; \chi_{19;0,05}^2) = [0; 10,1)$$

Da die Testgröße im Ablehnungsbereich liegt, ist die Standardabweichung tatsächlich signifikant kleiner als 3.

11.3 Test auf Wahrscheinlichkeit

Bei einem zufälligen Versuch kann ein zufälliges Ereignis A mit der Wahrscheinlichkeit $p = P(A)$ eintreten. Die Wahrscheinlichkeit p sei unbekannt. Um statistische Erkenntnisse über p zu gewinnen, wird der Versuch n-mal unabhängig voneinander durchgeführt und gezählt, wie oft dabei das Ereignis A eintritt. Wie schon bekannt ist, ist die relative Häufigkeit $h_n(A)$ für das Eintreten von A in n Versuchen eine geeignete Punktschätzung für p. Es soll jetzt ein Signifikanztest vorgestellt werden, der auf Vorliegen einer bestimmten Wahrscheinlichkeit prüft. Wesentlicher Bestandteil der Testgröße ist die Abweichung der relativen Häufigkeit von der hypothetischen Wahrscheinlichkeit p_0.

Der Test auf Wahrscheinlichkeit

Hypothesen $\quad\quad$ H_0: $p = p_0$ gegen H_1: $p \neq p_0$ $\quad\quad$ ($p_0 \in (0;1)$ vorgegeben)

Testgröße $\quad\quad\quad$ $T = \dfrac{\left|h_n(A) - p_0\right| - \dfrac{1}{2n}}{\sqrt{\dfrac{p_0(1 - p_0)}{n}}}$

Ablehnungsbereich $\quad$ $K^* \approx (z_{1-\alpha/2}; \infty)$

Dabei bezeichnet $z_{1-\alpha/2}$ das Quantil der Normalverteilung. Zu diesem Test, der mitunter auch als **Test auf Anteilswert** bezeichnet wird, noch zwei Bemerkungen:

1. Zur Bestimmung der kritischen Schranke wurde ausgenutzt, dass die Testgröße T wegen der Wirkung des Zentralen Grenzwertsatzes annähernd eine Normalverteilung hat, wenn H_0 wahr ist. Der Test stellt also in der hier vorgestellten Form nur ein Näherungsverfahren dar. Deshalb sollte man darauf achten, dass der Stichprobenumfang n groß ist. Es wird empfohlen, auf die Einhaltung der beiden Bedingungen $n \cdot h_n(A) \geq 5$ und $n \cdot (1 - h_n(A)) \geq 5$ zu achten.

2. Der Term $-\dfrac{1}{2n}$ in der Formel zur Berechnung von T ist die schon bei den Konfidenzschätzungen benutzte **Stetigkeitskorrektur**, vgl. Abschnitt 10.3. Er soll dafür sorgen, dass bei Ablehnung der Nullhypothese das vorgegebene Signifikanzniveau α auch wirklich eingehalten wird. Wenn die Stichprobe groß ist, kann man die Stetigkeitskorrektur auch weglassen.

3. Der Test auf Wahrscheinlichkeit ist unverfälscht.

Natürlich kann man den Test auf Wahrscheinlichkeit auch einseitig durchführen. Die zugehörigen Ablehnungsbereiche sind in Tabelle 11-2 zusammengestellt.

Tabelle 11-2: *Test auf Wahrscheinlichkeit zweiseitig und einseitig*

Nullhypothese	Alternativhypothese	Testgröße	Ablehnungsbereich
$p = p_0$	$p \neq p_0$	$\dfrac{\left\|h_n(A) - p_0\right\| - \dfrac{1}{2n}}{\sqrt{\dfrac{p_0(1-p_0)}{n}}}$	$(z_{1-\alpha/2}; \infty)$
$p = p_0$	$p > p_0$	$\dfrac{h_n(A) - p_0 - \dfrac{1}{2n}}{\sqrt{\dfrac{p_0(1-p_0)}{n}}}$	$(z_{1-\alpha}; \infty)$
$p = p_0$	$p < p_0$	$\dfrac{h_n(A) - p_0 + \dfrac{1}{2n}}{\sqrt{\dfrac{p_0(1-p_0)}{n}}}$	$(-\infty; -z_{1-\alpha})$

Auch dazu soll ein Beispiel betrachtet werden. Zu Beginn des Jahres 2002, kurz nach der Einführung des Euro, ging eine Meldung durch die Zeitungen[26]. Ein polnischer Mathematiker hatte eine belgische 1-Euro-Münze 250-mal durch seine Studenten werfen lassen. Sie zeigte dabei 140-mal Kopf und 110-mal Wappen. Der Wissenschaftler zog daraus den Schluss, dass die 1-Euro-Münze asymmetrisch ist. Es soll nun nachgeprüft werden, ob er Recht hat. Dafür wird das gängige Signifikanzniveau von $\alpha = 0{,}05$ gewählt. Das Ereignis A besteht hier darin, dass beim Wurf mit der Münze der Kopf (des Königs Albert) oben zu liegen kommt. Getestet wird auf Symmetrie, d. h. auf $P(A) = 0{,}5$. Aus den $n = 250$ Versuchswiederholungen ergibt sich die relative Häufigkeit $h_{250}(A) = \dfrac{140}{250}$. Die drei Komponenten des Tests sind im Einzelnen

$$H_0: p = 0{,}5 \quad \text{gegen} \quad H_1: p \neq 0{,}5$$

$$t = \frac{\left|\dfrac{140}{250} - \dfrac{1}{2}\right| - \dfrac{1}{2 \cdot 250}}{\sqrt{\dfrac{0{,}5 \cdot 0{,}5}{250}}} \approx 1{,}834$$

$$K^* = (z_{0{,}975}; \infty) \approx (1{,}96; \infty)$$

Da $t \notin K^*$, kann H_0 nicht abgelehnt werden. Es lässt sich somit nicht zeigen, dass die Münze signifikant asymmetrisch ist. Übrigens, ohne Stetigkeitskorrektur hätte die Testgröße den Wert 1,897 angenommen, was auch nicht zur Ablehnung der Nullhypothese führen würde. Interessant ist, dass sich selbst bei exakter Ausführung dieses

---

[26] vgl. z. B. „DIE WELT" vom 3.1.2002

Tests die Asymmetrie der Münze anhand der vorliegenden Stichprobe zum Signifikanzniveau $\alpha = 0,05$ nicht nachweisen lässt.

11.4 Anpassungstests

Es sei $X_1,...,X_n$ eine mathematische Stichprobe vom Umfang n zu einem Merkmal X. Die Verteilung P_X des Merkmals sei gänzlich unbekannt. Häufig besteht die statistische Aufgabe darin, eine Wahrscheinlichkeitsverteilung zu finden, die sich mit der Stichprobe verträgt, sich sozusagen an sie anpassen lässt. Hat man die Vermutung, dass es sich dabei um eine bestimmte Verteilung P_0 handeln könnte, kann man mit einem sogenannten **Anpassungstest** die Hypothese $H_0 : P_X = P_0$ prüfen. Solche Tests sind nichtparametrischer Art, denn sie wenden sich an die ganze Wahrscheinlichkeitsverteilung des Merkmals und nicht nur an einige wenige Parameter.

11.4.1 Der Chi-Quadrat-Anpassungstest

Der vielleicht bekannteste Anpassungstest ist der χ^2-Anpassungstest. Er erfordert gruppierte Daten, d. h. die Stichprobe muss in Form einer primären oder sekundären Häufigkeitstabelle gegeben sein. Das stellt überhaupt keine Einschränkung dar, denn aus der konkreten Stichprobe lässt sich eine solche Tabelle stets erzeugen, z. B. durch eine Klasseneinteilung der Merkmalsachse (vgl. Abschnitt 3-2). Die Häufigkeitstabelle möge m Klassen $K_1, K_2,...,K_m$ umfassen. Insbesondere beim Prüfen auf Vorliegen einer diskreten Verteilung bietet es sich an, statt Klassen gleich die einzelnen Ausprägungen selbst zu verwenden.

Zur Berechnung der Testgröße benötigt man die hypothetischen Klassenwahrscheinlichkeiten $p_1, p_2,..., p_m$. Genauer gesagt ist $p_j = P_0(X \in K_j)$ die Wahrscheinlichkeit, dass das Merkmal X Werte in der j-ten Klasse annimmt, wenn H_0 wahr ist. Das Produkt $n \cdot p_j$ nennt man **Erwartungshäufigkeit**. Es entspricht der Anzahl der Beobachtungswerte, die man unter H_0 in der j-ten Klasse zu erwarten hätte. Wesentlicher Bestandteil der Testgröße sind dann die quadratischen Abweichungen zwischen den tatsächlich beobachteten Klassenhäufigkeiten h_j und ihren Erwartungshäufigkeiten $n \cdot p_j$.

Eine falsche Nullhypothese wird sich also durch eine zu große Testgröße bemerkbar machen. Deshalb ist hier der Ablehnungsbereich immer einseitig nach oben.

Der χ^2-Anpassungstest weist eine sehr nützliche Besonderheit auf. Man darf ihn nämlich auch dann noch verwenden, wenn zur Festlegung der hypothetischen Verteilung P_0 zuvor noch aus derselben Stichprobe einige Parameter geschätzt werden mussten.

Man sollte Maximum-Likelihood-Schätzer[27] verwenden. Dann reduzieren sich bei der kritischen Schranke, einem Quantil der χ^2-Verteilung, die Freiheitsgrade um die Anzahl r der geschätzten Parameter.

Der χ^2-Anpassungstest

Hypothesen $\qquad$ $H_0: P_X = P_0$ gegen $H_1: P_X \neq P_0$ $\quad$ (P_0 vorgegebene Verteilung)

Testgröße $\qquad\qquad T = \sum_{j=1}^{m} \frac{(h_j - n \cdot p_j)^2}{n \cdot p_j}$

Ablehnungsbereich $K^* \approx (\chi^2_{m-1-r;1-\alpha}\,;\infty)$

Hier bezeichnet $\chi^2_{m-1-r;1-\alpha}$ das Quantil der χ^2-Verteilung mit $m-1-r$ Freiheitsgraden, wie sie im Anhang B tabelliert sind. Brauchten zur Festlegung von P_0 keine Parameter geschätzt zu werden, ist selbstverständlich $r = 0$ zu setzen.

Der angegebene Ablehnungsbereich ist nur näherungsweise richtig. Er gilt umso besser, je größer der Stichprobenumfang n ist. Es wird empfohlen, bei jeder Klasse auf die Einhaltung der Bedingungen $n \cdot p_j \geq 5$ zu achten. Sollte sie nicht erfüllt sein, fasst man am besten mehrere benachbarte Klassen zu einer größeren zusammen, bis die Bedingung erfüllt ist.

Als Beispiel soll untersucht werden, ob bei der Vergabe von EC-Karten-PINs irgendwelche Ziffern bevorzugt oder benachteiligt werden. Dazu wurden 100 solche 4-stelligen PINs zufällig ausgewählt und die Häufigkeit der einzelnen Ziffern ausgezählt. Die Häufigkeiten sind in der 2. Spalte der Tabelle 11-3 aufgelistet. Man hat als Nullhypothese mithin zu prüfen, ob das Merkmal X, eine zufällig ausgewählte PIN-Ziffer, gleichmäßig diskret verteilt auf den Werten 0, 1, …, 9 ist. Dazu soll das Signifikanzniveau $\alpha = 0,05$ vorgegeben sein. Zwecks Durchführung des Tests ist die HäufigkeitsTabelle 11-3 um einige nützliche Spalten zu einer Arbeitstabelle erweitert worden, aus der sich der Wert der Testgröße direkt als Spaltensumme ablesen lässt:

H_0: "X ist gleichmäßig verteilt auf $\{0,1,...,9\}$." $\qquad$ gegen

H_1: "X ist nicht gleichmäßig verteilt auf $\{0,1,...,9\}$."

$$t = \sum_{j=0}^{9} \frac{(h_j - n \cdot p_j)^2}{n \cdot p_j} = 4,95$$

$$K^* \approx (\chi^2_{10-1-0;1-0,05}\,;\infty) = (\chi^2_{9;0,95}\,;\infty) \approx (16,9\,;\infty)$$

Da kein Parameter geschätzt werden musste, ist $r = 0$ gesetzt worden.

---

[27] Genau genommen sind die Parameter so zu schätzen, dass die Wahrscheinlichkeit der beobachteten Klassenhäufigkeiten maximal wird. Das entspricht dem Maximum-Likelihood-Prinzip für die Klassenhäufigkeiten.

Tabelle 11-3:   *Arbeitstabelle zum χ^2-Anpassungstest*

Ausprägung j	absolute Häufigkeit h_j	hypothetische Klassenwahrscheinlichkeit p_j	zu erwartende Häufigkeit $n \cdot p_j$	$\dfrac{\left(h_j - n \cdot p_j\right)^2}{n \cdot p_j}$
0	28	0,1	40	3,600
1	42	0,1	40	0,100
2	44	0,1	40	0,400
3	39	0,1	40	0,025
4	44	0,1	40	0,400
5	40	0,1	40	0,000
6	43	0,1	40	0,225
7	42	0,1	40	0,100
8	38	0,1	40	0,100
9	40	0,1	40	0,000
Summe	**$n = 400$**	**1,0**	**400**	**4,950**

Der Wert der Teststatistik liegt nicht im Ablehnungsbereich, so dass die Nullhypothese hier nicht abgelehnt werden darf. Es gibt somit keine Einwände gegen die Annahme, dass die Ziffern der PINs alle gleich wahrscheinlich sind.

An dieser Stelle sei noch eine allgemeine Bemerkung zum χ^2-Anpassungstest gestattet. Sein Vorteil besteht darin, dass er an keine weiteren Bedingungen geknüpft und damit universell einsetzbar ist. Der Nachteil ist seine geringe **Macht**. Das bedeutet, dass die Nullhypothese schon „sehr" falsch sein muss, damit der Test dies bemerkt und mit ihrer Ablehnung reagiert. Bei der Anpassung an eine stetige Verteilung könnte man mit einer solchen Klasseneinteilung, bei der die Klassen unter H_0 gleich wahrscheinlich sind, die Güte des Tests steigern. Noch besser wäre es hier, den Kolmogorow-Smirnow-Test zu verwenden, der in allen gängigen Statistikprogrammen implementiert ist. Er ist mächtiger als der χ^2-Anpassungstest und auf alle stetigen Verteilungen anwendbar. Für die bekanntesten stetigen Verteilungen sind außerdem speziell auf sie zugeschnittene Anpassungstests entwickelt worden, die noch mächtiger sind als der Kolmogorow-Smirnow-Test.[28] Im Falle der Anpassung an die Normalverteilung wird im folgenden Abschnitt über einige solche Tests zu sprechen sein.

---

[28] vgl. z. B. D'Agostino, Stephens (1986)

11.4.2 Test auf Normalverteilung mittels Schiefe und Exzess

Bekanntlich hat eine normalverteilte Zufallsvariable X die Schiefe $\gamma_1 = 0$ und den Exzess $\gamma_2 = 0$, ungeachtet dessen, wie groß Erwartungswert und Varianz sind. Diese Eigenschaft wird zur Konstruktion von Tests für die Anpassung an die Normalverteilung benutzt. Man berechnet aus der Stichprobe die empirische Schiefe und den empirischen Exzess, was die Momentenschätzer für die theoretische Schiefe bzw. den theoretischen Exzess sind. Weicht nun wenigstens einer dieser beiden Schätzwerte erheblich von 0 ab, so spricht das gegen die Normalverteilung des Merkmals. Lässt sich auf diese Weise nachweisen, dass die Schiefe oder der Exzess des Merkmals signifikant von 0 verschieden ist, muss die Annahme der Normalverteiltheit zurückgewiesen werden.

Die erwähnten Momentenschätzer für Schiefe und Exzess sind (vgl. Abschnitt 4.5)

$$SCH = \frac{\frac{1}{n}\sum_{i=1}^{n}(X_i - \bar{X})^3}{\left(\frac{1}{n}\sum_{i=1}^{n}(X_i - \bar{X})^2\right)^{3/2}} \qquad \text{bzw.} \qquad EXZ = \frac{\frac{1}{n}\sum_{i=1}^{n}(X_i - \bar{X})^4}{\left(\frac{1}{n}\sum_{i=1}^{n}(X_i - \bar{X})^2\right)^2} - 3.$$

In dem folgenden Jarque-Bera-Test werden diese beiden Statistiken quadriert und dann zu einer gemeinsamen Testgröße summiert. Abweichungen von der Normalverteilung werden sich deshalb stets in einer zu großen Testgröße niederschlagen.

Der Jarque-Bera-Test

Hypothesen H_0: "X ist normalverteilt."   gegen
              H_1: "X ist nicht normalverteilt."

Testgröße $T = \frac{n}{6} \cdot \left(SCH^2 + \frac{EXZ^2}{4}\right)$

Ablehnungsbereich $K^* \approx (\chi^2_{2;1-\alpha}; \infty)$

Die kritische Schranke ist ein Quantil der χ^2-Verteilung mit 2 Freiheitsgraden. Sie ist nur asymptotisch für $n \to \infty$ richtig, sodass ein großer Stichprobenumfang empfohlen wird ($n > 100$). Da lediglich der Freiheitsgrad 2 gebraucht wird, können die wenigen in Frage kommenden Quantile gleich hier angegeben werden:

Tabelle 11-4:   *Kritische Schranken zum Jarque-Bera-Test*

Signifikanzniveau α	0,1	0,05	0,01	0,001
Quantil $\chi^2_{2;1-\alpha}$	4,61	5,99	9,21	13,82

Als konkrete Anwendung soll nun zum Signifikanzniveau $\alpha = 0,01$ überprüft werden, ob der Kohlenstoffgehalt beim Gusseisen in Beispiel 2-1 als normalverteilt angesehen werden kann. Im Abschnitt 4.5 waren zu diesen Daten bereits empirische Schiefe und Exzess berechnet worden, nämlich die Werte $Sch \approx -0,5426$ und $Exz \approx 0,4755$, so dass sich der Test leicht durchführen lässt:

H_0: "X ist normalverteilt." gegen H_1: "X ist nicht normalverteilt."

$$t \approx \frac{167}{6} \cdot \left((-0,5426)^2 + \frac{0,4755^2}{4} \right) \approx 9,77$$

$$K^* \approx (\chi^2_{2;0,99}; \infty) \approx (9,21; \infty)$$

Abbildung 11-2: *Histogramm mit gaußscher Glocke zum Beispiel 2-1*

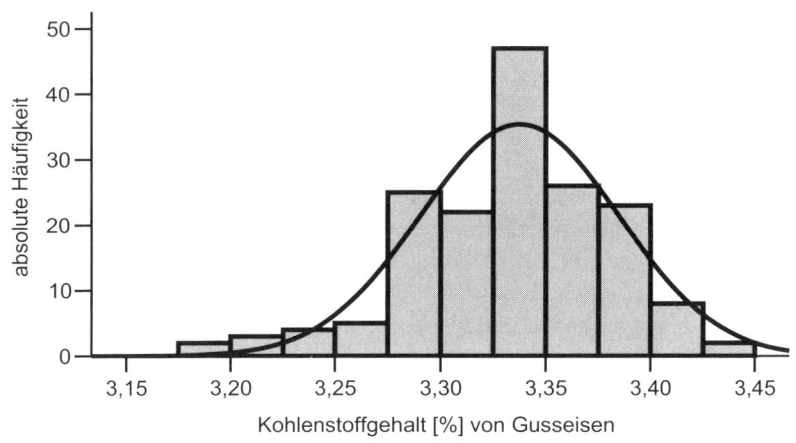

Da die Testgröße im kritischen Bereich liegt, muss die Nullhypothese abgelehnt werden. Somit ist hoch signifikant nachgewiesen worden, dass der Kohlenstoffgehalt nicht normalverteilt ist. Das liegt wohl in erster Linie an der Schiefe der Häufigkeitsverteilung, wie man in Abbildung 11-2 gut erkennen kann.

Der Jarque-Bera-Test hat selbst bei großem Stichprobenumfang eine sehr geringe Macht. Der Vorteil des vor allem in der Zeitreihenanalyse sehr beliebten Tests besteht in seiner sehr einfachen Handhabung. Die Testgröße lässt sich leicht berechnen, und als kritische Schranken werden ausschließlich Quantile der χ^2-Verteilung mit 2 Freiheitsgraden benötigt, die man in jedem statistischen Tabellenwerk finden kann. Qualifiziertere Ergebnisse kann man bekommen, wenn man die beiden Stichprobenfunktionen SCH und EXZ, die bei Gültigkeit der Nullhypothese übrigens unkorreliert sind, einzeln verwendet. Die Normalverteiltheit ist dann abzulehnen, wenn die empirische Schiefe oder der empirische Exzess zu weit von 0 abweicht. Die dazu benötigten kritischen Schranken sind z. B. in D'Agostino, Stephens (1986) vertafelt. Zumindest für große Stichproben erhält man auf diese Weise ein Verfahren, das Abweichungen von der Normalverteilung gut bemerkt.

Braucht man einen mächtigen Anpassungstest für die Normalverteilung, sollte man den von Shapiro und Wilk[28] benutzen. Er kommt selbst mit äußerst kleinen Stichproben gut zurecht. Allerdings ist sowohl die Berechnung der Testgröße als auch die der kritischen Schranken ziemlich kompliziert. Die exakte Beschreibung des Shapiro-Wilk-Tests, der nicht auf Schiefe und Exzess basiert, würde den Rahmen dieses Buchs sprengen. Zum Glück ist er inzwischen in allen wichtigen Statistikprogrammen implementiert.

11.5 Tests auf Unabhängigkeit

Im Kapitel 5 sind statistische Maßzahlen vorgestellt worden, mit denen man den Zusammenhang zwischen zwei miteinander verbundenen Merkmalen X und Y messen konnte. Das waren der empirische Korrelationskoeffizient, der Rangkorrelationskoeffizient von Spearman und der Kontingenzkoeffizient. Liegt ein derartiger Koeffizient nahe bei 0, so konnte man das als Unabhängigkeit oder Unkorreliertheit interpretieren. Ist der Koeffizient dagegen weit von 0 entfernt, so muss eine Abhängigkeit zwischen X und Y bestehen. Die Frage ist nur, was heißt „weit"? Diese Frage lässt sich mit diversen Signifikanztests objektiv beantworten, von denen hier einige vorgestellt werden. Allen diesen Tests ist gemeinsam, dass sie die Nullhypothese prüfen: „X und Y sind voneinander unabhängig." Folglich wird es prinzipiell möglich sein, die Abhängigkeit zweier Merkmale signifikant nachzuweisen, nicht aber ihre Unabhängigkeit.

Es seien X und Y zwei miteinander verbundene Merkmale. Oder anders formuliert, es sei $\begin{pmatrix} X \\ Y \end{pmatrix}$ ein zweidimensionaler Merkmalsvektor. Als mathematische Stichprobe mögen n unabhängige, identisch wie $\begin{pmatrix} X \\ Y \end{pmatrix}$ verteilte Zufallsvektoren $\begin{pmatrix} X_1 \\ Y_1 \end{pmatrix}, \dots, \begin{pmatrix} X_n \\ Y_n \end{pmatrix}$ zur Verfügung stehen. Die konkrete Stichprobe dazu könnte man dann z. B. als Tabelle

X	x_1	x_2	x_3 ... x_n
Y	y_1	y_2	y_3 ... y_n

angeben.

11.5.1 Test auf Unkorreliertheit unter Normalverteilung

Der empirische Korrelationskoeffizient

$$R_{X,Y} = \frac{\dfrac{1}{n-1}\sum_{i=1}^{n}(X_i - \bar{X})(Y_i - \bar{Y})}{S_X \cdot S_Y}$$

ist der Momentenschätzer für den theoretischen Korrelationskoeffizienten

$$\rho_{X,Y} = \frac{E[(X - EX)(Y - EY)]}{\sqrt{E(X - EX)^2 \cdot E(Y - EY)^2}}\,,$$

der ein Maß für den linearen Zusammenhang zwischen X und Y darstellt. Dabei bezeichnen

$$\bar{X} = \frac{1}{n}\sum_{i=1}^{n}X_i, \;\; \bar{Y} = \frac{1}{n}\sum_{i=1}^{n}Y_i, \;\; S_X = \sqrt{\frac{1}{n-1}\sum_{i=1}^{n}(X_i - \bar{X})^2} \;\text{ und }\; S_Y = \sqrt{\frac{1}{n-1}\sum_{i=1}^{n}(Y_i - \bar{Y})^2}$$

die Stichprobenmittelwerte und -standardabweichungen der X-Werte allein bzw. der Y-Werte allein.

Es wird zusätzlich vorausgesetzt, dass der Merkmalsvektor $(X,Y)^T$ eine zweidimensionale Normalverteilung besitzt. Unter dieser Annahme ist bekanntlich die Unkorreliertheit von X und Y, also $\rho_{X,Y} = 0$, äquivalent zur Unabhängigkeit von X und Y. Den folgenden Parametertest könnte man deshalb auch als **Test auf Unabhängigkeit** bezeichnen.

Der Test auf Unkorreliertheit

Hypothesen $H_0\colon \rho_{X,Y} = 0$ gegen $H_1\colon \rho_{X,Y} \neq 0$

Testgröße $T = \dfrac{R_{X,Y} \cdot \sqrt{n-2}}{\sqrt{1 - R_{X,Y}^2}}$

Ablehnungsbereich $K^* = (-\infty; -t_{n-2;1-\alpha/2}) \cup (t_{n-2;1-\alpha/2}; \infty)$

Die kritischen Schranken sind Quantile der t-Verteilung mit $n-2$ Freiheitsgraden, die aus Tabelle B-2 im Anhang B bezogen werden können. Der Test ist selbstverständlich auch einseitig durchführbar. Dann nimmt man als Ablehnungsbereich nur das rechte Intervall, wenn $R_{X,Y}$ positiv ist, bzw. nur das linke, wenn $R_{X,Y}$ ein negatives Vorzeichen hat. Die Ordnung des Quantils ändert sich dann zu $1 - \alpha$.

Zur Illustration dieses Tests soll das Beispiel 5-1 wieder aufgegriffen werden. Dort ging es um die Frage, ob es zwischen der Niederschlagsmenge X im Mai und dem Hektarertrag Y bei Feldfutter einen Zusammenhang gibt. Dazu war im Abschnitt 5.1 aus $n = 10$ Beobachtungspaaren den empirischen Korrelationskoeffizienten $r_{xy} = 0{,}188$

berechnet worden. Weil dieser Wert recht nahe bei 0 liegt, wurde der Schluss gezogen, dass sich der in der Bauernregel behauptete Zusammenhang wohl nicht bestätigen lässt. Mit der Unterstellung, dass die beiden Merkmale normalverteilt sind, soll das einmal mit $\alpha = 0,05$ getestet werden:

$$H_0: \rho = 0 \qquad \text{gegen} \qquad H_1: \rho \neq 0$$

$$t = \frac{r_{xy} \cdot \sqrt{n-2}}{\sqrt{1-r_{xy}^2}} \approx \frac{0,188 \cdot \sqrt{10-2}}{\sqrt{1-0,188^2}} \approx 0,541$$

$$K^* = (-\infty; -t_{8;0,975}) \cup (t_{8;0,975}; \infty) \approx (-\infty; -2,306) \cup (2,306; \infty)$$

Da die Testgröße nicht im Ablehnungsbereich liegt, kann die Nullhypothese nicht verworfen werden. Es lässt sich also tatsächlich keine signifikante Abhängigkeit zwischen der Niederschlagsmenge im Mai und dem Hektarertrag bei Feldfutter nachweisen.

11.5.2 Test auf Unabhängigkeit mittels Rangkorrelation

Wenn die im vorigen Abschnitt geforderte Normalverteiltheit der Merkmale nicht gegeben ist, sollte man lieber auf einen Rangkorrelationskoeffizienten als Testgröße zurückgreifen. Der soeben beschriebene Test z. B. ist näherungsweise auch dann noch gültig, wenn zur Berechnung der Testgröße statt des Bravais-Pearson-Korrelationskoeffizienten der Spearman'sche Rangkorrelationskoeffizient eingesetzt wird. Damit hat man sogar die Möglichkeit, auch dann auf Unabhängigkeit zu testen, wenn die Merkmale X und Y nur ordinal skaliert sind. Es bezeichne R_{SP} den Rangkorrelationskoeffizienten von Spearman.

Spearmans Rangkorrelationstest

Hypothesen $\qquad$ H_0: "X und Y sind voneinander unabhängig." $\quad$ gegen

$\qquad\qquad\qquad$ H_1: "X und Y sind voneinander abhängig."

Testgröße $\qquad$ $T = \dfrac{R_{SP} \cdot \sqrt{n-2}}{\sqrt{1-R_{SP}^2}}$

Ablehnungsbereich $\quad K^* \approx (-\infty; -t_{n-2;1-\alpha/2}) \cup (t_{n-2;1-\alpha/2}; \infty)$

Der Stichprobenumfang sollte nicht zu klein sein, es wird $n \geq 10$ empfohlen. Außerdem sollten innerhalb einer Beobachtungsreihe höchstens 20 % aller Werte von Bindungen betroffen sein.

11.5.3 Chi-Quadrat-Unabhängigkeitstest

Sind die beiden Merkmale X und Y nur nominal skaliert, bietet sich der Kontingenzkoeffizient als Abhängigkeitsmaß an. Diesen Koeffizienten könnte man auch für einen Test auf Unabhängigkeit benutzen. Doch einfacher geht es, gleich das pearsonsche Chiquadrat, das hier sowieso als Zwischenergebnis benötigt wird, als Testgröße zu verwenden. Karl Pearson hat nämlich gezeigt, dass diese Stichprobenfunktion bei Unabhängigkeit von X und Y näherungsweise eine χ^2-Verteilung besitzt. Der Freiheitsgrad der χ^2-Verteilung hängt von der Größe der Kontingenztafel ab, nicht aber von deren Inhalt.

Ausgangspunkt ist also wie im Abschnitt 5.3 eine Kontingenztafel aus k Zeilen und m Spalten. Eventuell muss man zur Herstellung dieser zweidimensionalen Häufigkeitstabelle zuvor die Merkmalsskalen in Klassen einzuteilen. Auf diese Weise ist der Test sogar auf stetig verteilte Merkmale anwendbar. Es bezeichne χ^2 das aus der Kontingenztafel berechnete pearsonsche Chiquadrat.

Der Chi-Quadrat-Unabhängigkeitstest (Kontingenztest)

Hypothesen $\quad$ H_0: "X und Y sind voneinander unabhängig." $\quad$ gegen

$\qquad\qquad\qquad$ H_1: "X und Y sind voneinander abhängig."

Testgröße $\qquad$ $T = \chi^2 \quad$ (s. Abschnitt 5.3)

Ablehnungsbereich $K^* \approx (\chi^2_{(k-1)\cdot(m-1);1-\alpha};\infty)$

Dieser Test stellt ein Näherungsverfahren dar. Er sollte nur verwendet werden, wenn alle Erwartungshäufigkeiten e_{ij} größer als 5 sind.

Als Beispiel zu diesem Test wird die in Tabelle 5-3 gegebene 3x3-Kontingenztafel behandelt. Die Häufigkeiten stammen aus einer Stichprobe von $n = 120$ Patienten, die im Rahmen einer Epidemie erhoben worden war. Die beiden Merkmale sind der Heilungserfolg und die Behandlungsmethode. Im Kapitel 5 waren aus der Kontingenztafel zunächst die Erwartungshäufigkeiten (Tabelle 5-4) und daraus das pearsonsche Chiquadrat $\chi^2 = 28,21$ berechnet worden. Alle 9 Erwartungshäufigkeiten sind größer als 5. Der korrigierte Kontingenzkoeffizient ergab sich zu rund 0,53. Weil dieser Wert relativ weit von 0 entfernt ist, wurde eine Abhängigkeit des Heilungserfolgs von der Behandlungsmethode vermutet. Es soll nun zum Signifikanzniveau $\alpha = 0,01$ geprüft werden, ob die Abhängigkeit hoch signifikant gesichert ist.

H_0: "Behandlungsmethode und Heilungserfolg sind unabhängig." $\quad$ gegen

H_1: "Behandlungsmethode und Heilungserfolg sind abhängig."

$t = 28,21$

$K^* \approx (\chi^2_{(3-1)\cdot(3-1);1-0,01};\infty) = (\chi^2_{4;0,99};\infty) \approx (13,3;\infty)$

Da der Wert der Testgröße im Ablehnungsbereich liegt, ist die Nullhypothese zugunsten der Alternativhypothese zu verwerfen. Das bedeutet, dass zwischen Behandlungsmethode und Heilungserfolg tatsächlich ein hoch signifikanter Zusammenhang besteht.

11.6 Stichprobenvergleiche

Es seien X und Y zwei voneinander unabhängige Merkmale. In diesem Kapitel werden zwei Tests vorgestellt, die prüfen, ob X und Y dieselbe Verteilung besitzen. Da der klassische Fall normalverteilter Merkmale angenommen wird, können sich deren Verteilungen nur noch in Erwartungswert oder Varianz unterscheiden. Folgerichtig wird es sich um einen Test zum Mittelwertvergleich und einen zum Varianzvergleich handeln.

Es mögen zu beiden Merkmalen je eine Stichprobe $X_1, \ldots, X_{n_x}$ bzw. $Y_1, \ldots, Y_{n_y}$ vorliegen. Diese beiden Stichproben sollen unabhängig voneinander und deshalb keinesfalls miteinander verbunden sein. Sie können auch unterschiedliche Umfänge n_x und n_y haben.

11.6.1 Mittelwertvergleich unter Normalverteilung

Es wird vorausgesetzt, dass die zwei Merkmale normalverteilt sind: $X \sim N(\mu_x; \sigma_x^2)$ und $Y \sim N(\mu_y; \sigma_y^2)$. Die beiden Erwartungswerte μ_x und μ_y und die beiden Varianzen σ_x^2 und σ_y^2 seien unbekannt. Zusätzlich wird gefordert, dass die Varianzen der beiden Merkmale gleich groß sind: $\sigma_x^2 = \sigma_y^2$. Die Verteilungen von X und Y können sich also nur noch durch ihre Erwartungswerte unterscheiden. Die Nullhypothese des folgenden Tests besagt, dass sie es nicht tun:

Der doppelte t-Test

Hypothesen $\qquad$ $H_0: \mu_x = \mu_y$ $\qquad$ gegen $\qquad$ $H_1: \mu_x \neq \mu_y$

Testgröße $\qquad$ $T = \dfrac{(\overline{X} - \overline{Y}) \cdot \sqrt{n_x \cdot n_y \cdot (n_x + n_y - 2)}}{\sqrt{(n_x + n_y) \cdot [(n_x - 1) \cdot S_X^2 + (n_y - 1) \cdot S_Y^2]}}$

Ablehnungsbereich $\quad K^* = \{t : |t| > t_{n_x + n_y - 2; 1 - \alpha/2}\}$

Dabei bezeichnen

$$\overline{X} = \frac{1}{n}\sum_{i=1}^{n}X_i, \quad S_X^2 = \frac{1}{n-1}\sum_{i=1}^{n}(X_i - \overline{X})^2 \quad \text{und} \quad \overline{Y} = \frac{1}{n}\sum_{i=1}^{n}Y_i, \quad S_Y^2 = \frac{1}{n-1}\sum_{i=1}^{n}(Y_i - \overline{Y})^2$$

die Stichprobenmittelwerte und -varianzen der X-Werte bzw. der Y-Werte. Die kritische Schranke ist ein Quantil der t-Verteilung mit $n_x + n_y - 2$ Freiheitsgraden. Der Test ist, wie alle t-Tests, **konservativ** bei Verletzung der Normalverteiltheit, d. h. die tatsächliche Irrtumswahrscheinlichkeit für den Fehler 2. Art würde auch dann das vorgegebene Signifikanzniveau α nicht überschreiten. Anders sieht es in Bezug auf die vorausgesetzte **Varianzhomogenität** $\sigma_x^2 = \sigma_y^2$ aus. Auf ihre Einhaltung sollte man achten. Man sollte versuchen, die Varianzhomogenität mithilfe des im nächsten Abschnitt beschriebenen F-Tests zu widerlegen. Dabei verwendet man üblicherweise ein Signifikanzniveau, das zweimal so groß ist wie das beim doppelten t-Test benutzte. Sollte es auf diese Weise gelingen, die Varianzhomogenität signifikant zu verwerfen, darf der doppelte t-Test nicht verwendet werden. Als Ausweg findet man in der Literatur zahlreiche Vorschläge, die unter dem Begriff Behrens-Fisher-Problem behandelt werden (vgl. Hartung u. a., 2005).

Auch zu diesem Test soll ein Zahlenbeispiel betrachtet werden. In einer Statistik-Klausur, an der 118 Studenten teilnahmen, hatten 17 Studenten ihre Arbeiten vorzeitig abgegeben. Die anderen 101 Studenten nutzten die volle zur Verfügung stehende Zeit.

Abbildung 11-3: *Verteilung der Punktzahlen zweier Studentengruppen*

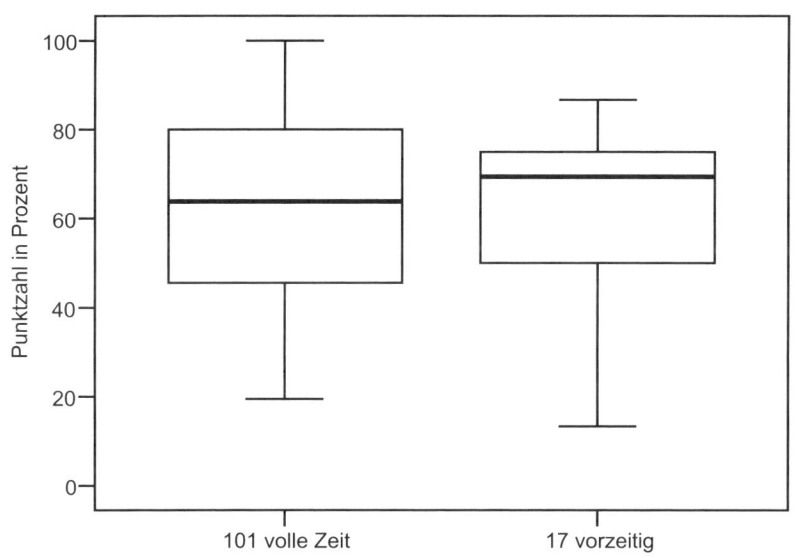

Der Prüfer will wissen, ob sich diese beiden Studentengruppen in ihrer Prüfungsleistung unterscheiden. Nachdem die Arbeiten korrigiert und mit Prozentpunkten bewertet worden sind, soll versucht werden, mithilfe des doppelten t-Tests einen signifikanten Unterschied nachzuweisen ($\alpha = 0{,}05$). Es bezeichne X die Punktzahl eines Studenten, der die volle Klausurzeit nutzt. Das Merkmal Y sei die Punktzahl eines Studenten, der vorzeitig abgibt. Die 118 Beobachtungswerte brauchen hier nicht im Detail wiedergegeben zu werden. Hilfreich könnte jedoch die grafische Darstellung der beiden Häufigkeitsverteilungen sein, was in Abbildung 11-3 durch Box-Whisker-Plots realisiert wurde. Zur Durchführung des Tests reicht es, die empirischen Mittelwerte und Standardabweichungen zu kennen:

$$n_x = 101; \quad \bar{x} = 61{,}22; \quad s_x = 20{,}87 \qquad \text{(volle Zeit genutzt)},$$
$$n_y = 17; \quad \bar{y} = 60{,}34; \quad s_y = 21{,}80 \qquad \text{(vorzeitig abgegeben)}.$$

Es wird unterstellt, dass beide Merkmale normalverteilt und ihre Varianzen gleich groß sind, und der doppelten t-Test ausgeführt.

$$H_0: \mu_x = \mu_y \qquad \text{gegen} \qquad H_1: \mu_x \neq \mu_y$$

$$t = \frac{(61{,}22 - 60{,}34) \cdot \sqrt{101 \cdot 17 \cdot (101 + 17 - 2)}}{\sqrt{(101 + 17) \cdot [100 \cdot 20{,}87^2 + 16 \cdot 21{,}80^2]}} \approx 0{,}16$$

$$K^* = (-\infty; -t_{116;0{,}975}) \cup (t_{116;0{,}975}; \infty) \approx (-\infty; -1{,}98) \cup (1{,}98; \infty)$$

Da die Testgröße nicht im kritischen Bereich liegt, kann die Nullhypothese nicht abgelehnt werden. Es gibt folglich, zur Verwunderung des Prüfers, bezüglich der mittleren Punktzahl keinen signifikanten Unterschied zwischen den beiden Studentengruppen.

11.6.2 Varianzvergleich unter Normalverteilung

Wiederum wird angenommen, dass die beiden voneinander unabhängigen Merkmale X und Y normalverteilt sind: $X \sim N(\mu_X; \sigma_X^2)$ und $Y \sim N(\mu_Y; \sigma_Y^2)$. Die beiden Erwartungswerte μ_X und μ_Y und die beiden Varianzen σ_X^2 und σ_Y^2 seien ebenfalls wieder unbekannt. Der nach R. A. Fisher[2] benannte F-Test geht der Frage nach, ob die beiden Varianzen gleich groß sein können.

Der F-Test

Hypothesen	$H_0: \sigma_X^2 = \sigma_Y^2 \qquad \text{gegen} \qquad H_1: \sigma_X^2 \neq \sigma_Y^2$
Testgröße	$T = \dfrac{S_X^2}{S_Y^2}$
Ablehnungsbereich	$K^* = (0; F_{n_x-1; n_y-1; \alpha/2}) \cup (F_{n_x-1; n_y-1; 1-\alpha/2}; \infty)$

Dabei bezeichnen S_X^2 und S_Y^2 die Stichprobenvarianzen der X-Werte bzw. der Y-Werte. Die kritischen Schranken sind hier Quantile der F-Verteilung.

Natürlich ist dieser Parametertest, wie auch der vorhin behandelte doppelte t-Test, auf einseitige Alternativhypothesen anwendbar. Man entscheidet sich für $H_1: \sigma_X^2 < \sigma_Y^2$, wenn die Testgröße die kritische Schranke $F_{n_x-1; n_y-1; \alpha}$ unterschreitet. Sollte dagegen die Testgröße das Quantil $F_{n_x-1; n_y-1; 1-\alpha}$ überschreiten, ist $H_1: \sigma_X^2 > \sigma_Y^2$ signifikant nachgewiesen worden.

Als Beispiel werden noch einmal die Ergebnisse der Statistik-Klausur betrachtet. Im vorigen Abschnitt war in Anwendung des doppelten t-Tests unterstellt worden, dass die Punktzahlen in den zwei Studentengruppen gleich große Varianzen aufweisen. Es soll jetzt – nachträglich – der Versuch unternommen werden, die Varianzhomogenität zum Signifikanzniveau $\alpha = 0,10$ zu widerlegen. Zur Erinnerung, die beiden Stichprobenumfänge waren $n_x = 101$ und $n_y = 17$ und die empirischen Standardabweichungen betrugen $s_x = 20,87$ bzw. $s_y = 21,80$. Das für den F-Test benötigte Quantil der Ordnung 0,95 findet man in der Tabelle B-5 im Anhang B. Für das Quantil der Ordnung 0,05 dagegen wird der im Abschnitt 8.3.4 beschriebene kleine Umweg nötig:

$$F_{100;16;0,95} = 2,07 \quad \text{und} \quad F_{100;16;0,05} = \frac{1}{F_{16;100;0,95}} = \frac{1}{1,75} \approx 0,57.$$

Jetzt kann der Test durchgeführt werden:

$$H_0: \sigma_X^2 = \sigma_Y^2 \qquad \text{gegen} \qquad H_1: \sigma_X^2 \neq \sigma_Y^2$$

$$t = \frac{s_x^2}{s_y^2} = \frac{20,87^2}{21,80^2} \approx 0,916$$

$$K^* \approx (0; 0,57) \cup (2,07; \infty)$$

Da $t \notin K^*$, gibt es keine Einwände gegen die Nullhypothese. Die unterstellte Varianzhomogenität ist also wirklich nicht signifikant widerlegbar.

11.7 Der Vorzeichentest

Die bisher vorgestellten Tests zum Vergleich zweier Häufigkeitsverteilungen setzten normalverteilte Merkmale voraus. Ein einfacher verteilungsfreier Test, der ohne diese einschneidende Bedingung auskommt, ist der **Vorzeichentest** (*auch* **Zeichentest**). Er ist einer der ältesten statistischen Tests überhaupt.[29] Dazu müssen die Merkmale X und Y

---

[29] Die Idee zu diesem Test stammt von Dr. John Arbuthnott, dem Arzt der Queen Anna. Er wies damit nach, dass die Anzahl der Knaben- und Mädchengeburten in London nicht paritätisch

miteinander verbunden sein, d. h., an jeder statistischen Einheit werden beide Merkmale als Beobachtungspaar erhoben. Als mathematische Stichprobe hat man dann n unabhängige, identisch verteilte Zufallsvektoren $\begin{pmatrix} X_1 \\ Y_1 \end{pmatrix}, ..., \begin{pmatrix} X_n \\ Y_n \end{pmatrix}$. Weiterhin wird gefordert, dass die zwei Zufallsvariablen X und Y stetig verteilt sind. Ihre Verteilungen seien mit P_X bzw. P_Y bezeichnet. Mit dem Vorzeichentest kann man auf Gleichheit der beiden Verteilungen prüfen. Als Testgröße Z^+ wird die Anzahl der Paare (X_i, Y_i), für die die Differenz $X_i - Y_i$ ein positives Vorzeichen hat, verwendet.

Der Vorzeichentest exakt

Hypothesen	$H_0: P_X = P_Y$ gegen $H_1: P_X \neq P_Y$
Testgröße	$T = Z^+$
Ablehnungsbereich	$K^* = [0; n - b_{n;1-\alpha/2}] \cup [b_{n;1-\alpha/2}; n]$

Die kritische Schranke ist hier ein Quantil der Binomialverteilung mit den Parametern n und $p = 0{,}5$. Diese Quantile sind in Tabelle B-8 im Anhang B bis $n = 25$ vertafelt. Für größere Stichproben nutzt man aus, dass das binomial verteilte Z^+ in guter Näherung normalverteilt ist, und verwendet den Test in folgender Abwandlung:

Der Vorzeichentest für $n > 25$

Hypothesen	$H_0: P_X = P_Y$ gegen $H_1: P_X \neq P_Y$
Testgröße	$T = \dfrac{2 \cdot Z^+ - n}{\sqrt{n}}$
Ablehnungsbereich	$K^* \approx (-\infty; -z_{1-\alpha/2}) \cup (z_{1-\alpha/2}; \infty)$

Das Ereignis „$X = Y$" ist wegen der vorausgesetzten Stetigkeit der Verteilungen fast unmöglich und dürfte rein theoretisch in der Stichprobe gar nicht vorkommen. Trotzdem kann es passieren, z. B. wegen des Rundens von Beobachtungswerten, dass für einige i die Differenz $x_i - y_i$ gleich 0 ist. In solchen Fällen nimmt man am besten die betroffenen Wertpaare (x_i, y_i) aus der Stichprobe einfach heraus. Dadurch vermindert sich natürlich der Stichprobenumfang. Man kann bei dieser Vorgehensweise sogar auf die Stetigkeit der Verteilungen verzichten, wenn der Fall $x_i = y_i$ nicht zu oft in der Stichprobe auftaucht. Die Stetigkeit war nur deshalb vorausgesetzt worden, um die Übereinstimmung von x- und y-Wert auszuschließen.

---

ist. Sein 1710 erschienener Aufsatz hatte den bemerkenswerten Titel "An Argument for Divine Providence, taken from the constant Regularity observ'd in the Births of both Sexes".

Der Vorzeichentest prüft eigentlich auf $P(X - Y > 0) = 0{,}5$. Äquivalent dazu ist die Hypothese, dass der Median (s. Abschnitt 8.3) von $X - Y$ gleich 0 ist. Der Vorzeichentest ist also ein **Mediantest**. Wenn man beachtet, dass Z^+/n die relative Häufigkeit für das Eintreten des Ereignisses „$X - Y > 0$" ist, kann man sich leicht davon überzeugen, dass der Vorzeichentest identisch ist mit dem schon bekannten Test auf Wahrscheinlichkeit für $p_0 = 0{,}5$ (ohne Stetigkeitskorrektur).

Wendet sich die Nullhypothese des Zeichentests an den Median, kann man auch einseitige Alternativhypothesen formulieren. Die zugehörigen Ablehnungsbereiche sind für den exakten Test in der Tabelle 11-5 zusammengestellt worden. In der oben angegebenen Variante für große Stichproben gelten die kritischen Bereiche entsprechend.

Tabelle 11-5:   *Der Vorzeichentest zweiseitig und einseitig*

Nullhypothese	Alternativhypothese	Testgröße	Ablehnungsbereich
$Med(X - Y) = 0$	$Med(X - Y) \neq 0$	$t = z^+$	$[0; n - b_{n;1-\alpha/2}] \cup [b_{n;1-\alpha/2}; n]$
$Med(X - Y) = 0$	$Med(X - Y) > 0$	$t = z^+$	$[b_{n;1-\alpha}; n]$
$Med(X - Y) = 0$	$Med(X - Y) < 0$	$t = z^+$	$[0; n - b_{n;1-\alpha}]$

Zum Abschluss soll ein weiteres Beispiel betrachtet werden: In einem Fertigungsprozess müssen Kleinteile montiert werden, was bisher nur in Handarbeit möglich ist. 15 Arbeiterinnen führen gleichzeitig, aber unabhängig voneinander, diese Montage durch. Auf Vorschlag einer Arbeiterin wurde versuchsweise die Beleuchtung über den Arbeitsplätzen so verändert, dass sie mehr Schatten wirft. Die Tabelle zum Beispiel 11-1 enthält die geschafften Stückzahlen am Mittwoch vor der Umstellung und die am Mittwoch danach. In die Stichprobe sind nur jene 12 Frauen aufgenommen worden, die an beiden Tagen gearbeitet haben.

Beispiel 11-1:   *Erreichte Stückzahlen vor und nach der Umstellung*

Arbeiterin	1	2	3	4	5	6	7	8	9	10	11	12
Stückzahl x_i vorher	690	645	640	630	620	590	625	642	625	541	610	550
Stückzahl y_i nachher	680	650	650	635	630	595	626	635	630	543	612	555
Vorzeichen von $x_i - y_i$	+	-	-	-	-	-	-	+	-	-	-	-

Zunächst werden die arithmetischen Mittel berechnet. Dabei ist festzustellen, dass sich die mittlere erreichte Stückzahl von $\bar{x} = 617,3$ auf $\bar{y} = 620,1$ erhöht hat. Ist das nun eine signifikante ($\alpha = 0,05$) Verbesserung? Es wird der Vorzeichentest benutzt und einseitig geprüft. Der Fall $x_i > y_i$ kommt in der Stichprobe zweimal vor. Da die Gleichheit $x_i = y_i$ niemals auftritt, bleibt der Stichprobenumfang unverändert $n = 12$. Das erforderliche Quantil $b_{12;0,95} = 10$ wurde der Tabelle B-8 im Anhang B entnommen.

$$H_0: Med(X - Y) = 0 \quad \text{gegen} \quad H_1: Med(X - Y) < 0$$
$$t = z^+ = 2$$
$$K^* = [0; 12 - b_{12;0,95}] = [0; 2]$$

Der Wert der Testgröße t liegt gerade noch im Ablehnungsbereich. Folglich ist die Nullhypothese zugunsten der Alternativhypothese zu verwerfen. Das bedeutet im konkreten Fall, dass nach der Umstellung der Beleuchtung signifikant mehr Teile montiert wurden.

Wenn man im Beispiel 11-1 mit dem einfachen t-Test die Paardifferenzen $x_i - y_i$ auf 0 testet, erhält man keine signifikante Ablehnung. Hier kommt die Besonderheit des Vorzeichentests zum Tragen, auf die Richtung der Veränderungen anzusprechen, nicht aber auf deren absolute Größe. Dadurch ist der Test prädestiniert für ordinal skalierte Daten.

Der Mediantest macht auch bei Ein-Stichproben-Problemen Sinn. Angenommen, es gäbe nur *ein* stetig verteiltes Merkmal X mit der dazugehörigen Stichprobe $X_1, \ldots, X_n$. Dann kann man mit dem Vorzeichentest beispielsweise folgende Nullhypothesen prüfen:

- H₀: „Der Median von X ist gleich m_0." Als Testgröße Z^+ wird hier die Anzahl der Beobachtungswerte, für die $X_i > m_0$ gilt, verwendet.

- H₀: „Die Verteilung von X ist symmetrisch bezüglich 0." Für Z^+ nimmt man hier die Anzahl der Beobachtungswerte X_i, die positiv sind.

Der Vorzeichentest ist zum Stichprobenvergleich oder als Mittelwerttest nicht besonders wirksam. Besonders bei großen Stichproben schneidet er bezüglich seiner Macht gegenüber vergleichbaren Tests schlecht ab. Es wird sogar geraten, ihn für Stichprobenumfänge über 40 gar nicht zu verwenden. Seine Stärke ist seine einfache Handhabung. Als Schnelltest für kleinere Stichproben hat er seine Berechtigung.

11.8 Signifikanztests in Statistiksoftware

Statistikprogramme geben keine explizite Testentscheidung, sondern immer nur den sogenannten p-Wert aus. Die Entscheidung über Ablehnung oder Akzeptanz der Nullhypothese hat der Nutzer selbst herbeizuführen, indem er den Wert p mit dem Signifikanzniveau α vergleicht. Der p-Wert wird auch **empirisches Signifikanzniveau** genannt und ist per Definition die kleinste Irrtumswahrscheinlichkeit, mit der man H_0 gerade noch ablehnen kann. Das impliziert folgende Entscheidungregel:

▨ Wenn $p \leq \alpha$, dann ist H_0 abzulehnen.

▨ Wenn $p > \alpha$, dann kann H_0 nicht abgelehnt werden.

Diese Vorgehensweise entbindet den Anwender nicht von der Pflicht, vor der Ausführung des Tests ein Signifikanzniveau α festzulegen. Entscheidet er sich z. B. für $\alpha = 0{,}05$ und das Computerprogramm hat den Wert $p = 0{,}034$ geliefert, so ist die Nullhypothese signifikant zu verwerfen. Würde das Programm stattdessen $p = 0{,}200$ anzeigen, gäbe es keinen Grund, H_0 zurückzuweisen.

Teil 3

Datenanalyse

12 Daten- und Distanzmatrizen

In Ergänzung zu den im Wesentlichen uni- und bivariaten statistischen Verfahren der vorangegangenen Kapitel werden im Folgenden multivariate statistische Methoden näher vorgestellt. Diese Verfahren gehen im Allgemeinen von einer Datenmatrix aus, wobei für eine Reihe von Ansätzen auch eine Distanzmatrix vorausgesetzt wird, die entweder aus einer Datenmatrix ermittelt oder unmittelbar empirisch erhoben werden kann. In diesem Kapitel wird nun zunächst auf die Begriffe der Daten- und Distanzmatrix eingegangen und es werden anschließend die Möglichkeiten einer Distanzberechnung aufgezeigt.

12.1 Objekte, Merkmale, Distanzen

Ausgangspunkt ist zunächst eine **Grundgesamtheit** $G = \{1,2,3,...\}$ von Objekten, die für eine datenanalytische Untersuchung die relevanten Merkmalsträger darstellen. Dies können beispielsweise Personen, Produkte oder auch Institutionen wie Konkurrenzunternehmen sein. Die tatsächlich in die Untersuchung einbezogenen Objekte bilden dann die **Objektmenge** $N = \{1,...,n\}$. Für den Fall $G = N$ spricht man in diesem Zusammenhang auch von einer **Vollerhebung**, während für $N \subsetneqq G$ eine **Stichprobe** aus der Grundgesamtheit vorliegt. Zur Charakterisierung und Beschreibung der Objekte werden gemäß dem Untersuchungsziel geeignete Merkmale herangezogen, die in der **Merkmalsmenge** $M = \{1,...,m\}$ zusammengefasst werden. Mit a_{ik} als Ausprägung des Merkmals k bei Objekt i resultiert folglich eine **Datenmatrix** der Form

$$A = \left(a_{ik}\right)_{n \times m} = \begin{pmatrix} a_{11} & \cdots & a_{1m} \\ \vdots & \ddots & \vdots \\ a_{n1} & \cdots & a_{nm} \end{pmatrix},$$

in der die erhobenen Daten enthalten sind. Dabei ist zu beachten, dass mit dem ersten Index das Objekt und mit dem zweiten Index das Merkmal bezeichnet wird. Damit stellen die Spalten der Datenmatrix die Merkmalsvektoren

$$a^k = \begin{pmatrix} a_{1k} \\ \vdots \\ a_{nk} \end{pmatrix}, k \in M,$$

und die Zeilen von A die Objektvektoren

$$a^T_i = \left(a_{i1}, \ldots, a_{im} \right), \ i \in N$$

dar. Ein Objektvektor enthält also die Daten für ein Objekt $i \in N$ zu allen erfassten Merkmalen, während in einem Merkmalsvektor die bei allen Objekten erhobenen Daten für ein Merkmal $k \in M$ zusammengefasst sind. Das Symbol T bedeutet, dass es sich um einen transponierten Vektor handelt.

In der nachfolgenden Tabelle 12-1 ist ein Beispiel für eine Datenmatrix angegeben, in der die Daten von fünf Bankkunden zu ausgewählten soziodemographischen Merkmalen enthalten sind.

Tabelle 12-1:   *Beispiel für eine Datenmatrix (Kunden einer Direktbank)*

Objekte	Merkmale (ω) Alter	Geschlecht	Wohnort	Einkommen	Schulabschluss
1	26	männlich	München	2000	Realschule
2	41	männlich	Stuttgart	4000	Abitur
3	21	weiblich	Nürnberg	2100	Realschule
4	45	männlich	Freiburg	5200	Abitur
5	32	männlich	Frankfurt	3200	Hauptschule

Für die einzelnen Merkmale der Datenmatrix der Tabelle 12-1 resultieren die in der Tabelle 12-2 angegebenen Ausprägungsmengen A_k, in denen jeweils alle möglichen Ausprägungen des jeweiligen Merkmals k enthalten sind.

Tabelle 12-2:   *Merkmale und Ausprägungsmengen für die Datenmatrix der Tabelle 12-1*

Merkmal k	Ausprägungsmenge A_k
Alter	Menge der natürlichen Zahlen *quant.*
Geschlecht	{männlich, weiblich} *qual*
Wohnort	Menge aller Orte *qual*
Einkommen	Menge der nichtnegativen reellen Zahlen (gerundet auf 2 Dezimalstellen) *quant.*
Schulabschluss	{Hauptschule, Realschule, Fachabitur, Abitur} *qual*

Bei genauerer Betrachtung der Merkmale fällt auf, dass diese zum Teil sehr unterschiedliche Informationsniveaus besitzen. Während die Merkmale Alter und Einkommen quantitativ sind, handelt es sich bei den Ausprägungen der anderen Merkmale um qualitative Größen. Auch innerhalb der qualitativen Merkmale liegen Unterschiede hinsichtlich des Informationsgehalts vor, da beispielsweise beim Merkmal Geschlecht lediglich eine Unterscheidung der Ausprägungen möglich ist, während die anderen Merkmale auch Ordnungen innerhalb der Ausprägungen zulassen. Auf diese Unterschiede einzelner Merkmalstypen wird im nachfolgenden Abschnitt noch ausführlicher eingegangen.

Einige Verfahren der multivariaten Statistik stellen sich die Aufgabe, die Ähnlichkeitsbeziehungen zwischen den Objekten einer Datenmatrix näher zu analysieren. So kann beispielsweise das Ziel einer datenanalytischen Untersuchung darin bestehen, die Objekte aufgrund der Ähnlichkeiten in wichtigen Merkmalsbereichen zu homogenen Klassen zusammenzufassen. Dazu wird ein Maß benötigt, mit dem die Ähnlichkeit zwischen einzelnen Objekten zum Ausdruck gebracht wird. Aufgrund des natürlichen Nullpunkts eines Verschiedenheits- bzw. Distanzindex (geringste Verschiedenheit und damit größtmögliche Ähnlichkeit zwischen zwei Objekten ist Null) bietet sich dieser als entsprechendes Maß an. Ausgehend von der Objektmenge N wird die Abbildung $d: N \times N \to \mathbb{R}_+$ als **Distanzindex** bezeichnet, wenn für alle $i,j \in N$ folgende Eigenschaften gelten:

- $d(i,i) = 0$ (Reflexivität)
- $d(i,j) = d(j,i)$ (Symmetrie)
- $d(i,j) \geq 0$ (Nichtnegativität)

Die Zusammenfassung aller paarweisen Distanzen zwischen jeweils zwei Objekten führt zur **Distanzmatrix**

$$D = \left(d(i,j)\right)_{n \times n} = \begin{pmatrix} d(1,1) & \cdots & d(1,n) \\ \vdots & \ddots & \vdots \\ d(n,1) & \cdots & d(n,n) \end{pmatrix} \text{ oder } D = \left(d_{ij}\right)_{n \times n} = \begin{pmatrix} d_{11} & \cdots & d_{1n} \\ \vdots & \ddots & \vdots \\ d_{n1} & \cdots & d_{nn} \end{pmatrix}.$$

Eine Distanzmatrix ist quadratisch, symmetrisch und enthält in der Hauptdiagonalen ausschließlich Nullen. Somit müssen lediglich

$$\binom{n}{2} = \frac{n!}{(n-2)! \cdot 2!} = \frac{n \cdot (n-1) \cdot (n-2)!}{(n-2)! \cdot 2!} = \tfrac{1}{2} \cdot n \cdot (n-1)$$

Distanzen berechnet werden, und zwar

$$\begin{pmatrix} d(1,2) & \cdots & d(1,n) \\ & \ddots & \vdots \\ & & d(n-1,n) \end{pmatrix}.$$

Im nachfolgenden Abschnitt werden nun die unterschiedlichen Möglichkeiten zur Berechnung der Distanzen für unterschiedliche Merkmalstypen aufgezeigt.

12.2 Merkmalstypen und ihre Distanzen

Grundsätzlich lassen sich quantitative und qualitative Merkmale unterscheiden. Bei **quantitativen** Merkmalen werden alle Ausprägungen auf natürliche Weise durch Zahlen benannt, während bei **qualitativen** Merkmalen die Ausprägungen intuitiv durch Worte oder Begriffe wiedergegeben werden. Wie in Abschnitt 2.2 bereits aufgezeigt wurde, zählen zu den qualitativen Merkmalen nominale und ordinale Merkmale, während quantitative Merkmale auch als kardinal oder metrisch bezeichnet werden. Kardinale Merkmale besitzen das höchste und nominale Merkmale das geringste Informationsniveau. Ordinale Merkmale liegen dazwischen, d. h. sie besitzen aufgrund vorliegender Ordnungsbeziehungen der Ausprägungen ein höheres Informationsniveau als nominale Merkmale, erreichen aber aufgrund fehlender Möglichkeiten einer Differenzbildung der Ausprägungen nicht das Niveau kardinaler Merkmale.

Das Ziel einer **Skalierung** besteht darin, die durch ein Merkmal gegebene Information angemessen abzubilden. Dabei gilt, dass grundsätzlich alle Merkmale von einem höheren Informationsniveau auf ein niedrigeres skaliert werden können, wobei dadurch ein Informationsverlust in Kauf zu nehmen ist. Umgekehrt dürfen Merkmale von einem niedrigeren Informationsniveau nicht auf ein höheres skaliert werden, da in diesem Fall mehr Information in einem Merkmal interpretiert werden würde, als inhaltlich vertretbar ist.

Nachfolgend werden für die drei angesprochenen Merkmalstypen (nominal, ordinal und kardinal) jeweils entsprechende Skalen vorgestellt, auf deren Basis dann die Möglichkeiten einer Berechnung merkmalsweiser Distanzen aufgezeigt werden. Darüber hinaus gibt es mit den hierarchischen Merkmalen einen weiteren Merkmalstyp, bei dem eine Nominalskala die enthaltenen Informationen nicht ausreichend abbildet, eine Ordinalskala aber noch nicht gerechtfertigt ist. Auf diesen Merkmalstyp sowie die entsprechende Ansätze einer Distanzberechnung wird ebenfalls eingegangen.

12.2.1 Nominale Merkmale

Ein Merkmal k heißt **nominal** oder klassifikatorisch, wenn für die Ausprägungen nur nach Gleichheit oder Ungleichheit unterschieden werden kann. Die Abbildung

$$f: A_k \to \mathrm{IR} \text{ mit } a_{ik} \neq a_{jk} \Rightarrow f(a_{ik}) \neq f(a_{jk})$$

heißt dann **Nominalskala**. Wenn also die Ausprägungen bei zwei Objekten unterschiedlich sind, dann müssen auch die zugewiesenen Skalenwerte unterschiedlich sein (injektive Abbildung). Für ein nominales Merkmal k hat jeder Distanzindex die Form

$$d_k(i,j) = \begin{cases} 0 & \text{für } f(a_{ik}) = f(a_{jk}) \\ c & \text{für } f(a_{ik}) \neq f(a_{jk}) \end{cases} , \quad (c > 0).$$

Sind die Ausprägungen bei zwei Objekten und somit die Skalenwerte unterschiedlich, dann wird die Distanz zwischen diesen beiden Objekten durch eine positive reelle Zahl zum Ausdruck gebracht. Im Fall der Gleichheit der Ausprägungen sind die Objekte hinsichtlich des Merkmals maximal ähnlich, so dass dann eine Distanz von Null vorliegt.

Beispiel:

Für das nominale Merkmal Geschlecht der Datenmatrix der Tabelle 12-1 ergeben sich mit z. B. f(männlich) = 0, f(weiblich) = 1 und c = 1 die folgenden paarweisen Distanzen zwischen den Objekten:

$$D_{Geschlecht} = \begin{array}{c|cccc} & 2 & 3 & 4 & 5 \\ \hline 1 & 0 & 1 & 0 & 0 \\ 2 & & 1 & 0 & 0 \\ 3 & & & 1 & 1 \\ 4 & & & & 0 \end{array}$$

Nominale Merkmale lassen sich grundsätzlich in **dichotome** (zweiwertige, binäre) oder **polytome** (mehrwertige) Merkmale unterscheiden. Dichotome Merkmale besitzen genau zwei Ausprägungen, wie beispielsweise das Merkmal Geschlecht in der Datenmatrix der Tabelle 12-1, während nominal polytome Merkmale mehr als zwei Ausprägungen ausweisen. Jedes mehrwertige Merkmal mit r Ausprägungen kann grundsätzlich durch r zweiwertige Merkmale ersetzt werden, wobei jede Ausprägung dann ein Merkmal darstellt. Beispielsweise kann das Merkmal Wohnort der Datenmatrix der Tabelle 12-1 durch fünf dichotome Merkmale gemäß der Darstellung in der Tabelle 12-3 ersetzt werden.

Tabelle 12-3:   *Ersetzung des Merkmals Wohnort durch binäre Merkmale*

Merkmale / Objekte	Wohnort München	Wohnort Stuttgart	Wohnort Nürnberg	Wohnort Freiburg	Wohnort Frankfurt
1	ja	nein	nein	nein	nein
2	nein	ja	nein	nein	nein
3	nein	nein	ja	nein	nein
4	nein	nein	nein	ja	nein
5	nein	nein	nein	nein	ja

12.2.2 Hierarchische Merkmale

Ein Merkmal k heißt **hierarchisch**, wenn die Ausprägungen auf höheren Hierarchieebenen durch Oberbegriffe sinnvoll zusammengefasst werden können. Im Vergleich zu einem nominalen Merkmal können also die Ausprägungen nicht nur unterschieden, sondern auch in eine Hierarchiebeziehung zueinander gebracht werden, wodurch differenziertere Aussagen über die Ähnlichkeit von Ausprägungspaaren möglich sind.

Beispiel:

In der Datenmatrix der Tabelle 12-1 stellt das Merkmal Wohnort ein hierarchisches Merkmal dar. Die einzelnen Wohnorte können beispielsweise über folgende Hierarchie abgebildet werden:

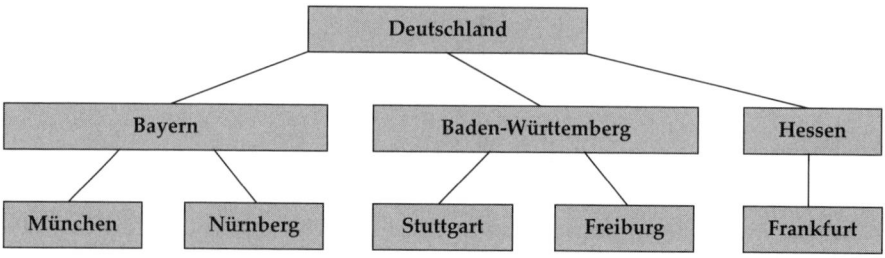

Für ein hierarchisches Merkmal kann eine entsprechende Skala durch die Abbildungsvorschrift

$$f: A_k \to \mathbb{R} \text{ mit } a_{ik} \subsetneqq a_{jk} \Rightarrow f(a_{ik}) < f(a_{jk})$$

zum Ausdruck gebracht werden, wobei die Teilmenge hier im Sinne der Hierarchie zu interpretieren ist. Liegt also eine echte Teilmengenbeziehung zwischen zwei Ausprägungen vor, d. h. die Ausprägung a_{jk} ist ein Oberbegriff für die Ausprägung a_{ik}, dann ist der Skalenwert für a_{ik} kleiner als der von a_{jk}. Ein Distanzindex kann dann gemäß

$$d_k(i,j) = \begin{cases} \min\left\{ f(a_{hk}) : a_{ik}, a_{jk} \subsetneqq a_{hk} \right\} & \text{für } a_{ik} \neq a_{jk} \\ 0 & \text{für } a_{ik} = a_{jk} \end{cases}$$

bestimmt werden. Die Distanz orientiert sich also an der kleinsten Obermenge, in der die Ausprägungen beider Objekte als Teilmengen enthalten sind.

Beispiel:

Für das hierarchische Merkmal Wohnort werden zunächst die Skalenwerte für die einzelnen Hierarchieebenen festgelegt. Mit z. B. f(Deutschland) = 2, f(Bayern) = f(Hessen) = f(Baden-Württemberg) = 1 und f(München) = f(Nürnberg) = f(Stuttgart) = f(Freiburg) = f(Frankfurt) = 0 ergeben sich dann die nachfolgend angegebenen paarweisen Distanzen zwischen den Objekten. Dabei ist beispielsweise $d(1,2) = 2$, da die Wohnorte München und Stuttgart erst auf der letzten Hierarchieebene zusammentreffen, während der Wert $d(1,3) = 1$ (Wohnorte München und Nürnberg) aufgrund des identischen Bundeslandes (Bayern) resultiert.

$$D_{\text{Wohnort}} = \begin{array}{c|cccc} & 2 & 3 & 4 & 5 \\ \hline 1 & 2 & 1 & 2 & 2 \\ 2 & & 2 & 1 & 2 \\ 3 & & & 2 & 2 \\ 4 & & & & 2 \end{array}$$

Als weitere Beispiele für hierarchische Merkmale können Berufe oder Studiengänge genannt werden.

12.2.3 Ordinale Merkmale

Begriffe lassen sich abstufen bsp:
sehr gut = 10
gut = 8
mittel = 6

Ein Merkmal k heißt **ordinal** oder komparativ, wenn die Ausprägungen vollständig geordnet werden können. Bezüglich der Ordnung zweier Objekte $i, j \in N$ gilt:

$$i \underset{k}{\prec} j \iff a_{ik} \prec a_{jk} \quad (i \text{ hat niedrigeren Rang als } j)$$

$$i \underset{k}{\approx} j \iff a_{ik} = a_{jk} \quad (i \text{ und } j \text{ haben den gleichen Rang})$$

$$i \underset{k}{\succ} j \iff a_{ik} \succ a_{jk} \quad (i \text{ hat höheren Rang als } j)$$

Im Vergleich zu einem nominalen Merkmal können also bei einem ordinalen Merkmal die Ausprägungen nicht nur unterschieden, sondern auch in eine Reihenfolge gebracht werden. Die Abbildung

$$f: A_k \to \mathbb{R} \text{ mit } a_{ik} \prec a_{jk} \Rightarrow f(a_{ik}) < f(a_{jk})$$

heißt dann **Ordinalskala**. Ein Distanzindex hat im einfachsten Fall die Form

$$d_k(i,j) = \left| f(a_{ik}) - f(a_{jk}) \right|$$

Werden also bei der Skalierung Rangplätze für die einzelnen Ausprägungen des Merkmals vergeben, dann entspricht der Distanzindex der Rangdifferenz.

Beispiel:

In der Datenmatrix der Tabelle 12-1 besitzt das Merkmal Schulabschluss ein ordinales Datenniveau. Die Ausprägungen können in die Reihenfolge Hauptschule, Realschule und Abitur gebracht werden, so dass exemplarisch die Skalierung f(Hauptschule) = 1, f(Realschule) = 2 und f(Abitur) = 3 vorgenommen werden kann. Damit ergeben sich die folgenden paarweisen Distanzen zwischen den einzelnen Objekten:

$$D_{Schulabschluss} =$$

	2	3	4	5
1	1	0	1	1
2		1	0	2
3			1	1
4				2

Die Skalierung kann unter Beachtung der Ordnung der Ausprägungen auch anders erfolgen. In diesem Fall ändern sich zwar die Werte in der Distanzmatrix, die grundlegende Struktur bleibt jedoch weitgehend erhalten. Ausgehend von der Skalierung f(Hauptschule) = 1, f(Realschule) = 2 und f(Abitur) = 4 resultiert beispielsweise folgende Distanzmatrix:

$$D_{Schulabschluss} =$$

	2	3	4	5
1	2	0	2	1
2		2	0	3
3			2	1
4				3

Die beiden Distanzmatrizen unterscheiden sich hinsichtlich der grundlegenden Struktur nicht wesentlich, wenngleich durch die unterschiedlichen Skalierungen auch unterschiedliche Annahmen über die Ausprägungsabstände zum Ausdruck gebracht werden. Letztendlich muss hier der Anwender entscheiden, mit welcher Skalierung die vorliegende Ordinalität der Ausgangsdaten möglichst adäquat wiedergegeben wird.

12.2.4 Quantitative Merkmale

Ein Merkmal k heißt **quantitativ**, kardinal oder metrisch, wenn es ordinal ist und die Differenzen von Ausprägungspaaren vollständig geordnet werden können. Dies bedeutet insbesondere, dass das Ausmaß der Unterschiedlichkeit zweier Ausprägungen bestimmt werden kann. Die Abbildung

$$f: A_k \to \mathbb{R} \text{ mit } f(a_{ik}) = \alpha \cdot a_{ik} + \beta \ (\alpha > 0, \beta \in \mathbb{R})$$

heißt dann **Intervallskala** oder Kardinalskala. Es kann nur der Abstand zwischen zwei Ausprägungen verglichen werden und es liegt kein natürlicher Nullpunkt vor, wie dies beispielsweise bei der Temperatur der Fall ist, die sowohl in Grad Celsius als auch in Grad Fahrenheit gemessen werden kann. Existiert demgegenüber ein natürlicher Nullpunkt, wie dies beispielsweise bei Längen, Gewichten oder Preisen der Fall ist, dann spricht man von einer **Verhältnisskala** oder auch Ratioskala, die durch die Abbildung

$$f: A_k \to \mathbb{R} \text{ mit } f(a_{ik}) = \alpha \cdot a_{ik} \ (\alpha > 0)$$

definiert ist. Neben dem Abstand kann jetzt auch das Verhältnis zwischen zwei Ausprägungen verglichen werden. Schließlich wird die Abbildung

$$f: A_k \to \mathbb{R} \text{ mit } f(a_{ik}) = a_{ik}$$

als **Absolutskala** bezeichnet. Hier existiert eine natürliche Maßeinheit, wie dies z. B. bei Stückzahlen der Fall ist.

Der Distanzindex einer quantitativen Skala ergibt sich dann gemäß

$$d_k(i,j) = \gamma_k \left| f(a_{ik}) - f(a_{jk}) \right|^p \ (\gamma_k > 0 \text{ und } p \in \mathbb{N}).$$

Mit den Parametern γ_k wird eine merkmalspezifische lineare Gewichtung und mit dem Parameter p eine stärkere Gewichtung großer Merkmalsausprägungsdifferenzen ermöglicht.

Beispiel:

Für das Merkmal Alter der Datenmatrix der Tabelle 12-1 kann eine Absolutskala unterstellt werden. Mit einer merkmalsspezifischen Gewichtung von $\gamma_k = 1$ resultieren exemplarisch für $p = 1$ und $p = 2$ die nachfolgend dargestellten Distanzmatrizen:

D_{Alter} =		2	3	4	5
	1	15	5	19	6
(p = 1)	**2**		20	4	9
	3			24	11
	4				13

D_{Alter} =		2	3	4	5
	1	225	25	361	36
(p = 2)	**2**		400	16	81
	3			576	121
	4				169

Beispielsweise ergibt sich der Wert $d(1,2)$ für $p = 1$ mit $d(1,2) = |26 - 41| = 15$ und für $p = 2$ mit $d(1,2) = (26 - 41)^2 = 225$.

Für eine quantitative Skala können folgende Eigenschaften bei der Distanzbestimmung festgehalten werden:

- Der Distanzindex einer quantitativen Skala ist unabhängig von β.

- Die Wirkung des Parameters α kann mit Hilfe des Parameters γ_k eliminiert werden.

Diese beiden Eigenschaften sind unmittelbar ersichtlich, wie die nachfolgende Rechnung zeigt:

$$d_k(i,j) = \gamma_k \left| f(a_{ik}) - f(a_{jk}) \right|^p = \gamma_k \left| \alpha \cdot a_{ik} + \beta - (\alpha \cdot a_{jk} + \beta) \right|^p = \gamma_k \left| \alpha \cdot (a_{ik} - a_{jk}) \right|^p = \gamma_k \alpha^p \cdot \left| a_{ik} - a_{jk} \right|^p$$

12.3 Aggregation von Distanzen

Nachdem im vorhergehenden Abschnitt aufgezeigt wurde, wie abhängig vom vorliegenden Skalenniveau der Merkmale jeweils eine Distanzermittlung möglich ist, stellt sich nun die Frage, wie die einzelnen, merkmalspezifisch ermittelten Distanzen sinnvoll zu einem Gesamtdistanzindex aggregiert werden können. Dabei erfolgt eine Unterscheidung, ob

- ausschließlich nominale Merkmale,

- ausschließlich quantitative Merkmale,

- oder gemischten Datenmatrizen

vorliegen. Für diese drei Fälle werden nachfolgend entsprechende Ansätze zur Distanzaggregation aufgezeigt.

12.3.1 Nominale Merkmale

Im Fall nominaler Merkmale werden die Objekte generell durch den Besitz bestimmter Eigenschaften charakterisiert. Da nominal polytome Merkmale in binäre Merkmale überführt werden können, werden im Folgenden ausschließlich binäre Merkmale betrachtet.

Zwei Objekte i, j weisen bezüglich mehrerer binärer Merkmale eine große Ähnlichkeit auf, wenn häufig, d. h. bei vielen Merkmalen, die gleiche Ausprägung zu beobachten ist. Häufige Kombinationen unterschiedlicher Ausprägungen weisen dagegen auf eine hohe Verschiedenheit hin.

Ausgehend von einer Datenmatrix $A = (a_{ik})_{n \times m}$ mit $f(a_{ik}) \in \{0, 1\}$ berechnet man daher zunächst für jeweils zwei Objekte i, j eine **Kontingenztabelle** gemäß

	1	0
1	α_{ij}	β_{ij}
0	γ_{ij}	δ_{ij}

mit

$$\alpha_{ij} = \left| \left\{ k : f(a_{ik}) = f(a_{jk}) = 1 \right\} \right|$$

$$\beta_{ij} = \left| \left\{ k : f(a_{ik}) = 1, f(a_{jk}) = 0 \right\} \right|$$

$$\gamma_{ij} = \left| \left\{ k : f(a_{ik}) = 0, f(a_{jk}) = 1 \right\} \right|$$

$$\delta_{ij} = \left| \left\{ k : f(a_{ik}) = f(a_{jk}) = 0 \right\} \right|$$

Die Betragsstriche geben die Elementanzahl der entsprechenden Mengen an und die Summe dieser vier Parameter entspricht dabei der Merkmalsanzahl, d. h.

$$\alpha_{ij} + \beta_{ij} + \gamma_{ij} + \delta_{ij} = m \quad \forall i, j \in N.$$

Jeder aggregierte Distanzindex $d(i,j)$ ist dann eine Funktion von α_{ij}, β_{ij}, γ_{ij} und δ_{ij}, d. h.

$$d(i,j) = f\left(\alpha_{ij}, \beta_{ij}, \gamma_{ij}, \delta_{ij}\right) \geq 0 \quad \forall i, j \in N.$$

Dabei wird allerdings sinnvollerweise gefordert, dass $d(i,j)$ monoton wachsend in β_{ij} und γ_{ij}, monoton fallend in α_{ij} und δ_{ij} sowie symmetrisch in β_{ij} und γ_{ij} ist. Auf Basis dieser Forderungen sich dann insbesondere die folgenden Distanzindizes sinnvoll:

$$d(i,j) = \beta_{ij} + \gamma_{ij} = m - \alpha_{ij} - \delta_{ij}$$

$$d(i,j) = \frac{\beta_{ij} + \gamma_{ij}}{m}$$

$$d(i,j) = \frac{\lambda\left(\beta_{ij} + \gamma_{ij}\right)}{\lambda\left(\beta_{ij} + \gamma_{ij}\right) + (1-\lambda)\left(\alpha_{ij} + \delta_{ij}\right)} \quad , \lambda \in (0, 1)$$

Der erste dieser drei Distanzindizes entspricht dabei der Anzahl nicht übereinstimmender Merkmale, der zweite dem Anteil nicht übereinstimmender Merkmale und der dritte Distanzindex stellt einen gewichteten Anteil nicht übereinstimmender Merkmale dar. Durch den Parameter λ wird dabei gesteuert, wie stark Übereinstimmungen und Abweichungen der Ausprägungen in den Distanzindex eingehen. Ein niedriger Wert für λ gewichtet die Übereinstimmungen und ein hoher Wert die Abweichungen stärker.

Beispiel:

Gegeben sei im Folgenden der Auszug aus einer Datenmatrix mit zwei Fahrzeugen und sechs Serienausstattungskomponenten sowie die resultierende Kontingenztable:

i	Radio	Servolenkung	Klimaanlage	Airbag	Sportsitze	Aluräder			1	0
1	ja (1)	nein (0)	nein (0)	ja (1)	nein (0)	nein (0)	$\Rightarrow$	**1**	0	2
2	nein (0)	ja (1)	nein (0)	nein (0)	nein (0)	ja (1)		**0**	2	2

Für das Beispiel ergibt sich als Anzahl nicht übereinstimmender Merkmale zwischen den beiden Objekten ein Wert von $d(1,2) = 2 + 2 = 4$. Der Anteil nicht übereinstimmender Merkmale resultiert mit $d(1,2) = 4/6$. Mit z. B. $\lambda = 0{,}2$ ergibt sich der gewichtete Anteil nicht übereinstimmender Merkmale mit $d(1,2) = 0{,}2 \cdot 4 / (0{,}2 \cdot 4 + 0{,}8 \cdot 2) = 1/3$ und für $\lambda = 0.8$ erhält man exemplarisch einen Wert von $d(1,2) = 0{,}8 \cdot 4 / (0{,}8 \cdot 4 + 0{,}2 \cdot 2) = 8/9$.

12.3.2 Quantitative Merkmale

Im Fall ausschließlich quantitativer Merkmale kann jeder Objektvektor a_i, $i \in N$ als Punkt im m-dimensionalen Raum dargestellt werden. Bei lediglich zwei vorliegenden Merkmalen ist also eine zweidimensionale Repräsentation der Objekte möglich. Diese geometrische Anschauung legt es folglich nahe, die Distanz zwischen den Objekten i und j durch die euklidische Distanz oder einer Verallgemeinerung dieser zu messen. Ausgehend von einer quantitativen Datenmatrix $A = (a_{ik})_{n \times m}$ heißt dann der Distanzindex $d(i,j)$ mit

$$d(i,j) = \left(\sum_{k=1}^{m} \left(\gamma_k \left| a_{ik} - a_{jk} \right| \right)^p \right)^{\frac{1}{p}} \quad (\gamma_k > 0, \, p \in \mathbb{N})$$

gewichtete L_p-Distanz von i und j. Mit den Parametern γ_k ist eine merkmalspezifische Gewichtung zum Ausgleich von Skalenunterschieden möglich. Hier können beispielsweise der Kehrwert der Spannweite oder der Kehrwert des Quartilsabstandes herangezogen werden. Der Parameter p legt fest, wie stark große bzw. kleine Ausprägungsdifferenzen bei der Distanzbildung berücksichtigt werden. Speziell spricht man von einer

■ **City-Block-Distanz** für $p = 1$:
$$d(i,j) = \sum_{k=1}^{m} \gamma_k \left| a_{ik} - a_{jk} \right|$$

■ **Euklidischen Distanz** für $p = 2$:
$$d(i,j) = \sqrt{\sum_{k=1}^{m} \left(\gamma_k \left| a_{ik} - a_{jk} \right| \right)^2}$$

■ **Tschebyschew-Distanz** für $p \to \infty$:
$$d(i,j) = \max_k \, \gamma_k \left| a_{ik} - a_{jk} \right|$$

Eine graphische Veranschaulichung dieser drei speziellen Distanzen findet sich (für den Fall $\gamma_k = 1 \; \forall \; k = 1,\ldots,m$) in der nachfolgenden Abbildung 12-1.

Abbildung 12-1: *Graphische Illustration spezieller L_p-Distanzindizes*

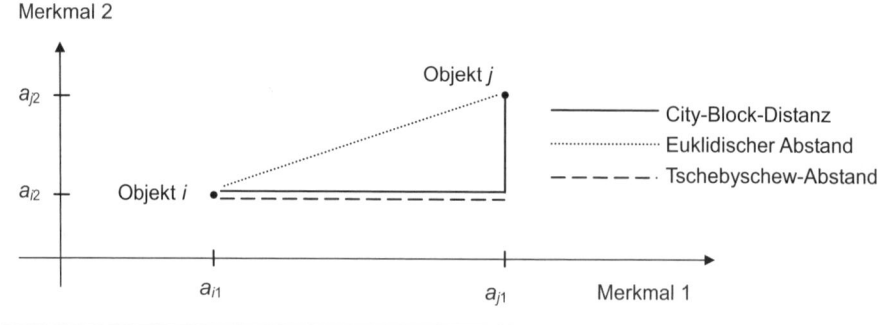

Wie zu erkennen ist, entspricht die euklidische Distanz dem räumlichen (direkten) Abstand zwischen den beiden Objekten, während mit der City-Block-Distanz der Abstand über den rechten Winkel gemessen wird. Bei der Tschebyschew-Distanz wird hingegen lediglich die größte Ausprägungsdifferenz als Abstandsmaß herangezogen.

Beispiel:

Im Folgenden werden lediglich die beiden quantitativen Merkmale Alter und Einkommen der Datenmatrix der Tabelle 12-1 betrachtet. Aufgrund der großen Skalenunterschiede der beiden Merkmale bietet sich eine Gewichtung mit dem Kehrwert der jeweiligen Spannweite an, damit beide Merkmale in etwa gleich stark in den aggregierten Distanzindex eingehen. Exemplarisch ergeben sich für $p = 1, 2$ und für $p \rightarrow \infty$ die folgenden Werte für die Distanz $d(1,2)$:

$$d(1,2) = \frac{1}{45-21}|26-41| + \frac{1}{5200-2000}|2000-4000| = 1,25 \qquad \text{für } p = 1$$

$$d(1,2) = \sqrt{\left[\frac{1}{45-21}|26-41|\right]^2 + \left[\frac{1}{5200-2000}|2000-4000|\right]^2} \approx 0,88 \quad \text{für } p = 2$$

$$d(1,2) = \max\left\{\frac{1}{45-21}|26-41| ; \frac{1}{5200-2000}|2000-4000|\right\} \approx 0,63 \qquad \text{für } p \rightarrow \infty$$

Ingesamt resultieren dann für diese drei speziellen L_p-Distanzen die folgenden Distanzmatrizen (Ergebnisse gerundet):

L_1	2	3	4	5
1	1,25	0,24	1,79	0,63
2		1,43	0,54	0,63
3			1,97	0,80
4				1,17

L_2	2	3	4	5
1	0,88	0,21	1,28	0,45
2		1,02	0,41	0,45
3			1,39	0,57
4				0,83

L_∞	2	3	4	5
1	0,63	0,21	1	0,38
2		0,83	0,38	0,38
3			1	0,46
4				0,63

Auch wenn die Ergebnisse dieser drei L_p-Distanzen auf den ersten Blick sehr unterschiedlich aussehen, ist in diesem Beispiel die grundlegende Struktur in Form der resultierenden Reihenfolge der paarweisen Objektdistanzen bei der City-Block-Distanz und der euklidischen Distanz völlig identisch. Lediglich bei der Tschebyschew-Distanz ergeben sich kleine Abweichungen, die allerdings nicht wesentlich sind. Für die vorliegenden Daten führen die unterschiedlichen Ansätze also zu nahezu identischen Ergebnissen, womit deren Aussagefähigkeit bestärkt wird.

Für eine L_p-Distanz können allgemein folgende Eigenschaften festgehalten werden, die auch anhand des Beispiels zum Teil schon ersichtlich wurden:

◼ Es gilt $d_{L1} \geq d_{L2} \geq ... \geq d_{L\infty}$ für alle i,j

◼ Die Rangordnung der Distanzen $d(i,j)$ kann sich bei Verwendung unterschiedlicher L_p-Distanzen ändern.

Des Weiteren ist an dieser Stelle noch ein Punkt anzusprechen, der bei einer L_p-Distanz eine eher problematische Eigenschaft darstellt: Sind zwei Merkmale hoch korreliert, dann liefern beide Merkmale in etwa die gleiche Information bezüglich der Ähnlichkeit der Objekte. In diesem Fall wird bei der L_p-Distanz dieselbe Information mehrfach berücksichtigt, was nicht unbedingt gewünscht ist. Dieses Problem lässt sich allerdings durch die Anwendung der **Mahalanobis-Distanz**[30] lösen. Diese Distanz hat darüber hinaus den Vorteil, dass gleichzeitig eine passende Gewichtung von Merkmalen mit unterschiedlich hoher Streuung erfolgt, so dass auf eine zusätzliche merkmalsspezifische Gewichtung verzichtet werden kann. Ausgehend von einer quantitativen Datenmatrix $A = (a_{ik})_{n \times m}$ ergibt sich die Mahalanobis-Distanz gemäß

$$d(i,j) = \left(a_i - a_j\right)^T S^{-1} \left(a_i - a_j\right) = \sum_{k=1}^m \sum_{l=1}^m s^{kl} \left(a_{ik} - a_{jk}\right)\left(a_{il} - a_{jl}\right).$$

Dabei ist zu beachten, dass bei der ersten Darstellungsvariante eine matrizielle und bei der zweiten eine elementweise Berechnung erfolgt. $S^{-1} = (s^{kl})_{m \times m}$ bezeichnet die **Inverse** der zugrunde liegenden **Kovarianzmatrix** $S = (s_{kl})_{m \times m}$, die sich gemäß

$$s_{kl} = \frac{1}{n}\sum_{i=1}^n (a_{ik} - \overline{a}_{\bullet k})(a_{il} - \overline{a}_{\bullet l}) \quad \text{mit} \quad \overline{a}_{\bullet k} = \frac{1}{n}\sum_{i=1}^n a_{ik}$$

berechnen lässt.

Beispiel:

Im Folgenden werden wiederum lediglich die beiden quantitativen Merkmale der Datenmatrix der Tabelle 12-1 betrachtet. Die Mittelwerte der beiden Merkmale Alter (1) und Einkommen (2) ergeben sich mit

$$\overline{a}_{\bullet 1} = \tfrac{1}{5}(26 + 41 + 21 + 45 + 32) = 33 \text{ und } \overline{a}_{\bullet 2} = 3300 \,.$$

Daraus resultieren folgende Werte für die Varianzen bzw. die Kovarianz:

$$s_{11} = \tfrac{1}{5}\left[(26-33)^2 + (41-33)^2 + (21-33)^2 + (45-33)^2 + (32-33)^2\right] = 80,4; \; s_{22} = 1.448.000$$

$$s_{12} = s_{21} = \tfrac{1}{5}\left[(26-33)(2000-3300) + \ldots + (32-33)(3200-3300)\right] = 10.400$$

Die Kovarianzmatrix S sowie deren Inverse S^{-1} (mit einer Genauigkeit von 8 Stellen nach dem Komma) ergeben sich dann gemäß

$$S = \begin{pmatrix} 80,4 & 10.400 \\ 10.400 & 1.448.000 \end{pmatrix} \text{ und}$$

$$S^{-1} = \frac{1}{80,4 \cdot 1.448.000 - 10.400^2} \begin{pmatrix} 1.448.000 & -10.400 \\ -10.400 & 80,4 \end{pmatrix} \approx \begin{pmatrix} 0,17531964 & -0,00125920 \\ -0,00125920 & 0,00000973 \end{pmatrix}.$$

---

[30] Prasanta Chandra Mahalanobis, 1893-1972, indischer Physiker und Statistiker

Exemplarisch können dann die Werte $d(1,2)$ und $d(1,3)$ für die Mahalanobis-Distanz wie folgt berechnet werden, wobei die erste Berechnung elementweise und die zweite matriziell durchgeführt wird:

$$d(1,2) = 0{,}17531964 \cdot (26-41)^2 + (-0{,}00125920) \cdot (26-41)(2000-4000) \cdot 2 + 0{,}00000973 \cdot (2000-4000)^2 \approx 2{,}81$$

$$d(1,3) = (26-21; 2000-2100) \begin{pmatrix} 0{,}17531964 & -0{,}00125920 \\ -0{,}00125920 & 0{,}00000973 \end{pmatrix} \begin{pmatrix} 26-21 \\ 2000-2100 \end{pmatrix} \approx 5{,}74$$

Insgesamt resultiert dann die Distanzmatrix

	2	3	4	5
1	2,81	5,74	9,81	2,19
2		9,55	4,73	2,29
3			7,12	2,51
4				3,07

Ein Vergleich mit den Ergebnissen der L_p-Distanzen zeigt, dass im Wesentlichen die Unähnlichkeit der Objektpaare (2,4) und (1,3) im Vergleich zur Unähnlichkeit der anderen Objektpaare höher bewertet wird. Insbesondere bei den Objekten 1 und 3 ist dies durchaus nachvollziehbar, da sich ihre Ausprägungen zu den beiden betrachteten Merkmalen entgegen der insgesamt positiven Korrelation ($r \approx 0{,}96$) verhalten.

Zusammenfassend lassen sich folgenden Eigenschaften der Mahalanobis-Distanz festhalten:

■ Sind zwei Merkmale k und l hoch korreliert, dann liefern beide Merkmale in etwa die gleiche Information bezüglich der Ähnlichkeit der Objekte. Die Mahalanobis-Distanz versieht in diesem Fall den Beitrag der beiden Merkmale

$$\left(a_{ik} - a_{jk} \right)\left(a_{il} - a_{jl} \right)$$

mit einem niedrigeren Gewicht s^{kl}. Dies wurde bereits anhand des aufgezeigten Beispiels ersichtlich.

■ Sind die Merkmale paarweise unkorreliert, d. h. $s_{kl} = 0$ für $k \neq l$, dann werden Merkmale mit großer Varianz bei der Berechnung von $d(i,j)$ weniger stark berücksichtigt, da gilt:

$$d(i,j) = \sum_{k=1}^{m} s^{kk} \left(a_{ik} - a_{jk} \right)^2 = \sum_{k=1}^{m} \frac{1}{s_{kk}} \left(a_{ik} - a_{jk} \right)^2$$

In diesem Fall ist $S = (s_{kl})_{m \times m}$ eine Diagonalmatrix und damit auch die zugehörige Inverse $S^{-1} = (s^{kl})_{m \times m}$ mit $s^{kk} = 1/s_{kk}$.

12.3.3 Gemischte Datenmatrizen

Im Fall einer gemischten Datenmatrix können beliebig skalierte Merkmale vorliegen, so dass es sinnvoll ist, zunächst für jedes Merkmal $k = 1,...,m$ einen merkmalsspezifischen Distanzindex $d_k(i,j)$ zu berechnen, der das entsprechende Skalenniveau adäquat berücksichtigt. Gesucht ist dann letztendlich eine **Aggregationsregel**, mit der die Distanzindizes $d_1,...,d_m$ zu einer gemeinsamen Distanz d aggregiert werden.

Eine erste Möglichkeit dazu stellt die **linear homogene Aggregation** dar. Im allgemeinen Fall ergibt sich der aggregierte Distanzindex gemäß

$$d(i,j) = \sum_{k=1}^{m} \alpha_k \cdot d_k(i,j) \text{ mit } \alpha_k \geq 0 \ \forall \ k = 1,...m .$$

Werden die merkmalsspezifischen Gewichte α_k zum Ausgleich von Skalenunterschieden beispielsweise als Kehrwert der jeweiligen Maximaldistanz gewählt, ergibt sich der folgenden Spezialfall

$$d(i,j) = \sum_{k=1}^{m} \frac{d_k(i,j)}{\max_{i,j} d_k(i,j)}$$

Durch diese Gewichtung wird gewährleistet, dass alle merkmalsweisen Distanzen bei der Aggregation in das Intervall $[0,1]$ normiert werden, so dass der resultierende aggregierte Distanzindex Element des Intervalls $[0,m]$ ist. Einen weiteren Spezialfall stellt der Distanzindex

$$d(i,j) = \max_k d_k(i,j)$$

dar. In diesem Fall werden mit einer Ausnahme alle merkmalsspezifischen Gewichte α_k gleich Null gesetzt. Diese Ausnahme betrifft die maximale Distanz über alle Merkmale, die dann mit dem Gewicht $\alpha_k = 1$ eingeht.

Beispiel:

Für die unterschiedlich skalierten Merkmale der Datenmatrix der Tabelle 12-1 wurden in Abschnitt 12.2 bereits entsprechende merkmalsweise Distanzindizes vorgestellt. Für das quantitative Merkmal Alter (1), das nominale Merkmal Geschlecht (2), das hierarchische Merkmal Wohnort (3), das quantitative Merkmal Einkommen (4) und das ordinale Merkmal Schulabschluss (5) wird daher jeweils von der nachfolgend angegebenen merkmalsspezifischen Distanzmatrix ausgegangen:

$D_1 =$		2	3	4	5
	1	15	5	19	6
	2		20	4	9
	3			24	11
	4				13

$D_2 =$		2	3	4	5
	1	0	1	0	0
	2		1	0	0
	3			1	1
	4				0

$D_3 =$		2	3	4	5
	1	2	1	2	2
	2		2	1	2
	3			2	2
	4				2

$D_4 =$		2	3	4	5		$D_5 =$		2	3	4	5
	1	2000	100	3200	1200			1	1	0	1	1
	2		1900	1200	800			2		1	0	2
	3			3100	1100			3			1	1
	4				2000			4				2

Aufgrund der unterschiedlichen Schwankungen in den merkmalsweisen Distanzen bietet sich eine linear homogene Aggregation unter Verwendung des Kehrwerts der jeweiligen Maximaldistanz an. Die aggregierte Distanz $d(1,2)$ ergibt sich somit exemplarisch gemäß

$$d(1,2) = \frac{15}{24} + \frac{0}{1} + \frac{2}{2} + \frac{2000}{3200} + \frac{1}{2} = 2,75$$

und insgesamt resultiert die folgende aggregierte Distanzmatrix:

	2	3	4	5
1	2,75	1,74	3,29	2,13
2		3,93	1,04	2,63
3			4,47	3,30
4				3,17

Eine zur linear homogenen Aggregation grundsätzlich andere Vorgehensweise stellt die **Aggregation mit Entscheidungsregeln** dar. Ausgehend von einer gemischten Datenmatrix $A = (a_{ik})_{n \times m}$ und den merkmalsspezifischen Distanzindizes $d_1, ..., d_m$ ergibt sich der entsprechende aggregierte Distanzindex gemäß

$$d(i,j) = \sum_{k=1}^{m} \alpha_k \left| \{(u,v): \ u < v, d_k(u,v) < d_k(i,j)\} \right| \ \text{mit} \ \alpha_k > 0 \ \forall \ k = 1, ..., m$$

Ausgehend von zwei Objekten i und j wird also für jedes Merkmal die Anzahl der Objektpaare bestimmt, deren Distanzen kleiner sind als die Distanz zwischen i und j. Durch die Addition dieser Werte über alle Merkmale resultiert dann der Gesamtdistanzindex. Dies entspricht von der Idee her der **Rangordnungsregel**. Mit den Gewichten α_k kann darüber hinaus eine unterschiedliche Wichtigkeit der Merkmale im Rahmen der Aggregation berücksichtigt werden.

Beispiel:

Den Ausgangspunkt stellen die im vorherigen Beispiel bereits dargestellten merkmalsweisen Distanzindizes dar. Für dieses Beispiel wird davon ausgegangen, dass alle betrachteten Merkmale gleichgewichtet in den aggregierten Distanzindex eingehen sollen, d. h. $\alpha_k = 1$ für alle $k = 1,\ldots,m$. Dann resultieren exemplarisch für die Distanzen $d(1,2)$ und $d(1,3)$ die folgenden Werte:

$$d(1,2) = 6 + 0 + 2 + 6 + 2 = 16$$
$$d(1,3) = 1 + 6 + 0 + 0 + 0 = 7$$

Das Objektpaar (1,2) weist beim Merkmal Alter eine Distanz von 15 auf. Bei diesem Merkmal haben sechs andere Objektpaare jedoch eine geringere Distanz, so dass das Objektpaar bei diesem Merkmal vergleichsweise unähnlich ist. Demgegenüber hat das Objektpaar (1,3) bei diesem Merkmal nur eine Distanz von 5, so dass lediglich ein anderes Objektpaar eine geringere Distanz aufweist. Beim Merkmal Geschlecht weist das Objektpaar (1,2) eine Distanz von Null auf, so dass kein anderes Objektpaar eine geringere Distanz besitzen kann und die Objekte 1 und 2 damit im Hinblick auf dieses Merkmal maximal ähnlich sind. Analog lassen sich die anderen Beiträge zu den Gesamtdistanzen interpretieren. Insgesamt ergibt sich die folgende aggregierte Distanzmatrix:

	2	3	4	5
1	16	7	20	9
2		23	3	14
3			27	16
4				21

Ein Vergleich der unterschiedlichen Ansätze einer Aggregationen für die hier verwendeten Beispieldaten führt zusammenfassend zu dem Ergebnis, dass bei der linear homogene Aggregation die Reihenfolge

$$d(2,4) < d(1,3) < d(1,5) < d(2,5) < d(1,2) < \mathbf{d(4,5)} < d(1,4) < \mathbf{d(3,5)} < d(2,3) < d(3,4)$$

der paarweisen Objektdistanzen resultiert, während die Rangordnungsregel zu der Reihenfolge

$$d(2,4) < d(1,3) < d(1,5) < d(2,5) < d(1,2) = \mathbf{d(3,5)} < d(1,4) < \mathbf{d(4,5)} < d(2,3) < d(3,4)$$

führt. Dabei fällt auf, dass lediglich die beiden Distanzen $d(3,5)$ und $d(4,5)$, deren Werte bei der linear homogenen Aggregation ohnehin nur sehr gering voneinander abweichen, in den Anordnungen vertauscht sind. Obwohl also methodisch sehr verschiedene Ansätze zur Distanzbestimmung herangezogen wurden, ergeben sich weitgehend identische Rangfolgen der paarweisen Objektdistanzen. Dies spricht für die Aussagefähigkeit der Ergebnisse und damit auch der zugrundeliegenden Daten. Dahinter verbirgt sich auch die grundsätzliche Philosophie der Datenanalyse, mit unterschiedlichen Methoden zu nach Möglichkeit vergleichbaren Ergebnissen zu gelangen.

13 Klassifikationsverfahren

Das Ziel einer **Klassifikation** oder **Clusteranalyse** besteht darin, Objekte in Klassen oder Gruppen zusammenzufassen, so dass

- zwischen den Elementen derselben Klasse größtmögliche Ähnlichkeit und

- zwischen den Elementen unterschiedlicher Klassen größtmögliche Verschiedenheit

erreicht wird. Im Hinblick auf den im vorherigen Kapitel vorgestellten Distanzbegriff bedeutet dies, dass zwischen den Objekten einer Klasse möglichst kleine Distanzen und zwischen den Objekten unterschiedlicher Klassen möglichst große Distanzen vorliegen sollten.

Im nachfolgenden Abschnitt 13.1 werden nun zunächst grundsätzliche Forderungen an den resultierenden Klassifikationstyp diskutiert. Anschließend werden in Abschnitt 13.2 einfache Heuristiken vorgestellt, mit denen eine erste Klassifikation der Objekte erfolgen kann. Um beurteilen zu können, wie gut eine bereits vorliegende Klassifikation ist, bedarf es entsprechender Bewertungskriterien. Diese werden in Abschnitt 13.3 behandelt. In den beiden letzten Abschnitten dieses Kapitels erfolgt dann eine ausführliche Darstellung spezieller Klassifikationsverfahren, denen unterschiedliche Klassifikationstypen zugrunde liegen.

13.1 Klassifikationstypen

Die Auswahl des Klassifikationstyps und damit letztendlich auch die Auswahl des Klassifikationsverfahrens können auf einer Reihe sehr unterschiedlicher Überlegungen basieren. Im Einzelnen sind dabei insbesondere zunächst die folgenden Fragen zu klären:

(1) Sollen lediglich die Objekte oder zusätzlich auch noch die Merkmale klassifiziert werden?

(2) Soll eine eindeutige Zuordnung der Objekte zu Klassen erfolgen?

(3) Sollen alle Objekte klassifiziert werden?

(4) Soll ein Objekt nur einer einzigen Klasse zugeordnet werden?

Die erste Frage bezieht sich darauf, ob eine einmodale oder eine zweimodale Klassifikation erfolgen soll. Während bei einer **einmodalen Klassifikation** lediglich die Objekte in Klassen zusammengefasst werden[31], werden bei einer **zweimodalen Klassifikation** die Objekte und Merkmale einer Datenmatrix simultan klassifiziert. Die gleichzeitige Klassifikation von Objekten und Merkmalen bringt den Vorteil mit sich, dass neben der Ähnlichkeit zwischen den Objekten einer Klasse auch zugleich die Ähnlichkeit zu einzelnen Merkmalen herausgearbeitet wird, wodurch eine unmittelbare inhaltlich Interpretation der Klassen möglich ist. In diesem Fall werden allerdings neben den Distanzen zwischen den Objekten auch Unähnlichkeitsmaße zwischen Merkmalen sowie zwischen Objekten und Merkmalen benötigt, wodurch die zugrunde liegende Datenbasis erheblich vergrößert wird.

Die zweite, zuvor angesprochene Fragestellung, ob eine eindeutige Zuordnung der Objekte zu Klassen erfolgen soll, zielt auf die Unterscheidung zwischen einer scharfen und einer unscharfen Klassifikation ab. Bei einer **scharfen Klassifikation** wird jedes Objekt, sofern eine Zuordnung grundsätzlich erfolgen soll, der entsprechenden Klasse eindeutig zugeordnet. Dies bedeutet allerdings nicht, dass der Durchschnitt von jeweils zwei Klassen leer sein muss, d. h. ein Objekt kann auch eindeutig mehreren Klassen zugeordnet werden. Demgegenüber erfolgt bei einer **unscharfen Klassifikation**, auch **Fuzzy-Clustering** genannt, keine eindeutige Zuordnung zu den Klassen. Stattdessen werden hier Anteilswerte vergeben, die den Grad der Zugehörigkeit eines Objekts zu den vorliegenden Klassen zum Ausdruck bringen.

Da die nachfolgenden Betrachtungen in diesem Kapitel ausschließlich von einer scharfen Klassifikation ausgehen, soll dieser Begriff an dieser Stelle noch einmal genau definiert werden. Eine Menge $\mathcal{K} = \{K_1, K_2, ..., K_s\}$ heißt **scharfe Klassifikation** einer Objektmenge N in s Klassen, wenn gilt:

- $K_p \neq \varnothing$ für $p = 1,...,s$

- $K_p \subset N$ für $p = 1,...,s$

Mit $\mathcal{P}(N)$ als der Potenzmenge der Objektmenge $N = \{1,...,n\}$ gilt darüber hinaus

- $\mathcal{K} \subset \mathcal{P}(N)$ und

- $|\mathcal{K}| < |\mathcal{P}(N)| = 2^n$,

wobei der Betrag die Anzahl der Elemente der jeweiligen Menge angibt.

Eine weitere Differenzierung von Klassifikationstypen liefert die dritte, weiter oben bereits dargestellte Frage, ob alle Objekte klassifiziert werden sollen. Eine Klassifikation $\mathcal{K} = \{K_1, K_2, ..., K_s\}$ wird genau dann als **exhaustiv** bezeichnet, wenn

$$\bigcup_{p=1}^{s} K_p = N \ .$$

---

31 Grundsätzlich können bei einer einmodalen Klassifikation auch ausschließlich Merkmale klassifiziert werden. Dieser Ansatz wird jedoch nicht weiter betrachtet, da er keine große praktische Relevanz besitzt.

In diesem Fall werden also alle Objekte $i \in N$ klassifiziert. Folglich liegt eine **nicht exhaustive** Klassifikation genau dann vor, wenn

$$\bigcup_{p=1}^{s} K_p \underset{\neq}{\subseteq} N.$$

Nicht exhaustive Klassifikationen können sinnvoll sein, wenn gewisse Objekte, die zu allen anderen Objekten extrem unähnlich sind (sogenannte **Ausreißer**), bewusst nicht weiter berücksichtigt werden sollen.

Mit der vierten angesprochenen Fragestellung, ob ein Objekt nur einer einzigen Klasse zugeordnet werden soll, wird schließlich noch die Unterscheidung in disjunkte und nicht disjunkte Klassifikationen vorgenommen. Eine Klassifikation $\mathcal{K} = \{K_1, K_2, ..., K_s\}$ heißt **disjunkt**, wenn folgende Implikation erfüllt ist:

$$K_p, K_q \in \mathcal{K}, \ K_p \neq K_q \ \Rightarrow \ K_p \cap K_q = \emptyset.$$

Im Fall einer disjunkten Klassifikation spricht man auch von einer **Zerlegung** oder **Partition**. Demgegenüber liegt eine **nicht disjunkte** Klassifikation vor, wenn gilt:

$$K_p, K_q \in \mathcal{K}, \ K_p \neq K_q \ \Rightarrow \ K_p \cap K_q \notin \{K_p, K_q\}.$$

Zwei unterschiedliche Klassen können also gemeinsame Elemente enthalten, eine Teilmengenbeziehung zwischen diesen Klassen wird jedoch ausgeschlossen. Bei nicht disjunkten Klassifikationen sind auch Begriffe wie **Überdeckung** oder **Überlappung** gebräuchlich. Die nachfolgende Abbildung 13-1 verdeutlicht am Beispiel der Objektmenge $N = \{1,2,3,4,5\}$ noch einmal die Unterschiede zwischen den Begriffen disjunkt und nicht disjunkt und zeigt exemplarisch auch den nicht erlaubten Fall, bei dem eine Teilmengenbeziehung vorliegt.

Abbildung 13-1: *Illustration der Begriffe disjunkte und nicht disjunkte Klassifikation*

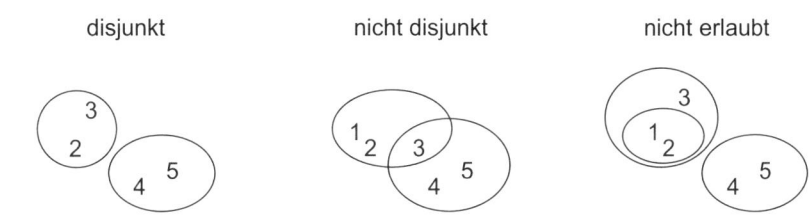

Im Zusammenhang mit dem Begriff einer Zerlegung der Objektmenge ist auch der Begriff der **Hierarchie** als weiterer Klassifikationstyp zu klären. Eine Hierarchie stellt im Prinzip eine Folge von Zerlegungen dar, da auf den einzelnen Hierarchieebenen disjunkte Klassen vorliegen. Zwischen den Klassen unterschiedlicher Hierarchieebenen liegen dann Teilmengenbeziehungen vor und die Vereinigung aller Klassen, die

Teilmengen einer anderen Klasse sind, muss dieser Klasse entsprechen. Folglich wird eine Klassifikation $\mathcal{K}$ als Hierarchie bezeichnet, wenn gilt:

- $K_p, K_q \in \mathcal{K}, K_p \neq K_q \;\Rightarrow\; K_p \cap K_q = \emptyset$ oder $K_p \subset K_q$ oder $K_q \subset K_p$

- $K_p, K_q \in \mathcal{K}, K_q \subsetneq K_p \;\Rightarrow\; \displaystyle\bigcup_{K_q \subsetneq \mathcal{K}} K_q = K_p$

In der Abbildung 13-2 findet sich eine exemplarische grafische Darstellung einer Hierarchie, der die Objektmenge $N = \{1,2,3,4,5\}$ zugrunde liegt. Zwischen den drei Hierarchieebenen liegen Teilmengenbeziehungen vor und innerhalb einer Hierarchieebene sind die Klassen disjunkt. In Mengenschreibweise ergibt sich diese Hierarchie mit

$$\mathcal{K} = \{\{1\},\{2\},\{3\},\{4\},\{5\},\{1,2,3\},\{4,5\},\{1,2,3,4,5\}\} \,.$$

Abbildung 13-2: *Exemplarische graphische Darstellung einer Hierarchie*

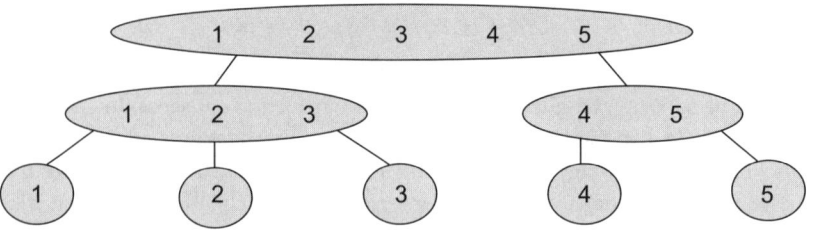

Neben den bislang ausführlich vorgestellten Charakteristika von Klassifikationen können sich weitere Forderungen an den Klassifikationstyp ergeben. Dazu zählen beispielsweise eine geforderte Klassenzahl oder die Vorgabe von Ober- bzw. Untergrenzen für die Objektanzahl in den Klassen sowie Vorgaben in der Art, dass die resultierenden Klassen alle in etwa gleich groß sein sollen. Aus dem gewünschten Klassifikationstyp leitet sich dann auch das **Klassifikationsverfahren** ab. In der Abbildung 13-3 sind die Verfahren zusammengefasst, die in den nachfolgenden Abschnitten noch ausführlicher vorgestellt werden. Neben grundlegenden **Klassifikationsheuristiken**, die gleich im nächsten Abschnitt behandelt werden, sind hier insbesondere die **partitionierenden Verfahren** (Abschnitt 13.4) sowie die **hierarchischen Verfahren** (Abschnitt 13.5) zu nennen, mit denen folglich eine Partition oder eine Hierarchie erzeugt wird. Bei den hierarchischen Verfahren lassen sich noch divisive von agglomerativen Ansätzen unterscheiden. Während **agglomerative Verfahren** von einelementigen Klassen ausgehen und schrittweise die Objekte zu umfangreicheren Klassen zusammenfassen, gehen **divisive Verfahren** von einer Anfangszerlegung in Form der Objektmenge aus, die dann schrittweise verfeinert wird. Da divisive Verfahren rechentechnisch aufwendiger sind, werden hier ausschließlich agglomerative Ansätze behandelt.

Abbildung 13-3: *Überblick über die zu behandelnden Clusteranalyseverfahren*

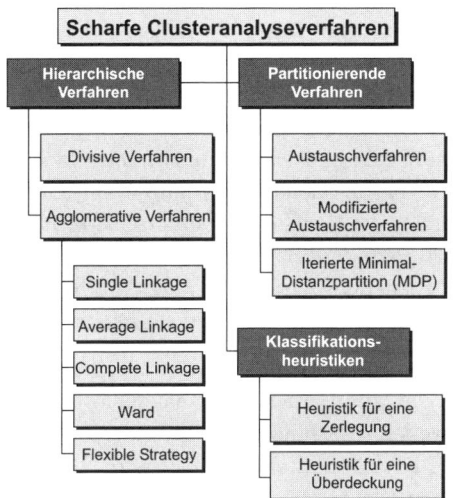

13.2 Klassifikationsheuristiken

In diesem Abschnitt werden zunächst sehr einfache Verfahren zur Klassifikation einer Objektmenge betrachtet, die insbesondere zur Bestimmung von Anfangsklassifikation diesen, die mit Hilfe anderer Verfahren dann iterativ verbessert werden können. Diese **Klassifikationsheuristiken** sind also Klassifikationsverfahren, die mit Hilfe einfacher algorithmischer Ansätze ohne Anspruch auf Optimalität und ohne hohen (Rechen-) Aufwand eine Objektmenge in eine Zerlegung oder eine Überdeckung aufteilen. Den Ausgangspunkt dazu stellt eine Distanzmatrix dar, die entweder unmittelbar erhoben oder auf Basis der in Kapitel 12 aufgezeigten Ansätze aus einer Datenmatrix bestimmt worden ist.

Die grundlegende Vorgehensweise von Klassifikationsheuristiken gliedert sich in die folgenden zwei Schritte:

(1) Zunächst werden s möglichst verschiedene Klassenzentren bestimmt.

(2) Danach werden die restlichen Objekte dem nächstgelegenen Klassenzentrum zugeordnet.

Auf Basis dieser Grundstruktur wird nachfolgend jeweils die konkrete Vorgehensweise zur Erzeugung einer Zerlegung sowie einer Überdeckung vorgestellt.

13.2.1 Heuristik für eine Zerlegung

Den Ausgangspunkt der Betrachtung stellt eine Objektmenge N, eine Distanzmatrix D sowie eine vorgegebene Klassenzahl s dar. Die Idee der Heuristik besteht zunächst darin, ein erstes **Klassenzentrum** zufällig auszuwählen. Dies hat den Vorteil, dass bei einer wiederholten Durchführung des Ansatzes unterschiedliche Klassifikationen erzeugt werden können. Wie später noch ausführlicher aufgezeigt wird, weisen partitionierende Klassifikationsverfahren das Problem auf, dass sie sich sehr leicht in lokalen Optima festsetzen. Da partitionierende Verfahren eine Startzerlegung als Ausgangspunkt benötigen, bringt die Verwendung unterschiedlicher Startpartitionen den Möglichkeit mit sich, auch in andere Bereiche des Lösungsraums vorzudringen und damit insgesamt eine gegebenenfalls bessere Lösung zu erhalten. Dies wird letztendlich durch den oben angesprochenen Zufallsprozess erreicht.

Nach der Wahl des ersten Klassenzentrums wird im zweiten Schritt ein zweites Klassenzentrum ausgewählt, das zum ersten eine maximale Distanz aufweist. Danach werden gegebenenfalls weitere Klassenzentren gesucht, deren minimale Distanz zu den bereits ausgewählten Klassenzentren maximal wird. Damit wird gewährleistet, dass ausgehend vom ersten Klassenzentrum alle weiteren Klassenzentren möglichst unterschiedlich sind. Abschließend müssen die restlichen Objekte nur noch gemäß der jeweils minimalen Distanz zu den Klassenzentren zugeordnet werden. Es resultiert eine exhaustive Zerlegung der Objektmenge in s Klassen.

Formal ergibt sich insgesamt damit der folgende Ablauf:

(1) Wähle 1. Klassenzentrum $i_1 \in N$ zufällig.

(2) Wähle 2. Klassenzentrum $i_2 \in N$ mit $\max_j d(i_1, j) = d(i_1, i_2)$.

(3) Wähle für $t = 3, \dots, s$ jeweils Klassenzentrum $i_t \in N$ mit $\max_j \min_{\tau=1,\dots,t-1} d(i_\tau, j) = d(i_\tau, i_t)$.

(4) Bilde Klassen $K_1, \dots, K_s$ um $i_1, \dots, i_s$ gemäß $K_\sigma = \left\{ j \in N : \min_\tau d(i_\tau, j) = d(i_\sigma, j) \right\}$.

Beispiel:

Für die Datenmatrix der Tabelle 12-1 wurde bereits in Abschnitt 12.3.3 eine Distanzmatrix mit Hilfe linear homogener Aggregation bestimmt, die sich wie folgt ergab:

	2	3	4	5
1	2,75	1,74	3,29	2,13
2		3,93	1,04	2,63
3			4,47	3,30
4				3,17

Für die vorliegenden fünf Objekte soll exemplarisch eine Klassifikation in drei Klassen erfolgen. Dazu wird zufällig das Objekt 2 als erstes Klassenzentrum gewählt. Mit

$$\max_j d(2,j) = d(2,3) = 3,93$$

resultiert als zweites Klassenzentrum das Objekt 3. Zur Bestimmung des dritten Klassenzentrums ist folgende Tabelle hilfreich, in der die Distanzen der restlichen Objekte zu den bereits bestimmten Klassenzentren zusammengestellt werden:

	2	3	min
1	2,75	1,74	1,74
4	1,04	4,47	1,04
5	2,63	3,30	2,63

Die maximale Minimaldistanz ergibt sich für das Objekt 5, das damit zum dritten Klassenzentrum wird. Die verbleibenden Objekte werden schließlich noch aufgrund der jeweils kleinsten Distanz zu den Klassenzentren zugeordnet, so dass die Klassifikation $\mathcal{K} = \{\{2,4\};\{3,1\};\{5\}\}$ resultiert.

13.2.2 Heuristik für eine Überdeckung

Im Vergleich zur Heuristik für eine Zerlegung unterscheidet sich die Heuristik für eine Überdeckung lediglich im Punkt 4 der zuvor dargestellten Vorgehensweise. Ausgehend von einer Objektmenge N, einer Distanzmatrix D sowie einer vorgegebenen Klassenzahl s resultiert insgesamt der folgende Ablauf:

(1) Wähle 1. Klassenzentrum $i_1 \in N$ zufällig.

(2) Wähle 2. Klassenzentrum $i_2 \in N$ mit $\max_j d(i_1,j) = d(i_1,i_2)$.

(3) Wähle für $t = 3,...,s$ jeweils Klassenzentrum $i_t \in N$ mit $\max_j \min_{\tau=1,...,t-1} d(i_\tau,j) = d(i_\tau,i_t)$.

(4) Bilde Klassen $K_1,...,K_s$ um $i_1,...,i_s$ mit Hilfe **konzentrischer Kreise** um die Klassenzentren gemäß $K_\sigma = \{ j \in N : d(i_\sigma,j) \le d_{max} \}$. Dabei ist der Radius d_{max} vorzugeben und auftretende Teilmengen sind zu eliminieren.

Mit Hilfe der Heuristik erhält man eine Überdeckung mit höchstens s Klassen, d. h. die vorgegebene Klassenzahl kann sich aufgrund zu eliminierender Teilmengen verringern. Ist der Wert d_{max} zu klein gewählt, so kann eine nicht exhaustive Klassifikation resultieren. Ist demgegenüber der Wert d_{max} zu groß gewählt, so kann sich eine Klassifikation ergeben, die nur eine Klasse, und zwar die Objektmenge N selbst, enthält. Der Radius d_{max} muss also problemadäquat gewählt werden, um derartige Extremfälle zu vermeiden

Beispiel:

Anknüpfend an das Beispiel des vorherigen Abschnitts soll jetzt eine Überdeckung mit drei Klassen erzeugt werden. Dazu wird zufällig das Objekt 1 als erstes Klassenzentrum gewählt. Aufgrund

$$\max_j d(1, j) = d(1,4) = 3,29$$

ergibt sich das Objekt 4 als zweites Klassenzentrum. Mit der Tabelle

	1	4	min
2	2,75	1,04	1,04
3	1,74	4,47	1,74
5	2,13	3,17	2,13

resultiert dann das Objekt 5 als drittes Klassenzentrum. Wird nun für den Radius d_{max} exemplarisch der Wert $d_{max} = 1,5$ gewählt, erhält man die nicht exhaustive Klassifikation $\mathcal{K} = \{\{1\};\{4,2\};\{5\}\}$, da das Objekt 3 in diesem Fall nicht zugeordnet wird. Bei einem Radius $d_{max} = 2,5$ ergibt sich zunächst die Klassifikation $\mathcal{K} = \{\{1,3,5\};\{4,2\};\{5,1\}\}$ und damit letztendlich $\mathcal{K} = \{\{1,3,5\};\{4,2\}\}$, da $\{5,1\} \subset \{1,3,5\}$ ist und somit eliminiert werden muss. Für $d_{max} = 4,5$ resultiert exemplarisch $\mathcal{K} = \{\{1,2,3,4,5\}\}$, da alle paarweise Distanzen kleiner als 4,5 sind und somit alle Objekte jeweils allen drei Klassenzentren zugeordnet werden.

13.3 Bewertungskriterien

Im vorherigen Abschnitt wurde bereits angesprochen, dass Klassifikationsheuristiken meist zur Bestimmung einer Startklassifikation herangezogen werden, die dann mit iterativen Verfahren verbessert werden soll. Zur Operationalisierung des Begriffs „Verbesserung" wird jedoch ein **Bewertungsmaß** vorausgesetzt. Dabei unterscheidet man Maße zur Bewertung der

- Heterogenität innerhalb von Klassen (**Innerklassenverschiedenheit**),

- Heterogenität zwischen Klassen (**Zwischenklassenverschiedenheit**) sowie der

- gesamten Klassifikation (**Güteindex**).

Nachfolgend werden entsprechende Bewertungsmöglichkeiten ausführlich diskutiert.

13.3.1 Heterogenität innerhalb von Klassen

Eine erste Möglichkeit zur Beurteilung von Klassen ergibt sich anhand der ausschließlichen Orientierung an der Verschiedenheit der Objekte innerhalb der Klassen. Eine Abbildung h: $\mathscr{P}(N) \to IR_+$ wird dabei als **Heterogenitätsindex** oder auch **Innerklassenverschiedenheit** bezeichnet, wenn gilt:

- $h(K) = 0$, falls $K = \{i\}$, $i \in N$

- $h(\{i,j\}) = \alpha \cdot d(i,j)$ für alle $i, j \in N$ und $\alpha > 0$

- $h(K) < h(L) \Leftrightarrow$ Klasse L heterogener als Klasse K bzw. K homogener als L

Aus der ersten Bedingung ist ersichtlich, dass einelementige Klassen maximal homogen sind und aus der zweiten Bedingung folgt, dass h auf Distanzen basiert. Unter Beachtung dieser Bedingungen kann die Bewertung einer einzelnen Klasse exemplarisch anhand der Maximaldistanz innerhalb der Klasse erfolgen. Als Heterogenitätsindex dient hier

$$h(K) = \max_{i,j \in K} d(i,j) \, .$$

Dieser Ansatz ist allerdings dahingehend zu kritisieren, dass die Homogenität großer Klassen im Allgemeinen schlecht beurteilt wird. Alternativ dazu kann auch eine Bewertung mit Hilfe der (gewichteten) Summe aller Distanzen zwischen den Objekten innerhalb einer Klasse durchgeführt werden. Der Heterogenitätsindex resultiert dann mit $c > 0$ gemäß

$$h(K) = \frac{1}{c} \sum_{\substack{i,j \in K \\ i<j}} d(i,j) \, ,$$

wobei z. B. für $c = 1$ die Distanzsumme und für $c = \frac{1}{2} \cdot |K| \cdot (|K| - 1)$ die mittlere Distanz innerhalb der Klasse K ermittelt wird. Die Distanzsumme ist allerdings nur beim Vergleich in etwa gleich großer Klassen sinnvoll, während mit der mittleren Distanz auch unterschiedlich große Klassen gut vergleichbar sind.

13.3.2 Verschiedenheit zwischen Klassen

Ein weiterer Bewertungsansatz besteht darin, die Verschiedenheit zwischen jeweils zwei Klassen K und L heranzuziehen. Die Abbildung v: $\mathscr{P}(N) \times \mathscr{P}(N) \to IR_+$ heißt **Verschiedenheitsindex** oder **Zwischenklassenverschiedenheit**, wenn gilt:

- $v(K,K) = 0$, $v(K, L) = v(L, K) \geq 0$

- $v(\{i\},\{j\}) = \beta \cdot d(i,j)$ für alle $i, j \in N$ und $\beta > 0$

- $v(K, L) < v(K', L') \Leftrightarrow K'$ und L' heterogener als K und L

Die Bewertung der Verschiedenheit zwischen zwei Klassen K und L kann dann exemplarisch auf Basis der minimalen Distanzen zweier Objekte aus den verschiedenen Klassen erfolgen, d. h.

$$v(K,L) = \min_{i \in K, j \in L} d(i,j).$$

In diesem Fall spricht man auch von **Single Linkage**. Der umgekehrte Fall, d. h. die Beurteilung anhand des unähnlichsten Objektpaars, wird als **Complete Linkage** bezeichnet und ergibt sich gemäß

$$v(K,L) = \max_{i \in K, j \in L} d(i,j).$$

Eine weitere Möglichkeit besteht darin, die Bewertung mit Hilfe der (gewichteten) Summe aller Distanzen zwischen den Objekten durchzuführen. Dieser Ansatz resultiert gemäß

$$v(K,L) = \frac{1}{c} \sum_{i \in K} \sum_{j \in L} d(i,j),$$

wobei für $c = 1$ die Distanzsumme und für $c = |K| \cdot |L|$ die mittlere Distanz berechnet wird. Im letzteren Fall spricht man folglich von **Average Linkage**. Eine grafische Illustration der dargestellten Ansätze findet sich in der nachfolgenden Abbildung 13-4:

Abbildung 13-4: *Graphische Illustration unterschiedlicher Verschiedenheitsindizes*

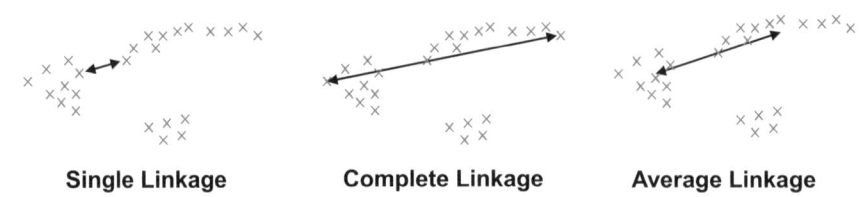

Single Linkage   **Complete Linkage**   **Average Linkage**

13.3.3 Bewertung einer Klassifikation

Die Güte der gesamten Klassifikation lässt sich nun mit Hilfe der Heterogenität innerhalb der Klassen und/oder mit Hilfe der Verschiedenheit zwischen den Klassen beschreiben. Die Abbildung b: $\mathscr{P}(\mathscr{P}(N)) \rightarrow \mathbb{R}_+$ heißt dann **Klassifikationsindex** oder auch **Güteindex**, falls eine bessere Klassifikation einen kleineren Güteindex besitzt. Bei der Konstruktion eines Güteindex sollte die Heterogenität innerhalb der Klassen möglichst klein und die Verschiedenheit zwischen den Klassen möglichst groß sein. Es gibt verschiedene Möglichkeiten, Güteindizes zu konstruieren, die diesen Forderungen genügen. Falls die Bewertung rein auf Basis der Innerklassenverschiedenheit erfolgen soll, sind beispielsweise folgende Güteindizes geeignet:

$$b(\mathcal{K}) = \max_{K \in \mathcal{K}} h(K)$$

$$b(\mathcal{K}) = \frac{1}{c} \sum_{K \in \mathcal{K}} h(K)$$

Der erste Güteindex orientiert sich bei der Bewertung der gesamten Klassifikation rein an der unähnlichsten Klasse, während beim zweiten Güteindex mit $c = 1$ die Summe der Heterogenitätsindizes und mit $c = |\mathcal{K}|$ eine mittlere Klassenheterogenität resultiert.

Eine weitere Möglichkeit zur Bewertung einer Klassifikation ergibt sich dadurch, dass der Güteindex ausschließlich auf Basis der Zwischenklassenverschiedenheiten ermitteln wird. Ein entsprechender Güteindex kann exemplarisch gemäß

$$b(\mathcal{K}) = c \cdot \left(\sum_{\substack{K,L \in \mathcal{K} \\ K \neq L}} v(K,L) \right)^{-1}$$

berechnet werden. Mit $c = |\mathcal{K}| \cdot (|\mathcal{K}| - 1)$ resultiert dann beispielsweise der Kehrwert der mittleren Zwischenklassenverschiedenheit. Die Kehrwertbildung an dieser Stelle bewirkt, dass die gesamte Klassifikation mit zunehmenden Zwischenklassenverschiedenheiten besser beurteilt wird.

Schließlich können zur Bewertung einer Klassifikation sowohl Innerklassen- als auch Zwischenklassenverschiedenheiten gleichzeitig herangezogen werden. Ein entsprechender Güteindex ergibt sich dann z. B. gemäß der Formel

$$b(\mathcal{K}) = \frac{\sum\limits_{K \in \mathcal{K}} h(K)}{\sum\limits_{\substack{K,L \in \mathcal{K} \\ K \neq L}} v(K,L)} \, .$$

Für alle vorgestellten Güteindizes stellt sich die Problematik, dass der Güteindex b mit steigender Klassenanzahl s im Allgemeinen fällt. Im Extremfall ausschließlich einelementiger Klassen würden die oben dargestellten Güteindizes, die ganz oder teilweise auf der Innerklassenverschiedenheit basieren, einen Wert von Null annehmen. Es entsteht somit ein Zielkonflikt zwischen

- möglichst geringer Klassenanzahl und

- möglichst kleinem Güteindex.

Eine Entscheidungshilfe für diese Konfliktsituation stellt das **Ellenbogenkriterium** dar. Dabei fällt die Entscheidung zugunsten der Klassenanzahl s^* mit dem Gütewert b^*, so dass

■ eine Verringerung der Klassenanzahl auf $(s^* - 1)$ zu einem starken Anstieg und

■ eine Erhöhung der Klassenanzahl auf $(s^* + 1)$ nur zu einer geringfügigen Verbesserung

des Güteindex führt. In der nachfolgenden Abbildung 13-5 findet sich eine graphische Illustration dieses Kriteriums. Ausgehend von einer Klassenanzahl von $s^* = 4$ wäre bei der 3-Klassen-Lösung der Güteindex deutlich schlechter, während für die 5-Klassen-Lösung nur eine vergleichsweise geringe Verbesserung resultieren würde.

Abbildung 13-5: *Graphische Illustration des Ellenbogenkriteriums*

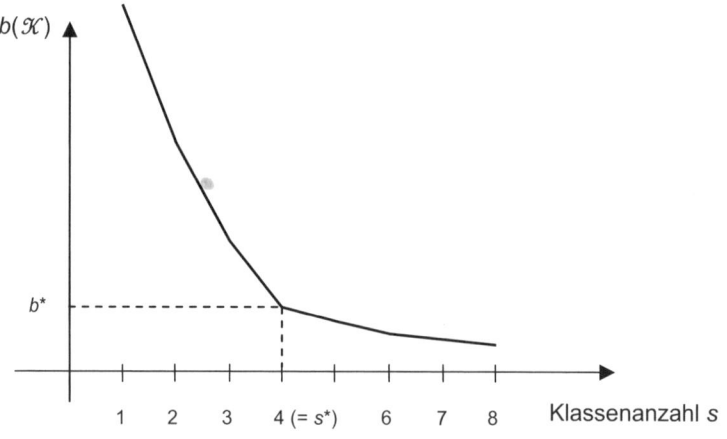

13.3.4 Bewertungskriterien bei quantitativen Daten

Im Fall ausschließlich quantitativer Daten wurden bereits in Kapitel 12 spezielle Ansätze zur Bestimmung der Verschiedenheit von Objekten vorgestellt, die auf dem euklidischen Abstand der Objekte basieren. Da aber zwischen der quadrierten euklidischen Distanz und der Varianz gewisse Zusammenhänge existieren, bietet es sich an, die in den vorherigen Abschnitten behandelten Indizes auf Grundlage der sogenannten Innerklassen- und Zwischenklassenvarianz darzustellen bzw. zu vereinfachen. Dieses Vorgehen bringt darüber hinaus den Vorteil mit sich, dass der Güteindex direkt auf Basis der (quantitativen) Datenmatrix bestimmt und damit der Umweg über eine Distanzmatrix vermieden werden kann.

Den Ausgangspunkt der nachfolgenden Betrachtung stellt also eine quantitative Datenmatrix $A = (a_{ik})_{nxm}$ dar. Bezeichnet

$$\overline{a}_{\bullet k} = \frac{1}{n}\sum_{i=1}^{n} a_{ik}$$

den **Mittelwert** des Merkmals k (für alle Objekte) und

$$\overline{a}_{Kk} = \frac{1}{|K|}\sum_{i\in K} a_{ik}$$

den **Mittelwert** des Merkmals k in der Klasse K, dann ergeben sich die Koeffizienten der **Gesamtkovarianzmatrix** $S = (s_{kl})_{mxm}$, der **Innerklassen-Kovarianzmatrix** $V_K = (v_{kl}^{K})_{mxm}$ der Klasse K sowie der **Zwischenklassen-Kovarianzmatrix** $Z = (z_{kl})_{mxm}$ gemäß den folgenden Formeln:

$$s_{kl} = \frac{1}{n}\sum_{i=1}^{n}\left(a_{ik} - \overline{a}_{\bullet k}\right)\left(a_{il} - \overline{a}_{\bullet l}\right)$$

$$v_{kl}^{K} = \frac{1}{|K|}\sum_{i\in K}\left(a_{ik} - \overline{a}_{Kk}\right)\left(a_{il} - \overline{a}_{Kl}\right)$$

$$z_{kl} = \frac{1}{n}\sum_{K\in\mathcal{K}}|K|\cdot\left(\overline{a}_{Kk} - \overline{a}_{\bullet k}\right)\left(\overline{a}_{Kl} - \overline{a}_{\bullet l}\right)$$

Für diese drei Kovarianzmatrizen gilt der nachfolgend dargestellte Zusammenhang, der auch als **Varianzzerlegung** bekannt ist:

$$S = Z + \frac{1}{n}\sum_{K\in\mathcal{K}}|K|\cdot V_K$$

Werden nun die Innerklassenverschiedenheiten auf Basis der **quadrierten euklidischen Distanz** d gemäß

$$h(K) = \frac{1}{|K|^2}\sum_{\substack{i,j\in K \\ i<j}} d(i,j)$$

berechnet, dann kann dieser Heterogenitätsindex auch gemäß

$$h(K) = \text{Spur } V_K = \sum_{k=1}^{m} v_{kk}^{K}$$

bestimmt werden. Der Heterogenitätsindex orientiert sich also an den quadrierten Abweichungen der Ausprägungen einer Klasse von den Klassenmittelwerten und ergibt sich somit als Summe der Merkmalsvarianzen in der Klasse K, d.h der Summe der Elemente auf der Hauptdiagonalen (= Spur) der entsprechenden Innerklassen-Kovarianzmatrix.

Der Güteindex der Klassifikation resultiert dann als Summe aller klassenweisen Merkmalsvarianzsummen gemäß

$$b(\mathcal{K}) = \sum_{K \in \mathcal{K}} h(K) = \sum_{K \in \mathcal{K}} Spur\ V_K = \sum_{K \in \mathcal{K}} \frac{1}{|K|} \sum_{i \in K} \sum_{k=1}^{m} \left(a_{ik} - \overline{a}_{Kk} \right)^2$$

und wird als **Varianzkriterium** für quantitative Daten bezeichnet.

Beispiel:

Im Folgenden werden lediglich die beiden quantitativen Merkmale Alter und Einkommen der Datenmatrix der Tabelle 12-1 betrachtet. Exemplarisch soll die Klassifikation $\mathcal{K} = \{\{1,3,5\};\{2,4\}\}$ beurteilt werden. Um zu gewährleisten, dass beide Merkmale annähernd gleichwertig in die Gütebeurteilung eingehen, müssen die Skalenunterschiede ausgeglichen werden. Dazu werden alle Ausprägungen des Merkmals Einkommen durch 100 geteilt. Die Mittelwerte der beiden Merkmale Alter (1) und Einkommen (2) ergeben sich dann mit

$$\overline{a}_{\bullet 1} = \tfrac{1}{5}(26 + 41 + 21 + 45 + 32) = 33 \text{ und } \overline{a}_{\bullet 2} = \tfrac{1}{5}(20 + 40 + 21 + 52 + 32) = 33 \ .$$

Daraus resultieren folgende Werte für die Varianzen bzw. die Kovarianz:

$$s_{11} = \tfrac{1}{5}\left[(26-33)^2 + (41-33)^2 + (21-33)^2 + (45-33)^2 + (32-33)^2 \right] = 80,4;\ s_{22} = 144,8$$

$$s_{12} = s_{21} = \tfrac{1}{5}\left[(26-33)(20-33) + \ldots + (32-33)(32-33) \right] = 104$$

Die Kovarianzmatrix S ergibt sich dann gemäß

$$S = \begin{pmatrix} 80,4 & 104 \\ 104 & 144,8 \end{pmatrix}.$$

Für die beiden betrachteten Klassen $K_1 = \{1,3,5\}$ und $K_2 = \{2,4\}$ der Klassifikation $\mathcal{K}$ resultieren dann folgende Mittelwerte:

$$\overline{a}_{K_1 1} = 26,\overline{3} \quad \overline{a}_{K_2 1} = 43 \quad \overline{a}_{K_1 2} = 24,\overline{3} \quad \overline{a}_{K_2 2} = 46$$

Damit ergeben sich Varianzen und Kovarianz innerhalb der ersten Klasse gemäß

$$v_{11}^{K_1} = \tfrac{1}{3}\left[\left(26 - 26,\overline{3}\right)^2 + \left(21 - 26,\overline{3}\right)^2 + \left(32 - 26,\overline{3}\right)^2 \right] = 20,\overline{2};\ v_{22}^{K_1} = 29,\overline{5} \text{ und}$$

$$v_{12}^{K_1} = \tfrac{1}{3}\left[\left(26 - 26,\overline{3}\right)\left(20 - 24,\overline{3}\right) + \left(21 - 26,\overline{3}\right)\left(21 - 24,\overline{3}\right) + \left(32 - 26,\overline{3}\right)\left(32 - 24,\overline{3}\right) \right] = 20,\overline{8},$$

die analog auch für die zweite Klasse berechnet werden können. Im Ergebnis liegen folgende Innerklassen-Kovarianzmatrizen vor:

$$V_{K_1} = \begin{pmatrix} 20,\overline{2} & 20,\overline{8} \\ 20,\overline{8} & 29,\overline{5} \end{pmatrix} \quad V_{K_2} = \begin{pmatrix} 4 & 12 \\ 12 & 36 \end{pmatrix}$$

Die Varianzen sowie die Kovarianz zwischen den Klassen resultieren gemäß

$$z_{11} = \tfrac{1}{5}\left[3 \cdot \left(26,\overline{3} - 33\right)^2 + 2 \cdot \left(43 - 33\right)^2\right] = 66,\overline{6}; \; z_{22} = \tfrac{1}{5}\left[3 \cdot \left(24,\overline{3} - 33\right)^2 + 2 \cdot \left(46 - 33\right)^2\right] = 112,\overline{6}$$

$$z_{12} = z_{21} = \tfrac{1}{5}\left[3 \cdot \left(26,\overline{3} - 33\right)\left(24,\overline{3} - 33\right) + 2 \cdot \left(43 - 33\right)\left(46 - 33\right)\right] = 86,\overline{6}$$

und die entsprechende Zwischenklassen-Kovarianzmatrix lautet

$$Z = \begin{pmatrix} 66,\overline{6} & 86,\overline{6} \\ 86,\overline{6} & 112,\overline{6} \end{pmatrix}.$$

Die Varianzzerlegung kann dann gemäß

$$S = \begin{pmatrix} 66,\overline{6} & 86,\overline{6} \\ 86,\overline{6} & 112,\overline{6} \end{pmatrix} + \tfrac{1}{5}\left[3 \cdot \begin{pmatrix} 20,\overline{2} & 20,\overline{8} \\ 20,\overline{8} & 29,\overline{5} \end{pmatrix} + 2 \cdot \begin{pmatrix} 4 & 12 \\ 12 & 36 \end{pmatrix}\right] = \begin{pmatrix} 80,4 & 104 \\ 104 & 144,8 \end{pmatrix}$$

dargestellt werden. Zur Beurteilung der Güte der Klassifikation können nun die Innerklassenverschiedenheiten auf Basis der quadrierten euklidischen Distanz gemäß

$$h\left(K_1\right) = \frac{1}{3^2}\left[\underbrace{\left(26 - 21\right)^2 + \left(20 - 21\right)^2}_{d(1,3)} + \underbrace{\left(26 - 32\right)^2 + \left(20 - 32\right)^2}_{d(1,5)} + \underbrace{\left(21 - 32\right)^2 + \left(21 - 32\right)^2}_{d(3,5)}\right] = 49,\overline{7}$$

$$h\left(K_2\right) = \frac{1}{2^2}\left[\underbrace{\left(41 - 45\right)^2 + \left(40 - 52\right)^2}_{d(2,4)}\right] = 40$$

berechnet werden, die sich auch gemäß

$$h\left(K_1\right) = \text{Spur } V_{K_1} = 20,\overline{2} + 29,\overline{5} = 49,\overline{7} \text{ und } h\left(K_2\right) = \text{Spur } V_{K_2} = 4 + 36 = 40$$

ergeben. Das Varianzkriterium führt damit zu folgender Bewertung der Klassifikation:

$$b\left(\mathcal{K}\right) = \text{Spur } V_{K_1} + \text{Spur } V_{K_2} = 49,\overline{7} + 40 = 89,\overline{7}$$

Abschließend ist noch ergänzend anzumerken, dass ausgehend von einer gemischten Datenmatrix der Güteindex

$$b(\mathcal{K}) = \sum_{K \in \mathcal{K}} h(K) = \sum_{K \in \mathcal{K}} \frac{1}{c} \sum_{\substack{i,j \in K \\ i < j}} d(i,j)$$

Mit $c > 0$ als **verallgemeinertes Varianzkriterium** für beliebige Daten bezeichnet wird.

13.4 Partitionierende Verfahren

Partitionierende Klassifikationsverfahren teilen die Objektmenge N auf Basis einer fest vorgegebenen Klassenzahl s so auf, dass die ermittelte Klassifikation bzw. Partition $\mathcal{K}$ einen vorgegebenen Güteindex $b(\mathcal{K})$ minimiert. Die Problemstellung lässt sich also wie folgt formulieren:

$$\min_{\mathcal{K} \in \mathscr{P}(\mathscr{P}(N))} \left\{ b(\mathcal{K}): \mathcal{K} = \{K_1, \ldots, K_s\}, \bigcup_{p=1}^{s} K_p = N, K_p \cap K_q = \varnothing \right\}$$

Dabei bezeichnet $\mathscr{P}(N)$ wiederum die Potenzmenge von N, so dass die Potenzmenge dieser Potenzmenge alle grundsätzlich möglichen Klassifikationen unabhängig von der Klassenzahl enthält. Berücksichtigt man dabei die Klassenzahl s sowie die Anzahl n der zu klassifizierenden Objekte, ergibt sich die Anzahl der möglichen unterschiedlichen Klassifikationen als **Stirling'sche Zahl** 2. Art gemäß

$$S(n,s) = \frac{1}{s!} \sum_{i=0}^{s} (-1)^i \binom{s}{i} (s-i)^n \ .$$

Die nachfolgende Tabelle 13-1 enthält exemplarisch die Anzahl möglicher Klassifikationen in Abhängigkeit ausgewählter Größen für s und n.

Tabelle 13-1:   *Anzahl möglicher Klassifikationen in Abhängigkeit von s und n*

n \\ s	2	3	5	10
3	3	1	–	–
5	15	25	1	–
10	511	9330	42.525	1
20	524.287	$\approx 5{,}8 \cdot 10^8$	$\approx 7{,}5 \cdot 10^{11}$	$\approx 6 \cdot 10^{12}$
50	$\approx 5{,}6 \cdot 10^{14}$	$\approx 1{,}2 \cdot 10^{25}$	$\approx 7{,}4 \cdot 10^{32}$	$\approx 2{,}6 \cdot 10^{43}$
100	$\approx 6{,}3 \cdot 10^{31}$	$\approx 8{,}6 \cdot 10^{46}$	$\approx 6{,}6 \cdot 10^{67}$	$\approx 2{,}8 \cdot 10^{93}$

Wie anhand der Zahlen der Tabelle 13-1 sofort ersichtlich ist, scheiden für nicht triviale Problemstellungen enumerative Lösungsansätze aus. Da bislang auch keine exakten Lösungsverfahren bekannt sind, müssen heuristische Verfahren zur Anwendung kommen. Derartige Verfahren versuchen ausgehend von einer Startpartition iterativ die Lösung zu verbessern, indem ein oder mehrere Objekte geeignet ausgewählt und in andere Klassen getauscht werden. Der grundlegende Ablauf dieses sogenannten **Austauschprinzips** kann damit wie folgt beschrieben werden:

(1) Wähle Startpartition $\mathcal{K}^0 = \{K_1^0, \ldots, K_s^0\}$ und bestimme $b(\mathcal{K}^0)$

(2) Suche Objekt(e), so dass ein Tausch der Klassenzugehörigkeit b reduziert

(3) Verschiebe Objekt(e) aus der aktuellen in die beste neue Klasse

(4) Wiederhole (2) und (3) bis keine Verbesserung von b mehr möglich ist

Grundsätzlich kann festgehalten werden, dass entsprechende Austauschverfahren nach endlich vielen Schritten abbrechen. Dabei wird allerdings meist nur ein lokales Optimum erreicht. Globale Optima lassen sich im Allgemeinen nur dann finden, wenn unter Berücksichtigung aller Tauschmöglichkeiten auch mehrere Objekte gleichzeitig getauscht werden können. Des Weiteren hängt das Ergebnis wesentlich von der gewählten Startpartition ab. Diese kann zufällig, systematisch oder auch mit Hilfe eines anderen Verfahrens, wie beispielsweise der in Abschnitt 13.2.1 vorgestellten Heuristik für eine Zerlegung, erzeugt werden. Durch die Verwendung mehrerer unterschiedlicher Startpartitionen werden unter Umständen auch unterschiedliche Bereiche des Lösungsraums abgesucht, so dass dadurch insgesamt gegebenenfalls bessere Lösungen gefunden werden können.

13.4.1 Austauschverfahren

In der nachfolgenden Abbildung 13-6 ist der grundlegende Verfahrensablauf des allgemeinen Austauschverfahrens in Form eines Struktogramms dargestellt.

Abbildung 13-6: *Strukogramm des allgemeinen Austauschverfahrens*

Objektmenge N, Güteindex b, $\mathcal{K}^\mu = \{K_1^\mu, \ldots, K_s^\mu\}$, $\mu = 0$

Solange $B > 0$

mit $\quad B = \max\limits_{i \in N} \max\limits_{K_\rho^\mu \in \mathcal{K}^\mu} \left[b(\mathcal{K}^\mu) - b(\mathcal{K}) \right] = b(\mathcal{K}^\mu) - b(\mathcal{K}^{\mu+1})$

und $\quad K_\sigma = \begin{cases} K_\sigma^\mu - \{i\} & \text{für } i \in K_\sigma^\mu,\ \left| K_\sigma^\mu \right| > 1 \\ K_\sigma^\mu \cup \{i\} & \text{für } K_\sigma^\mu = K_\rho^\mu \\ K_\sigma^\mu & \text{sonst} \end{cases} \quad (\sigma = 1, \ldots, s)$

sowie der entsprechenden Lösung i^*, K_*^μ

> Tausche $i^* \in N$ in K_*^μ
>
> $\mu = \mu + 1$

Wie anhand des Struktogramms zu erkennen ist, erfolgt eine Optimierung über alle Objekte $i \in \mathbf{N}$ und alle Klassen $K_\rho^\mu \in \mathcal{K}^\mu$, so dass der letztendlich durchzuführende Tausch des Objekts i in die Klasse K_ρ^μ zu einer größtmöglichen Verbesserung des Güteindex führt. Objekte in einelementigen Klassen kommen für einen Tausch natürlich nicht in Betracht. Falls mehrere Tauschoperationen möglich sind, d. h. eine mehrdeutige Lösung des Optimierungsproblems vorliegt, kann aus diesen Lösungen ein beliebiger Transfer ausgewählt werden. Im Ergebnis erhält man eine Folge von Klassifikationen $\mathcal{K}^0$, $\mathcal{K}^1$, $\mathcal{K}^2$, $\mathcal{K}^3$,... mit $b(\mathcal{K}^0) > b(\mathcal{K}^1) > b(\mathcal{K}^2) > b(\mathcal{K}^3) > ....$ Das Verfahren bricht ab, sobald keine weitere Verbesserung des Güteindizes möglich ist. In diesem Fall gilt dann $b(\mathcal{K}^\mu) = b(\mathcal{K}^{\mu+1})$ und es liegt ein lokales Optimum vor. Alternativ ist auch ein Abbruch mit Hilfe des Kriteriums $b(\mathcal{K}^\mu) - b(\mathcal{K}^{\mu+1}) \leq \varepsilon$ in der Nähe eines lokalen Optimums möglich, wobei die Schranke $\varepsilon > 0$ entsprechend vorzugeben ist.

Beispiel:

Ausgehend von der Datenmatrix der Tabelle 12-1 wird das Ergebnis der linear homogenen Aggregation aus Abschnitt 12.3.3 und damit die folgende aggregierte Distanzmatrix zugrunde gelegt:

	2	3	4	5
1	2,75	1,74	3,29	2,13
2		3,93	1,04	2,63
3			4,47	3,30
4				3,17

Die vorliegende Objektmenge soll in drei Klassen zerlegt werden, wobei von der zufällig ermittelten Startpartition $\mathcal{K}^0 = \{\{2,4\},\{1\},\{3,5\}\}$ ausgegangen wird. Als Güteindex b wird das verallgemeinerte Varianzkriterium mit

$$b(\mathcal{K}) = \sum_{K \in \mathcal{K}} \frac{1}{|K|} \sum_{\substack{i,j \in K \\ i<j}} d(i,j)$$

herangezogen. Dabei wurde $c = |K|$ gewählt, um damit eine Gewichtung der Innerklassen-Distanzsummen mit dem Kehrwert der Anzahl der Klassenelemente durchzuführen. Für die Startklassifikation ergibt sich $b(\mathcal{K}^0) = \frac{1}{2} \cdot 1,04 + 0 + \frac{1}{2} \cdot 3,30 = 2,17$. Eine Überprüfung der Tauschmöglichkeiten liefert die folgenden Klassifikationen sowie entsprechenden Bewertungen, wobei zu beachten ist, dass das Objekt $i = 1$ nicht für einen Tausch in Frage kommt, da es sich in einer einelementigen Klasse befindet:

$i = 2:$ $\quad \mathcal{K} = \{\{4\},\{1,2\},\{3,5\}\} \quad\quad b(\mathcal{K}) = 0 + \frac{1}{2} \cdot 2,75 + \frac{1}{2} \cdot 3,30 = 3,03$

$\quad\quad\quad \mathcal{K} = \{\{4\},\{1\},\{2,3,5\}\} \quad\quad b(\mathcal{K}) = 0 + 0 + \frac{1}{3} \cdot (3,93 + 2,63 + 3,30) = 3,29$

$$i = 3: \quad \mathcal{K} = \{\{2,3,4\},\{1\},\{5\}\} \quad\quad b(\mathcal{K}) = \tfrac{1}{3} \cdot (3,93 + 1,04 + 4,47) + 0 + 0 = 3,15$$

$$\mathcal{K} = \{\{2,4\},\{1,3\},\{5\}\} \quad\quad b(\mathcal{K}) = \tfrac{1}{2} \cdot 1,04 + \tfrac{1}{2} \cdot 1,74 + 0 = 1,39$$

$$i = 4: \quad \mathcal{K} = \{\{2\},\{1,4\},\{3,5\}\} \quad\quad b(\mathcal{K}) = 0 + \tfrac{1}{2} \cdot 3,29 + \tfrac{1}{2} \cdot 3,30 = 3,30$$

$$\mathcal{K} = \{\{2\},\{1\},\{3,4,5\}\} \quad\quad b(\mathcal{K}) = 0 + 0 + \tfrac{1}{3} \cdot (4,47 + 3,30 + 3,17) = 3,64$$

$$i = 5: \quad \mathcal{K} = \{\{2,4,5\},\{1\},\{3\}\} \quad\quad b(\mathcal{K}) = \tfrac{1}{3} \cdot (1,04 + 2,63 + 3,17) + 0 + 0 = 2,28$$

$$\mathcal{K} = \{\{2,4\},\{1,5\},\{3\}\} \quad\quad b(\mathcal{K}) = \tfrac{1}{2} \cdot 1,04 + \tfrac{1}{2} \cdot 2,13 + 0 = 1,59$$

Nachdem alle relevanten Objekte auf alle unmittelbaren Tauschmöglichkeiten hin untersucht worden sind, zeigt sich, dass die Folgeklassifikation $\mathcal{K}^1 = \{\{2,4\};\{1,3\};\{5\}\}$ zur stärksten Verbesserung der Güte mit $b(\mathcal{K}^1) = 1,39$ führt. Im nächsten Iterationsschritt werden nun ausgehend von $\mathcal{K}^1$ wiederum alle unmittelbaren Tauschmöglichkeiten untersucht (nicht $i = 5$, da einelementige Klasse):

$$i = 1: \quad \mathcal{K} = \{\{1,2,4\},\{3\},\{5\}\} \quad\quad b(\mathcal{K}) = \tfrac{1}{3} \cdot (2,75 + 3,29 + 1,04) + 0 + 0 = 2,36$$

$$\mathcal{K} = \{\{2,4\},\{3\},\{1,5\}\} \quad\quad b(\mathcal{K}) = \tfrac{1}{2} \cdot 1,04 + 0 + \tfrac{1}{2} \cdot 2,13 = 1,59$$

$$i = 2: \quad \mathcal{K} = \{\{4\},\{1,2,3\},\{5\}\} \quad\quad b(\mathcal{K}) = 0 + \tfrac{1}{3} \cdot (2,75 + 1,74 + 3,93) + 0 = 2,81$$

$$\mathcal{K} = \{\{4\},\{1,3\},\{2,5\}\} \quad\quad b(\mathcal{K}) = 0 + \tfrac{1}{2} \cdot 1,74 + \tfrac{1}{2} \cdot 2,63 = 2,19$$

$$i = 3: \quad \mathcal{K} = \{\{2,3,4\},\{1\},\{5\}\} \quad\quad b(\mathcal{K}) = \tfrac{1}{3} \cdot (3,93 + 1,04 + 4,47) + 0 + 0 = 3,15$$

$$\mathcal{K} = \{\{2,4\},\{1\},\{3,5\}\} \quad\quad b(\mathcal{K}) = \tfrac{1}{2} \cdot 1,04 + 0 + \tfrac{1}{2} \cdot 3,30 = 2,17$$

$$i = 4: \quad \mathcal{K} = \{\{2\},\{1,3,4\},\{5\}\} \quad\quad b(\mathcal{K}) = 0 + \tfrac{1}{3} \cdot (1,74 + 3,29 + 4,47) + 0 = 3,17$$

$$\mathcal{K} = \{\{2\},\{1,3\},\{4,5\}\} \quad\quad b(\mathcal{K}) = 0 + \tfrac{1}{2} \cdot 1,74 + \tfrac{1}{2} \cdot 3,17 = 2,46$$

Da die Klassifikation $\mathcal{K}^1$ nicht weiter verbessert werden kann, ist diese Klassifikation zumindest lokal optimal und das Verfahren wird abgebrochen.

13.4.2 Modifizierte Austauschverfahren

Wie anhand der Darstellungen des vorherigen Abschnitts deutlich geworden ist, erfolgt beim einfachen Austauschverfahren der Tausch eines Objekts in eine neue Klasse erst nach der Überprüfung der Tauschmöglichkeiten aller Objekte. Diese Vorgehensweise führt insbesondere bei realen Problemstellungen und einer entsprechend großen Objektanzahl zu langen Laufzeiten. Aus diesem Grund wurde eine modifizierte Vorgehensweise entwickelt, bei der nicht erst nach einem vollständigen Durchlauf der Objektmenge getauscht wird, sondern die Objekte der Reihe nach hinsichtlich eines Tausches überprüft werden und bei festgestellter Verbesserung der Güte b ein sofortiger Tausch des betrachteten Objektes erfolgt. Die Ergebnisse hängen somit von der Reihenfolge ab, in der die Objekte bearbeitet werden. Der entscheidende Vorteil des modifizierten Austauschverfahrens besteht darin, dass es im Allgemeinen schneller als das einfache Austauschverfahren ist. Der genaue Verfahrensablauf des modifizierten

Austauschverfahrens ist in der nachfolgenden Abbildung 13-7 in Form eines Struktogramms dargestellt.

Abbildung 13-7: *Struktogramm des modifizierten Austauschverfahrens*

Objektmenge N, Güteindex b, $\mathcal{K}^{\mu}=\{K_1^{\mu},\dots,K_s^{\mu}\}$, $\mu = 0$, $i = 1$, $t = 0$

$$B = \max_{K_\rho^{\mu} \in \mathcal{K}^{\mu}} \left[b\left(\mathcal{K}^{\mu}\right) - b\left(\mathcal{K}\right) \right] = b\left(\mathcal{K}^{\mu}\right) - b\left(\mathcal{K}^{\mu+1}\right)$$

$$\text{mit } K_\sigma = \begin{cases} K_\sigma^{\mu} - \{i\} & \text{für } i \in K_\sigma^{\mu},\ \left|K_\sigma^{\mu}\right| > 1 \\ K_\sigma^{\mu} \cup \{i\} & \text{für } K_\sigma^{\mu} = K_\rho^{\mu} \\ K_\sigma^{\mu} & \text{sonst} \end{cases} \quad (\sigma = 1,\dots,s)$$

und Lösung K_*^{μ}

ja	$B > 0$	nein
Tausche i in K_*^{μ}, $i = i + 1$, $\mu = \mu + 1$, $t = 0$		$i = i + 1$, $t = t + 1$

ja	$i = n + 1$	nein
$i = 1$		

Wiederhole bis $t = n$

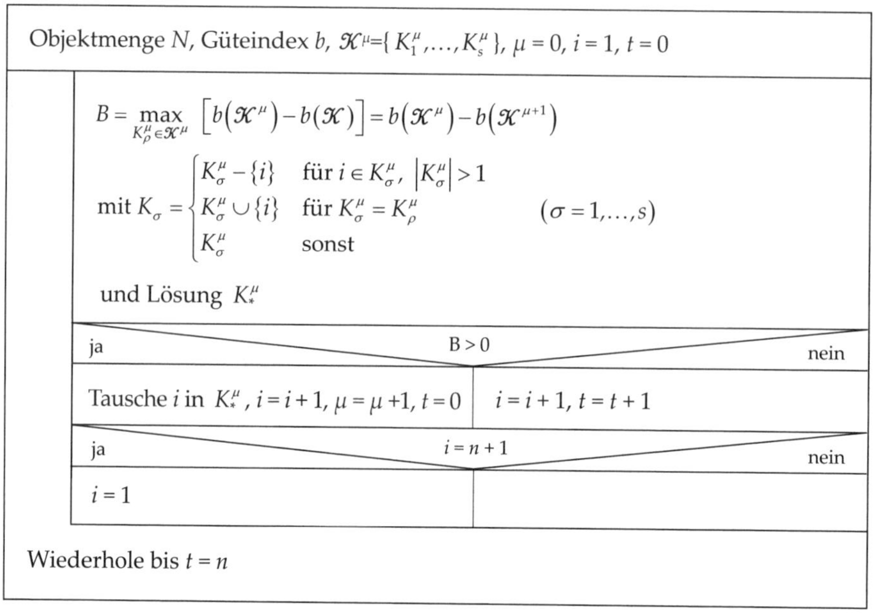

Je nach verwendetem Güteindex b existieren zwei wesentliche Varianten des modifizierten Austauschverfahrens. Bei Verwendung des Varianzkriteriums (vgl. Abschnitt 13.3.4) spricht man vom **KMEANS-Verfahren**, das allerdings ausschließlich quantitative Daten voraussetzt. Im Fall beliebig skalierter Merkmale kann alternativ das verallgemeinerte Varianzkriterium und damit das **CLUDIA-Verfahren** herangezogen werden.

Beispiel:

Für das im vorherigen Abschnitt bereits betrachtete Beispiel soll nun das CLUDIA-Verfahren zur Anwendung kommen, d. h. ausgehend von der Distanzmatrix

	2	3	4	5
1	2,75	1,74	3,29	2,13
2		3,93	1,04	2,63
3			4,47	3,30
4				3,17

soll eine Zerlegung in drei Klassen durchgeführt werden, wobei die Startpartition mit $\mathcal{K}^0 = \{\{2,4\};\{1\};\{3,5\}\}$ gegeben ist und der Güteindex b gemäß

$$b(\mathcal{K}) = \sum_{K \in \mathcal{K}} \frac{1}{|K|} \sum_{\substack{i,j \in K \\ i < j}} d(i,j)$$

berechnet wird. Für die Startpartition ergibt sich $b(\mathcal{K}^0) = \frac{1}{2} \cdot 1{,}04 + 0 + \frac{1}{2} \cdot 3{,}30 = 2{,}17$. Im Rahmen des CLUDIA-Verfahrens sind dann folgende Berechnungen durchzuführen:

$i = 1:$ $B \not> 0$ (kein Tausch, da einelementige Klasse) $\Rightarrow$ $t = 1$

$i = 2:$ $\mathcal{K} = \{\{4\},\{1,2\},\{3,5\}\}$ $b(\mathcal{K}) = 0 + \frac{1}{2} \cdot 2{,}75 + \frac{1}{2} \cdot 3{,}30 = 3{,}03$

$\mathcal{K} = \{\{4\},\{1\},\{2,3,5\}\}$ $b(\mathcal{K}) = 0 + 0 + \frac{1}{3} \cdot (3{,}93 + 2{,}63 + 3{,}30) = 3{,}29$

$B \not> 0$ $\Rightarrow$ $t = 2$

$i = 3:$ $\mathcal{K} = \{\{2,3,4\},\{1\},\{5\}\}$ $b(\mathcal{K}) = \frac{1}{3} \cdot (3{,}93 + 1{,}04 + 4{,}47) + 0 + 0 = 3{,}15$

$\mathcal{K} = \{\{2,4\},\{1,3\},\{5\}\}$ $b(\mathcal{K}) = \frac{1}{2} \cdot 1{,}04 + \frac{1}{2} \cdot 1{,}74 + 0 = 1{,}39$

$B > 0$ $\Rightarrow$ Tausche $i = 3$ nach K_2^0 $\Rightarrow$ $\mathcal{K}^1 = \{\{2,4\},\{1,3\},\{5\}\}, t = 0$

$i = 4:$ $\mathcal{K} = \{\{2\},\{1,3,4\},\{5\}\}$ $b(\mathcal{K}) = 0 + \frac{1}{3} \cdot (1{,}74 + 3{,}29 + 4{,}47) + 0 = 3{,}17$

$\mathcal{K} = \{\{2\},\{1,3\},\{4,5\}\}$ $b(\mathcal{K}) = 0 + \frac{1}{2} \cdot 1{,}74 + \frac{1}{2} \cdot 3{,}17 = 2{,}46$

$B \not> 0$ $\Rightarrow$ $t = 1$

$i = 5:$ $B \not> 0$ (kein Tausch, da einelementige Klasse) $\Rightarrow$ $t = 2$

$i = 6$ $\Rightarrow$ $i = 1$

$i = 1:$ $\mathcal{K} = \{\{1,2,4\},\{3\},\{5\}\}$ $b(\mathcal{K}) = \frac{1}{3} \cdot (2{,}75 + 3{,}29 + 1{,}04) + 0 + 0 = 2{,}36$

$\mathcal{K} = \{\{2,4\},\{3\},\{1,5\}\}$ $b(\mathcal{K}) = \frac{1}{2} \cdot 1{,}04 + 0 + \frac{1}{2} \cdot 2{,}13 = 1{,}59$

$B \not> 0$ $\Rightarrow$ $t = 3$

$i = 2:$ $\mathcal{K} = \{\{4\},\{1,2,3\},\{5\}\}$ $b(\mathcal{K}) = 0 + \frac{1}{3} \cdot (2{,}75 + 1{,}74 + 3{,}93) + 0 = 2{,}81$

$\mathcal{K} = \{\{4\},\{1,3\},\{2,5\}\}$ $b(\mathcal{K}) = 0 + \frac{1}{2} \cdot 1{,}74 + \frac{1}{2} \cdot 2{,}63 = 2{,}19$

$B \not> 0$ $\Rightarrow$ $t = 4$

$i = 3:$ $\mathcal{K} = \{\{2,3,4\},\{1\},\{5\}\}$ $b(\mathcal{K}) = \frac{1}{3} \cdot (3{,}93 + 1{,}04 + 4{,}47) + 0 + 0 = 3{,}15$

$\mathcal{K} = \{\{2,4\},\{1\},\{3,5\}\}$ $b(\mathcal{K}) = \frac{1}{2} \cdot 1{,}04 + 0 + \frac{1}{2} \cdot 3{,}30 = 2{,}17$

$B \not> 0$ $\Rightarrow$ $t = 5$ $\Rightarrow$ Abbruch des Verfahrens

Damit ist die Klassifikation $\mathcal{K}^1$ zumindest lokal optimal und das Verfahren wird abgebrochen. Im Gegensatz zum einfachen Austauschverfahren werden hier nicht alle Objekte vor dem ersten Tausch überprüft, sondern es erfolgt sofort ein Tausch, sobald eine Verbesserung der Güte erreicht wird. Zu bemerken ist noch, dass im obigen Beispiel die letzte Überprüfung für das Objekt $i = 3$ eigentlich unnötig ist. Allerdings muss die Abbruchschranke so gewählt werden, damit für den Fall, dass die Startklassifikation bereits (lokal) optimal wäre, zumindest eine vollständige Überprüfung der Tauschmöglichkeiten aller Objekte erfolgt.

13.4.3 Iterierte Minimaldistanzpartition

Eine weitere Variation des allgemeinen Austauschprinzips stellt die iterierte Minimaldistanzpartition dar. Im Gegensatz zu den bislang vorgestellten Austauschverfahren ist hier auch die gleichzeitige Verschiebung mehrerer Objekte in einem Iterationsschritt möglich. Ausgehend von einer Startpartition wird die Verschiedenheit aller Objekte zu den vorliegenden Klassen berechnet und die Objekte werden der Folgezerlegung gemäß der kleinsten Verschiedenheit zugeordnet. In der nachfolgenden Abbildung 13-8 ist das Struktogramm der iterierten Minimaldistanzpartition dargestellt.

Abbildung 13-8: *Struktogramm der iterierten Minimaldistanzpartition*

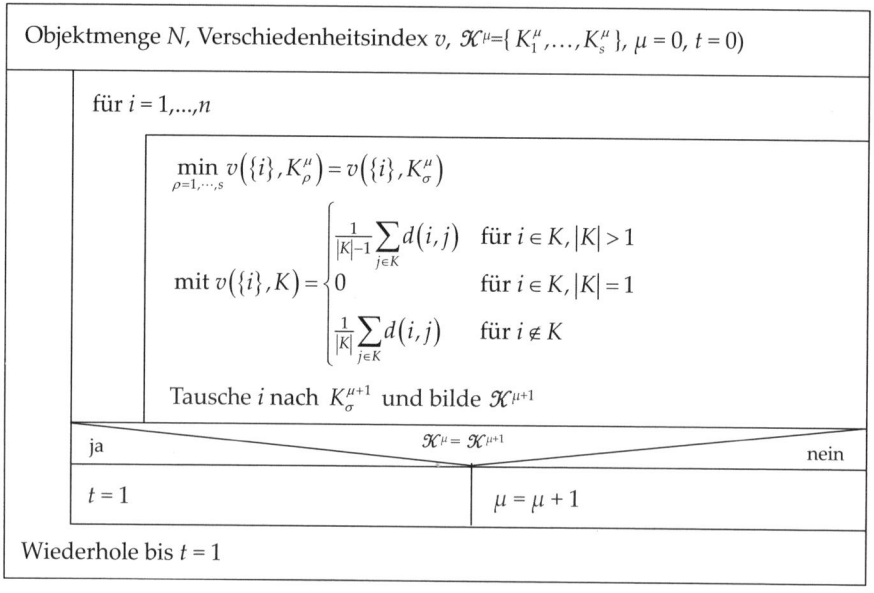

Falls die Zuordnung eines Objekts nicht eindeutig erfolgen kann, d. h. für das Minimierungsproblem liegen mehrere Lösungen vor, muss eine im Rahmen dieser Lösungen beliebige Zuordnung eindeutig gewählt werden. Im Laufe des Iterationsprozesses können bestimmte Klassifikationen zyklisch wiederkehren, so dass letztendlich ein endloser Tauschzyklus resultiert. Diesem Problem muss gegebenenfalls mit einem entsprechenden Abbruchkriterium begegnet werden. Ein weiteres Problem des Verfahrens ergibt sich dadurch, dass im Laufe des Austauschprozesses leere Mengen als Klassen auftreten können. In diesem Fall muss diese Menge entweder wieder geeignet mit Objekten besetzt werden oder man akzeptiert die dadurch reduzierte Klassenanzahl. Der Vorteil der iterierten Minimaldistanzpartition besteht allerdings darin, dass dieses Verfahren im Allgemeinen wesentlich schneller ist als die modifizierten Austauschverfahren. Insbesondere bei großen Objektmengen bietet sich die Anwendung der iterierten Minimaldistanzpartition an, da hier meist eine sehr schnelle Verbesserung der Startpartition erreicht werden kann.

Beispiel:

Für die Datenmatrix der Tabelle 12-1 soll basierend auf der daraus ermittelten Distanzmatrix

	2	**3**	**4**	**5**
1	2,75	1,74	3,29	2,13
2		3,93	1,04	2,63
3			4,47	3,30
4				3,17

eine Zerlegung in zwei Klassen erfolgen, wobei von den zufällig gewählten Klassen $K_1^0 = \{2,4\}$ und $K_2^0 = \{1,3,5\}$ ausgegangen wird. Die Anwendung der iterierten Minimaldistanzpartition führt zu den folgenden Rechnungen:

$i = 1:$ $v(\{1\},\{2,4\}) = \frac{1}{2} \cdot (2,75 + 3,29) = 3,02$

$v(\{1\},\{1,3,5\}) = \frac{1}{2} \cdot (1,74 + 2,13) = 1,94$

$\Rightarrow$ Objekt 1 wird K_2^1 zugeordnet

$i = 2:$ $v(\{2\},\{2,4\}) = 1,04$

$v(\{2\},\{1,3,5\}) = \frac{1}{3} \cdot (2,75 + 3,93 + 2,63) = 3,10$

$\Rightarrow$ Objekt 2 wird K_1^1 zugeordnet

$i = 3:$ $v(\{3\},\{2,4\}) = \frac{1}{2} \cdot (3,93 + 4,47) = 4,20$

$v(\{3\},\{1,3,5\}) = \frac{1}{2} \cdot (1,74 + 3,30) = 2,52$

$\Rightarrow$ Objekt 3 wird K_2^1 zugeordnet

$i = 4:$ $v(\{4\},\{2,4\}) = 1,04$

$v(\{4\},\{1,3,5\}) = \frac{1}{3} \cdot (3,29 + 4,47 + 3,17) = 3,64$

$\Rightarrow$ Objekt 4 wird K_1^1 zugeordnet

$i = 5:$ $v(\{5\},\{2,4\}) = \frac{1}{2} \cdot (2,63 + 3,17) = 2,90$

$v(\{5\},\{1,3,5\}) = \frac{1}{2} \cdot (2,13 + 3,30) = 2,72$

$\Rightarrow$ Objekt 5 wird K_2^1 zugeordnet

$\Rightarrow$ $\mathcal{K}^1 = \{\{2,4\},\{1,3,5\}\} = \mathcal{K}^0$ $\Rightarrow$ Abbruch des Verfahrens

13.5 Hierarchische Verfahren

Hierarchische Verfahren sind Klassifikationsverfahren, die auf der Basis einer Objektmenge N eine hierarchische Folge von Partitionen konstruieren. Wie bereits in Abschnitt 13.1 erwähnt, werden dabei agglomerative von divisiven Verfahren unterschieden. Aufgrund der rechentechnischen Vorteile haben sich die agglomerativen Ansätze weitgehend durchgesetzt, so dass sich auch die nachfolgenden Ausführungen auf diesen Verfahrenstyp beschränken. Ausgehend von $n = |N|$ einelementigen Klassen erfolgt bei den agglomerativen hierarchischen Klassifikationsverfahren in jedem Iterationsschritt ein Übergang zu immer gröberen Zerlegungen, bis sich letztendlich alle Objekte in einer Klasse befinden. Eine entsprechende exemplarische Illustration dazu findet sich in der nachfolgenden Abbildung 13-9 in Form eines **Dendrogramms**, mit dem der Fusionsprozess der einzelnen Klassen zur Konstruktion der gesamten Hierarchie graphisch dargestellt werden kann.

Abbildung 13-9: *Illustration eines agglomerativen hierarchischen Fusionsprozesses*

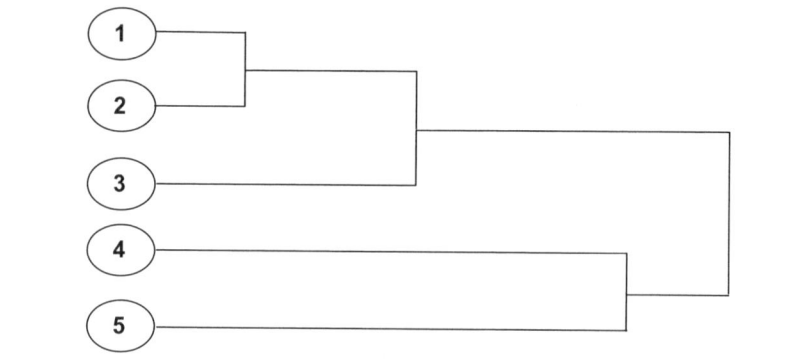

Hierarchische Verfahren sind grundsätzlich dadurch charakterisiert, dass ausgehend von einem grundlegenden Verfahrensprinzip zahlreiche Verfahrensvarianten existieren, die sich durch die Verwendung unterschiedlicher Verschiedenheitsindizes zwischen den fusionierten und den anderen Klassen ergeben. Im nachfolgenden Abschnitt 13.5.1 wird daher zunächst das grundlegende Verfahrensprinzip vorgestellt. Entsprechende Verfahrensvarianten werden anschließend in Abschnitt 13.5.2 beschrieben. Der Abschnitt 13.5.3 beschäftigt sich dann noch mit einigen Anmerkungen sowie speziellen Eigenschaften hierarchischer Verfahren, die insbesondere durch die Anwendung unterschiedlicher Verfahrensvarianten resultieren.

13.5.1 Verfahrensprinzip

Der grundlegende Verfahrensablauf der agglomerativen hierarchischen Klassifikationsverfahren ist in der Abbildung 13-10 in Form eines Struktogramms dargestellt. Wie zu erkennen ist, werden in jedem Iterationsschritt zunächst die beiden Klassen gesucht, deren Verschiedenheit minimal ist. Anschließend werden diese beiden Klassen fusioniert und es müssen neue Verschiedenheiten zwischen der fusionierten Klasse und allen anderen Klassen bestimmt werden. Ausgehend von einelementigen Klassen werden diese Schritte wiederholt, bis schließlich nur noch eine Klasse in Form der Objektmenge vorliegt.

Abbildung 13-10: Struktogramm der agglomerativen hierarchischen Klassifikationsverfahren

Objektmenge N, Verschiedenheitsindex v, $\mathcal{K}^\mu = \{ K_1^\mu, \dots, K_{n-\mu}^\mu \}$, $\mu = 0$

Suche Klassen mit minimaler Verschiedenheit

$$\min_{\substack{K_i^\mu, K_j^\mu \in \mathcal{K}^\mu \\ K_i^\mu \neq K_j^\mu}} v\left(K_i^\mu, K_j^\mu\right) = v\left(K_{i_0}^\mu, K_{j_0}^\mu\right)$$

Fusion

$$K_i^{\mu+1} = \begin{cases} K_{i_0}^\mu \cup K_{j_0}^\mu & \text{für } i = \min\{i_0, j_0\} \\ K_{i+1}^\mu & \text{für } i \geq \max\{i_0, j_0\} \\ K_i^\mu & \text{sonst} \end{cases}$$

$$\Rightarrow K^{\mu+1} = \left\{ K_1^{\mu+1}, \dots, K_{n-\mu-1}^{\mu+1} \right\}$$

Berechne neue Verschiedenheiten $v\left(K_i^{\mu+1}, K_j^{\mu+1}\right)$

$\mu = \mu + 1$

wiederhole bis $|\mathcal{K}^\mu| = 1$

Im Ergebnis erhält man somit eine Hierarchie

$$\mathcal{K} = \bigcup_{\mu=0}^{n-1} \mathcal{K}^\mu = \left\{ K_1^0, \dots, K_n^0, K_1^1, \dots, K_{n-1}^1, \dots, K_1^{n-1} \right\} \text{ mit } \sum_{i=1}^{n} i = \frac{n \cdot (n+1)}{2}$$

Klassen. Dabei gilt für die Klassen einer Hierarchieebene, dass sie paarweise disjunkt sind, während zwischen den Klassen eines Hierarchieastes eine Teilmengenbeziehung vorliegt.

13.5.2 Verfahrensvarianten

Basierend auf der unterschiedlichen Neuberechnung der Zwischenklassenverschiedenheiten zwischen zwei Klassen K und L resultieren zahlreiche Verfahrensvarianten. In Abschnitt 13.3.2 wurden bereits drei unterschiedliche Möglichkeiten zur Berechnung von Zwischenklassenverschiedenheiten aufgezeigt. Ausgehend von diesen drei Verschiedenheitsindizes ergeben sich die bekanntesten Vertreter agglomerativer hierarchischer Verfahren:

- **Single Linkage Verfahren**: $v(K,L) = \min\limits_{i \in K, j \in L} d(i,j)$

- **Complete Linkage Verfahren**: $v(K,L) = \max\limits_{i \in K, j \in L} d(i,j)$

- **Average Linkage Verfahren**: $v(K,L) = \dfrac{1}{|K| \cdot |L|} \sum\limits_{i \in K} \sum\limits_{j \in L} d(i,j)$

Das Single Linkage Verfahren zieht also die kleinste Distanz zwischen zwei Klassen bei der Berechnung neuer Verschiedenheiten heran (nearest neighbour), während sich das Complete Linkage Verfahren an der maximalen Distanz orientiert (furthest neighbour). Das Average Linkage Verfahren nimmt im Prinzip eine Zwischenstellung zwischen diesen beiden Extremen ein und berechnet die neuen Verschiedenheiten als durchschnittliche Distanz zwischen den Objekten der beiden Klassen (group average).

Beispiel:

Für die in der Tabelle 12-1 gegebene Datenmatrix und damit auf Basis der daraus ermittelten Distanzmatrix

	2	3	4	5
1	2,75	1,74	3,29	2,13
2		3,93	1,04	2,63
3			4,47	3,30
4				3,17

soll eine Hierarchie mit Hilfe des Single Linkage Verfahrens erzeugt werden. Aufgrund der minimalen Distanz von 1,04 zwischen den Objekten 2 und 4 werden diese im ersten Schritt fusioniert, so dass sich $\mathcal{K}^1 = \{\{1\},\{2,4\},\{3\},\{5\}\}$ ergibt. Es resultieren die folgenden neuen Verschiedenheiten:

	2,4	3	5
1	2,75	1,74	2,13
2,4		3,93	2,63
3			3,30

Exemplarisch wird die Verschiedenheit zwischen Objekt 1 und der fusionierten Klasse {2,4} gemäß $v(\{1\},\{2,4\})$ = min {2,75; 3,29} berechnet. Auf Basis dieser Verschiedenheiten und dem damit minimalen Wert von 1,74 werden im nächsten Schritt die Objekte 1 und 3 fusioniert. Die Folgeklassifikation lautet damit $\mathcal{K}^2 = \{\{1,3\},\{2,4\},\{5\}\}$ und es ergeben sich folgende Verschiedenheiten:

	2,4	5
1,3	2,75	2,13
2,4		2,63

Der nächste Iterationsschritt führt damit zur Fusion der Klasse {1,3} mit Objekt 5 und folglich zur Klassifikation $\mathcal{K}^3 = \{\{1,3,5\},\{2,4\}\}$, so dass sich das letzte Fusionsniveau mit

	2,4
1,3,5	2,63

ergibt. Auf diesem Niveau resultiert die letzte Klassifikation $\mathcal{K}^4 = \{\{1,2,3,4,5\}\}$ der Hierarchie, bei der alle Objekte in einer Klasse enthalten sind. Das zugehörige **Dendrogramm** kann wie folgt dargestellt werden:

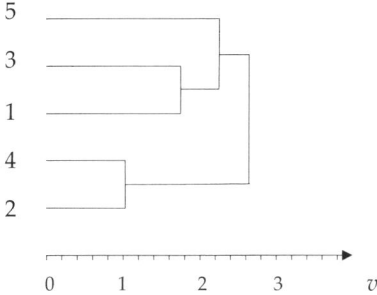

Anhand des Dendrogramms wird der Fusionsprozess verdeutlicht. Die ähnlichsten Objekte 2 und 4 werden im ersten Schritt zusammengefasst, gefolgt von den Objekten 1 und 3, zu denen anschließend das Objekt 5 fusioniert wird. Diese beiden Klassen werden dann im letzten Schritt auf einem Fusionsniveau von 2,63 vereinigt.

Beim Complete Linkage Verfahren werden im ersten Schritt analog die Objekte 2 und 4 fusioniert, so dass sich auch hier $\mathcal{K}^1 = \{\{1\},\{2,4\},\{3\},\{5\}\}$ ergibt. Im Vergleich zum Single Linkage Verfahren ergeben sich dann bei der Berechnung er neuen Verschiedenheiten sowie den anschließenden Fusionsschritten entsprechende Änderungen, die nachfolgend zusammenfassend dargestellt sind:

	2,4	3	5
1	3,29	1,74	2,13
2,4		4,47	3,17
3			3,30

	2,4	5
1,3	4,47	3,30
2,4		3,17

	2,4,5
1,3	4,47

Die Folgeklassifikationen lauten damit $\mathcal{K}^2 = \{\{1,3\},\{2,4\},\{5\}\}$, $\mathcal{K}^3 = \{\{1,3\},\{2,4,5\}\}$ und $\mathcal{K}^4 = \{\{1,2,3,4,5\}\}$. Das zugehörige Dendrogramm hat folgende Gestalt:

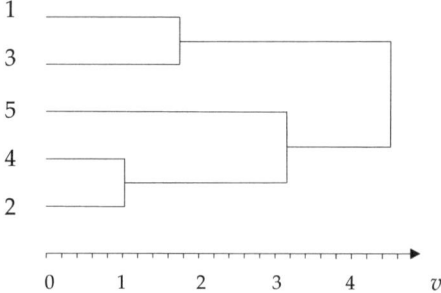

Beim Average Linkage Verfahren führt die Fusion der Objekte 2 und 4 im ersten Schritt zu folgenden neuen Verschiedenheiten:

	2,4	3	5
1	3,02	1,74	2,13
2,4		4,20	2,90
3			3,30

Dabei resultiert exemplarisch die Distanz zwischen Objekt 1 und der Klasse $\{2,4\}$ gemäß $v(\{1\},\{2,4\}) = (2,75 + 3,29) / (1 \cdot 2) = 3,02$. Die Folgeklassifikation lautet damit auch hier $\mathcal{K}^2 = \{\{1,3\},\{2,4\},\{5\}\}$ und es ergeben sich noch die nachfolgend dargestellten Berechnungen für die beiden letzten Fusionsschritte:

	2,4	**5**
1,3	3,61	2,72
2,4		2,90

	2,4
1,3,5	3,37

Beispielsweise ergibt sich die Distanz zwischen {1,3,5} und {2,4} im letzten Schritt gemäß $v(\{1,3,5\},\{2,4\}) = (2,75 + 3,29 + 3,93 + 4,47 + 2,63 + 3,17) / (3 \cdot 2) = 3,37$. Das Dendrogramm lässt sich damit wie folgt skizzieren:

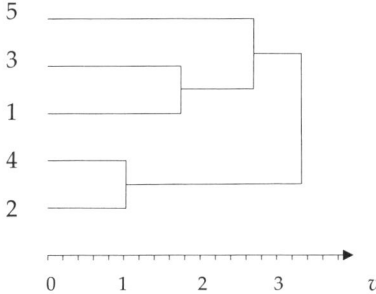

Neben der bislang vorgestellten Berechnung der neuen Verschiedenheiten gibt es noch einen allgemeinen Ansatz, der auf **Lance**[32] **und Williams**[33] zurückgeht und nach dem die Verschiedenheiten auch rekursiv auf Basis der im vorherigen Iterationsschritt ermittelten Verschiedenheiten berechnet werden können. Insbesondere bei großen Objektmengen ist dies von Vorteil, da somit nicht immer die Ausgangsdistanzen herangezogen werden müssen. Ausgehend von zwei zu fusionierenden Klassen K_p und K_q und einer weiteren Klasse L ergibt sich die Zwischenklassen-Verschiedenheiten gemäß der Gleichung

$$v\left(K_p \cup K_q, L\right) = \alpha_1 \cdot v\left(K_p, L\right) + \alpha_2 \cdot v\left(K_q, L\right) + \beta \cdot v\left(K_p, K_q\right) + \gamma \cdot \left|v\left(K_p, L\right) - v\left(K_q, L\right)\right|$$

Lance und Williams haben nachgewiesen, dass die Verfahren Single Linkage, Complete Linkage und Average Linkage Spezialfälle dieser Gleichung darstellen, wobei die für die Parameter α, β und γ jeweils zu wählenden Werte der Tabelle 13-2 entnommen werden können. Neben diesen drei Verfahrensvarianten können auch die Verfahren **Median**, **Ward**, **Zentroid** und **Flexible Strategy** über die Gleichung von Lance und

---

[32] William Thomas Williams, 1913 – 1995, britischer Biologe und Statistiker
[33] Godfrey Newby Lance, geb. 1928, britischer Mathematiker und Computerexperte

Williams abgebildet werden. Die bei diesen Verfahren verwendeten Verschiedenheitsindizes sowie die entsprechenden Parameterwerte für die rekursive Berechnung dieser Werte sind ebenfalls in der Tabelle 13-2 angegeben. Dabei ist noch zu beachten, dass die Verfahren Zentroid und Ward quantitative Daten voraussetzen, wie auch anhand der jeweiligen Verschiedenheitsindizes ersichtlich ist.

Tabelle 13-2:   *Verfahrensvarianten nach Lance und Williams*

Verfahren	Verschiedenheitsindex $v(K,L)$ mit $K = K_p \cup K_q,\ K_p \cap K_q = \varnothing$	α_1	α_2	β	γ
Single Linkage	$\min\limits_{i \in K, j \in L} d(i,j)$	$\dfrac{1}{2}$	$\dfrac{1}{2}$	0	$-\dfrac{1}{2}$
Complete Linkage	$\max\limits_{i \in K, j \in L} d(i,j)$	$\dfrac{1}{2}$	$\dfrac{1}{2}$	0	$\dfrac{1}{2}$
Average Linkage	$\dfrac{1}{|K| \cdot |L|} \sum\limits_{\substack{i \in K \\ j \in L}} d(i,j)$	$\dfrac{|K_p|}{|K|}$	$\dfrac{|K_q|}{|K|}$	0	0
Median	$\tfrac{1}{2}\big[v(K_p,L) + v(K_q,L) \big] - \tfrac{1}{4} v(K_p,K_q)$	$\dfrac{1}{2}$	$\dfrac{1}{2}$	$-\dfrac{1}{4}$	0
Zentroid	$\left(\bar{a}_K - \bar{a}_L\right)^T \left(\bar{a}_K - \bar{a}_L\right)$	$\dfrac{|K_p|}{|K|}$	$\dfrac{|K_q|}{|K|}$	$-\dfrac{|K_p| \cdot |K_q|}{|K|^2}$	0
Ward	$\dfrac{2|K| \cdot |L|}{|K| + |L|} \left(\bar{a}_K - \bar{a}_L\right)^T \left(\bar{a}_K - \bar{a}_L\right)$	$\dfrac{2\left(|K_p| + |L|\right)}{|K| + |L|}$	$\dfrac{2\left(|K_q| + |L|\right)}{|K| + |L|}$	$\dfrac{-2|L|}{|K| + |L|}$	0
Flexible Strategy $[\alpha \in (0;1)]$	$\alpha \cdot \big[v(K_p,L) + v(K_q,L) \big] + (1 - 2\alpha) \cdot v(K_p,K_q)$	α	α	$1 - 2\alpha$	0

Beispiel:

Der im vorherigen Beispiel im letzten Schritt für das Average Linkage Verfahren berechnete Verschiedenheitswert zwischen den Klassen {1,3,5} und {2,4}, der sich gemäß $v(\{1,3,5\},\{2,4\}) = (2,75 + 3,29 + 3,93 + 4,47 + 2,63 + 3,17) / (3 \cdot 2) = 3,37$ ergeben hat, kann gemäß der Gleichung von Lance und Williams sowie der in Tabelle 13-2 gegeben Parameter auch gemäß $v\big(\{1,3\} \cup \{5\},\{2,4\}\big) = \tfrac{2}{3} \cdot 3,61 + \tfrac{1}{3} \cdot 2,90 = 3,37$ berechnet werden.

Für das Verfahren Flexible Strategy soll im Folgenden für den Parameter α der Wert 0,1 verwendet werden. Die Verschiedenheiten zwischen den beiden fusionierenden Klassen zu den anderen Klassen werden dann gemäß

$$v(K_p \cup K_q, L) = 0,1 \cdot \left[v(K_p, L) + v(K_q, L) \right] + 0,8 \cdot v(K_1, K_2)$$

ermittelt, so dass für die Beispieldaten insgesamt folgende Berechnungen resultieren:

	2	3	4	5
1	2,75	1,74	3,29	2,13
2		3,93	1,04	2,63
3			4,47	3,30
4				3,17

	2,4	3	5
1	1,43	1,74	2,13
2,4		1,67	1,41
3			3,30

	2,4,5	3
1	1,48	1,74
2,4,5		1,63

	3
1,2,4,5	1,52

Beispielsweise ergibt sich die Distanz zwischen {1,2,4,5} und {3} im letzten Schritt gemäß $v(\{1\} \cup \{2,4,5\}, \{3\}) = 0,1 \cdot (1,74 + 1,63) + 0,8 \cdot 1,48 = 1,52$. Das Dendrogramm kann dann folgendermaßen dargestellt werden:

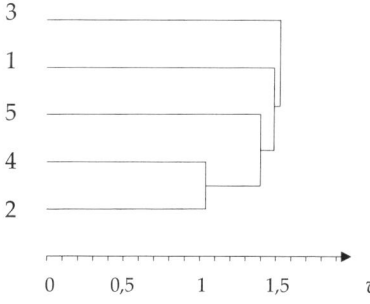

13.5.3 Anmerkungen und Eigenschaften

Hierarchische Klassifikationsverfahren haben im Vergleich zu den partitionierenden Verfahren den Vorteil, dass keine Startpartition und damit auch keine Klassenanzahl vorgegeben sein muss. Demgegenüber lassen sprunghafte Veränderungen im Wert des Gütekriteriums sogar Rückschlüsse auf die geeignete Klassenzahl zu, d. h. mit dem in Abschnitt 13.3.3 vorgestellten **Ellenbogenkriterium** kann auf Basis der ermittelten Hierarchie eine entsprechende Klassenanzahl abgeleitet werden.

Beispiel:

Betrachtet wird das im vorherigen Abschnitt bereits dargestellte Dendrogramm der Lösung des Complete Linkage Verfahrens:

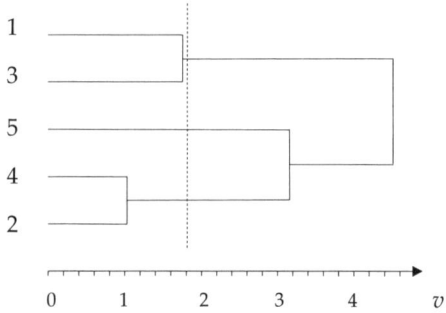

Das Ellbogenkriterium spricht hier für die 3-Klassen-Lösung $\mathcal{K} = \{\{1,3\},\{5\},\{2,4\}\}$ (vgl. gestrichelte Linie im Dendrogramm). Das Gütemaß weist hier einen Wert von 1,74 auf. Bei einer Reduzierung auf zwei Klassen würde sich das Gütemaß deutlich auf 3,17 verschlechtern, während eine Erhöhung der Klassenzahl nur zu einer vergleichsweise geringfügigen Verbesserung des Gütemaßes auf 1,04 führt.

Anhand eines Dendrogramms sind auch weiterführende Interpretationen möglich. So werden ähnliche Objekte früh fusioniert, während unähnliche Objekte erst deutlich später in Klassen zusammengefasst werden. Ausreißer werden erst am Ende des Fusionsprozesses einem großen Cluster zugeordnet.

Wie bereits anhand der Beispiel des vorherigen Abschnitts deutlich wurde, können die Ergebnisse unterschiedlicher Verfahrensvarianten voneinander abweichen. Die **Klassenstruktur** wird aber als **stabil** bezeichnet, wenn unterschiedliche Verfahren zu ähnlichen Ergebnissen führen. Des Weiteren ist die Klassenstruktur **intensiv**, wenn sukzessiv Klassen vergleichbaren Umfangs fusioniert werden und schließlich nennt man eine Klassenstruktur **schwach**, wenn sukzessiv nur benachbarte Einzelobjekte hinzugefügt werden.

Die vorgestellten Verfahrensvarianten hierarchischer Klassifikationsverfahren können darüber hinaus in Verfahrensklassen eingeteilt werden. Dabei unterscheidet man kontrahierende, dilatierende und konservative Verfahren. **Kontrahierende Verfahren** neigen dazu, wenige, aber große Klassen zu bilden. Dies führt häufig zu einer sogenannten **Kettenbildung**, mit deren Hilfe Ausreißer sehr gut identifiziert werden können. Beispiele hierfür sind das Single Linkage Verfahren und das Verfahren Flexible Strategy für kleine α ($\alpha \leq 0{,}4$). Demgegenüber weisen **dilatierende Verfahren** die Tendenz auf, mehrere, in etwa gleich große Klassen zu bilden, die relativ wenige Objekte beinhalten. Ausreißer können hier kaum identifiziert werden. Zu dieser Verfahrensgruppe gehören das Complete Linkage Verfahren, das Ward Verfahren und die Flexible Strategy für große α ($\alpha \geq 0{,}8$). Zwischen diesen beiden Extremen positionieren sich die **konservative Verfahren**, die keine der oben genannten Anomalien (Kettenbildung oder Bildung vergleichsweise kleiner Klassen) aufweisen. Beispiele hierfür sind das Average Linkage Verfahren, die Verfahren Median und Centroid sowie das Verfahren Flexible Strategy für mittlere α ($0{,}6 \leq \alpha \leq 0{,}7$)

Abschließend ist noch anzumerken, dass nicht alle hierarchischen Verfahren Partitionen erzeugen, die im Laufe des Fusionsprozesses ein **monotones** Verhalten bezüglich des ausgewählten Gütekriteriums aufweisen. Die Monotoniebedingung

$$v(K_i^\mu, K_j^\mu) \leq v(K_i^{\mu+1}, K_j^{\mu+1}) \quad \forall \mu$$

ist damit nicht erfüllt, so dass sich die Güte mit zunehmender Klassenzahl erhöhen kann. Bei nicht monotonen Verfahren können somit **Inversionen** auftreten, wie dies exemplarisch in der Abbildung 13-11 dargestellt wird.

Abbildung 13-11: Exemplarische Darstellung einer Inversion

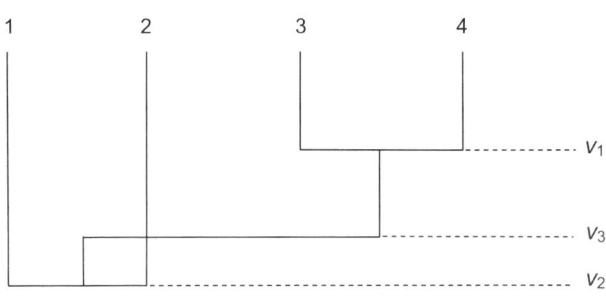

Wie zu erkennen ist, erfolgt die Fusion der Objekte 3 und 4 auf dem Niveau v_1. Anschließend werden die die Objekte 1 und 2 auf dem Fusionsniveau v_2 zusammengefasst. Bei einem monotonen Verfahren müsste folglich die Fusion der beiden Klassen {3,4} und {1,2} auf einem gleich hohen oder höheren Niveau erfolgen. In der Abbildung 13-11 kommt es an dieser Stelle aber zu einer Inversion, da das Fusionsniveau stattdessen wieder kleiner wird.

Mit Hilfe der Gleichung von Lance und Williams kann jedoch überprüft werden, inwieweit die Monotonieeigenschaft für eine Verfahrensvariante vorliegt. Danach ist ein hierarchisches Verfahren monoton, wenn es die Gleichung von Lance und Williams erfüllt und dabei gilt:

- $\alpha_1, \ \alpha_2 \geq 0$

- $\alpha_1 + \alpha_2 + \beta \geq 1$

- $\gamma \geq 0$ oder $(\gamma < 0, \ |\gamma| \leq \alpha_1, \alpha_2)$

Auf Basis dieser Bedingungen ist ersichtlich, dass die Verfahren Single Linkage, Average Linkage, Complete Linkage, Ward und Flexible Strategy monoton sind. Inversionen sind also bei den Verfahren Median und Zentroid möglich.

14 Repräsentationsverfahren

Das Ziel einer Repräsentation ist die Anordnung der Objekte als Punkte in einem möglichst niedrig dimensionierten Raum (2 oder 3 Dimensionen), so dass die relative Lage der sich ergebenden Punkte die Ähnlichkeit der Objekte angemessen beschreibt. Dadurch können unter Umständen Gruppierungen von Objekten besser aufgedeckt werden, so dass letztendlich auch die Kontrolle einer Klassifikation durchgeführt werden kann. Des Weiteren können durch die Interpretation der Achsen Aufschlüsse über den Grund der Lage bestimmter Objekte gewonnen werden.

Als Verfahrensvarianten der Repräsentation sind vor allem die mehrdimensionale Skalierung sowie die Faktorenanalyse zu nennen. Die **mehrdimensionale Skalierung** oder auch multidimensionale Skalierung (MDS) geht von beliebig skalierten Merkmalen aus. Die entsprechende Datenmatrix A wird allerdings nicht direkt verarbeitet, sondern es wird zunächst unter Zuhilfenahme geeigneter Distanzindizes eine Distanzmatrix D berechnet, die anschließend in eine metrische Repräsentation X umgewandelt wird, d. h.

$$A = \left(a_{ik}\right)_{n \times m} \quad \to \quad D = \left(d_{ij}\right)_{n \times n} \xrightarrow{\text{MDS}} X = \left(x_{ik}\right)_{n \times q}, \quad q = 2, 3.$$

Die MDS geht also von einer ordinalen Eingangsinformation in Form der Distanzmatrix aus und liefert eine metrische Ausgangsinformation. Demgegenüber geht die **Faktorenanalyse** direkt von einer Datenmatrix A aus, die als quantitativ vorausgesetzt wird. Aus dieser Datenmatrix wird dann unter Zuhilfenahme von Varianzen und Kovarianzen eine metrische Repräsentation X berechnet, d. h.

$$A = \left(a_{ik}\right)_{n \times m} \xrightarrow{\text{Faktorenanalyse}} X = \left(x_{ik}\right)_{n \times q}, \quad q = 2, 3.$$

Die Faktorenanalyse setzt also ein höheres Datenniveau voraus, bringt dafür aber Vorteile in der Interpretation der Ergebnisse mit sich. Dabei muss allerdings die Frage beantwortet werden, ob sich die m quantitativen Merkmale überhaupt sinnvoll durch q (= 2 oder 3) sogenannte Faktoren ersetzen lassen bzw. welcher Informationsverlust dabei in Kauf zu nehmen ist

Im nachfolgenden Abschnitt 14.1 wird nun zunächst der Ansatz der mehrdimensionalen Skalierung ausführlicher vorgestellt. Der Abschnitt 14.2 widmet sich dann der Faktorenanalyse, die nicht nur zur Repräsentation von Objekten herangezogen werden kann, sondern auch ein grundlegendes Verfahren zur **Merkmalsreduktion** darstellt.

14.1 Mehrdimensionale Skalierung

Voltst. Prö-
ordnung aus-
reichend

Den Ausgangspunkt für den Ansatz der mehrdimensionalen Skalierung stellt im Allgemeinen eine Distanzmatrix $D = (d_{ij})_{n,n}$ dar, wobei bereits eine **vollständige Präordnung** der Objektpaare auf $N \times N$ ausreicht. Die Verschiedenheit der Objektpaare muss also nicht zwingend quantifiziert werden, da bei der MDS lediglich die Reihung der Objektpaare anhand ihrer Verschiedenheit verarbeitet wird. Gesucht ist dann eine Repräsentation $X = (x_{ik})_{n,q}$ mit $q = 2$ oder 3, so dass die auf Basis der Repräsentation ermittelten L_p-Distanzen

$$\hat{d}(i,j) = \left(\sum_{k=1}^{q} \left| x_{ik} - x_{jk} \right|^p \right)^{1/p} \quad \text{mit } p \in \text{IN}$$

die Distanzen $d(i,j)$ bzw. die Präordnung der Objektpaare bestmöglich wiedergibt. Für den Parameter p der L_p-Distanz werden dabei meist die Werte 1 oder 2 und damit die City-Block-Distanz oder die euklidische Distanz verwendet. Aus den eben genannten Forderungen ergibt sich dann unmittelbar die sogenannte **Monotoniebedingung**

$$\left. \begin{array}{r} d(i,j) \ \leq \ d(i',j') \\ (i,j) \ \precsim \ (i',j') \end{array} \right\} \ \Rightarrow \ \hat{d}(i,j) \ \leq \ \hat{d}(i',j'),$$

die folglich möglichst wenig oder im Idealfall gar nicht verletzt sein sollte. Dabei ist noch anzumerken, dass auf der linken Seite der Monotoniebedingung beide Varianten der Ausgangsdaten, also Distanzen und Präordnung der Objektpaare angegeben sind. Falls Verletzungen der Monotoniebedingung vorliegen, sollten diese anhand eines geeigneten Gütemaßes quantifiziert werden. Daraus resultiert die grundlegende Idee des **Verfahrens von Kruskal**. Durch die Gegenüberstellung der empirischen Distanzen $d(i,j)$ und der L_p-Distanzen der Repräsentation X wird im ersten Schritt ein Abweichen von der Monotoniebedingung erfasst, so dass eine Bewertung der Repräsentation möglich ist. Im zweiten Schritt erfolgt dann eine Verbesserung der Repräsentation X, die zu einer Anpassung der L_p-Distanzen an die Monotoniebedingung führen soll.

Beispiel:

Im Folgenden wird von einer Objektmenge $N = \{1,2,3\}$ sowie der zugehörigen Distanzmatrix D mit

	2	3
1	3	4
2		5

ausgegangen. Des Weiteren liegt eine exemplarisch gewählte, zweidimensionale Repräsentation X mit

$$X = \begin{pmatrix} 0 & 0 \\ 4 & 0 \\ 0 & 3 \end{pmatrix}$$

vor, auf deren Basis sich die folgenden L_2-Distanzen $\hat{d}(i,j)$ berechnen lassen:

	2	3
1	4	3
2		5

Die empirischen Distanzen führen zu der Reihung $d(1,2) < d(1,3) < d(2,3)$, während die Distanzen der Repräsentation gemäß $\hat{d}(1,3) < \hat{d}(1,2) < \hat{d}(2,3)$ angeordnet sind. Die Monotoniebedingung ist also verletzt, da

$$d(1,2) \le d(1,3) \quad \nRightarrow \quad \hat{d}(1,2) \le \hat{d}(1,3)$$

gilt. Diese Verletzung der Monotoniebedingung kann aber durch eine Mittelung beseitigt werden, die gemäß

$$\delta(1,2) = \delta(1,3) = \frac{1}{2}\left(\hat{d}(1,2) + \hat{d}(1,3)\right) = \frac{4+3}{2} = 3,5$$

resultiert. Diese Mittelung wird auch **monotone Anpassung** genannt, da die monoton angepassten Distanzen die Monotoniebedingung erfüllen. Eine Repräsentation ist somit umso besser, je geringer der Unterschied zwischen den monoton angepassten Distanzen $\delta(i,j)$ und den auf Basis der Repräsentation ermittelten L_p-Distanzen $\hat{d}(i,j)$ ist. Damit kann eine Bewertung der Repräsentation X erfolgen.

Ein Maß, mit dem die Abweichung der monoton angepassten Distanzen $\delta(i,j)$ und der L_p-Distanzen $\hat{d}(i,j)$ gemessen wird, heißt **Stress** oder genauer **Rohstress** $b_0(X)$ und kann gemäß

$$b_0(X) = \sum_{i<j} \left(\hat{d}(i,j) - \delta(i,j)\right)^2$$

berechnet werden. Der Stress gibt damit an, wie stark die L_p-Distanzen $\hat{d}(i,j)$ von der Monotoniebedingung abweichen. Durch die Mittelung bzw. monotone Anpassung wird zum einen der Monotoniebedingung genügt und zum anderen werden die quadratischen Abweichungen zwischen $\delta(i,j)$ und $\hat{d}(i,j)$ so klein wie möglich gehalten, d. h. mit dem Stress wird die geringstmögliche Abweichung bis zum Erfüllen der Monotoniebedingung gemessen. Die am vorherigen Beispiel aufgezeigte monotone Anpassung ist in der nachfolgenden Abbildung 14-1 allgemein in Form eines Struktogramms angegeben.

Abbildung 14-1: *Monotone Anpassung nach Kruskal*

Setze $\delta(i_0, j_0)=0$, $\delta(i_1, j_1)=\hat{d}(i_1, j_1)$, $\rho=1$

Solange $\rho < \frac{n(n-1)}{2}$

ja	$\delta(i_\rho, j_\rho) \le \hat{d}(i_{\rho+1}, j_{\rho+1})$	nein

$\delta(i_{\rho+1}, j_{\rho+1}) = \hat{d}(i_{\rho+1}, j_{\rho+1})$

$\sigma=2$, $\bar{\delta}=0$

Solange $\bar{\delta} < \delta(i_{\rho+2-\sigma}, j_{\rho+2-\sigma})$

$$\bar{\delta} = \frac{1}{\sigma}\sum_{\tau=1}^{\sigma}\hat{d}(i_{\rho+2-\tau}, j_{\rho+2-\tau})$$

$\sigma = \sigma + 1$

Für $\tau = 3, \ldots, \sigma+1$

$$\delta(i_{\rho-\sigma+\tau}, j_{\rho-\sigma+\tau}) = \bar{\delta}$$

$\rho = \rho+1$

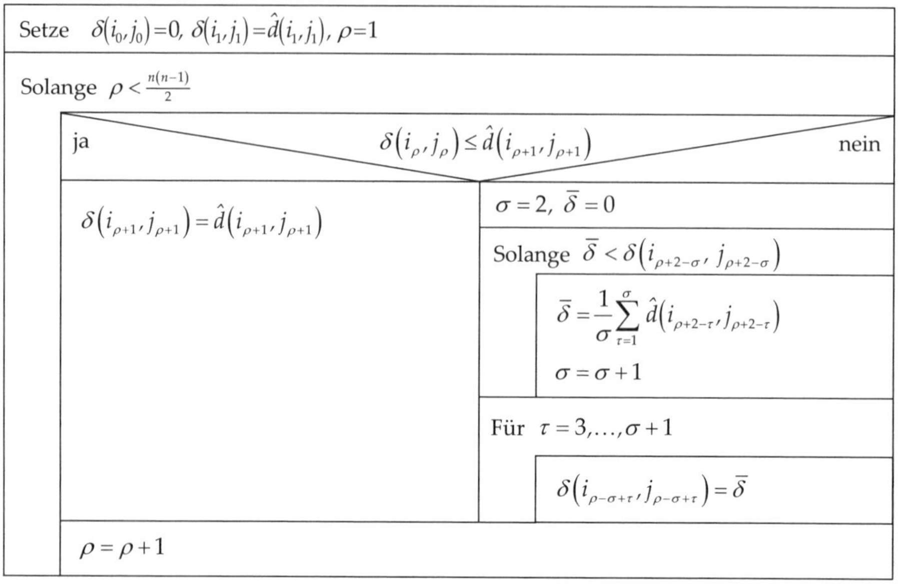

Da das Nachvollziehen der formalen Darstellung der monotonen Anpassung nach Kruskal etwas aufwendiger ist, soll im Folgenden direkt eine Veranschaulichung anhand eines Beispiels vorgenommen werden.

Beispiel:

Den Ausgangspunkt der Betrachtung stellt die Datenmatrix der Tabelle 12-1 sowie das Ergebnis der linear homogenen Aggregation aus Abschnitt 12.3.3 und damit die folgende aggregierte Distanzmatrix D dar:

		2	3	4	5
	1	2,75	1,74	3,29	2,13
$D =$	2		3,93	1,04	2,63
	3			4,47	3,30
	4				3,17

Des Weiteren wird von der nachfolgend dargestellten, zufällig gewählten Startrepräsentation X^0 ausgegangen, für die in diesem Beispiel die City-Block-Distanz berechnet wird. Die entsprechende Distanzmatrix $\hat{D}^0$ ist nachfolgend ebenfalls angegeben:

S 166

$$X^0 = \begin{pmatrix} 1 & 1 \\ 3 & 1 \\ 1 & 0 \\ 3 & 2 \\ 3 & 3 \end{pmatrix}$$

	2	**3**	**4**	**5**
1	②	1	3	4
2		3	1	2
3			4	5
4				1

$\hat{D}^0 =$

$= |1-3| + |1-1| = 2$

Für die monotone Anpassung müssen zunächst alle Objektpaare (i,j) bezüglich der Distanzen d angeordnet werden. Anschließend werden die Distanzen $\hat{d}$ der Repräsentation X^0 gemäß der eben bestimmten Reihenfolge der Objektpaare sortiert. Nun erfolgt eine Überprüfung der Monotoniebedingung gemäß dem Struktogramm der Abbildung 14-1. Ist die Monotoniebedingung verletzt, so werden die δ-Werte mit Hilfe der Mittelung (monotone Anpassung) neu berechnet. Die nachfolgende Arbeitstabelle zeigt die dazu notwendigen Rechenschritte im Einzelnen:

(i,j)	(2,4)	(1,3)	(1,5)	(2,5)	(1,2)	(4,5)	(1,4)	(3,5)	(2,3)	(3,4)
$d(i,j)$	1,04	1,74	2,13	2,63	2,75	3,17	3,29	3,30	3,93	4,47
$\hat{d}(i,j)$	1	1	4	2	2	1	3	5	3	4
$\delta(i,j)$	1 $\leq$	1 $\leq$	4 $>$	2						
			3 $\leq$	3 $>$	2					
			2,67 $\leq$	2,67 $\leq$	2,67 $>$	1				
			2,25 $\leq$	2,25 $\leq$	2,25 $\leq$	2,25 $\leq$	3 $\leq$	5 $>$	3	
								4 $\leq$	4 $\leq$	4

Wie zu erkennen ist, weichen die $\hat{d}$-Werte zum ersten Mal beim Objektpaar (1,5) von der Monotoniebedingung ab, da 4 > 2 ist. Durch die Mittelung ergeben sich dann die Werte 3 für die monoton angepassten δ-Werte der Objektpaare (1,5) und (2,5). Da dieser Wert aber beim Vergleich mit $\hat{d}(1,2)$ wiederum gegen die Monotoniebedingung spricht, muss diese Distanz in die Mittelung einbezogen werden. Die Mittelung der Werte 4, 2, 2 liefert dann 2,67. Analog erfolgt der Vergleich mit $\hat{d}(4,5) = 1$, so dass diese Distanz wegen 2,67 > 1 ebenfalls mit angepasst werden muss. Die Mittelung der

Werte 4, 2, 2, 1 führt dann zu 2,25. Mit diesem Wert ist die Monotoniebedingung jetzt auch bezüglich der nachfolgenden Distanz $\hat{d}(1,4) = 3$ erfüllt, so dass hier keine Anpassung notwendig ist. Die letzte Mittelung resultiert dann noch bei den Distanzen $\hat{d}(3,5)$ und $\hat{d}(2,3)$.

Auf Basis der monoton angepassten Distanzen kann jetzt beurteilt werden, wie gut die vorliegende Repräsentation X^0 bezüglich des Stresswerts $b_0(X^0)$ ist. Dieser ergibt sich mit

$$b_0\left(X^0\right) = \left(1-1\right)^2 + \left(1-1\right)^2 + \left(4-2,25\right)^2 + \left(2-2,25\right)^2 + \ldots + \left(4-4\right)^2 = 6,75.$$

An dieser Stelle stellt sich die Frage, was dieser Wert aussagt. Der Rohstress ist zwar nach unten hin normiert, da für $b_0(X) = 0$ keine Verletzung der Monotoniebedingung und damit eine global optimale Repräsentation vorliegt. Nach oben hin ergibt sich aber keine Begrenzung, da der Wert von den L_p-Distanzen und damit von der Repräsentation selbst abhängt. Die Idee für eine Normierung ergibt sich aus der Überlegung, dass der **maximale Stress** $b_{max}(X)$ für eine Repräsentation genau dann resultieren würde, wenn die $\hat{d}$-Werte im Vergleich zu den empirischen d-Werten in genau entgegengesetzter Richtung angeordnet sind, d. h. die Bedingung

$$d\left(i,j\right) \le d\left(i',j'\right) \quad \Rightarrow \quad \hat{d}\left(i,j\right) \ge \hat{d}\left(i',j'\right)$$

für alle Objektpaare erfüllt ist. Wenn dies der Fall ist, dann ergeben sich die δ-Werte und damit der maximale Stress gemäß

$$\delta\left(i,j\right) = \frac{2}{n(n-1)}\sum_{i<j}\hat{d}\left(i,j\right) = \overline{d} \quad \forall i,j \text{ und}$$

$$b_{max}\left(X\right) = \sum_{i<j}\left(\hat{d}\left(i,j\right) - \overline{d}\right)^2.$$

Daraus resultiert ein auf das Intervall [0, 1] **normierter Stress** $b_{norm}(X)$ gemäß der Formel

$$b_{norm}\left(X\right) = \frac{b_0\left(X\right)}{b_{max}\left(X\right)}.$$

Auf Basis von Erfahrungswerten können dann folgende Beurteilungen für eine Repräsentation abgeleitet werden:

- ■ sehr gut $\Leftrightarrow$ $b_{norm} \in [0,00; 0,05]$

- ■ gut $\Leftrightarrow$ $b_{norm} \in (0,05; 0,10]$

- ■ zufriedenstellend $\Leftrightarrow$ $b_{norm} \in (0,10; 0,15]$

- ■ ausreichend $\Leftrightarrow$ $b_{norm} \in (0,15; 0,20]$

- ■ nicht zufriedenstellend $\Leftrightarrow$ $b_{norm} \in (0,20; 1,00]$

Beispiel:

Für das vorhergehende Beispiel ergeben sich die folgenden Werte für den maximalen und den normierten Stress:

$$\overline{d} = \frac{1}{10}\sum_{i<j}\hat{d}(i,j) = 2,6$$

$$b_{max}\left(X^0\right) = \sum_{i<j}\left(\hat{d}(i,j) - \overline{d}\right)^2 = 18,4$$

$$b_{norm}\left(X^0\right) = \frac{b_0\left(X^0\right)}{b_{max}\left(X^0\right)} = \frac{6,75}{18,4} \approx 0,37$$

Damit ist die vorliegende Repräsentation X^0 als nicht zufriedenstellend zu bezeichnen, so dass die Repräsentation im nächsten Schritt bezüglich des Stresswertes $b_0(X)$ verbessert werden muss.

Die Verbesserung der Repräsentation kann mit Hilfe eines **Gradientenverfahrens** erfolgen. Gradientenverfahren sind dazu geeignet, beliebige differenzierbare Funktionen, hier die Stressfunktion $b_0(X)$, zu optimieren. Dabei nutzen diese Verfahren die bekannte Tatsache aus, dass eine Funktion in Abhängigkeit ihrer Variablen, hier die Repräsentation X, den größten Anstieg aufweist, wenn man sich bezüglich X in Richtung des Gradienten bewegt, während der größte Abstieg in Richtung des negativen Gradienten erreicht wird. Da hier der Stress $b_0(X)$ von X minimiert werden soll, muss man sich also von X ausgehend in Richtung des **negativen Gradienten** bewegen, wie dies in der Abbildung 14-2 zweidimensional dargestellt ist.

Abbildung 14-2: *Graphische Illustration zum Gradientenverfahren*

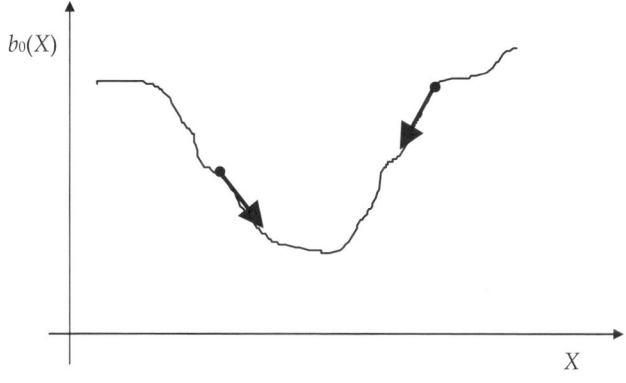

Auf Basis der Startrepräsentation X^0 ergibt sich der negative Gradient $-B^0$ als Ableitung der negativen Stressfunktion nach allen Variablen x_{ik} an der Stelle X^0 gemäß

$$-B^0 = -\left(\frac{\partial b_0}{\partial x_{ik}}\right)_{n,q}\bigg|_{X^0}.$$

Die Folgerepräsentation X^1 resultiert dann über die Berechnung

$$X^1 = X^0 - \lambda_0 \cdot B^0,$$

wobei λ_0 die **Schrittweite** darstellt. Die Schrittweite sollte dabei nicht zu klein gewählt werden, da dann unter Umständen mit einer sehr langsamen Konvergenz des Verfahrens gerechnet werden muss. Wird die Schrittweite aber zu groß gewählt, dann kann es passieren, dass eine Veränderung der Repräsentation über das Optimum hinaus erfolgt. Auf der Basis von Erfahrungswerten kann eine Empfehlung für die Schrittweite mit $\lambda_0 = 0{,}2$ gegeben werden.

Zur Ermittlung des Gradienten müssen die ersten partiellen Ableitungen der Stressfunktion

$$b_0(X) = \sum_{i<j}\left(\hat{d}(i,j)-\delta(i,j)\right)^2 \text{ mit } \hat{d}(i,j) = \left(\sum_{k=1}^{q}\left|x_{ik}-x_{jk}\right|^p\right)^{1/p}$$

gebildet werden. Diese ergeben sich in allgemeiner Form gemäß

$$\frac{\partial b_0(X)}{\partial x_{ik}} = \sum_{j:j\neq i} 2\left(\hat{d}(i,j)-\delta(i,j)\right)\cdot\frac{1}{p}\left(\sum_{k=1}^{q}\left|x_{ik}-x_{jk}\right|^p\right)^{\frac{1}{p}-1}\cdot p\cdot\left|x_{ik}-x_{jk}\right|^{p-1}\cdot\text{sgn}\left(x_{ik}-x_{jk}\right).$$

Dabei ist zu beachten, dass zum einen die Kettenregel anzuwenden ist, und zum anderen das Nachdifferenzieren des Betrags durch die **Signum-Funktion** (Vorzeichenfunktion) ausgedrückt werden kann, da allgemein für

$$f(x)=|x-c| \text{ gilt: } f'(x)=\left\{\begin{array}{l}1 \text{ für } x-c>0\\-1 \text{ für } x-c<0\end{array}\right\}=\text{sgn}(x-c).$$

Für die beiden wichtigen Spezialfälle der L_1- und L_2-Distanz reduzieren sich die Berechnungen damit auf

$$\frac{\partial b_0(X)}{\partial x_{ik}}=\left\{\begin{array}{ll}\sum\limits_{j:j\neq i} 2\left(\hat{d}(i,j)-\delta(i,j)\right)\cdot\text{sgn}\left(x_{ik}-x_{jk}\right) & \text{für } p=1,\\[2mm]\sum\limits_{j:j\neq i} 2\left(\hat{d}(i,j)-\delta(i,j)\right)\cdot\hat{d}(i,j)^{-1}\cdot\left(x_{ik}-x_{jk}\right) & \text{für } p=2.\end{array}\right.$$

Für $p = 1$ ergeben sich für alle Exponenten in der allgemeinen Form die Werte Null, so dass die entsprechenden Terme den Wert 1 ergeben. Im Fall $p = 2$ ist noch anzumerken, dass der zunächst resultierende Ausdruck $|x_{ik}-x_{jk}|\cdot\text{sgn}(x_{ik}-x_{jk})$ durch $(x_{ik}-x_{jk})$ ersetzt werden kann.

Beispiel:

Für das zur Illustration der monotonen Anpassung betrachtete Beispiel ist der Gradient aufgrund der exemplarisch gewählten L_1-Distanz gemäß

$$B^0 = \left(\frac{\partial b_0}{\partial x_{ik}}\right)_{5,2}\bigg|_{X^0} = (b_{ik})_{5,2} \quad \text{mit} \quad b_{ik} = \sum_{j:j\neq i} 2\big(\hat{d}(i,j) - \delta(i,j)\big)\cdot\text{sgn}\big(x_{ik} - x_{jk}\big)$$

zu ermitteln. Damit ergeben sich die folgenden beispielhaft dargestellten Berechnungen:

$$b_{11} = \sum_{j:j\neq 1} 2\big(\hat{d}(1,j) - \delta(1,j)\big)\cdot\text{sgn}\big(x_{11} - x_{j1}\big)$$
$$= 2\cdot(2-2,25)\cdot\text{sgn}(1-3) + 2\cdot(1-1)\cdot\text{sgn}(1-1) +$$
$$2\cdot(3-3)\cdot\text{sgn}(1-3) + 2\cdot(4-2,25)\cdot\text{sgn}(1-3) = -3$$

$$b_{12} = \sum_{j:j\neq 1} 2\big(\hat{d}(1,j) - \delta(1,j)\big)\cdot\text{sgn}\big(x_{12} - x_{j2}\big)$$
$$= 2\cdot(2-2,25)\cdot\text{sgn}(1-1) + 2\cdot(1-1)\cdot\text{sgn}(1-0) +$$
$$2\cdot(3-3)\cdot\text{sgn}(1-2) + 2\cdot(4-2,25)\cdot\text{sgn}(1-3) = -3,5$$

[handschriftliche Notiz: sgn(0) = 0 ?]

Insgesamt resultiert der Gradient dann mit

$$B^0 = \begin{pmatrix} -3 & -3,5 \\ -2,5 & -1,5 \\ 0 & 0 \\ 0 & 2,5 \\ 5,5 & 2,5 \end{pmatrix}.$$

Dabei ist anzumerken, dass die Spaltensummen jeweils Null betragen müssen, da aufgrund der Symmetrie der $\hat{d}$- und δ-Werte sowie der Signum-Funktion alle Differenzen $\hat{d}(i,j) - \delta(i,j)$ einmal positiv und einmal negativ oder erst gar nicht vorkommen (Vorzeichen ist dann null). Bei einer Schrittweite von $\lambda_0 = 0{,}2$ kann dann die neue Repräsentation X^1 gemäß

$$X^1 = X^0 - \lambda_0\cdot B^0 = \begin{pmatrix} 1 & 1 \\ 3 & 1 \\ 1 & 0 \\ 3 & 2 \\ 3 & 3 \end{pmatrix} - 0{,}2\cdot\begin{pmatrix} -3 & -3,5 \\ -2,5 & -1,5 \\ 0 & 0 \\ 0 & 2,5 \\ 5,5 & 2,5 \end{pmatrix} = \begin{pmatrix} 1,6 & 1,7 \\ 3,5 & 1,3 \\ 1 & 0 \\ 3 & 1,5 \\ 1,9 & 2,5 \end{pmatrix}$$

berechnet werden. Für diese Repräsentation muss anschließend wiederum eine Bewertung durchgeführt werden. Dazu sind zunächst die L_1-Distanzen zu ermitteln, auf deren Basis eine monotone Anpassung vorzunehmen ist. Die Ergebnisse dieser Berechnungen können den nachfolgenden Darstellungen entnommen werden:

$$\hat{D}^1 =$$

	2	3	4	5
1	2,3	2,3	1,6	1,1
2		3,8	0,7	2,8
3			3,5	3,4
4				2,1

(i,j)	(2,4)	(1,3)	(1,5)	(2,5)	(1,2)	(4,5)	(1,4)	(3,5)	(2,3)	(3,4)
$d(i,j)$	1,04	1,74	2,13	2,63	2,75	3,17	3,29	3,30	3,93	4,47
$\hat{d}(i,j)$	0,7	2,3	1,1	2,8	2,3	2,1	1,6	3,4	3,8	3,5
$\delta(i,j)$	0,7	1,7	1,7	2,2	2,2	2,2	2,2	3,4	3,65	3,65

Auf Basis der monoton angepassten Distanzen können dann der Rohstress, der maximale und der normierte Stress berechnet werden:

$$b_0\left(X^1\right) = 1,505; \quad \overline{d} = 2,36; \quad b_{max}\left(X^1\right) = 9,644; \quad b_{norm}\left(X^1\right) \approx 0,16$$

Anhand des normierten Stresswertes kann die Repräsentation X^1 als ausreichend bezeichnet werden. Eine Darstellung der Repräsentationen X_0 und X_1 findet sich in der nachfolgenden Graphik, wobei mit einem Kreuz die Koordinaten der Objekte von X_0, mit einem Punkt die Koordinaten der Objekte von X_1 und mit den Pfeilen die entsprechenden Veränderungen angedeutet sind:

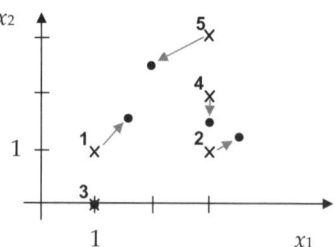

Das Gradientenverfahren ist nun zu wiederholen, bis ein akzeptabler Stress erreicht wird. In dem hier betrachteten Beispiel ist zwar der Stress bereits ausreichend, dennoch könnte mit einer weiteren Iteration gegebenenfalls ein noch besserer Stresswert erzielt werden. In realen Problemstellungen werden aufgrund einer größeren Anzahl von Objekten ohnehin deutlich mehr Iterationen zu durchlaufen sein. In der nachfolgenden Abbildung 14-3 ist noch einmal der Ablauf der mehrdimensionalen Skalierung nach Kruskal in Form eines Struktogramms zusammengefasst.

Abbildung 14-3: *Struktogramm der Mehrdimensionalen Skalierung nach Kruskal*

Distanzmatrix D, $\mu = 0$

Wähle p: L_p-Distanz der Repräsentation

q: Dimension des Repräsentationsraums

ε: Abbruchschranke für b_{norm}

Bestimme Startrepräsentation X^μ (zufällig oder bewusst)

Berechne $\hat{D}^\mu$ aus X^μ

Monotone Anpassung nach Kruskal

Berechne Stresswerte b_0, b_{max} und b_{norm}

ja	$b_{norm} \leq \varepsilon$	nein

Berechne Gradienten B^μ

Wähle Schrittweite λ_μ

Berechne $X^{\mu+1} = X^\mu - \lambda_\mu B^\mu$

$\mu = \mu + 1$

solange bis $b_{norm}(X^\mu) \leq \varepsilon$

Das Ergebnis einer MDS nach Kruskal hängt im Wesentlichen von der Startkonfiguration X^0 ab. Dabei ist insbesondere die Gefahr zu sehen, dass das Verfahren in einem **lokalen Optimum** hängen bleibt. Aus diesem Grund sollten mehrere Startkonfigurationen verwendet und die jeweiligen Berechnungen wiederholt durchgeführt werden. Aber selbst im **globalen Optimum** kann ein Stress $b_0 > 0$ auftreten. Das bedeutet allerdings nur, dass die Monotoniebedingung für die gewählte Dimensionsgröße nicht erfüllt werden kann. Da der Stress eine monoton fallende Funktion der Dimension ist, kann mit wachsendem q die Monotoniebedingung immer besser erfüllt werden.

Eine abschließende Bemerkung betrifft die Problematik, dass die monotone Anpassung nach Kruskal keine eindeutige Aussage darüber gibt, was zu tun ist, wenn die Distanzen $d(i,j)$ für verschiedene Objektpaare (i,j) identisch sind. In diesem Fall ist die Reihung der entsprechenden Objektpaare nicht eindeutig. Es gilt sogar, dass verschiedene zulässige Anordnungen der L_p-Distanzen zu unterschiedlichen Stresswerten führen können. In diesem Fall sollte neben der Monotoniebedingung zusätzlich die **Gleichheitsbedingung**

$$\left.\begin{array}{r} d(i,j) = d(i',j') \\ (i,j) \cong (i',j') \end{array}\right\} \;\Rightarrow\; \hat{d}(i,j) = \hat{d}(i',j')$$

gefordert werden.

Beispiel:

Betrachtet werden die nachfolgend dargestellten Distanzmatrizen D und $\hat{D}$:

$D =$	2	3	4	5
1	1	0	0	0
2		1	1	1
3			1	1
4				0

$\hat{D} =$	2	3	4	5
1	1	1	0	0
2		1	0	0
3			1	1
4				0

Bei der Durchführung der monotonen Anpassung ergibt sich das Problem, dass die Reihenfolge der Objektpaare (i,j), die sich ja bezüglich der Distanzen d ergibt, nicht eindeutig ist. Beispielsweise wäre gemäß der Monotoniebedingung folgende Anordnung und daraus resultierende monotone Anpassung möglich:

(i,j)	$(1,5)$	$(1,4)$	$(4,5)$	$(1,3)$	$(2,5)$	$(2,4)$	$(3,5)$	$(3,4)$	$(1,2)$	$(2,3)$
$d(i,j)$	0	0	0	0	1	1	1	1	1	1
$\hat{d}(i,j)$	0	0	0	1	0	0	1	1	1	1
$\delta(i,j)$	0	0	0	1/3	1/3	1/3	1	1	1	1

Für diesen Fall ergibt sich ein Rohstress von $b_0(X) = 0,67$. Alternativ könnten die Objektpaare aber auch anders angeordnet werden, da die Anordnung der Objektpaare mit identischen Distanzen d im Prinzip willkürlich erfolgen kann, ohne die Monotoniebedingung zu verletzten. Die in der folgenden Tabelle exemplarisch dargestellte Anordnung und entsprechende monotone Anpassung ist ebenfalls denkbar, führt aber zu einem deutlich höheren Rohstress von $b_0(X) = 2,08$.

(i,j)	$(1,3)$	$(1,4)$	$(4,5)$	$(1,5)$	$(3,5)$	$(3,4)$	$(1,2)$	$(2,3)$	$(2,5)$	$(2,4)$
$d(i,j)$	0	0	0	0	1	1	1	1	1	1
$\hat{d}(i,j)$	1	0	0	0	1	1	1	1	0	0
$\delta(i,j)$	0,25	0,25	0,25	0,25	2/3	2/3	2/3	2/3	2/3	2/3

Bei dieser Anordnung der Objektpaare ist mit der Monotoniebedingung auch die Gleichheitsbedingung erfüllt. Dies hat zwangsläufig den größtmöglichen Stresswert für eine zu bewertende Repräsentation zur Folge, liefert damit aber auch eine eindeutige und vor allem vergleichbare Lösung.

14.2 Faktorenanalyse

Neben dem Ansatz der mehrdimensionalen Skalierung kann bei Vorliegen einer quantitativen Datenmatrix speziell auch die Faktorenanalyse zur Repräsentation von Objekten eingesetzt werden. Im Unterschied zur MDS erfolgt in diesem Fall eine direkte Analyse der Beobachtungen der zu repräsentierenden Objekte bezüglich der betrachteten Merkmale ohne den Zwischenschritt einer Berechnung von Distanzindizes. Die Faktorenanalyse extrahiert aus den zwischen m Variablen beobachteten Beziehungen bzw. vorliegenden Korrelationen hypothetische Größen, sogenannte **Faktoren**, welche die in der Korrelationsmatrix enthaltenen Zusammenhänge beschreiben und erklären. Mit anderen Worten bedeutet dies, dass korrelierte Merkmale zu Merkmalskomplexen zusammengefasst werden und somit eine **Faktorenextraktion** erfolgt. Diese Faktorenextraktion führt zu einer Reduktion der Ausgangsdaten. Anstelle der m Ausgangsmerkmale liegen dann im Allgemeinen wenige Faktoren vor, wobei der Anteil der verlorengegangenen Information gering sein soll. Die resultierenden Merkmalskomplexe können meist leichter interpretiert werden als die Fülle der Ausgangsdaten und stellen darüber hinaus als unkorrelierte Variablen oft den Ausgangspunkt für andere Analyseansätze dar.

Eine in der Faktorenanalyse bevorzugte Methode ist die **Hauptkomponentenanalyse**. Sie unterstellt eine lineare Beziehung zwischen den ursprünglich erhobenen und den neu zu bestimmenden hypothetischen Größen. Die m Merkmalsvektoren $a^1,...,a^m$ lassen sich somit als Linearkombination von q Faktoren $x^1,...,x^q$ darstellen. Im Spezialfall $q = m$ ist dies ohne Informationsverlust möglich und es resultiert das folgende Modell:

$$a^k = f_{k1}x^1 + f_{k2}x^2 + ... + f_{km}x^m \quad (k = 1,...,m).$$

In Matrixschreibweise ergibt sich das Modell der Hauptkomponentenanalyse gemäß

$$
\begin{array}{ccccc}
A & = & X & \cdot & F^T
\end{array}
$$

$$
\begin{pmatrix} a_{11} & \dots & a_{1k} & \dots & a_{1m} \\ \vdots & & \vdots & & \vdots \\ a_{n1} & \dots & a_{nk} & \dots & a_{nm} \end{pmatrix} = \begin{pmatrix} x_{11} & \dots & x_{1m} \\ \vdots & & \vdots \\ x_{n1} & \dots & x_{nm} \end{pmatrix} \cdot \begin{pmatrix} f_{11} & \dots & f_{k1} & \dots & f_{m1} \\ \vdots & & \vdots & & \vdots \\ f_{1m} & \dots & f_{km} & \dots & f_{mm} \end{pmatrix} \text{ mit}
$$

- x_{ip} als **Faktorwerte**,

- f_{kp} als **Faktorladungen**,

- x^p als **Faktoren**,

- f^k als **Ladungsvektoren**,

- X als **Faktorwertematrix** und

- F als **Faktorladungsmatrix**.

Anhand der matriziellen Schreibweise wird deutlich, dass ein Objekt i, dargestellt durch die Zeile i der Datenmatrix A, nun mit Hilfe der Zeile i der Faktorwertematrix X repräsentiert werden kann. Dabei stellt sich allerdings die Frage, ob diese Darstellung auch im Fall $q < m$ ohne oder zumindest mit möglichst geringem Informationsverlust möglich ist. Um diese Frage beantworten zu können, benötigt man ein Maß für den Informationsgehalt einer Daten- bzw. Faktorwertematrix. Mit Hilfe der Kovarianzmatrizen S bzw. C von A bzw. X lassen sich die Informationsgehalte geeignet messen. Dabei wird unterstellt, dass der Informationsgehalt von Merkmalen bzw. Faktoren umso größer ist, je größer die Varianz dieser Merkmale bzw. Faktoren ist. Um nun ein geeignetes Maß für die **Gesamtvariabilität** aller Merkmale bzw. Faktoren zu erhalten, werden die Varianzen aller betrachteten Merkmale bzw. Faktoren addiert. Damit erhält man die sogenannte **Spur** von S bzw. C, so dass ein Vergleich des Informationsgehaltes der beiden Matrizen ermöglicht wird.

Formal ergibt sich folgende Darstellung. Für die Datenmatrix A berechnet sich die Kovarianzmatrix $S = (s_{kl})_{mxm}$ gemäß

$$s_{kl} = \frac{1}{n}\sum_{i=1}^{n}\left(a_{ik} - \overline{a}_{\bullet k}\right)\left(a_{il} - \overline{a}_{\bullet l}\right) \text{ mit } \overline{a}_{\bullet k} = \frac{1}{n}\sum_{i=1}^{n}a_{ik}\ .$$

Als Maß für die Gesamtinformation von A ergibt sich dann

$$\text{Spur } S = \sum_{k=1}^{m}s_{kk} = \frac{1}{n}\sum_{i=1}^{n}\sum_{k=1}^{m}\left(a_{ik} - \overline{a}_{\bullet k}\right)^{2}\ .$$

Für die Faktorwertematrix X errechnet sich analog die Kovarianzmatrix $C = (c_{kl})_{mxm}$ und daraus die Spur C gemäß

$$\text{Spur } C = \sum_{k=1}^{m}c_{kk} = \frac{1}{n}\sum_{i=1}^{n}\sum_{k=1}^{m}\left(x_{ik} - \overline{x}_{\bullet k}\right)^{2}\ .$$

Ausgehend vom grundlegenden Modell der Hauptkomponentenanalyse mit $A = X{\cdot}F^{T}$ und der zusätzlichen Bedingung, dass F orthogonal ist (d. h. $F^{T}{\cdot}F = F{\cdot}F^{T} = E$), gilt:

- ■ Spur S = Spur C

- ■ $C = F^{T}{\cdot}S{\cdot}F$

Die Beweise dieser beiden Aussagen ergeben sich unter der Orthogonalitätsannahme durch einfaches Nachrechnen. Die erste Aussage besagt insbesondere, dass die Information von A beim Übergang auf X für $q = m$ erhalten bleibt. Die zweite Aussage bedeutet speziell für die Hauptdiagonale von C, dass $c_{kk} = f^{kT}{\cdot}S{\cdot}f^{k}$, d. h. der durch den Faktor x^k erklärte Anteil der Varianz hängt nur von f^k ab, da die Kovarianzmatrix S mit der Datenmatrix A gegeben ist. Im Fall einer als orthogonal vorausgesetzten Faktorladungsmatrix F kann die grundlegende Modellgleichung auch gemäß

$$A = X{\cdot}F^{T} \quad \Leftrightarrow \quad A{\cdot}F = X{\cdot}F^{T}{\cdot}F = X$$

umgeformt werden, so dass X aus A und F berechnet werden kann.

Wie vorhin bereits erwähnt wurde, besteht das Ziel einer Hauptkomponentenanalyse unter anderem in der Merkmalsreduktion, d. h. man möchte mit möglichst wenigen unkorrelierten Faktoren auskommen und dennoch einen Großteil der Information darstellen. Aus diesem Grund sollen die durch die Faktoren erklärten Varianzanteile mit wachsendem Index abnehmen, d. h. es soll $c_{11} \geq c_{22} \geq c_{33} \geq ... \geq c_{mm}$ gelten. Des Weiteren soll der Faktor x^1 den größtmöglichen Varianzanteil erklären, Faktor x^2 den zweitgrößten Anteil usw., so dass sich die folgenden Optimierungsprobleme ergeben:

(1) $\max c_{11} = \max f^{1T} \cdot S \cdot f^1$ mit $f^{1T} \cdot f^1 = 1$

(2) $\max c_{22} = \max f^{2T} \cdot S \cdot f^2$ mit $f^{2T} \cdot f^2 = 1$ und $f^{2T} \cdot f^1 = 0$

...

Damit kann das Optimierungsproblem in allgemeiner Form wie folgt formuliert werden:

$$\max c_{kk} = \max f^{kT} \cdot S \cdot f^k \ \ \text{mit } f^{kT} \cdot f^k = 1 \text{ und } f^{kT} \cdot f^l = 0 \text{ für } l = 1, ..., k-1$$

Zur Lösung dieses Optimierungsproblems wird die Lagrange-Funktion aufgestellt, die sich mit

$$L(f, \lambda) = f^T \cdot S \cdot f + \lambda \left(1 - f^T \cdot f \right)$$

ergibt. Partielles Ableiten und Nullsetzen führt zu

$$\frac{\partial L(f, \lambda)}{\partial f} = 2 \cdot S \cdot f - 2 \cdot \lambda \cdot f = 0,$$

so dass sich folgendes Eigenwertproblem von S ergibt:

$$S \cdot f = \lambda \cdot f \ \ \Leftrightarrow \ \ (S - \lambda \cdot E) \cdot f = 0$$

Da die Kovarianzmatrix S symmetrisch ist, resultieren m reelle Eigenwerte und Eigenvektoren. Die Eigenwerte sind dann $c_{11}, ..., c_{mm}$, da $c_{kk} = f^{kT} \cdot S \cdot f^k = f^{kT} \cdot \lambda_k \cdot f^k = \lambda_k \cdot f^{kT} \cdot f^k = \lambda_k$. Die Ladungsvektoren $f^1, ..., f^m$ mit $f^{kT} \cdot f^k = 1$ und $f^{kT} \cdot f^l = 0$ für $l \neq k$ stellen die zugehörigen Eigenvektoren dar. Aufgrund der Orthogonalität der Ladungsmatrix ist die Matrix C Diagonalmatrix, d. h.

$$C = \begin{pmatrix} c_{11} & & 0 \\ & \ddots & \\ 0 & & c_{mm} \end{pmatrix},$$

so dass die Faktoren paarweise unkorreliert sind. Zweckmäßigerweise werden die Faktoren $x^1, ..., x^m$ in der Art nummeriert, dass $\lambda_1 = c_{11} \geq \lambda_2 = c_{22} \geq ... \geq \lambda_m = c_{mm}$. Damit erklärt x^1 mit $\lambda_1 / \Sigma \lambda_k$ den größten Anteil der Varianz, x^2 mit $\lambda_2 / \Sigma \lambda_k$ den zweitgrößten Anteil usw. Im Fall einer Merkmalsreduktion auf $q < m$ Faktoren kann somit eine Bewertung des Informationsverlustes gemäß

$$b(q) = 1 - \frac{\lambda_1 + \ldots + \lambda_q}{\lambda_1 + \ldots + \lambda_m} = \left[1 - \frac{c_{11} + \ldots + c_{qq}}{c_{11} + \ldots + c_{mm}} \right] \in [0,1] \text{ und } b(m) = 0$$

erfolgen. Für $q = m$ liegt also kein Informationsverlust vor. In realen Problemstellungen sollte dieser Informationsverlust in Abhängigkeit von der Anzahl der vorliegenden Merkmale zwischen 0,25 und maximal 0,5 betragen. Je mehr Merkmale in die Analyse eingehen, desto mehr Informationsverlust muss im Allgemeinen in Kauf genommen werden.

In der nachfolgenden Abbildung 14-4 ist die Vorgehensweise einer Hauptkomponentenanalyse noch einmal in Form eines Struktogramms zusammengefasst.

Abbildung 14-4: *Struktogramm der Hauptkomponentenanalyse*

Datenmatrix A, maximaler Informationsverlust b_0
Berechne Kovarianzmatrix S
Löse Eigenwertproblem $(S - \lambda \cdot E) \cdot f = 0$ $\lambda_1 = c_{11} \geq \lambda_2 = c_{22} \geq \ldots \geq \lambda_m = c_{mm} \geq 0$ $(f^1, f^2, \ldots, f^m) = F$
Bestimme q minimal, so dass $\quad b(q) = 1 - \dfrac{\lambda_1 + \ldots + \lambda_q}{\lambda_1 + \ldots + \lambda_m} \leq b_0$
Ladungsmatrix $F_q = (f^1, f^2, \ldots, f^q)$
Faktorwertematrix $X_q = A \cdot F_q = (x^1, x^2, \ldots, x^q)$

Beispiel:

Vier Mittelklasseautomobile wurden bezüglich der Merkmale Komfort, Preisniveau und Leistung auf einer Skala von 0 bis 10 beurteilt. Es ergab sich die folgende Datenmatrix:

$$A = \begin{pmatrix} 6 & 0 & 0 \\ 8 & 8 & 4 \\ 0 & 4 & 0 \\ 2 & 8 & 8 \end{pmatrix}$$

Zur Durchführung einer Hauptkomponentenanalyse wird zunächst die Kovarianzmatrix S berechnet. Diese ergibt sich gemäß

$$0 = \frac{1}{4}\left((6-4)^2 + (8-4)^2 + (0-4)^2 + (2-4)^2\right) = 10$$

$$\rightarrow \frac{1}{4}\left((6-4)\cdot(0-5) + (8-4)(8-5) + (6-4)\cdot(4-5) + (2-4)(8-5)\right)$$

$$S = \begin{pmatrix} 10 & 0 & 0 \\ 0 & 11 & 9 \\ 0 & 9 & 11 \end{pmatrix}$$

$$= -10 + 17 + 4 - 6 = 0$$

Anhand der Kovarianzmatrix ist sofort ersichtlich, dass das erste Merkmal zu den anderen beiden Merkmalen unkorreliert ist und damit nicht gemeinsam mit diesen Merkmalen auf einen Faktor kommen kann. Das zugehörige Eigenwertproblem hat genau dann eine Lösung $f \neq 0$, wenn $\det(S - \lambda \cdot E) = 0$ gilt. Dies führt zu

$$\det \begin{pmatrix} 10-\lambda & 0 & 0 \\ 0 & 11-\lambda & 9 \\ 0 & 9 & 11-\lambda \end{pmatrix} = (10-\lambda)\cdot\left[(11-\lambda)^2 - 9\cdot9\right] = 0$$

und damit zu den Lösungen $\lambda_1 = 20$, $\lambda_2 = 10$ und $\lambda_3 = 2$. Mit den beiden ersten Faktoren lassen sich somit $(20 + 10) / 32 = 0{,}9375$, also 93,75 % der Ausgangsinformation darstellen. Für den Eigenwert $\lambda_1 = 20$ kann der zugehörige Eigenvektor f^1 aus dem Gleichungssystem

$$\begin{pmatrix} 10-20 & 0 & 0 \\ 0 & 11-20 & 9 \\ 0 & 9 & 11-20 \end{pmatrix}\cdot\begin{pmatrix} f_{11} \\ f_{21} \\ f_{31} \end{pmatrix} = \begin{pmatrix} 0 \\ 0 \\ 0 \end{pmatrix} = 0 \quad 0 + (11-20)\cdot\sqrt{\tfrac{1}{2}} + 9\cdot\sqrt{\tfrac{1}{2}}$$

bestimmt werden. Wegen $f^{1T}\cdot f^1 = 1$ erhält man $f_{11} = 0$ und $f_{21} = f_{31} = \sqrt{\tfrac{1}{2}}$. Analog ergibt sich auf Basis des Eigenwerts $\lambda_2 = 10$ das Gleichungssystem

$$\begin{pmatrix} 10-10 & 0 & 0 \\ 0 & 11-10 & 9 \\ 0 & 9 & 11-10 \end{pmatrix}\cdot\begin{pmatrix} f_{12} \\ f_{22} \\ f_{32} \end{pmatrix} = \begin{pmatrix} 0 \\ 0 \\ 0 \end{pmatrix}$$

und damit $f_{12} = 1$ sowie $f_{22} = f_{32} = 0$. Damit kann die zweifaktorielle Lösung bestimmt werden Diese ergibt sich mit der Faktorenwertematrix

$$X = A\cdot F = \begin{pmatrix} 6 & 0 & 0 \\ 8 & 8 & 4 \\ 0 & 4 & 0 \\ 2 & 8 & 8 \end{pmatrix}\cdot\begin{pmatrix} 0 & 1 \\ \sqrt{\tfrac{1}{2}} & 0 \\ \sqrt{\tfrac{1}{2}} & 0 \end{pmatrix} = \begin{pmatrix} 0 & 6 \\ 12\sqrt{\tfrac{1}{2}} & 8 \\ 4\sqrt{\tfrac{1}{2}} & 0 \\ 16\sqrt{\tfrac{1}{2}} & 2 \end{pmatrix}.$$

Zur weiterführenden Interpretation der Analyseergebnisse können die **Korrelationskoeffizienten** r_{kp} für $k = 1,\ldots,m$ und $p = 1,\ldots,q$ zwischen den ursprünglichen Merkmalsvektoren a^k ($k = 1,\ldots,m$) und den Faktoren x^p ($p = 1,\ldots,q$) wie folgt berechnet werden:

$$r_{kp} = \frac{\dfrac{1}{n}\sum_{i=1}^{n}(a_{ik} - \bar{a}_{\bullet k})(x_{ip} - \bar{x}_{\bullet p})}{\sqrt{s_{kk}}\cdot\sqrt{c_{pp}}}.$$

Der quadrierte Korrelationskoeffizient r_{kp}^2 gibt an, welcher Anteil der Ausgangsinformation des Merkmals k auf den Faktor p übertragen wird. Auf Grundlage dieser Korrelationskoeffizienten lässt sich dann der Anteil der auf die ersten q Faktoren übertragenen Information des k-ten Merkmals berechnen. Dieser Anteil wird als **Kommunalität** K_k bezeichnet und ergibt sich gemäß

$$K_k = \sum_{p=1}^{q} r_{kp}^2 \in [0,1] \quad \text{für} \quad k = 1, ..., m \,.$$

Die Kommunalität gibt damit an, welcher Anteil der Information des Merkmals k noch in den Faktoren $x^1, ..., x^q$ enthalten ist.

Beispiel:

Für das zuvor betrachtete Beispiel ergibt sich exemplarisch der Korrelationskoeffizient zwischen dem zweiten Merkmal und dem ersten Faktor gemäß

$$r_{21} = \frac{\frac{1}{4}\left[(0-5)\left(0-8\sqrt{1/2}\right) + ... + (8-5)\left(16\sqrt{1/2} - 8\sqrt{1/2}\right)\right]}{\sqrt{11} \cdot \sqrt{20}} = 0,9535$$

Analog ergeben sich die Werte $r_{22} = 0$, $r_{11} = 0$, $r_{12} = 1$, $r_{31} = 0,9535$ und $r_{32} = 0$. Damit resultieren für die zweifaktorielle Lösung die Kommunalitäten $K_1 = 1$ und $K_2 = K_3 = 0,9535^2 = 0,9092$, d. h. in den ersten beiden Faktoren sind 100 % der Ausgangsinformation des ersten Merkmals und jeweils 90,92 % der Ausgangsinformation der Merkmale 2 und 3 enthalten.

Abschließend ist noch anzumerken, dass allgemeingültige Kriterien zur Bestimmung einer problemadäquaten Repräsentationsdimension q nicht bekannt sind. Man kann sich aber an den folgenden Regeln orientieren:

■ Man wählt q so aus, dass eine Reduktion der Faktorenzahl einen verhältnismäßig hohen zusätzlichen Informationsverlust mit sich bringen würde. Dieses Vorgehen entspricht im Grundgedanken dem aus der Clusteranalyse bekannten **Ellenbogenkriterium**.

■ Man wählt ein minimales $q \geq 1$ mit $b(q) \geq b_0$, d. h. es wird ein q auf Basis eines maximal akzeptablen **Informationsverlusts** b_0 ausgewählt.

■ Man wählt ein maximales $q \leq m$ mit $\lambda_q \geq (\lambda_1 + ... + \lambda_m) / m$, d. h. jeder Faktor soll mindestens die durchschnittliche Merkmalsvarianz erklären. Diese Entscheidungsregel wird auch als das sogenannte **Kaiser-Kriterium** bezeichnet.

15 Identifikationsverfahren

Das Ziel einer Identifikation besteht darin, ein **abhängiges Merkmal** Y mit Hilfe von **unabhängigen Merkmalen** $X_1,...,X_m$ zu erklären. Gesucht sind folglich im allgemeinen Fall eine Funktion f sowie entsprechende Merkmale $X_1,...,X_m$, so dass

$$Y = f(X_1,...,X_m)$$

gilt. Y wird dabei auch als **endogene Variable** bezeichnet, während für $X_1,...,X_m$ auch der Begriff der **exogenen Variablen** gebräuchlich ist. Des Weiteren sollte eine **kausale Abhängigkeit** zwischen der abhängigen und den unabhängigen Variablen vorliegen bzw. vermutet werden. Im Gegensatz zu der im vorherigen Kapitel vorgestellten Faktorenanalyse werden aber keine wechselseitigen Abhängigkeiten der dann als gleichrangig angesehenen Variablen untersucht, sondern es steht der einseitige Einfluss der unabhängigen Merkmale auf das abhängige Merkmal im Vordergrund der Betrachtung. Aus diesem Grund spricht man hier auch von einer **Dependenzanalyse**, während die Faktorenanalyse ein interdependenzanalytisches Verfahren darstellt.

In den nachfolgenden Abschnitten dieses Kapitels werden ausschließlich Modelle und Verfahren betrachtet, bei denen eine **lineare Beziehung** zwischen den unabhängigen und der abhängigen Variable unterstellt wird. In diesem Fall werden also Gewichte α_0, $\alpha_1,...,\alpha_m$ gesucht, so dass

$$Y = \alpha_0 + \alpha_1 \cdot X_2 + ... + \alpha_m \cdot X_m$$

gilt. Je nach vorliegendem Skalenniveau der abhängigen und der unabhängigen Variablen kommen unterschiedliche Verfahren zur Anwendung. Für die wichtigsten Fälle nominaler und quantitativer Merkmale sind in der nachfolgenden Tabelle 15-1 die entsprechenden Verfahren im Überblick dargestellt.

Tabelle 15-1:   *Wichtige Identifikationsverfahren im Überblick*

unabhängige Merkmale $X_1,...,X_m$ / abhängiges Merkmal Y	quantitativ	nominal
quantitativ	Regressionsanalyse	Varianzanalyse
nominal	Diskriminanzanalyse	Kontingenzanalyse

Sind also sowohl die abhängige als auch die unabhängigen Variablen quantitativ, dann stellt die **Regressionsanalyse** den geeigneten Verfahrensansatz dar. Die lineare Regression wurde ja bereits in Kapitel 6 ausführlich behandelt. In Ergänzung zu den dort bereits vorgestellten Ansätzen werden jetzt jedoch mehrere unabhängige Variablen zur Erklärung des abhängigen Merkmals herangezogen. Aus diesem Grund wird jetzt auch von einer **multiplen linearen Regression** gesprochen. Beispielsweise könnte eine entsprechende Problemstellung darin bestehen, Absatzzahlen mit Hilfe von Werbeausgaben und Preisen gemeinsam zu erklären. Aber auch die Identifikation von Repräsentationsergebnissen durch mehrere ausgewählte, quantitative Merkmale stellt eine mögliche Anwendung der multiplen Regression dar, um dadurch zusätzliche Interpretationshilfen im Hinblick auf die Lage der Objekte zu erhalten. Im nachfolgenden Abschnitt 15.1 wird der Ansatz der multiplen linearen Regression ausführlich vorgestellt.

Der Abschnitt 15.2 widmet sich dann der **Diskriminanzanalyse**, die im Gegensatz zur Regressionsanalyse von einem nominalen zu identifizierenden Merkmal Y ausgeht. Ein Anwendungsbeispiel hierfür stellt die Analyse der Kreditwürdigkeit von Bankkunden dar. Auf Basis quantitativer Merkmale wie Einkommen oder Alter wird das nominal binäre Merkmal Kreditwürdigkeit (ja oder nein) erklärt, so dass mit Hilfe eines ermittelten Modells auch Neukunden entsprechend eingestuft werden können. Eine weitere Anwendung findet sich in der Identifikation von Ergebnissen einer Clusteranalyse. Die Clusterzugehörigkeit kann dann mit Hilfe ausgewählter quantitativer Merkmale identifiziert werden, um dadurch eine zusätzliche inhaltliche Interpretation der Klassen zu erhalten.

Im Fall eines quantitativen Merkmals Y, das mit Hilfe nominaler Merkmale $X_1,...,X_m$ erklärt werden soll, kommt die **Varianzanalyse** zur Anwendung, auf die in Abschnitt 15.3 eingegangen wird. Mit diesem Ansatz können beispielsweise die folgenden Fragestellungen beantwortet werden:

- Haben die Art der Verpackung oder der Absatzweg einen Einfluss auf die Höhe der Absatzmenge?

- Hat die Farbe einer Anzeige einen Einfluss auf die Zahl der Personen, die sich an die Werbung erinnern?

Sind schließlich sowohl das abhängige als auch die unabhängigen Merkmale nominal, wird mit der **Kontingenzanalyse** eine geeignete Untersuchungsmethode bereitgestellt. Da aber Kontingenztafeln in Abschnitt 5.3 und ein entsprechendes Testverfahren in Abschnitt 11.5.3 bereits vorgestellt wurden, wird dieser Ansatz an dieser Stelle nicht weiter behandelt.

15.1 Multiple Regression

Absalz zahlen mit Hilfe von Werbe ausgaben + Preisen (handwritten)

Die Zielsetzung der multiplen Regression besteht darin, den funktionalen Zusammen-hangs zwischen einem quantitativen Merkmal Y und den ebenfalls als quantitativ vorausgesetzten Merkmalen $X_1,...,X_m$ zu untersuchen. Soll dieser funktionale Zusam-menhang nur deskriptiv analysiert werden, können auch binäre exogene Variablen in das Modell aufgenommen werden. Man spricht in diesem Zusammenhang auch von einer sogenannten **Dummy-Regression**. Entsprechende statistisch-induktive Aussa-gen, die später noch vorgestellt werden, besitzen in diesem Fall dann allerdings keine Gültigkeit mehr.

Das grundlegende Modell der multiplen linearen Regression kann wie folgt formuliert werden:

$$Y = \beta_0 + \beta_1 \cdot X_1 + ... + \beta_m \cdot X_m + U$$

Dabei bezeichnen β_0 das **Absolutglied** und $\beta_1,...,\beta_m$ die **Regressionskoeffizienten**. Die abhängige Variable Y wird auch **Regressand** und die unabhängigen Variablen $X_1,...,X_m$ werden auch **Regressoren** genannt. U stellt eine sogenannte **Störvariable** dar, die der Tatsache Rechnung trägt, dass Variablen grundsätzlich mit Messfehlern behaf-tet sind und Zusammenhänge zwischen ökonomischen Variablen im Allgemeinen stochastischer Natur sind. Ausgehend von jeweils n Beobachtungswerten für die be-trachteten Variablen ergibt sich dann in Matrixform die Darstellung

$$y = \begin{pmatrix} y_1 \\ \vdots \\ y_n \end{pmatrix} = \begin{pmatrix} 1 & x_{11} & \cdots & x_{1m} \\ \vdots & \vdots & & \vdots \\ 1 & x_{n1} & \cdots & x_{nm} \end{pmatrix} \cdot \begin{pmatrix} \beta_0 \\ \vdots \\ \beta_m \end{pmatrix} + \begin{pmatrix} u_1 \\ \vdots \\ u_n \end{pmatrix} = X \cdot \beta + u \,,$$

wobei die Matrix X als **Designmatrix** bezeichnet wird.

Dem dargestellten multiplen linearen Regressionsmodell liegen die folgenden An-nahmen zugrunde:

(1) **Erwartungstreue:** $E(u_i) = 0$ für alle $i = 1,...,n$

(2) **Homoskedastizität:** $Var(u_i) = \sigma^2$ für alle $i = 1,...,n$; $Cov(u_i, u_j) = 0$ für $i \neq j$

(3) **Verteilungsannahme:** $u_i \sim N(0, \sigma^2)$

(4) **Non-Kollinearität:** X besitzt den Rang $(m + 1)$

(5) **Stichprobengröße:** $n > m + 1$

Zur Durchführung deskriptiver Analysen werden ausschließlich die Annahmen (1) und (4) benötigt. Die Annahme (1) besagt im Prinzip, dass sich die nicht beobachtba-ren Einflüsse auf die abhängige Variable im Mittel kompensieren. Des Weiteren ist die Annahme (4) für die Schätzung der Modellparameter notwendig. Wie später noch ausführlicher aufgezeigt wird, muss hierzu eine Matrixinvertierung durchgeführt werden, die den vollen Rang der entsprechenden Matrix voraussetzt. Falls die Annahme (4) verletzt ist, spricht man auch von **Multikollinearität**. In diesem Fall liegt eine Abhängigkeit zwischen den unabhängigen Merkmalen vor.

Die Annahmen (2), (3) und (5) sind für statistisch-induktive Aussagen im Rahmen der Regressionsanalyse notwendig. Die Annahme (2) besagt insbesondere, dass für die Störvariablen eine Varianzhomogenität vorliegen muss. Falls diese Annahme verletzt ist, spricht man von **Heteroskedastizität**. Dies bedeutet, dass die Varianz der Störvariablen von den Beobachtungswerten abhängt. Beispielsweise könnte die Störvarianz bezüglich der Konsumausgaben mit wachsendem Einkommen steigen, da es unter den Personen mit einem höheren Einkommen sowohl mehr Geizhälse als auch mehr Verschwender geben kann. Die Notwendigkeit dieser Annahme (2), aber auch der Normalverteilungsannahme (3) sowie der Annahme (5) über den Stichprobenumfang werden später bei der Darstellung entsprechender Testverfahren noch ersichtlich werden. Zur Annahme (5) ist an dieser Stelle noch anzumerken, dass aufgrund der Forderung (4) bereits $n \geq m + 1$ gelten muss. Des Weiteren sollte in realen Anwendungen die Anzahl der Beobachtungswerte ohnehin deutlich größer als die Anzahl der zu schätzenden Parameter sein. Um verlässliche Parameterschätzungen zu erhalten, kann als grobe Empfehlung ein Richtwert von in etwa 20 Beobachtungswerten je zu schätzendem Parameter genannt werden.

Die Schätzung der Modellparameter erfolgt wie im bivariaten Fall mit Hilfe der **Methoden der Kleinsten Quadrate**. Gesucht sind also die Schätzwerte $\hat{\beta}_0, \ldots, \hat{\beta}_m$, so dass mit Hilfe der aus dem Modell resultierenden Schätzwerte für y, den Werten $\hat{y}_i = \hat{\beta}_0 + \hat{\beta}_1 x_{i1} + \ldots + \hat{\beta}_m x_{im}$, die **Residualquadratsumme** SSE (error sum of squares) gemäß

$$SSE = \sum_{i=1}^{n} \left(y_i - \hat{y}_i \right)^2$$

minimal wird. In Matrixform ergibt sich folglich das Minimierungsproblem

$$\left(y - X\hat{\beta} \right)^T \left(y - X\hat{\beta} \right) \to \min .$$

Die Optimierung der dargestellten Zielfunktion erfolgt durch Nullsetzen der entsprechenden Ableitung nach den zu schätzenden Regressionskoeffizienten. Zuvor ist es aber zweckmäßig, die Zielfunktion wie folgt umzuformen:

$$
\begin{aligned}
\left(y - X\hat{\beta} \right)^T \left(y - X\hat{\beta} \right) &= y^T y - \left(X\hat{\beta} \right)^T y - y^T X\hat{\beta} + \left(X\hat{\beta} \right)^T X\hat{\beta} \\
&= y^T y - \left(X\hat{\beta} \right)^T y - \left(X\hat{\beta} \right)^T y + \left(X\hat{\beta} \right)^T X\hat{\beta} \\
&= y^T y - \hat{\beta}^T X^T y - \hat{\beta}^T X^T y + \hat{\beta}^T X^T X\hat{\beta} \\
&= y^T y - 2\hat{\beta}^T X^T y + \hat{\beta}^T X^T X\hat{\beta}
\end{aligned}
$$

Die Ableitung dieser umgeformten Zielfunktion und anschließendes Nullsetzen führt dann zu

$$\frac{\partial}{\partial \hat{\beta}} = -2X^T y + 2X^T X \hat{\beta} = 0 \quad \Leftrightarrow \quad X^T X \hat{\beta} = X^T y \quad \Leftrightarrow \quad \hat{\beta} = \begin{pmatrix} \hat{\beta}_0 \\ \vdots \\ \hat{\beta}_m \end{pmatrix} = \left(X^T X \right)^{-1} X^T y \,.$$

Die Invertierung der Matrix $X^T X$ ist aufgrund der Annahme (4) stets gewährleistet, da der volle Rang von X hinreichend für die Regularität von $X^T X$ ist. Anzumerken ist noch, dass für die Hessematrix, die sich mit $2X^T X$ ergibt, die positive Definitheit nachgewiesen werden kann und damit die obige Lösung eine Minimalstelle der betrachteten Zielfunktion darstellt.

Zur Beurteilung der Güte der Schätzung wird die folgende **Quadratsummenzerlegung** betrachtet:

$$\underbrace{\sum_{i=1}^{n}\left(y_i - \overline{y}\right)^2}_{\text{SST}} = \underbrace{\sum_{i=1}^{n}\left(y_i - \hat{y}_i\right)^2}_{\text{SSE}} + \underbrace{\sum_{i=1}^{n}\left(\hat{y}_i - \overline{y}\right)^2}_{\text{SSR}}$$

Dabei stellt die Größe SST die Gesamtquadratsumme (total sum of squares), die Größe SSE die Fehlerquadratsumme (error sum of squares) und die Größe SSR die durch die Regression erklärte Quadratsumme (regression sum of squares) dar. Da die Gesamtquadratsumme SST mit den vorliegenden Daten gegeben ist, wird die Modellanpassung umso besser, je kleiner die Fehlerquadratsumme SSE ist. Folglich bietet sich zur Gütebeurteilung eine Kennzahl an, die den durch die Regression erklärten Anteil der Gesamtquadratsumme angibt. Dieses Maß wird als **multiples Bestimmtheitsmaß** bezeichnet und ergibt sich gemäß

$$R^2 = \frac{\text{SSR}}{\text{SST}} = 1 - \frac{\text{SSE}}{\text{SST}} \in [0;1]\,.$$

Für $R^2 = 1$ verschwinden folglich alle Residuen, während im Fall $R^2 = 0$ die Regressoren keinen Beitrag zur Erklärung der Gesamtvariabilität liefern. In praktischen Anwendungen sollte der Wert für das multiple Bestimmtheitsmaß mindestens 0,5 betragen, um von einer akzeptablen Modellgüte sprechen zu können. Allerdings wächst R^2 mit der Anzahl der Regressoren, da die Gesamtquadratsumme SST in diesem Fall konstant bleibt und die Fehlerquadratsumme SSE kleiner wird. Aus diesem Grund ist eine Korrektur im Hinblick auf die Anzahl der Regressoren notwendig, die zum sogenannten **korrigierten Bestimmtheitsmaß** führt. Dieses kann gemäß

$$\overline{R}^2 = 1 - \frac{(n-1) \cdot \text{SSE}}{(n-m-1) \cdot \text{SST}}$$

berechnet werden und ist im Allgemeinen kleiner als R^2.

Beispiel:

Für fünf Produkte $P_1,...,P_5$ liegen sowohl der Marktanteil Y (in Prozent) als auch der Preis X_1 (in EUR) und die Werbeausgaben X_2 (in Tausend EUR) vor. Mit Hilfe der Regressoren X_1 und X_2 soll nun der Marktanteil Y identifiziert werden. Zur Schätzung der Parameter eines entsprechenden Regressionsmodells liegen folgende Daten vor:

Produkt	Y	X_1	X_2
P_1	40	1	3
P_2	20	2	3
P_3	20	2	2
P_4	10	2	1
P_5	10	3	1

Die Schätzwerte für die Regressionskoeffizienten ergeben sich mit

$$\begin{pmatrix} \hat{\beta}_0 \\ \hat{\beta}_1 \\ \hat{\beta}_2 \end{pmatrix} = \left(X^T X\right)^{-1} X^T y$$

$$= \left[\begin{pmatrix} 1 & 1 & 1 & 1 & 1 \\ 1 & 2 & 2 & 2 & 3 \\ 3 & 3 & 2 & 1 & 1 \end{pmatrix} \cdot \begin{pmatrix} 1 & 1 & 3 \\ 1 & 2 & 3 \\ 1 & 2 & 2 \\ 1 & 2 & 1 \\ 1 & 3 & 1 \end{pmatrix} \right]^{-1} \cdot \begin{pmatrix} 1 & 1 & 1 & 1 & 1 \\ 1 & 2 & 2 & 2 & 3 \\ 3 & 3 & 2 & 1 & 1 \end{pmatrix} \cdot \begin{pmatrix} 40 \\ 20 \\ 20 \\ 10 \\ 10 \end{pmatrix}$$

$$= \begin{pmatrix} 5 & 10 & 10 \\ 10 & 22 & 18 \\ 10 & 18 & 24 \end{pmatrix}^{-1} \cdot \begin{pmatrix} 100 \\ 170 \\ 240 \end{pmatrix} = \begin{pmatrix} \frac{51}{5} & -3 & -2 \\ -3 & 1 & \frac{1}{2} \\ -2 & \frac{1}{2} & \frac{1}{2} \end{pmatrix} \cdot \begin{pmatrix} 100 \\ 170 \\ 240 \end{pmatrix} = \begin{pmatrix} 30 \\ -10 \\ 5 \end{pmatrix}.$$

Das geschätzte Regressionsmodell lautet folglich $Y = 30 - 10X_1 + 5X_2$, d. h. ausgehend von einem Grundmarktanteil von 30 % führt jeder Euro im Preis des Produkts zu einer Reduzierung um 10 Prozentpunkte, während jeweils 1.000 Euro Werbeausgaben eine Erhöhung um 5 Prozentpunkte zur Folge haben. Auf Basis des Modells resultieren dann die folgenden Schätzwerte für den Marktanteil der fünf Produkte:

$$\hat{y} = X\hat{\beta} = \begin{pmatrix} 1 & 1 & 3 \\ 1 & 2 & 3 \\ 1 & 2 & 2 \\ 1 & 2 & 1 \\ 1 & 3 & 1 \end{pmatrix} \cdot \begin{pmatrix} 30 \\ -10 \\ 5 \end{pmatrix} = \begin{pmatrix} 35 \\ 25 \\ 20 \\ 15 \\ 5 \end{pmatrix}$$

Zur Beurteilung der Güte der Modellschätzung können nun die Größen SST und SSE berechnet werden, die sich wie folgt ergeben:

$$\text{SST} = \sum_{i=1}^{n}\left(y_i - \overline{y}\right)^2 = \left(40 - 20\right)^2 + \left(20 - 20\right)^2 + \left(20 - 20\right)^2 + \left(10 - 20\right)^2 + \left(10 - 20\right)^2 = 600$$

$$\text{SSE} = \sum_{i=1}^{n}\left(y_i - \hat{y}_i\right)^2 = \left(40 - 35\right)^2 + \left(20 - 25\right)^2 + \left(20 - 20\right)^2 + \left(10 - 15\right)^2 + \left(10 - 5\right)^2 = 100$$

Damit resultieren SSR = 500 und R^2 = 500/600 = 5/6. Das korrigierte Bestimmtheitsmaß kann schließlich gemäß

$$\overline{R}^2 = 1 - \frac{(5-1)\cdot 100}{(5-2-1)\cdot 600} = \frac{2}{3}$$

berechnet werden, so dass die geschätzte Modellgleichung durchaus als akzeptabel bezeichnet werden kann.

Im Folgenden soll nun die bislang eher deskriptive Analyse durch eine statistisch-induktive Untersuchung ergänzt werden. Dabei werden zunächst nur einzelne Modellparameter, d. h. die Regressionskoeffizienten und damit die folgenden Fragestellungen betrachtet:

- Intervallschätzung für einen Regressionskoeffizienten β_i

- Test der Hypothese H_0: $\beta_i = 0$ (Existiert ein signifikanter Einfluss?)

- Test der Hypothese H_0: $\beta_i = c$

- Test der Hypothese H_0: $c^T\beta = d$ (Test bezüglich einer Linearkombination)

Um eine statistisch-induktive Analyse der Regressionskoeffizienten zu ermöglichen, muss zunächst die Verteilung der entsprechenden Punktschätzer geklärt werden. Unter Zuhilfenahme der Annahmen (2) und (3) gilt dabei:

$$\hat{\beta}_i \sim N\left(\beta_i; \sigma^2\left(X^T X\right)_{ii}^{-1}\right)$$

Die Wurzel aus $\sigma^2 (X^T X)_{ii}^{-1}$ wird auch **Standardfehler des Regressionskoeffizienten** β_i genannt. Betrachtet man die Verteilung der Punktschätzer der Modellparameter, so ist ersichtlich, dass neben dem Erwartungswert β_i auch die Varianz der Normalverteilung benötigt wird. Da die multiplikative Konstante σ^2 der Varianz $\sigma^2 (X^T X)_{ii}^{-1}$ und damit auch die Varianz selbst im Allgemeinen aber nicht bekannt sind, wird ein erwartungstreuer Schätzer dieser Konstanten σ^2 herangezogen, der wie folgt definiert ist:

$$\hat{\sigma}^2 = \frac{1}{n-(m+1)} \sum_{i=1}^{n}\left(y_i - \hat{y}_i\right)^2$$

Damit kann nun **eine Intervallschätzung** für einen Regressionskoeffizienten β_i vorgenommen werden. Ein **Konfidenzintervall** für den Koeffizienten β_i zum **Konfidenzniveau** (1 − α) ist ein Intervall mit entsprechenden Intervallgrenzen, das den wahren

Wert β_i mit der Wahrscheinlichkeit $(1 - \alpha)$ enthält. Unter Berücksichtigung der Verteilungseigenschaften des Punktschätzers $\hat{\beta}$ und des Schätzwertes $\hat{\sigma}^2$ der multiplikativen Konstanten ergibt sich folgendes Ergebnis:

$$\text{KI} = \left[\hat{\beta}_i - t_* \cdot \hat{\sigma} \cdot \sqrt{\left(X^T X\right)_{ii}^{-1}} ; \hat{\beta}_i + t_* \cdot \hat{\sigma} \cdot \sqrt{\left(X^T X\right)_{ii}^{-1}}\right]$$

Dabei ist t_* das $(1 - \alpha/2)$-Fraktil der t-Verteilung mit $(n - m - 1)$ Freiheitsgraden.

Beispiel:

Für die im vorhergehenden Beispiel bereits betrachteten Daten soll ein Konfidenzintervall für den Parameter β_0 zum Konfidenzniveau $(1 - 0,05) = 0,95$ bestimmt werden. Der Schätzwert $\hat{\sigma}^2$ der multiplikativen Konstanten ergibt sich mit

$$\hat{\sigma}^2 = \frac{1}{5 - (2 + 1)} \cdot 100 = 50$$

und das $(1 - 0,05/2)$-Fraktil der t-Verteilung mit $(5 - 2 - 1)$ Freiheitsgraden nimmt den Wert $t_* = 4,303$ an. Damit resultiert das Konfidenzintervall

$$\text{KI} = \left[30 - 4,303 \cdot \sqrt{50} \cdot \sqrt{\tfrac{51}{5}} ; 30 + 4,303 \cdot \sqrt{50} \cdot \sqrt{\tfrac{51}{5}}\right] = [-67,18 ; 127,18]$$

d. h. mit 95-prozentiger Sicherheit liegt der wahre Wert für β_0 in diesem Intervall.

Neben Intervallschätzungen für einzelne Regressionskoeffizienten sind aus statistisch-induktiver Sicht vor allem auch **Hypothesentests** von Bedeutung. Die in praktischen Anwendungen wichtigste Hypothese H_0 bezüglich eines einzelnen Regressionskoeffizienten β_i lautet: H_0: $\beta_i = 0$. Die Ablehnung von H_0 bedeutet, dass die exogene Variable X_i einen signifikanten Einfluss auf die endogene Größe Y hat. Die Überprüfung der Hypothese erfolgt mit Hilfe der **t-Statistik**

$$t_1 = \frac{\hat{\beta}_i}{\hat{\sigma} \cdot \sqrt{\left(X^T X\right)_{ii}^{-1}}}$$

und den entsprechenden Fraktilen der t-Verteilung mit $(n - m - 1)$ Freiheitsgraden.

Beispiel:

In Fortsetzung des Beispiels in diesem Kapitel soll die Hypothese H_0: $\beta_1 = 0$ gegen die Alternativhypothese H_1: $\beta_1 \neq 0$ zum Signifikanzniveau $\alpha = 0,05$ getestet werden. Der Testfunktionswert ergibt sich mit

$$t_1 = \frac{-10}{\sqrt{50} \cdot \sqrt{1}} \approx -1,41 \,.$$

Da aufgrund der Alternativhypothese ein zweiseitiger Test durchgeführt werden soll, wird das $(1 - 0,05/2)$-Fraktil der t-Verteilung mit $(5 - 2 - 1)$ Freiheitsgraden benötigt, das den Wert $t_* = 4,303$ annimmt. Der Verwerfungsbereich resultiert damit aus der

Vereinigung der Intervalle $(-\infty;\ -4{,}303)$ und $(4{,}303;\ \infty)$. Da der Testfunktionswert nicht im Verwerfungsbereich enthalten ist, reichen die Daten nicht aus, die Nullhypothese abzulehnen.

Soll die Hypothese H_0: $\beta_i = c$ getestet werden, kann damit untersucht werden, ob der marginale Einfluss einer exogenen Variable X_i einen bestimmten Wert c annimmt. Dabei wird eine modifizierte t-Statistik verwendet, die sich gemäß

$$t_2 = \frac{\hat{\beta}_i - c}{\hat{\sigma} \cdot \sqrt{\left(X^T X\right)^{-1}_{ii}}}$$

ergibt. Ein Vergleich mit den entsprechenden Fraktilen der t-Verteilung mit $(n - m - 1)$ Freiheitsgraden beschließt wiederum das Vorgehen.

Einen weiteren Testansatz stellt der Test bezüglich einer **Linearkombination** der Regressionskoeffizienten dar. Dabei sei $c^T = (c_0, c_1, ..., c_m)$ ein Zeilenvektor und d eine beliebige Zahl. Die damit gebildete Hypothese H_0: $c^T\beta = c_0 + c_1 \cdot \beta_1 + ... + c_m \cdot \beta_m = d$ erfasst dann durch geeignete Wahl von c und d sowohl die bisher betrachteten Hypothesen als auch eine Vielzahl weiterer Hypothesen. Beispielsweise kann die Nullhypothese H_0: $\beta_1 = \beta_2$, d. h. die beiden Koeffizienten sind gleich, auch gemäß H_0: $\beta_1 - \beta_2 = 0$ und damit mit $c^T = (0, 1, -1, 0, ..., 0)$ und $d = 0$ dargestellt werden. Als Teststatistik findet die folgende Größe bei sonst identischen Voraussetzungen Anwendung:

$$t_3 = \frac{c^T\hat{\beta} - d}{\hat{\sigma} \cdot \sqrt{c^T \cdot \left(X^T X\right)^{-1} \cdot c}}$$

Die eben betrachtete Hypothese $c^T\beta = d$ ist trotz ihrer Allgemeinheit nicht in der Lage, eine Hypothese wie beispielsweise H_0: $\beta_1 = \beta_2 = ... = \beta_m = 0$ zu erfassen. Diese Hypothese unterstellt, dass die Regressoren keinen Erklärungswert für das Zustandekommen der y-Werte besitzen. Der zunächst naheliegende Gedanke, m Hypothesen der Form H_0: $\beta_i = 0$ aufzustellen, mittels der t-Statistik zum Niveau α zu überprüfen und die obige Hypothese genau dann abzulehnen, wenn alle Einzelhypothesen abgelehnt werden, ist methodisch nicht korrekt. In diesem Fall würde ein konservativer Testansatz vorliegen, der das Niveau α im Allgemeinen nicht voll ausnutzt.

Da das weiter oben definierte Bestimmtheitsmaß R^2 den Anteil der durch das Regressionsmodell erklärten Varianz beschreibt, liegt es nahe, diese Maßzahl induktiv zu verarbeiten. Werte von R^2 in der Nähe von Null sprechen gegen ein vernünftiges Modell, große Werte eher dafür. Mit Hilfe der **F-Statistik**, die gemäß

$$F = \frac{R^2}{1 - R^2} \cdot \frac{n - m - 1}{m}$$

definiert ist und unter H_0 einer F-Verteilung mit m und $(n - m - 1)$ Freiheitsgraden folgt, kann somit eine Überprüfung des Gesamtmodells erfolgen.

Beispiel:

In Fortsetzung des Beispiels in diesem Kapitel wird nun die Hypothese H_0: $\beta_1 = \beta_2 = 0$ gegen die entsprechende Alternativhypothese H_1: mindestens ein $\beta_i \neq 0$ zum Signifikanzniveau $\alpha = 0{,}05$ getestet. Der Testfunktionswert resultiert mit

$$F = \frac{\frac{5}{6}}{1 - \frac{5}{6}} \cdot \frac{5 - 2 - 1}{2} = 5 \,.$$

Das $(1 - 0{,}05)$-Fraktil der F-Verteilung mit 2 und $(5 - 2 - 1)$ Freiheitsgraden ergibt sich mit einem Wert von 19, so dass als Verwerfungsbereich das Intervall $(19; \infty)$ bestimmt werden kann. Da der Testfunktionswert nicht im Verwerfungsbereich liegt, reichen die Daten nicht aus, die Nullhypothese zu verwerfen.

15.2 Diskriminanzanalyse

Die Diskriminanzanalyse dient der Untersuchung des funktionalen Zusammenhangs zwischen einem nominalen Merkmal Y und den quantitativen Merkmalen $X_1,..,X_m$. Die abhängige Variable Y kann entweder unmittelbar in Form eines Klassifikationsergebnisses vorliegen oder aber die Ausprägungen des nominalen Merkmals Y implizieren indirekt eine Zerlegung der Objektmenge in disjunkte Klassen $K_1,...,K_s$ mit $1 < s < n$. Gesucht ist nun eine lineare Funktion, d. h. eine Gewichtung der unabhängigen Merkmale $X_1,...,X_m$, so dass die Variable Y bestmöglich approximiert wird. Das grundlegende Modell kann damit wie folgt dargestellt werden:

$$Y \cong g_1 X_1 + ... + g_m X_m \text{ bzw.}$$

$$y = \begin{pmatrix} y_1 \\ \vdots \\ y_n \end{pmatrix} \cong \begin{pmatrix} x_{11} & \cdots & x_{1m} \\ \vdots & \ddots & \vdots \\ x_{n1} & \cdots & x_{nm} \end{pmatrix} \cdot \begin{pmatrix} g_1 \\ \vdots \\ g_m \end{pmatrix} = Xg$$

Das Absolutglied ist im Modell überflüssig, da nur eine Approximation der Struktur der Variable Y erfolgen soll und die Ausprägungen selbst nicht direkt abgebildet werden. Dies wird auch durch das Symbol $\cong$ angedeutet.

Die Gewichtung der unabhängigen Variablen soll nun derart erfolgen, dass die Unterschiede zwischen den prognostizierten Werten einer Klasse möglichst klein, die verschiedener Klassen aber möglichst groß sind. Diese Forderung wird als sogenanntes **Diskriminanzkriterium** bezeichnet, das formal wie folgt formuliert werden kann:

■ $i, j \in K_k \Rightarrow \left(\hat{y}_i - \hat{y}_j \right) \to \min$

■ $i \in K_k$ und $j \in K_l$ mit $k \neq l \Rightarrow \left(\hat{y}_i - \hat{y}_j \right) \to \max$

Daraus ist unmittelbar ersichtlich, dass die Varianzen innerhalb der Klassen möglichst klein und die zwischen den Klassen möglichst groß sein sollen. Letztendlich wird also mit dem Diskriminanzkriterium eine Gewichtung gefordert, bei der die Mittelwerte der einzelnen Klassen und damit auch die Klassen selbst sehr verschieden sind, während gleichzeitig die Homogenität innerhalb der Klassen sehr groß ist. Dennoch sind Überschneidungen zwischen den Klassen möglich, wie die Abbildung 15-1 verdeutlicht. In beiden Graphiken liegt eine identische Verschiedenheit zwischen den zwei Klassen vor. Die Verschiedenheit innerhalb der Klassen ist jedoch in der oberen Graphik geringer als in der unteren.

Abbildung 15-1: *Graphische Illustration des Diskriminanzkriteriums*

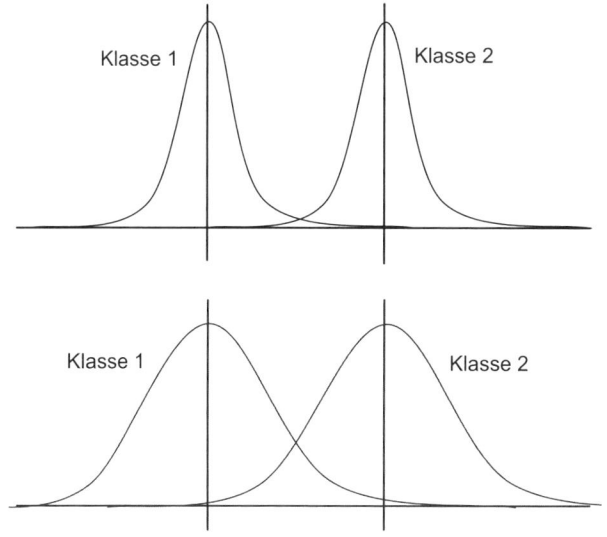

Gemäß den vorangegangenen Überlegungen definiert man die **Innergruppenvarianz** der Klasse K bezüglich der abhängigen Variable Y gemäß

$$w_k = \frac{1}{|K|}\sum_{i \in K}\left(y_i - \bar{y}_K\right)^2 \quad \text{mit} \quad \bar{y}_K = \frac{1}{|K|}\sum_{i \in K} y_i \; .$$

Die **Gesamt-Innergruppenvarianz** ergibt sich dann als gewichtete Summe aller Innerklassenvarianzen w_k mit

$$w = \frac{1}{n}\sum_K |K| \cdot w_K \; .$$

Analog wird die **Zwischengruppenvarianz** der abhängigen Variablen Y definiert:

$$b = \frac{1}{n}\sum_K |K| \cdot (\overline{y}_K - \overline{y})^2 \quad \text{mit} \quad \overline{y} = \frac{1}{n}\sum_{i=1}^n y_i$$

Für die unabhängigen Variablen $X_1, ..., X_m$, deren Ausprägungen in der Matrix $X = (x_{ik})_{n \times m}$ zusammengefasst werden, können die entsprechende Kovarianzmatrizen wie folgt berechnet werden:

- **Innergruppen-Kovarianzmatrix** $V^K = (v^K_{kl})_{m \times m}$ mit

$$v^K_{kl} = \frac{1}{|K|}\sum_{i \in K} (x_{ik} - \overline{x}_{Kk})(x_{il} - \overline{x}_{Kl}) \quad \text{und} \quad \overline{x}_{Kk} = \frac{1}{|K|}\sum_{i \in K} x_{ik}$$

- **Gesamt-Innergruppen-Kovarianzmatrix**

$$V = \frac{1}{n}\sum_K |K| \cdot V_K$$

- **Zwischengruppen-Kovarianzmatrix** $Z = (z_{kl})_{m \times m}$ mit

$$z_{kl} = \frac{1}{n}\sum_K |K|(\overline{x}_{Kk} - \overline{x}_{\bullet k})(\overline{x}_{Kl} - \overline{x}_{\bullet l}) \quad \text{und} \quad \overline{x}_{\bullet k} = \frac{1}{n}\sum_i x_{ik}$$

Dabei ist noch anzumerken, dass sich die Gesamtkovarianzmatrix S für die unabhängigen Variablen gemäß $S = V + Z$ ergibt (**Varianzzerlegung**).

Zwischen den weiter oben dargestellten Varianzen der abhängigen Variable Y und den eben eingeführten Kovarianzmatrizen für die unabhängigen Variablen $X_1, ..., X_m$ können nun unter Zugrundelegung des Modells $y = X \cdot g$ die folgende Zusammenhänge hergestellt werden, die sich durch einfaches Nachrechnen leicht beweisen lassen:

- $w_K = g^T \cdot V_K \cdot g$ und $w = g^T \cdot V \cdot g$

- $b = g^T \cdot Z \cdot g$ und $c = g^T \cdot S \cdot g$

Zu beachten ist dabei, dass die Gesamtvarianz c von Y gemäß $c = w + b$ berechnet werden kann. Damit ergibt sich unmittelbar das **Diskriminanzkriterium** mit

$$\lambda = \frac{b}{w} = \frac{g^T Z g}{g^T V g} \rightarrow \max_g .$$

Ableiten dieser Zielfunktion nach dem Gewichtungsvektor g und anschließendes Nullsetzen führt zu

$$\frac{\partial \lambda}{\partial g} = \frac{2Zg(g^T V g) - (g^T Z g)2Vg}{(g^T V g)^2} = \frac{2Zg}{(g^T V g)} - \frac{(g^T Z g)2Vg}{(g^T V g)^2} = \frac{2Zg}{(g^T V g)} - \frac{\lambda 2Vg}{(g^T V g)} = \frac{2(Zg - \lambda Vg)}{(g^T V g)} = 0 .$$

Mit V als reguläre und positiv definite Matrix ergibt sich dann die die Lösung des obigen Maximierungsproblems als **Eigenwertproblem** der Matrix $V^{-1}Z$ gemäß

$$Zg - \lambda Vg = 0 \quad \Leftrightarrow \quad V^{-1}Zg - \lambda V^{-1}Vg = 0 \quad \Leftrightarrow \quad V^{-1}Zg - \lambda g = 0 \quad \Leftrightarrow \quad \left(V^{-1}Z - \lambda E\right)g = 0$$

Es existieren dann q Eigenwerte der Form

$$\lambda = \frac{b}{w} = \frac{g^T Z g}{g^T V g} > 0 \ ,$$

wobei $q = \mathrm{Rg}\, Z \le \min\{m, s-1\}$ ist. Dies bedeutet, dass bei einer mit Y gegebenen Zerlegung in 2 Klassen höchstens ein Eigenwert, bei 3 Klassen höchstens zwei Eigenwerte usw. resultieren. Auf Basis der Eigenwerte $\lambda_1,...,\lambda_q$ und der zugehörigen Eigenvektoren $g^1,...,g^q$, die linear unabhängig sind, folgt schließlich

$$y^1 = X \cdot g^1, \ y^2 = X \cdot g^2, \ ..., \ y^q = X \cdot g^q.$$

Dabei trennt der Gewichtungsvektor g^1 die Klassen bestmöglich, der Gewichtungsvektor g^2 die Klassen am zweitbesten usw., wobei y^1 unkorreliert zu y^2 usw. ist. Folgende Bezeichnungen sind üblich:

- ◼ $y_{ik} = x_i^T g^k$: k-te **Diskriminanzfunktion** ($k = 1,...,q$)

- ◼ y_{ik}: **Diskriminanzvariable** ($k = 1,...,q$)

- ◼ g^k: k-ter **Diskriminanzkoeffizientenvektor** ($k = 1,...,q$)

Um die Klassentrennung beschreiben zu können, werden die Klassen- und die Globalmittelwerte bezüglich der einzelnen Diskriminanzfunktionen benötigt. Die **Klassenmittelwerte** bezüglich der k-ten Diskriminanzfunktion ergeben sich gemäß

$$\overline{y}_{Kk} = \overline{x}_K^T g^k \quad \text{mit} \quad \overline{x}_K = \left(\overline{x}_{Kl}\right)_{m \times 1}$$

und die **Globalmittelwerte** bezüglich der k-ten Diskriminanzfunktion können nach der Formel

$$\overline{y}_{\bullet k} = \overline{x}^T g^k \quad \text{mit} \quad \overline{x} = \left(\overline{x}_{\bullet l}\right)_{m \times 1}$$

bestimmt werden. Auf Basis dieser Mittelwerte kann dann für jede Diskriminanzfunktion folgende **Zuordnungsvorschrift** gebildet werden:

$$\text{falls } y_{ik} = x_i^T g^k \begin{cases} \ge \overline{y}_{\bullet k} & \text{Zuordnung zu } K \text{ mit } \overline{y}_{Kk} > \overline{y}_{\bullet k} \\ < \overline{y}_{\bullet k} & \text{Zuordnung zu } K \text{ mit } \overline{y}_{Kk} < \overline{y}_{\bullet k} \end{cases}$$

Mit den Zuordnungsvorschriften aller Diskriminanzfunktionen können dann die Objekte den Klassen zugeordnet und damit das abhängige Merkmal Y identifiziert werden. Zur graphischen Darstellung der Diskriminanzfunktionen können darüber hinaus die sogenannten **Trennebenen** bestimmt werden. Die Trennebene bezüglich der k-ten Diskriminanzfunktion ergibt sich dabei gemäß

$$\overline{y}_{\bullet k} = x^T g^k \quad \text{mit } x \text{ als Variablenvektor} \ .$$

Die nachfolgende Abbildung 15-2 fasst den Ablauf einer Diskriminanzanalyse noch einmal in Form eines Struktogramms zusammen.

Abbildung 15-2: *Struktogramm der Diskriminanzanalyse*

Matrix X, Klassifikation $K_1,...,K_s$
Berechne V, V^{-1}, Z, Rg Z, $V^{-1} \cdot Z$
Löse Eigenwertproblem $(V^{-1}Z - \lambda \cdot E)\,g = 0$ Bestimme $\lambda_1 \geq ... \geq \lambda_q > 0$ Bestimme $G = (g^1, ..., g^q)$
Berechne $Y = X \cdot G \quad (n \times q) -$ Matrix der Diskriminanzvariablen sowie Klassenmittelwerte $\overline{y}_K^T = \overline{x}_K^T \cdot G$ $\quad\quad$ Globalmittelwerte $\overline{y}^T = \overline{x}^T \cdot G$ $\quad\quad$ Trennebenen $\overline{y}^T = x^T \cdot G \quad$ mit variablem x

Beispiel:

Für fünf Produkte P_1, ..., P_5 liegen sowohl Einschätzungen der Kaufwahrscheinlichkeit Y als auch der Preis X_1 (in EUR) und die Werbeausgaben X_2 (in Tausend EUR) vor. Mit Hilfe von X_1 und X_2 soll nun die Kaufwahrscheinlichkeits-Klassifikation $\mathcal{K}$ identifiziert werden. Die nachfolgenden Daten sind für das Problem gegeben:

Produkt	Y	X_1	X_2	$\mathcal{K}$
P_1	hoch	1	3	K_1
P_2	mittel	2	3	K_2
P_3	mittel	2	2	K_2
P_4	niedrig	2	1	K_3
P_5	niedrig	3	1	K_3

Zunächst werden die Mittelwerte für die einzelnen Klassen sowie über alle Produkte berechnet. Diese sind nachfolgend angegeben:

	Global	K_1	K_2	K_3
Preis	$\bar{x}_{\cdot 1} = 2$	$\bar{x}_{11} = 1$	$\bar{x}_{21} = 2$	$\bar{x}_{31} = 2{,}5$
Werbeausgaben	$\bar{x}_{\cdot 2} = 2$	$\bar{x}_{12} = 3$	$\bar{x}_{22} = 2{,}5$	$\bar{x}_{32} = 1$

Anschießend sind die Innergruppen-Kovarianzmatrizen für die drei Klassen gemäß

$$V_1 = \begin{pmatrix} 0 & 0 \\ 0 & 0 \end{pmatrix}, \quad V_2 = \begin{pmatrix} 0 & 0 \\ 0 & 0{,}25 \end{pmatrix}, \quad V_3 = \begin{pmatrix} 0{,}25 & 0 \\ 0 & 0 \end{pmatrix}$$

zu bestimmen, die dann zur Gesamt-Innergruppen-Kovarianzmatrix aggregiert wird. Diese Matrix sowie deren Inverse ergibt sich mit

$$V = \frac{1}{5}\left[1 \cdot \begin{pmatrix} 0 & 0 \\ 0 & 0 \end{pmatrix} + 2 \cdot \begin{pmatrix} 0 & 0 \\ 0 & 0{,}25 \end{pmatrix} + 2 \cdot \begin{pmatrix} 0{,}25 & 0 \\ 0 & 0 \end{pmatrix} \right] = \begin{pmatrix} 0{,}1 & 0 \\ 0 & 0{,}1 \end{pmatrix} \;\Rightarrow\; V^{-1} = \begin{pmatrix} 10 & 0 \\ 0 & 10 \end{pmatrix}.$$

Des Weiteren muss die Zwischengruppen-Kovarianzmatrix ermittelt werden. Diese resultiert gemäß

$$Z = \begin{pmatrix} 0{,}3 & -0{,}4 \\ -0{,}4 & 0{,}7 \end{pmatrix}.$$

Damit ergibt sich

$$V^{-1}Z = \begin{pmatrix} 3 & -4 \\ -4 & 7 \end{pmatrix} \quad \text{und} \quad \det\!\left(V^{-1}Z - \lambda E\right) = \det\!\begin{pmatrix} 3-\lambda & -4 \\ -4 & 7-\lambda \end{pmatrix} = (3-\lambda)(7-\lambda) - 16 = 0.$$

Die Lösung der charakteristischen Gleichung führt zu den beiden Eigenwerten $\lambda_1 \approx 9{,}5$ und $\lambda_2 \approx 0{,}5$, deren Anzahl aufgrund des Rangs der Matrix Z mit einem Wert von 2 bereits zu erwarten war. Für $\lambda_1 \approx 9{,}5$ resultiert dann das Gleichungssystem

$$\begin{pmatrix} 3-9{,}5 & -4 \\ -4 & 7-9{,}5 \end{pmatrix}\begin{pmatrix} g_1^1 \\ g_2^1 \end{pmatrix} = \begin{pmatrix} 0 \\ 0 \end{pmatrix}$$

zur Berechnung des zugehörigen Eigenvektors. Dieses System hat keine eindeutige Lösung, sondern fordert lediglich $g_1^1 \approx -0{,}6 g_2^1$. Somit stellt z. B. $g^{1T} = (0{,}6;\,1)$ eine Lösung dar. Die zugehörige Diskriminanzfunktion lautet damit $y_{i1} = -0{,}6 x_{i1} + x_{i2}$. Analog ergibt sich für den Eigenwert $\lambda_2 \approx 0{,}5$ die Beziehung $g_2^2 \approx 0{,}6 g_1^2$. Hier stellt beispielsweise $g^{2T} = (1;\,0{,}6)$ eine Lösung dar und die entsprechende Diskriminanzfunktion lautet dann $y_{i2} = x_{i1} + 0{,}6 x_{i2}$.

Um die Zuordnungsvorschrift zu bestimmen, müssen zunächst die Klassen- und Globalmittelwerte berechnet werden. Diese ergeben sich mit

$$\bar{y}_{K_1}^T = (1;3)\begin{pmatrix} -0{,}6 & 1 \\ 1 & 0{,}6 \end{pmatrix} = (2{,}4;2{,}8), \quad \bar{y}_{K_2}^T = (1{,}3;3{,}5), \quad \bar{y}_{K_3}^T = (-0{,}5;3{,}1), \quad \bar{y}^T = (0{,}8;3{,}2).$$

Damit kann die Zuordnungvorschrift wie folgt formuliert werden:

1. Diskriminanzfunktion: falls $y_{i1} \begin{cases} \geq 0,8 & \text{Zuordnung zu } K_1 \text{ oder } K_2 \\ < 0,8 & \text{Zuordnung zu } K_3 \end{cases}$

2. Diskriminanzfunktion: falls $y_{i2} \begin{cases} \geq 3,2 & \text{Zuordnung zu } K_2 \\ < 3,2 & \text{Zuordnung zu } K_1 \end{cases}$

Schließlich resultieren noch die Trenngeraden gemäß

$$(x_1, x_2)\begin{pmatrix} -0,6 & 1 \\ 1 & 0,6 \end{pmatrix} = (0,8;3,2) \Leftrightarrow \begin{matrix} -0,6x_1 + x_2 = 0,8 \\ x_1 + 0,6x_2 = 3,2 \end{matrix} \Leftrightarrow \begin{matrix} x_2 = 0,8 + 0,6x_1 \\ x_2 = \frac{16}{3} - \frac{5}{3}x_1 \end{matrix}.$$

Mit Hilfe der ermittelten Trenngeraden ist für das Beispiel eine graphische Darstellung der Ergebnisse möglich, die sich wie folgt ergibt:

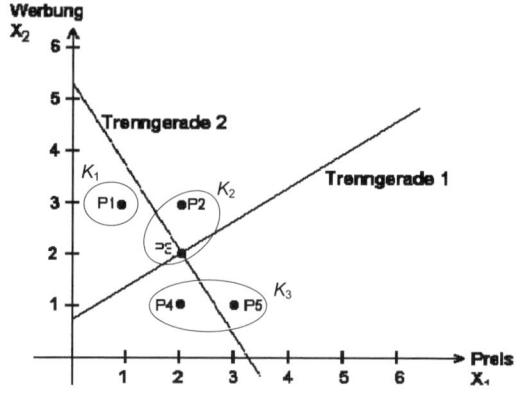

Anhand der Graphik ist ersichtlich, dass die 1. Diskriminanzfunktion K_1 und K_2 von K_3 trennt. Unter Berücksichtigung von der 1. Diskriminanzfunktion trennt dann die 2. Diskriminanzfunktion K_1 von K_2.

Wie auch anhand des Beispiels deutlich wurde, kann jede Diskriminanzfunktion lediglich eine Trennung in zwei Gruppen vornehmen. Dies bedeutet, dass zur korrekten Trennung von s Klassen stets $(s-1)$ Diskriminanzfunktionen notwendig sind. Als Maß für die relative Wichtigkeit der einzelnen Diskriminanzfunktionen dient der **Eigenwertanteil**, der sich gemäß

$$EA_k = \frac{\lambda_k}{\lambda_1 + \ldots + \lambda_q}$$

ergibt. Das Maß EA_k gibt dabei den Anteil der durch die k-te Diskriminanzfunktion erklärten Streuung an der durch alle Diskriminanzfunktionen erklärten Gesamtstreuung wieder.

Mit der auf Basis der Diskriminanzfunktionen sowie der Klassen- und Globalmittelwerte ermittelten Zuordnungsvorschrift können sowohl neue als auch die der Analyse zugrundeliegenden Objekte den verschiedenen Klassen zugeordnet werden. Ausgehend von den der Analyse zugrundeliegenden Objekte kann durch einen Vergleich der prognostizierten und der tatsächlichen Klassenzugehörigkeit der Anteil der richtig klassifizierten Objekte bestimmt werden. Diese sogenannte **Trefferquote** ergibt sich gemäß

$$TQ = \frac{1}{n} \cdot \left(\text{Anzahl korrekt klassifizierter Objekte} \right)$$

und kann als deskriptives Maß für die Güte der Diskriminanzanalyse verwendet werden.

Beispiel:

Für die Daten des vorhergehenden Beispiels ergibt sich auf Basis der Zuordnungsvorschrift exemplarisch für das Produkt P$_1$ die folgende Zuordnung:

$$y_{11} = -0{,}6 \cdot 1 + 1 \cdot 3 = 2{,}4 \quad \Rightarrow \quad \text{Zuordnung zu } K_1 \text{ oder } K_2$$
$$y_{12} = 1 \cdot 1 + 0{,}6 \cdot 3 = 2{,}8 \quad \Rightarrow \quad \text{Zuordnung zu } K_1$$

Analog können auch für die anderen vier Produkte die entsprechenden Zuordnungen vorgenommen werden. Dabei zeigt sich, dass alle Produkte korrekt zugeordnet werden. Damit beträgt die Trefferquote 100 %.

Die bislang vorgestellten deskriptiven Maßzahlen zur Beurteilung der Diskriminanzanalyse (Trefferquote) und ihrer Diskriminanzfunktionen (relative Wichtigkeit) geben an, wie hoch die Trennkraft der Merkmale für das vorliegende Datenmaterial ist. Sind demgegenüber aber auch statistisch-induktive Aussagen bezüglich der Trennfähigkeit der Diskriminanzfunktionen, d. h. Aussagen bezüglich signifikanter Gruppenunterschiede von Interesse, so müssen entsprechende **Signifikanztests** herangezogen werden. Betrachtet man die Diskriminanzfunktion eines Zwei-Klassen-Falles mit ihrem zugehörigen Eigenwert λ, so gilt bekanntlich

$$\lambda = \frac{b}{w} = \frac{g^T Z g}{g^T V g} \; .$$

λ ist der Eigenwert, der sich beim entsprechenden Eigenwertproblem ergeben kann, und beschreibt das Verhältnis zwischen Gesamt-Innergruppenvarianz w und Zwischengruppenvarianz b. Dabei kann der Ausdruck w als nicht erklärte Streuung und b als erklärte Streuung angesehen werden. Da der Eigenwert λ nicht normiert ist, bietet sich zunächst folgende Transformation an:

$$\lambda \rightarrow \Lambda = \frac{1}{1+\lambda} = \frac{1}{1+\frac{b}{w}} = \frac{w}{w+b}$$

Diese Größe, das sogenannte univariate **Wilks' Lambda**[34] für den Zwei-Gruppen-Fall, ist zwischen Null und Eins normiert und beschreibt den Anteil der von der Diskriminanzfunktion nicht erklärten Streuung an der Gesamtstreuung. Zu beachten ist dabei, dass diese Größe ein inverses Gütemaß ist, da Werte nahe Null auf eine sehr hohe Trennkraft der Diskriminanzfunktion hinweisen, während Werte nahe Eins für eine schlechte Trennkraft zwischen den zwei Gruppen sprechen.

Die wesentliche Bedeutung von Wilks' univariatem Lambda liegt nun in der Möglichkeit, diese Größe derart zu transformieren, dass die entstehende Variable, die **Bartlett'sche v-Statistik**[35], unter der Annahme gemeinsam normalverteilter Zufallsvariablen $X_1, \ldots, X_m$ mit identischen Gruppen-Kovarianzmatrizen approximativ χ^2-verteilt ist und somit statistisch-induktive Aussagen über die Trennkraft einer Diskriminanzfunktion für den Zwei-Gruppen-Fall möglich sind. Es gilt mit $s = 2$:

$$v = -\left[n - 1 - \frac{m+s}{2} \right] \cdot \ln(\Lambda) \quad \sim \quad \chi^2\left(m \cdot (s-1) \right)$$

Diese Statistik erlaubt allerdings keine Beurteilung einzelner Diskriminanzfunktionen im Mehr-Gruppen-Fall. Es sind dann lediglich Vergleiche der Diskriminanzfunktionen mit Hilfe der Wilks' Lambdas möglich, jedoch keine direkten statistischen Signifikanzprüfungen. Der Grund für diesen Umstand ist in der Interaktion der einzelnen Diskriminanzfunktionen zu sehen, die alleine oftmals kaum diskriminieren, in der Gruppe aber sehr gut. Da im Allgemeinen aber mehr als eine Diskriminanzfunktion existiert ($s > 2$) und die Gruppenunterschiede bezüglich der Merkmale nicht mit Hilfe der einzelnen Diskriminanzfunktionen überprüfbar sind, müssen diese Unterschiede simultan auf Basis aller Diskriminanzfunktionen gleichzeitig betrachtet werden. Dazu wird das multivariate Pendant zu **Wilks' Lambda** gemäß

$$\tilde{\Lambda} = \prod_{k=1}^{q} \Lambda_k = \prod_{k=1}^{q} \frac{1}{1 + \lambda_k}$$

berechnet, das ebenfalls wieder in eine entsprechende Bartlett'sche v-Statistik transformiert werden kann, die dann unter der Nullhypothese asymptotisch χ^2-verteilt mit $[m \cdot (s-1)]$ Freiheitsgraden ist.

Beispiel:

In Fortsetzung des Beispiels dieses Abschnitts soll im Folgenden die Nullhypothese H_0: „Alle Gruppenmittelwert sind identisch" gegen die Alternativhypothese H_1: „Mindestens zwei Gruppenmittelwerte unterscheiden sich" zum Signifikanzniveau $\alpha = 0{,}05$ untersucht werden. Dabei ist anzumerken, dass diese Hypothesen inhaltlich auch gemäß H_0: „Die Gesamtheit der Diskriminanzfunktionen trennt die Klassen nicht" und H_1: „Die Gesamtheit der Diskriminanzfunktionen trennt die Klassen" formuliert werden können. Zur Überprüfung von H_0 wird zunächst die Größe

---

[34] Samuel Stanley Wilks, 1906-1964, amerikanischer Mathematiker
[35] Maurice Stevenson Bartlett, 1910-2002, englischer Statistiker

$$\tilde{\Lambda} = \prod_{k=1}^{q} \Lambda_k = \prod_{k=1}^{q} \frac{1}{1 + \lambda_k} = \frac{1}{(1 + 9,5)} \cdot \frac{1}{(1 + 0,5)} = \frac{1}{10,5 \cdot 1,5}$$

berechnet, die anschließend in die Bartlett'sche v-Statistik gemäß

$$v = -\left[5 - 1 - \frac{2 + 3}{2} \right] \cdot \ln\left(\frac{1}{10,5 \cdot 1,5} \right) \approx 4,14$$

transformiert werden kann. Das $(1 - 0,05)$-Fraktil der χ^2-Verteilung mit $[2 \cdot (3 - 1)]$ Freiheitsgraden ergibt sich mit 9,49, so dass der Verwerfungsbereich mit $(9,49; \infty)$ resultiert. Da die Bartlett'sche v-Statistik nicht im Verwerfungsbereich liegt, reichen die Daten nicht aus, die Nullhypothese abzulehnen.

Grundsätzlich ist noch anzumerken, dass die statistische Signifikanz der Diskriminanzfunktionen nicht zwangsläufig besagt, dass diese auch wirklich gut trennen, sondern lediglich, dass sich die Gruppen bezüglich dieser Diskriminanzfunktionen signifikant unterscheiden. Wie bei allen Tests gilt auch hier, dass ein signifikanter Unterschied nicht zwingend auch bedeutsam sein muss. Wenn der Stichprobenumfang hinreichend groß ist, dann werden auch sehr kleine Unterschiede signifikant für die Gruppen, einzelne Objekte können aber dennoch falsch klassifiziert werden. Somit sind bei der Diskriminanzanalyse immer auch die deskriptiven Maße von Interesse.

15.3 Varianzanalyse

Die Varianzanalyse dient der Untersuchung des funktionalen Zusammenhangs zwischen einem quantitativen Merkmal Y und im Allgemeinen mehreren nominalen Merkmalen $X_1, ..., X_m$, die auch **Faktoren** genannt werden. Im Gegensatz zur multiplen linearen Regression interessiert hier aber nicht nur der jeweilige Einfluss der einzelnen unabhängigen Variablen $X_1, ..., X_m$ auf die abhängige Größe Y, sondern auch der Einfluss bzw. die Wirkung einer Kombination von exogenen Variablen. Somit sind neben den **Einzeleffekten** auch **Wechselwirkungseffekte** (Interaktionen) zwischen verschiedenen exogenen Variablen von Bedeutung.

Tabelle 15-2:   *Verfahren der Varianzanalyse im Überblick*

Zahl der abhängigen quantitativen Variablen	Zahl der unabhängigen nominalen Variablen	Verfahrenstyp
$q = 1$	$m = 1$	Einfache Varianzanalyse (ANOVA)
$q = 1$	$m \geq 2$	m-faktorielle Varianzanalyse (ANOVA)
$q > 1$	$m \geq 1$	multivariate Varianzanalyse (MANOVA)

Abhängig von der Anzahl der abhängigen und der unabhängigen Variablen sind in der Tabelle 15-2 die verschiedenen Verfahrensvarianten der Varianzanalyse dargestellt. Im Rahmen der nachfolgenden Ausführungen wird lediglich die **zweifaktorielle Varianzanalyse** behandelt.

Beispiel:

Ein Supermarkt untersucht simultan die Wirkung von drei Arten der Werbung und zwei Bedienungsformen auf den Absatz eines Produktes, wobei jede Kombination aus Werbeart und Bedienart fünf Tage durchgeführt wird. Man erhält somit 3·2 = 6 Teilstichproben mit jeweils fünf Beobachtungswerten, die nachfolgend angegeben sind:

	Persönliche Bedienung					Selbstbedienung				
	Tag 1	Tag 2	Tag 3	Tag 4	Tag 5	Tag 1	Tag 2	Tag 3	Tag 4	Tag 5
Anzeige	47	39	40	46	45	40	39	35	36	37
Plakat	68	65	63	59	67	59	57	54	56	53
Lautsprecher	59	50	51	48	53	53	47	48	50	51

Bei Betrachtung der Beispieldaten stellen sich unter anderem die folgenden Fragen:

■ Werden mit dem Untersuchungsdesign überhaupt signifikante Einflüsse auf den Absatz abgebildet (Signifikanz des Modells)?

■ Hat die Werbeart einen Einfluss auf den Absatz?

■ Hat die Bedienart einen Einfluss auf den Absatz?

■ Bestehen Wechselwirkungen zwischen Werbe- und Bedienart?

Unter der Annahme, dass alle absatzwirksamen Einflüsse von außen bis auf zufällige Abweichungen bei allen Kombinationen aus Werbeart und Bedienform gleich sind, dürften keine größeren Unterschiede zwischen den Mittelwerten der sechs Kombinationen auftreten, wenn kein Einfluss der Art der Werbung bzw. der Bedienform auf den Absatz bestände. Existieren hingegen entsprechende Zusammenhänge, so hätte jedes Werbemittel i und jede Bedienform j einen spezifizierbaren Einfluss α_i bzw. β_j auf den Absatz Y. Gleiches gilt auch für die Wechselwirkung $(\alpha\beta)_{ij}$ der beiden Faktoren. Dies bedeutet, dass ein gewisser Grundabsatz μ aufgrund des Vorliegens einer Kombination aus Werbeart und Bedienform mit Hilfe der Größen α_i, β_j und $(\alpha\beta)_{ij}$ korrigiert wird. Man erhält somit das **stochastische Modell**

$$Y_{ij} = \mu + \alpha_i + \beta_j + (\alpha\beta)_{ij} + U_{ij} \qquad (i = 1,...,I \text{ und } j = 1,...,J),$$

bei dem der Faktor 1 mit I Faktorstufen und der Faktor 2 mit J Faktorstufen gegeben sind.

In dem betrachteten zweifaktoriellen Modell der Varianzanalyse ergeben sich die Beobachtungswerte y_{ij} also aus

- ▨ dem **Gesamtmittelwert** μ,

- ▨ einem **Effekt** α_i **des ersten Faktors**,

- ▨ einem **Effekt** β_j **des zweiten Faktors**,

- ▨ einem Effekt $(\alpha\beta)_{ij}$, der die **Wechselwirkung** der beiden Faktoren berücksichtigt

- ▨ sowie zufälligen Einflüssen U_{ij}.

Dem betrachteten Modell liegen die folgenden Annahmen zugrunde:

- ▨ Die Stichproben der Faktorstufenkombinationen sind unabhängig.

- ▨ Der Stichprobenumfang ist in allen Faktorstufenkombinationen gleich n^*. Man spricht in diesem Zusammenhang auch von einem **balancierten Design**. Diese Annahme kann aufgegeben werden, allerdings ist dann ein im Vergleich zur nachfolgend dargestellten Vorgehensweise modifizierter Schätzansatz zu wählen, der hier nicht weiter behandelt wird. Bei der einfachen Varianzanalyse kann auf diese Voraussetzung grundsätzlich verzichtet werden.

- ▨ Verteilungsannahme 1: $Y_{ij} \sim N(\mu_{ij}, \sigma^2)$

- ▨ Verteilungsannahme 2: $U_{ij} \sim N(0, \sigma^2)$

Die Schätzung der Parameter des ANOVA-Modells erfolgt mit Hilfe eines **Kleinst-Quadrate-Ansatzes**, bei dem folgendes Optimierungsproblem zu lösen ist:

$$\sum_{i=1}^{I}\sum_{j=1}^{J}\sum_{k=1}^{n^*}\left(y_{ij,k} - \mu - \alpha_i - \beta_j - (\alpha\beta)_{ij}\right)^2 \quad \rightarrow \quad \min$$

Als Lösung des Optimierungsproblems ergeben sich folgende Parameterschätzungen:

- ▨ Die Schätzung von μ erfolgt mittels $\overline{y}_{Ges}$.

- ▨ Die Schätzung von α_i erfolgt mittels $\overline{y}_{i\bullet} - \overline{y}_{Ges}$.

- ▨ Die Schätzung von β_j erfolgt mittels $\overline{y}_{\bullet j} - \overline{y}_{Ges}$.

- ▨ Die Schätzung von $(\alpha\beta)_{ij}$ erfolgt mittels $\overline{y}_{ij} - \overline{y}_{Ges} - \left(\overline{y}_{i\bullet} - \overline{y}_{Ges}\right) - \left(\overline{y}_{\bullet j} - \overline{y}_{Ges}\right) = \overline{y}_{ij} - \overline{y}_{i\bullet} - \overline{y}_{\bullet j} + \overline{y}_{Ges}$.

Dabei ist anzumerken, dass im Rahmen einer Varianzanalyse die Parameterschätzungen selbst kaum von Bedeutung sind. Von Interesse sind hier vor allem statistisch-induktive Aussagen über die Signifikanz der Einflüsse. Dazu wird zunächst die Güte der Schätzung näher betrachtet. Wie bei der Regressionsanalyse erfolgt auch im Rahmen der Varianzanalyse die Beurteilung der Güte der Schätzung mit Hilfe der durch das Modell erklärten Varianz. Dabei gilt: Je größer der durch das ANOVA-Modell erklärte Varianzanteil SSA (among group sum of squares) an der Gesamtvarianz SST (total sum of squares) ist, umso besser beschreibt das Modell die Daten. Umgekehrt bedeutet dies aber auch, dass der nicht erklärte Anteil der Varianz, die Größe SSW (within group sum of squares), möglichst klein sein soll. Im Rahmen der zweifaktoriellen ANOVA gilt im Fall des balancierten Designs stets die folgende Zerlegung:

$$\underbrace{\sum_{i=1}^{I}\sum_{j=1}^{J}\sum_{k=1}^{n^*}\left(y_{ij,k}-\overline{y}_{Ges}\right)^2}_{SST}=\underbrace{\sum_{i=1}^{I}\sum_{j=1}^{J}\sum_{k=1}^{n^*}\left(y_{ij,k}-\overline{y}_{ij}\right)^2}_{SSW}+\underbrace{n^*\cdot\sum_{i=1}^{I}\sum_{j=1}^{J}\left(\overline{y}_{ij}-\overline{y}_{Ges}\right)^2}_{SSA}$$

$$\text{mit } \overline{y}_{ij}=\frac{1}{n^*}\cdot\sum_{k=1}^{n^*}y_{ij,k} \quad \text{und} \quad \overline{y}_{Ges}=\frac{1}{I\cdot J}\sum_{i=1}^{I}\sum_{j=1}^{J}\overline{y}_{ij}=\frac{1}{n}\sum_{i=1}^{I}\sum_{j=1}^{J}\sum_{k=1}^{n^*}y_{ij,k}$$

Darüber hinaus kann der Varianzanteil SSA weiter zerlegt werden. Für zwei Faktoren F_1 und F_2 gilt

$$SSA = SSA_{F_1} + SSA_{F_2} + SSA_{F_1 \times F_2}$$

mit

$$SSA_{F_1}=n^*\cdot J\cdot\sum_{i=1}^{I}\left(\overline{y}_{i\bullet}-\overline{y}_{Ges}\right)^2,$$

$$SSA_{F_2}=n^*\cdot I\cdot\sum_{j=1}^{J}\left(\overline{y}_{\bullet j}-\overline{y}_{Ges}\right)^2,$$

$$SSA_{F_1\times F_2}=n^*\cdot\sum_{i=1}^{I}\sum_{j=1}^{J}\left(\overline{y}_{ij}-\overline{y}_{i\bullet}-\overline{y}_{\bullet j}+\overline{y}_{Ges}\right)^2,$$

$$\overline{y}_{i\bullet}=\frac{1}{J\cdot n^*}\cdot\sum_{j=1}^{J}\sum_{k=1}^{n^*}y_{ij,k} \quad \text{und} \quad \overline{y}_{\bullet j}=\frac{1}{I\cdot n^*}\cdot\sum_{i=1}^{I}\sum_{k=1}^{n^*}y_{ij,k}\,.$$

Beispiel:

Für die im vorhergehenden Beispiel betrachteten Daten müssen zunächst die Mittelwerte für die Faktorstufenkombinationen, für die einzelnen Faktoren sowie insgesamt berechnet werden. Diese sind in der nachfolgenden Tabelle zusammengefasst:

	Persönliche Bedienung	Selbstbedienung	
Anzeige	$\overline{y}_{11}=43,4$	$\overline{y}_{12}=37,4$	$\overline{y}_{1\bullet}=40,4$
Plakat	$\overline{y}_{21}=64,4$	$\overline{y}_{22}=55,8$	$\overline{y}_{2\bullet}=60,1$
Lautsprecher	$\overline{y}_{31}=52,2$	$\overline{y}_{32}=49,8$	$\overline{y}_{3\bullet}=51$
	$\overline{y}_{\bullet 1}=53,\overline{3}$	$\overline{y}_{\bullet 2}=47,\overline{6}$	$\overline{y}_{Ges}=50,5$

Damit ergeben sich folgende Werte für die Größen SST, SSW und SSA:

$$\text{SST} = (47 - 50,5)^2 + (39 - 50,5)^2 + \ldots + (51 - 50,5)^2 = 2471,5$$

$$\text{SSW} = (47 - 43,4)^2 + (39 - 43,4)^2 + \ldots + (51 - 49,8)^2 = 238$$

$$\text{SSA} = 5 \cdot \left[(43,4 - 50,5)^2 + \ldots + (49,8 - 50,5)^2 \right] = 2233,5$$

Die Größe SSA kann dann wie folgt weiter zerlegt werden:

$$\text{SSA}_{F_1} = 5 \cdot 2 \cdot \left[(40,4 - 50,5)^2 + (60,1 - 50,5)^2 + (51 - 50,5)^2 \right] = 1944,2$$

$$\text{SSA}_{F_2} = 5 \cdot 3 \cdot \left[(53,\overline{3} - 50,5)^2 + (47,\overline{6} - 50,5)^2 \right] = 240,8\overline{3}$$

$$\text{SSA}_{F_1 \times F_2} = 5 \cdot \left[(43,4 - 40,4 - 53,\overline{3} + 50,5)^2 + \ldots + (49,8 - 51 - 47,\overline{6} + 50,5)^2 \right] = 48,4\overline{6}$$

Auf Basis der dargestellten Größen zur Gütebeurteilung können nun entsprechende Testverfahren hergeleitet werden, mit denen die folgenden Fragen beantwortet werden können:

- Ist die Hypothese, dass der Einfluss eines exogenen Faktors auf die endogene Größe signifikant ist, mit dem Datenmaterial verträglich?

- Existieren Wechselwirkungen zwischen bestimmten Faktoren, die einen wesentlichen Beitrag zur Erklärung der endogenen Größe aufweisen?

- Werden mit dem Modell überhaupt signifikante Einflüsse auf die endogene Größe erfasst?

Die Konstruktion der einzelnen Signifikanztests folgt stets nach dem gleichen Schema: Der mit Hilfe des ANOVA-Modells geschätzte Varianzanteil SSA (SSA, SSA_{F_1}, SSA_{F_2}, $\text{SSA}_{F_1 \times F_2}$) wird dem durch die ANOVA nicht erklärten Varianzanteil SSW gegenübergestellt. Da beide Größen aufgrund der Verteilungsannahmen als Summe quadrierter normalverteilter Zufallsvariablen χ^2-verteilt sind, ist die resultierende Test-Statistik als Quotient dieser Zufallsvariablen F-verteilt. Ein Vergleich mit dem entsprechenden Fraktil der F-Verteilung ermöglicht so die Beurteilung der formulierten Hypothesen.

Zur Untersuchung der Signifikanz des ersten Faktors F_1 wird die entsprechende Nullhypothese H_0: $\alpha_1 = \alpha_2 = \ldots = \alpha_I = 0$ gegen H_1: mindestens ein $\alpha_i \neq 0$ getestet. Die Ablehnung von H_0 bedeutet, dass der exogene Faktor F_1 einen signifikanten Einfluss auf die endogene Größe hat. Die Überprüfung der Hypothese erfolgt mit Hilfe der F-Statistik

$$v_{F_1} = \frac{\text{SSA}_{F_1}}{\text{SSW}} \cdot \frac{n - I \cdot J}{I - 1}$$

und den entsprechenden Fraktilen der F-Verteilung mit $(I - 1)$ und $(n - I \cdot J)$ Freiheitsgraden.

Analog dazu kann auch bezüglich des zweiten Faktors F_2 eine entsprechende Hypothese H_0: $\beta_1 = \beta_2 = \ldots = \beta_J = 0$ formuliert werden. Die Alternativhypothese lautet dann

H_1: mindestens ein $\beta_j \neq 0$. Die Ablehnung von H_0 bedeutet, dass der exogene Faktor F_2 einen signifikanten Einfluss auf die endogene Größe hat. Die Überprüfung der Hypothese erfolgt mit Hilfe der F-Statistik

$$v_{F_2} = \frac{SSA_{F_2}}{SSW} \cdot \frac{n - I \cdot J}{J - 1}$$

und den entsprechenden Fraktilen der F-Verteilung mit $(J - 1)$ und $(n - I \cdot J)$ Freiheitsgraden.

Eine entsprechende Überprüfung, ob der Faktor F_1 und der Faktor F_2 gleichzeitig einen signifikanten Einfluss auf die endogene Variable besitzen, führt zur Nullhypothese H_0: $(\alpha\beta)_{11} = ... = (\alpha\beta)_{IJ} = 0$, die gegen H_1: mindestens ein $(\alpha\beta)_{ij} \neq 0$ getestet wird. Die Ablehnung von H_0 bedeutet, dass zwischen Faktor F_1 und Faktor F_2 eine Wechselwirkung besteht, die einen signifikanten Einfluss auf die endogene Größe hat. Die Überprüfung der Hypothese erfolgt wiederum mit Hilfe einer F-Statistik, die gemäß

$$v_{F_1 \times F_2} = \frac{SSA_{F_1 \times F_2}}{SSW} \cdot \frac{n - I \cdot J}{(I - 1) \cdot (J - 1)}$$

berechnet wird. In diesem Fall sind die Fraktile der F-Verteilung mit $(I - 1) \cdot (J - 1)$ und $(n - I \cdot J)$ Freiheitsgraden heranzuziehen.

Schließlich kann auch überprüft werden, ob überhaupt irgendein Parameter des Modells einen signifikanten Einfluss auf die endogene Variable besitzt. Die entsprechende Hypothese lautet also: H_0: $\alpha_1 = ... = \alpha_I = \beta_1 = ... = \beta_J = (\alpha\beta)_{11} = ... = (\alpha\beta)_{IJ} = 0$. Die Ablehnung von H_0 bedeutet, dass das Modell die endogene Größe signifikant identifiziert. Die Überprüfung der Hypothese erfolgt auch hier mit Hilfe einer F-Statistik

$$v_{ANOVA} = \frac{SSA}{SSW} \cdot \frac{n - I \cdot J}{I \cdot J - 1}$$

und den entsprechenden Fraktilen der F-Verteilung mit $(I \cdot J - 1)$ und $(n - I \cdot J)$ Freiheitsgraden.

Beispiel:

In Fortführung des Beispiels dieses Abschnitts soll zunächst zum Signifikanzniveau $\alpha = 0,05$ untersucht werden, ob mit dem Modell überhaupt signifikante Einflüsse erfasst werden. Dazu wird der entsprechende Testfunktionswert mit

$$v_{ANOVA} = \frac{SSA}{SSW} \cdot \frac{n - I \cdot J}{I \cdot J - 1} = \frac{2233,5}{238} \cdot \frac{30 - 3 \cdot 2}{3 \cdot 2 - 1} = 45,05$$

berechnet. Das $(1 - 0,05)$-Fraktil der F-Verteilung mit $(3 \cdot 2 - 1)$ und $(30 - 3 \cdot 2)$ Freiheitsgraden ergibt sich mit einem Wert von 2,62. Der entsprechende Verwerfungsbereich ist damit das Intervall $(2,62; \infty)$. Da der Testfunktionswert im Verwerfungsbereich liegt, kann festgehalten werden, dass mit dem Modell signifikante Einflüsse erfasst werden.

Im nächsten Schritt werden nun die Einzeleinflüsse der beiden Faktoren untersucht. Für den ersten Faktor „Werbeart" ergibt sich ein Testfunktionswert von

$$v_{F_1} = \frac{SSA_{F_1}}{SSW} \cdot \frac{n - I \cdot J}{I - 1} = \frac{1944,2}{238} \cdot \frac{30 - 3 \cdot 2}{3 - 1} = 98,03 \, .$$

Das (1 – 0,05)-Fraktil der F-Verteilung mit (3 – 1) und (30 – 3·2) Freiheitsgraden lautet 3,42 und der Verwerfungsbereich resultiert damit als Intervall (3,42; ∞). Da der Testfunktionswert im Verwerfungsbereich liegt, kann die Nullhypothese abgelehnt werden. Die Werbeart hat somit einen signifikanten Einfluss auf den Absatz.

Analog ergibt sich für den zweiten Faktor „Bedienart" der Testfunktionswert mit

$$v_{F_2} = \frac{SSA_{F_2}}{SSW} \cdot \frac{n - I \cdot J}{J - 1} = \frac{240,8\overline{3}}{238} \cdot \frac{30 - 3 \cdot 2}{2 - 1} = 24,29 \, .$$

Das (1 – 0,05)-Fraktil der F-Verteilung mit (2 – 1) und (30 – 3·2) Freiheitsgraden nimmt den Wert 4,26 an und der Verwerfungsbereich lautet damit (4,26; ∞). Der Testfunktionswert liegt wiederum im Verwerfungsbereich, so dass ein signifikanter Einfluss der Bedienart auf den Absatz bestätigt werden kann.

Schließlich können noch die Wechselwirkungseffekte untersucht werden. Die entsprechende Teststatistik kann gemäß

$$v_{F_1 \times F_2} = \frac{SSA_{F_1 \times F_2}}{SSW} \cdot \frac{n - I \cdot J}{(I - 1) \cdot (J - 1)} = \frac{48,4\overline{6}}{238} \cdot \frac{30 - 3 \cdot 2}{(3 - 1) \cdot (2 - 1)} = 2,44$$

berechnet werden und das 0,95-Fraktil der F-Verteilung mit (3 – 1)·(2 – 1) und (30 – 3·2) Freiheitsgraden ergibt sich mit dem Wert 3,4. Der Verwerfungsbereich ist damit das Intervall (3,4; ∞) und da der Testfunktionswert nicht im Verwerfungsbereich liegt, kann die Nullhypothese H_0: $(\alpha\beta)_{11} = ... = (\alpha\beta)_{32} = 0$ nicht abgelehnt werden.

Abschließend ist noch auf einige Besonderheiten hinzuweisen, die im Rahmen der Varianzanalyse auftreten können. Sind keine Wechselwirkungen der beiden Faktoren vorhanden, dann kann der zweifaktorielle Versuchsplan durch zwei einfaktorielle Versuchspläne gemäß

$$Y_i = \mu + \alpha_i + U_i$$
$$Y_j = \mu + \beta_j + U_j$$

ersetzt werden, wobei sich dieselben Resultate ergeben.

Eine weitere Besonderheit ist gegeben, wenn nur eine Beobachtung pro Faktorstufenkombination vorliegt, d. h. $n^* = 1$ gilt. In diesem Fall ist eine Schätzung der Residualstreuung SSW nicht mehr möglich. Gemäß Fahrmeir und Hammerle (1984, S. 179 ff.) werden daher die Wechselwirkungen vernachlässigt und das Modell $Y_{ij} = \mu + \alpha_i + \beta_j + U_{ij}$ verwendet. Die Größe SSW erhält dann der Wert der Größe $SSA_{F_1 \times F_2}$, während die anderen Größen wie gewohnt berechnet werden können.

Des Weiteren können im Rahmen einer erweiterten Varianzanalyse auch quantitative exogene Faktoren berücksichtigt werden. Man spricht in diesem Fall von einer sogenannten **Kovarianzanalyse**. Beispielsweise kann ein einfaktorielles Design mit einer Kovariablen durch das Modell

$$Y_i = \mu + \alpha_i + \gamma \cdot X + U_i$$

beschrieben werden. Neben der Werbeart (α_i) könnten dann z. B. auch zugleich der Preis (X) als Einfluss auf den Absatz (Y_i) untersucht werden. Dieser Ansatz stellt damit eine Kombination aus Regressions- und Varianzanalyse dar. Eine ausführliche Darstellung zur Kovarianzanalyse findet sich beispielsweise in Fahrmeir, Hammerle und Tutz (1996).

Teil 4

Data Mining

16 Gegenstand des Data Mining

Mit dem Begriff **Data Mining** wird die Anwendung geeigneter Methoden zur Entdeckung von Strukturen und Beziehungen in großen Datenmengen umschrieben. Im Gegensatz zum Ansatz der induktiven Statistik stellen nicht im Vorfeld formulierte und zu überprüfende Hypothesen den Ausgangspunkt der Betrachtung dar; vielmehr sollen die in den Daten enthaltenen Informationen zur Theorieentwicklung genutzt werden. Damit wird mit dem Data Mining der eher modellgetriebenen Sichtweise der klassischen Statistik ein datengetriebener Ansatz vorangestellt, da auf Basis der in den Daten gefundenen Muster Hypothesen aufgestellt werden können, die dann mittels neuer Daten und konfirmatorischer Verfahren überprüft werden können. Darüber hinaus kann bereits das Entdecken von Strukturen ökonomisch wertvoll sein, was sich vor allem in betrieblichen Anwendungen des Data Mining widerspiegelt.

Im nachfolgenden Abschnitt 16.1 wird zunächst auf die Stellung des Data Mining im Prozess des Knowledge Discovery in Databases eingegangen. Anschließend werden in Abschnitt 16.2 die wesentlichen Anwendungsbereiche und Methoden des Data Mining überblicksartig vorgestellt. Der Abschnitt 16.3 widmet sich dann den Einsatzgebieten und ausgewählten betrieblichen Anwendungsbeispielen, um das Anwendungsspektrum des Data Mining ansatzweise zu skizzieren.

16.1 Knowledge Discovery in Databases

Der Begriff **Knowledge Discovery in Databases** umschreibt den gesamten Prozess der interaktiven und iterativen Entdeckung und Interpretation von nützlichem Wissen aus Daten. Dazu müssen nach der Festlegung des Untersuchungsgegenstands zunächst geeignete Daten gesichtet und ausgewählt werden. Im Anschluss daran werden die Daten aufbereitet, um die Qualität des Datenbestandes zu verbessern. Dies bedeutet, dass vor allem fehlende Daten und Ausreißer berücksichtigt und adäquat behandelt werden müssen. Im Rahmen der Datenvorverarbeitung können dann gegebenenfalls noch Transformationen der Daten zur Vorbereitung auf die nachfolgende Analyse durchgeführt werden. Damit wird in erster Linie das Ziel verfolgt, die ausgewählten Daten auf das gemäß der Zielsetzung der Untersuchung notwendige Maß zu reduzieren. Durch den Einsatz von **Data Warehouses** oder **Data Marts** für einzelne Abteilungen eines Unternehmens können die eben skizzierten Schritte vereinfacht und beschleunigt werden, da mit diesen Systemen regelmäßig und systematisch Daten zusammengeführt werden.

Das Herzstück des Prozesses des Knowledge Discovery in Databases stellt schließlich das Data Mining dar. Dabei geht es um die Auswahl und Anwendung geeigneter Methoden zur Entdeckung von Mustern und Beziehungen in den Daten im Hinblick auf den betrachteten Untersuchungsgegenstand. Die gewonnenen Aussagen müssen jedoch noch auf ihre Plausibilität hin untersucht und letztendlich in Erkenntnisse bzw. Wissen umgesetzt werden. Die in den Daten entdeckten Muster stellen eine wesentliche Grundlage zum Aufstellen betriebswirtschaftlich relevanter Hypothesen dar, wobei allein das Entdecken von Strukturen bereits ökonomisch wertvoll sein kann.

Abbildung 16-1: *Prozess des Knowledge Discovery in Databases*

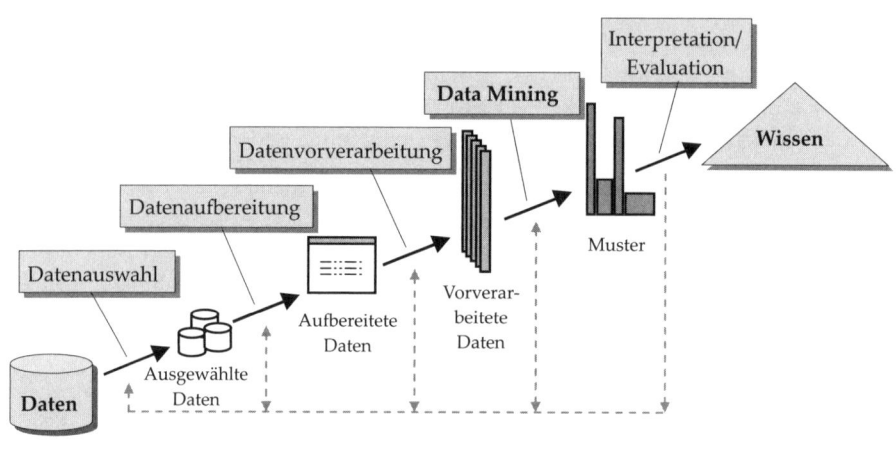

In der Abbildung 16-1 ist der Prozess des Knowledge Discovery in Databases noch einmal zusammengefasst. Dabei ist noch anzumerken, dass zwischen den einzelnen Schritten jederzeit Rückkopplungen möglich sind. So kann beispielsweise bei der Anwendung von Data Mining Methoden festgestellt werden, dass die vorliegenden Daten erneut aufbereitet oder gegebenenfalls durch die Auswahl weiterer Daten ergänzt werden müssen. Dies verdeutlicht nochmals, dass das Data Mining in einen iterativen und interaktiven Gesamtprozess der **Wissensentdeckung** eingebunden ist, bei dem vor allem auch die Vor- und Nachverarbeitung der Daten von zentraler Bedeutung sind. Überträgt man diesen Prozess auf ein Unternehmen, dann stellt das Verständnis einer betrieblichen Problemstellung den Ausgangspunkt dar, der zur Auswahl entsprechender Daten führt. Aus dem resultierenden Wissen können dann Erkenntnisse zur Lösung der Problemstellung gewonnen werden, die zur Ableitung von Handlungsempfehlungen bzw. Strategien führen und damit zur Weiterentwicklung des Unternehmens beitragen. Daraus können schließlich neue und weiterführende betriebliche Problemstellungen resultieren, die den Prozess erneut auslösen.

16.2 Anwendungsbereiche und Methodenüberblick

Es haben sich im Wesentlichen vier Anwendungsbereiche des Data Mining herausgebildet, und zwar die Segmentierung, die Klassifikation, die Vorhersage sowie der Ansatz der Assoziation (vgl. Tabelle 16-1). Die Aufgabe der **Segmentierung** besteht in der Bildung von Gruppen ähnlicher Objekte. Die klassische betriebswirtschaftliche Anwendung stellt die Kundensegmentierung bzw. die Bildung entsprechender Typologien dar. Damit wird das Ziel verfolgt, Produkte, Dienste und Kommunikationsmaßnahmen auf die Bedürfnisse der gefundenen homogenen Zielgruppen abstimmen zu können. Ein weiterer Anwendungsbereich des Data Mining ist die **Klassifikation**. Im Gegensatz zur Segmentierung soll hier keine neue Klassifikation entdeckt, sondern die Klassenzugehörigkeit der Objekte anhand gegebener Merkmale bestmöglich identifiziert werden. Das Ergebnis einer Klassifikation kann und wird zwar zur Einteilung neuer Objekte in bereits vorliegende Klassen herangezogen, jedoch ist die **Vorhersage** als weiterer Anwendungsbereich des Data Mining davon abzugrenzen. Dies liegt daran, dass hier auf Basis einer geschätzten funktionalen Beziehung die Werte einer abhängigen quantitativen Variablen prognostiziert werden. Während beispielsweise eine klassifikatorische Bonitätsbeurteilung einen Kunden in die Klassen der kreditwürdigen und nicht kreditwürdigen Personen einordnet, könnte bei einer vorhersagenden Bonitätsbeurteilung die Bonität z. B. als maximal einräumbares Forderungsvolumen definiert werden. Den vierten Anwendungsbereich des Data Mining stellt schließlich die sogenannte **Assoziation** dar. Als grundlegende Aufgabenstellung kann die Entdeckung struktureller Zusammenhänge in Datenbasen mit Hilfe von Assoziationsregeln genannt werden.

Tabelle 16-1:   *Anwendungsbereiche und Methoden des Data Mining*

Anwendungsbereich	Aufgabenstellung	Wesentliche Methoden
Segmentierung	Bildung von Klassen aufgrund von Ähnlichkeiten der Objekte	Clusteranalyse Neuronale Netze
Klassifikation	Identifikation der Klassenzugehörigkeit von Objekten auf der Basis gegebener Merkmale	Diskriminanzanalyse Neuronale Netze Entscheidungsbäume
Vorhersage	Prognose der Werte einer abhängigen kontinuierlichen Variable auf Basis einer funktionalen Beziehung	Regressionsanalyse Neuronale Netze Entscheidungsbäume
Assoziation	Aufdeckung von strukturellen Zusammenhängen in Datenbasen mit Hilfe von Regeln	Assoziationsanalyse

Abhängig vom jeweiligen Anwendungsbereich des Data Mining können unterschiedliche Methoden zum Einsatz kommen, die in der Tabelle 16-1 ebenfalls dargestellt sind. Neben den bereits seit langem aus der Datenanalyse bekannten Verfahren der Cluster-, Diskriminanz- und Regressionsanalyse sind für das Data Mining vor allem die neuronalen Netze, die Entscheidungsbäume sowie die Assoziationsanalyse von Bedeutung. Bei diesen letztgenannten Methoden steht der für das Data Mining typische experimentelle Charakter im Vordergrund.

Die neuronalen Netze und die Entscheidungsbäume werden in der einschlägigen Literatur zwar schon seit längerem behandelt, haben mit dem Data Mining aber ein prädestiniertes Einsatzfeld gefunden und sind im Rahmen dieses Ansatzes entsprechend weiterentwickelt worden. Auch die Clusteranalyse hat mit dem Data Mining eine Weiterentwicklung erfahren. Neben den klassischen Verfahren gibt es mittlerweile eine Reihe von Varianten und neueren Algorithmen, die speziell auf den Ansatz des Data Mining zugeschnitten sind.

Wie in Kapitel 13 bereits ausführlich dargelegt wurde, lassen sich die traditionellen **Clusteranalyseverfahren** im Wesentlichen in hierarchische und partitionierende Verfahren unterscheiden. Für das Data Mining eignen sich die hierarchischen Clusteranalyseverfahren weniger, da Hierarchien mit zunehmender Objektzahl exponentiell anwachsen. Des Weiteren weisen die in Hierarchien enthaltenen detaillierten Informationen über den Fusionsprozess und die Entwicklung von Klassenstrukturen einen vergleichsweise geringen Nutzen für die Segmentierungen großer Objektmengen auf, da sie nicht mehr sinnvoll interpretiert werden können und dies im Rahmen des Ansatzes des Data Mining auch nicht von primärem Interesse ist. Letztendlich soll am Ende eine interpretierbare und zur Lösung der Problemstellung geeignete Segmentierung der Objekte vorliegen, ohne die in Hierarchien zwangsläufig enthaltene Entstehung dieser Segmente schrittweise nachvollziehen zu wollen. Aus diesen Gründen sind für das Data Mining vor allem die partitionierenden Verfahren von Bedeutung. Dazu zählen insbesondere das **KMEANS-Verfahren** für quantitative Daten sowie das auf Distanzen basierende **CLUDIA-Verfahren** für beliebige Daten. Diese beiden Verfahren sind in Abschnitt 13.4 bereits ausführlich behandelt worden. Die mittlerweile zahlreich existierenden weiteren Varianten partitionierender Clusteranalysealgorithmen unterscheiden sich vor allem hinsichtlich der gewählten Bewertungskriterien für die resultierende Segmentierung, der Bestimmung einer initialen Clustereinteilung sowie der Art und Weise des Objekttauschs im Rahmen der einzelnen Iterationen.

Einen weiteren Ansatz zur Segmentierung im Rahmen des Data Mining stellen die **neuronalen Netze** in Form der sogenannten Self-Organizing Feature Maps dar. Wie der Tabelle 16-1 entnommen werden kann, eignen sich neuronale Netze aber auch für die Anwendungsbereiche der Klassifikation und Vorhersage, so dass zunächst allgemein einige Bemerkungen zu diesem Ansatz zweckmäßig sind. Das Grundelement eines neuronalen Netzes ist ein Verarbeitungselement bzw. **Neuron**, das mehrere gewichtete Eingänge, eine Transformationsfunktion sowie einen Ausgang besitzt. Bei der Informationsverarbeitung in einem Neuron werden die Ausgabewerte der vorgelagerten Neuronen zunächst zu einem Nettoeingangssignal verarbeitet, wobei hier meist eine gewichtete Summe verwendet wird. Im zweiten Schritt erzeugt eine Aktivierungsfunktion aus dem Nettoeingangssignal den Aktivierungszustand des Neurons, der diskrete oder in einem Intervall definierte stetige Werte annehmen kann. Als typische Vertreter von Aktivierungsfunktionen können Schwellenwert-, Rampen- oder logistische Funktionen genannt werden. Im letzten Schritt wird dann der Aktivierungszustand in einen Ausgabewert überführt, wobei als Ausgabefunktion meist die Identitätsfunktion herangezogen wird. Durch die Verbindung mehrerer Verarbeitungselemente auf verschiedenen Ebenen entsteht dann ein Netz. Ein derartiges Netz besteht zumindest aus einer Eingabeschicht sowie einer Ausgabeschicht. Darüber hinaus sind beliebig viele Zwischenschichten denkbar, mit denen die Repräsentationsfähigkeit des Netzes enorm erhöht werden kann. Für reale betriebswirtschaftliche Anwendungen reichen jedoch im Allgemeinen Netze mit höchstens ein bis zwei Zwischenschichten aus. Neben dem eben beschriebenen grundlegenden Typ eines **Feedforward-Netzes** sind auch **Feedback-Netze** bzw. rekurrente Netztypen denkbar, bei denen Rückkopplungen zu vorgelagerten Schichten zugelassen sind.

Ausgehend von einer festgelegten Netzstruktur müssen schließlich in der Lernphase die Verknüpfungen geeignet angepasst werden. Dabei unterscheidet man im Wesentlichen zwischen überwachtem und unüberwachtem Lernen. Beim **überwachten Lernen** werden die Gewichte so angepasst, dass bei einem vorgegebenen Eingangssignal ein bekanntes Ergebnis eintritt. Diese Vorgehensweise kann im Rahmen des Data Mining für die Problemstellungen der Klassifikation sowie der Prognose zur Anwendung kommen. Zur Schätzung der Modellparameter in Abhängigkeit vom vorliegenden Netztyp existieren zahlreiche Techniken, die meist spezielle Varianten von Gradientenverfahren darstellen.

Im Gegensatz zum überwachten Lernen liegen beim **unüberwachten Lernen** keine Soll-Ausgabewerte vor, so dass die Strukturen selbständig entdeckt werden müssen. Für derartige Problemstellungen, wie sie im Data Mining im Fall einer Segmentierung gegeben sind, können dann die bereits erwähnten **Self-Organizing Feature Maps** herangezogen werden. Es bleibt noch festzuhalten, dass im Anschluss an die Trainingsphase des Netzes eine Testphase mit neuen Daten durchgeführt werden sollte, um die Leistungsfähigkeit des Netzes überprüfen zu können.

Auf die **Entscheidungsbaumverfahren** sowie den Ansatz der **Assoziationsanalyse** wird an dieser Stelle nicht explizit eingegangen, da diese Verfahren in den nachfolgenden Kapiteln 17 (Assoziationsanalyse) und 18 (Entscheidungsbäume) noch ausführlicher behandelt werden.

16.3 Einsatzgebiete und Anwendungsbeispiele

In der heutigen Zeit ist es für ein Unternehmen unerlässlich, möglichst umfassend alle aus betrieblicher Sicht relevanten Beziehungen und Strukturen in seinen im Allgemeinen sehr großen Datenbeständen zu entdecken, um daraus Erkenntnisse zur Ableitung des richtigen unternehmerischen Handeln zu gewinnen. Aus dieser Notwendigkeit heraus haben sich mittlerweile zahlreiche betriebliche Anwendungen und Einsatzgebiete des Data Mining herausgebildet, auf die im Folgenden kurz eingegangen werden soll.

Das dominierende betriebswirtschaftliche Einsatzgebiet des Data Mining stellt mit Sicherheit das Marketing dar. Neben der Kundensegmentierung und der damit verbundenen Individualisierung der Kundenansprache sind vor allem Anwendungen aus den Bereichen Preisfindung, Warenkorbanalysen sowie Storno- bzw. Kündigungsanalysen zu finden. Aber auch neben dem Marketing sind in der Literatur zahlreiche betriebswirtschaftliche Anwendungen anzutreffen, die vor allem den Bereichen Beschaffung/Produktion, Controlling sowie Finanzdienstleistungen zugeordnet werden können. Im Beschaffungs- und Produktionsbereich können beispielsweise die Materialbedarfsplanung sowie die Qualitätssicherung und -kontrolle genannt werden. Im Controlling stellen die Ergebnisabweichungsanalyse und das Entdecken von Controlling-Mustern exemplarische Anwendungen des Data Mining dar. Des Weiteren sind aus dem Bereich der Finanzdienstleistungen zum Beispiel die Kreditrisikobewertung, das Aufdeckung von Kredikarten- und Versicherungsbetrug sowie die Bildung von Versicherungsrisikoklassen zu nennen. Im Folgenden sollen exemplarisch einige Anwendungen aus verschiedenen Bereichen kurz vorgestellt werden, und zwar die Responseanalyse von Werbemitteln, die Qualitätssicherung und -kontrolle sowie die Entdeckung von Kreditkartenmissbrauchsversuchen.

Die gezielte Versendung von Werbemitteln stellt vor allem für den Versandhandel ein wesentliches Instrumentarium dar, mit dem Kunden in Kontakt zu treten. Bei einer nicht individualisierten Kundenansprache würden bei Direktmailingaktionen alle Kunden das gleiche Mailing erhalten, wobei in diesem Fall von Responseraten von ca. 1 bis 2 Prozent ausgegangen werden kann. Aufgrund dieser geringen Effizienz besteht das Ziel einer Responseanalyse darin, durch eine Individualisierung der Mailings eine deutliche Verbesserung der Responserate zu erreichen. Dazu werden auf der Basis einer Kundendatenbank diejenigen Kundengruppen identifiziert, die ein bestimmtes Konsumverhalten oder auf Basis eines Testmailings eine hohe Responserate aufweisen und damit für eine geplante Mailingaktion das größte Erfolgspotential besitzen. Durch die Beschränkung auf diese Kunden können dann bei weitgehender Ausschöpfung des gesamten Responsepotentials die Kosten für derartige Aktionen erheblich reduziert werden. Damit lässt sich der Gesamterfolg einer Mailingaktion deutlich steigern.

Das nächste Anwendungsbeispiel betrifft die Qualitätssicherung und -kontrolle in der Automobilindustrie. Entsprechende Unternehmen verfügen über eine Qualitätsdatenbank, in der die Daten zu den Ausstattungsmerkmalen sowie den in der Garantiezeit eingetretenen Schäden vergangener Produktionsperioden enthalten sind. Das Ziel der Analyse besteht in der Aufdeckung von Ausstattungsmerkmalen der produzierten Fahrzeuge, die in der Vergangenheit häufiger zu Garantiefällen geführt haben. Dazu wird die entsprechende Klassifikationsvariable „Schäden in der Garantiezeit" mit Hilfe von neuronalen Netzen oder Entscheidungsbäumen anhand der Ausstattungsmerkmale identifiziert. Auf Basis der Analyseresultate ist dann eine frühzeitige Problem- und Fehlererkennung möglich, die im Ergebnis zu einer Senkung der Kosten aus Garantiefällen führt. Des Weiteren können Ansätze zur Produktverbesserung abgeleitet und gegebenenfalls teure Rückrufaktionen vermieden werden, indem erwartete Störung im Rahmen der normalen Wartungsarbeiten rechtzeitige behoben werden. In diesem Fall würden die Kunden die eventuell vorliegenden Produktfehler erst gar nicht bemerken.

Als letztes Anwendungsbeispiel soll noch kurz auf die Entdeckung von Kreditkartenmissbrauchsversuchen eingegangen werden. Bei der Gesellschaft für Zahlungssysteme wurde beispielsweise ein System auf der Basis eines neuronalen Netzes installiert, das bei der Autorisierung der Kreditkarte automatisch Missbrauchsversuche aufdeckt, ohne die rechtmäßigen Transaktionen nennenswert zu beeinträchtigen. Dazu wird auf Basis des Karteninhaberprofils in Kombination mit weiteren Attributen wie Tageszeit oder typische Geschäfte ein Risikowert ermittelt, der der Wahrscheinlichkeit eines Missbrauchsversuchs entspricht. Falls der Risikowert hoch ist, wird die Autorisierung erst nach telefonischer Rücksprache erteilt. In diesem Anwendungsbeispiel konnten die Kosten für die Systementwicklung und Installation bereits nach neun Monaten eingespart werden.

17 Assoziationsanalyse

Die Assoziationsanalyse ist eines der wenigen originären Verfahren des Data Mining, mit dem Zusammenhänge und Abhängigkeiten in einer Datenbasis entdeckt werden sollen. Anwendungsbeispiele hierfür finden sich vor allem im Rahmen der sogenannten Warenkorbanalyse oder in der Bank- und Versicherungswirtschaft, wo beispielsweise Zusammenhänge zwischen der Wahl einzelner Anlageformen, zwischen dem Abschluss verschiedener Versicherungsverträge oder zwischen dem Eintreten von Schadensfällen untersucht werden. Auch bei der Erforschung von Wechselwirkungen bei gleichzeitiger Einnahme verschiedener Medikamente kommt die Assoziationsanalyse zum Einsatz.

17.1 Grundlegende Begriffe

Die Assoziationsanalyse arbeitet mit spezifischen grundlegenden Begriffen, die zunächst zum weiteren Verständnis kurz definiert werden sollen. Ausgangspunkt für den Ansatz der Assoziationsanalyse ist eine Menge $I = \{i_1,...,i_m\}$, die diskrete Größen oder so genannte **Items** enthält. Dies können beispielsweise die Artikel eines Supermarkts sein. Des Weiteren bezeichnet T eine **Transaktion**, die eine Teilmenge der Itemmenge I darstellt. Eine Transaktion kann somit z. B. als Kaufaktion in Form einer speziellen Warenzusammenstellung eines Kunden gesehen werden. Werden alle vorliegenden Transaktionen, das heißt in dem hier betrachteten Beispiel alle Kaufaktionen eines gegebenen Zeitraums zusammengefasst, ergibt dies die **Datenbasis** $D = (T_1,...,T_n)$ mit $T_j \subset I$. Eine **Assoziationsregel** stellt dann eine Regel der Form „wenn Item(menge) X, dann Item(menge) Y" ($X \rightarrow Y$) dar, wobei die Menge X im **Regelrumpf** und die Menge Y im **Regelkopf** disjunkt und echte Teilmengen der Itemmenge I sind. Eine Transaktion T erfüllt eine Regel $X \rightarrow Y$ genau dann, wenn $(X \cup Y) \subset T$, das heißt, wenn alle Items, die durch diese Regel abgebildet werden, auch in der Transaktion vorkommen.

Zur Bewertung einer Assoziationsregel werden zumindest zwei Maße in Form des Supports sowie der Confidence benötigt, wobei auch weitere Bewertungsmaße möglich sind (vgl. Abschnitt 17.3). Der **Support** einer Itemmenge $X \subset I$ ist definiert als die relative Häufigkeit dieser Itemmenge in der Datenbasis, das heißt

$$\sup(X) = \frac{\left|\{T \in D : X \subset T\}\right|}{|D|}.$$

Somit ergibt sich der Support einer Assoziationsregel $X \rightarrow Y$ als Anteil der Transaktionen T der Datenbasis D, die diese Regel erfüllen, gemäß

$$\text{sup}(X \rightarrow Y) = \frac{\left|\{T \in D : (X \cup Y) \subset T\}\right|}{|D|}.$$

Damit wird zum Ausdruck gebracht, ob eine Kombination von Items zur Bildung einer Assoziationsregel überhaupt von Bedeutung ist. Die **Confidence** einer Regel gibt dann Aufschluss über die Stärke des Zusammenhangs bzw. das Ausmaß der Gültigkeit einer Regel $X \rightarrow Y$. Dieser Wert ist definiert als Anteil der Transaktionen, die sowohl X als auch Y beinhalten, an der Menge der Transaktionen, die den Regelrumpf X erfüllen, und ergibt sich gemäß

$$\text{conf}(X \rightarrow Y) = \frac{\left|\{T \in D : (X \cup Y) \subset T\}\right|}{\left|\{T \in D : X \subset T\}\right|} = \frac{\text{sup}(X \rightarrow Y)}{\text{sup}(X)}.$$

Im Prinzip wird damit der Support der Vereinigungsmenge von X und Y ins Verhältnis zum Support der Menge X gesetzt. Da sowohl Support als auch Confidence einer Regel Anteilswerte darstellen, gilt

$$\text{sup}(X \rightarrow Y), \text{conf}(X \rightarrow Y) \in [0;1].$$

Beispiel:

Der Support und die Confidence einer Assoziationsregel sollen im Folgenden anhand eines sehr einfachen Zahlenbeispiels erläutert werden, das in der nachfolgenden Abbildung 17-1 dargestellt ist. Ausgehend von insgesamt 1.000.000 Einkaufstransaktionen in einem Supermarkt wurden 200.000-mal Chips und 50.000-mal Bier gekauft, wobei 20.000-mal beide Produkte gemeinsam gekauft worden sind.

Anhand des Venndiagramms rechts oben in der Abbildung 17-1 wird deutlich, wie sich der Support für die Kombination der beiden Artikel ergibt. Der ganz dunkel schraffierte Bereich, der den Einkäufen entspricht, in denen Chips und Bier gleichzeitig enthalten waren, wird dabei ins Verhältnis zur Gesamtzahl aller vorliegenden Einkäufe gesetzt. Dabei ergibt sich in diesem Beispiel ein prozentualer Anteil von 2 Prozent. Betrachtet man nun als mögliche Assoziationsregel die Regel „Wenn Chips gekauft werden, dann wird auch Bier gekauft", so ergibt sich eine Confidence von 10 Prozent. Anhand des entsprechenden Venndiagramms in der Abbildung 17-1 wird ersichtlich, dass die Anzahl der Kombinationseinkäufe von Chips und Bier jetzt ins Verhältnis zur Gesamtanzahl der Chips-Einkäufe gesetzt wird. Im Fall einer umgekehrten Assoziationsregel resultiert entsprechend eine Confidence von 40 Prozent, da jetzt die Gesamtanzahl der Bier-Einkäufe die Bezugsgröße darstellt.

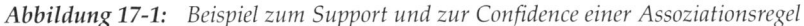

Abbildung 17-1: *Beispiel zum Support und zur Confidence einer Assoziationsregel*

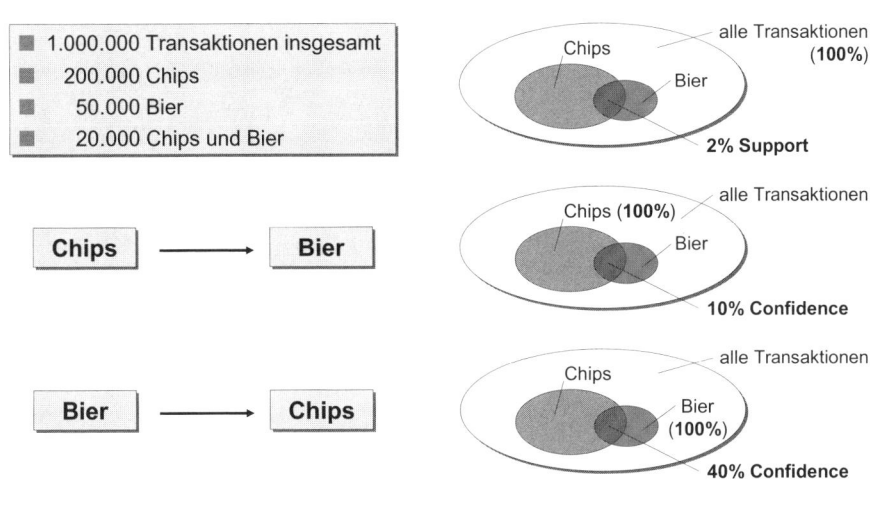

Damit würde in diesem Beispiel die zweite dargestellte Regel ein Muster in den Daten aufzeigen, das der Supermarkt exemplarisch wie folgt nutzen könnte: Durch die Anordnung der Chips in Sichtweite des Biers könnte gegebenenfalls eine Zunahme dieser Verbundkäufe erreicht werden. Des Weiteren sollte nicht bei beiden Produkten gleichzeitig ein Sonderangebot gemacht werden, sondern – sofern derartige Angebote überhaupt geplant sind – idealerweise nur beim Bier. Diese Angebote könnten dann auch zu einer absoluten Zunahme der Chips-Verkäufe führen.

17.2 Generierung von Assoziationsregeln

Um ausgehend von einer gegebenen Datenbasis alle bedeutsamen Assoziationsregeln generieren zu können, werden zunächst die sogenannten **häufigen Itemmengen** $H \subset I$ einer Datenbasis bestimmt. Dies sind alle Itemmengen, deren Support-Werte größer oder gleich dem vorgegebenen Mindest-Support $\sup_{min}$ sind, das heißt

$$\sup(H) = \frac{|\{T \in D : H \subset T\}|}{|D|} \geq \sup_{min} .$$

Da die Anzahl aller möglichen Kombinationen von Items der Ausgangsitemmenge I im Allgemeinen sehr groß ist, scheidet eine enumerative Problemlösung aus. Die Aufgabe der **Assoziationsregelalgorithmen** besteht daher darin, möglichst effizient alle häufigen Itemmengen zu finden, ohne jedoch alle grundsätzlich möglichen Itemmengen auf ihren Support hin untersuchen zu müssen. Sind schließlich alle häufigen Itemmengen gefunden, werden im zweiten Schritt aus jeder häufigen Itemmenge alle möglichen Regeln der Form $H' \rightarrow H - H'$ für alle $H' \subset H$ generiert, deren Confidence-Werte größer oder gleich dem geforderten Mindestwert $conf_{min}$ sind, das heißt

$$\text{conf}(H', H - H') = \frac{|\{T \in D : H \subset T\}|}{|\{T \in D : H' \subset T\}|} \geq \text{conf}_{min} \, .$$

Nachfolgend werden nun exemplarisch zwei Assoziationsregelalgorithmen näher vorgestellt, und zwar in Abschnitt 17.2.1 der AIS-Algorithmus und in Abschnitt 17.2.2 der Apriori-Algorithmus.

17.2.1 AIS-Algorithmus

Der AIS-Algorithmus stellt den ersten in der Literatur beschriebenen Algorithmus zur Generierung häufiger Itemmengen dar. Der Algorithmus startet mit allen einelementigen häufigen Itemmengen, indem die Support-Werte aller einelementigen Mengen auf Basis der Daten berechnet und mit der vorgegebenen Support-Schranke verglichen werden. Zur Gewinnung mehrelementiger Kandidaten für häufige Itemmengen geht der Algorithmus in der nächsten Iteration wie folgt vor: Die Transaktionen der Datenbasis werden einzeln durchlaufen. Bei jeder Transaktion werden zu den in der vorherigen Iteration bereits erkannten häufigen Itemmengen einzelne Items hinzugefügt, sofern diese Kombination in der Transaktion enthalten ist. Sind schließlich alle Transaktionen durchlaufen, werden auf Basis der Häufigkeitszählung die Support-Werte und damit alle häufigen Itemmengen aus den Kandidaten bestimmt. Diese Schritte werden nun iterativ wiederholt, solange weitere häufige Itemmengen identifiziert werden können.

Beispiel:

Für die in der Abbildung 17-2 dargestellten einfachen Beispieldaten, die aus vier Einkaufstransaktionen ausgehend von insgesamt vier Artikeln bestehen, werden bei der hier exemplarisch festgelegten Support-Schranke von 0,5 alle einelementigen Mengen als häufig identifiziert. Im zweiten Iterationsschritt werden dann auf Basis der ersten Transaktion die Itemmengen {Brot, Butter}, {Brot, Käse} und {Butter, Käse} als Kandidaten generiert. Falls in den nachfolgenden Transaktionen ein bereits gewonnener Kandidat wiederholt auftritt, wird zusätzlich ein Zähler aktiviert. Für die Transaktion T_2 bedeutet dies im Beispiel, dass zum einen die neuen Kandidaten {Brot, Wurst} und {Butter, Wurst} generiert werden und zum anderen der Kandidat {Brot, Butter} eine Erhöhung der Zählers erfährt, was in der Abbildung 17.2 durch die Striche angedeutet ist. Anhand dieser Darstellungen wird auch der Unterschied des AIS-Algorithmus zu einer enumerativen Lösung deutlich. Und zwar kommt hier die Itemmenge {Käse, Wurst} nicht als Kandidat in Frage, da sie in den Transaktionen nicht vorkommt.

Abbildung 17-2: *Beispiel zur Illustration des AIS-Algorithmus*

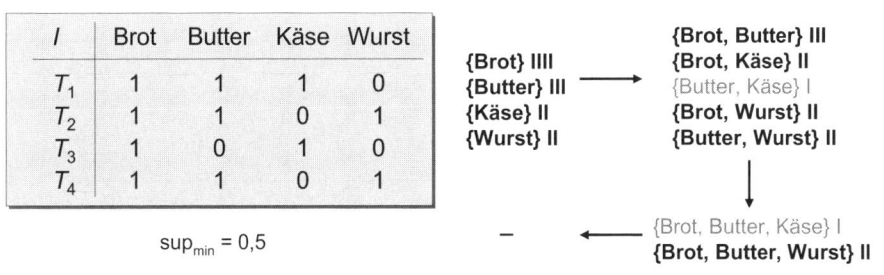

Auf Basis der Häufigkeitszählung werden nach dem Durchlauf aller Transaktionen die Support-Werte und damit alle häufigen Itemmengen aus den Kandidaten bestimmt. Im Beispiel scheidet die Itemmenge {Butter, Käse} aus, da sie nur einmal vorkommt. Im nächsten Iterationsschritt ergibt sich dann als dreielementige häufige Itemmenge noch die Menge {Brot, Butter, Wurst}. Ein weiterer Durchlauf der Datenbasis führt dann zum Abbruch des Algorithmus, da die vierelementige Itemmenge erst gar nicht als Kandidat in Frage kommt.

17.2.2 Apriori-Algorithmus

Der Apriori-Algorithmus läuft im Prinzip ähnlich wie der AIS-Algorithmus, verwendet aber zur Gewinnung von Kandidaten häufiger Itemmengen eine spezielle vorgeschaltete Operation, mit der die häufigen Itemmengen im Allgemeinen deutlich schneller gefunden werden. Die Idee dabei ist, dass beispielsweise eine dreielementige Itemmenge nur dann häufig sein kann, wenn alle zweielementigen Teilmengen dieser Itemmenge häufig sind. Der Apriori-Algorithmus startet mit allen einelementigen Mengen als Kandidaten für häufige Itemmengen und bestimmt in der ersten Iteration zunächst, welche dieser Mengen dem Mindest-Support genügen. Sofern häufige einelementige Itemmengen gefunden wurden, werden im nächsten Schritt alle zweielementigen Mengen als Kandidaten für häufige Itemmengen generiert, deren einelementige Teilmengen bereits als häufig identifiziert worden sind. Damit startet die zweite Iteration, d. h. für die ermittelten zweielementigen Kandidaten werden die Support-Werte und durch den Vergleich mit dem Mindest-Support die häufigen zweielementigen Itemmengen bestimmt. Auf Basis dieser gefundenen Mengen werden dann alle dreielementigen Kandidaten für häufige Itemmengen ermittelt, deren zweielementige Teilmengen häufig sind. Diese Iterationsschritte werden wiederholt, bis keiner der am Ende einer Iteration generierten Kandidaten mehr als häufig identifiziert werden kann. Das zugehörige Struktogramm des Apriori-Algorithmus ist in der nachfolgenden Abbildung 17-3 dargestellt.

Abbildung 17-3: Struktogramm des Apriori-Algorithmus

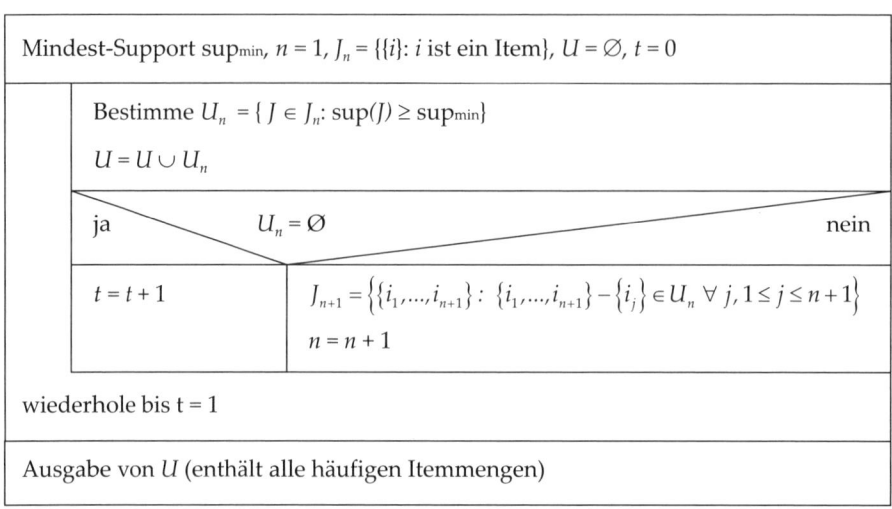

Mindest-Support $\sup_{min}$, $n = 1$, $J_n = \{\{i\}: i$ ist ein Item$\}$, $U = \varnothing$, $t = 0$

Bestimme $U_n = \{ J \in J_n: \sup(J) \geq \sup_{min}\}$

$U = U \cup U_n$

| ja | $U_n = \varnothing$ | nein |

$t = t + 1$

$J_{n+1} = \left\{\left\{i_1,...,i_{n+1}\right\}: \left\{i_1,...,i_{n+1}\right\} - \left\{i_j\right\} \in U_n \; \forall \, j, 1 \leq j \leq n+1\right\}$

$n = n + 1$

wiederhole bis t = 1

Ausgabe von U (enthält alle häufigen Itemmengen)

Beispiel:

In der nachfolgenden Tabelle sind die Transaktionsdaten für sechs Kunden eines Supermarkts angegeben:

Kunde	Transaktion
1	Wein, Spaghetti, Tomaten
2	Wein, Spaghetti, Basilikum
3	Wein, Käse
4	Wein, Spaghetti, Tomaten
5	Wein, Spaghetti, Tomaten, Basilikum
6	Käse

Ausgehend von einem exemplarisch festgelegten Mindest-Support von $\sup_{min} = 0,5$ können die einelementigen Mengen {Wein}, {Spaghetti} und {Tomaten} als häufig identifiziert werden, da deren Support-Werte 5/6, 4/6 bzw. 3/6 betragen. Bei der Bildung zweielementiger Kandidaten für häufige Itemmengen kommen folglich nur Mengen in Betracht, die aus der paarweisen Vereinigung der drei einelementigen häufigen Itemmengen resultieren. Dies sind die Mengen {Wein, Spaghetti}, {Wein, Tomaten} sowie {Spaghetti, Tomaten}. Da sich für diese drei Mengen Supportwerte von 4/6, 3/6 bzw. 3/6 ergeben, handelt es sind um häufige Itemmengen. Damit ergibt sich als Kandidat für eine dreielementige häufige Itemmenge nur die Menge {Wein, Spaghetti, Tomaten}, die bei einem Support-Wert von 3/6 ebenfalls als häufig identifiziert werden kann. Weitere häufige Itemmengen können nicht mehr gefunden werden. Die nachfolgende Tabelle fasst noch einmal die einzelnen Iterationsschritte zusammen:

n	J_n	U_n
1	{{Wein}, {Spaghetti}, {Tomaten}, {Basilikum}, {Käse}}	{{Wein}, {Spaghetti}, {Tomaten}}
2	{{Wein, Spaghetti}, {Wein, Tomaten}, {Spaghetti, Tomaten}}	{{Wein, Spaghetti}, {Wein, Tomaten}, {Spaghetti, Tomaten}}
3	{{Wein, Spaghetti, Tomaten}}	{{Wein, Spaghetti, Tomaten}}
4	$\varnothing$	$\varnothing$

Bei einer exemplarisch vorgegebenen Mindest-Confidence von $\text{conf}_{min} = 0{,}6$ können nun die in der nachfolgenden Tabelle angegeben Assoziationsregeln gebildet werden:

Regeln mit Support $\geq$ 0,5	Erfüllende Transaktionen	Support	Confidence
{Wein} $\rightarrow$ {Spaghetti}	1,2,4,5	0,67	0,8
{Spaghetti} $\rightarrow$ {Wein}	1,2,4,5	0,67	1
{Spaghetti} $\rightarrow$ {Tomaten}	1,4,5	0,5	0,75
{Tomaten} $\rightarrow$ {Spaghetti}	1,4,5	0,5	1
{Wein} $\rightarrow$ {Tomaten}	1,4,5	0,5	0,6
{Tomaten} $\rightarrow$ {Wein}	1,4,5	0,5	1
{Wein, Tomaten} $\rightarrow$ {Spaghetti}	1,4,5	0,5	1
{Spaghetti, Wein} $\rightarrow$ {Tomaten}	1,4,5	0,5	0,75
{Tomaten, Spaghetti} $\rightarrow$ {Wein}	1,4,5	0,5	1
{Spaghetti} $\rightarrow$ {Wein, Tomaten}	1,4,5	0,5	0,75
{Tomaten} $\rightarrow$ {Spaghetti, Wein}	1,4,5	0,5	1
{Wein} $\rightarrow$ {Spaghetti, Tomaten}	1,4,5	0,5	0,6

Beispielsweise ergibt sich die Confidence für die Regel {Wein} $\rightarrow$ {Spagetti} gemäß

$$\text{conf}\left(\{\text{Wein}\} \rightarrow \{\text{Spaghetti}\}\right) = \frac{\sup\left(\{\text{Wein,Spaghetti}\}\right)}{\sup\left(\{\text{Wein}\}\right)} = \frac{\frac{4}{6}}{\frac{5}{6}} = 0{,}8 \,,$$

d. h. in 80 % der Transaktionen, bei denen Wein gekauft wurde, wurden auch Spaghetti gekauft.

17.3 Interessantheitsmaße

Die im vorherigen Abschnitt dargestellte Vorgehensweise zur Generierung von Assoziationsregeln basiert ausschließlich auf der Vorgabe von Mindestwerten für den Support und die Confidence. Dies führt im Allgemeinen dazu, dass eine vergleichsweise große Anzahl von Assoziationsregeln generiert wird. Einerseits werden dadurch zwar keine möglicherweise interessanten Zusammenhänge vernachlässigt, andererseits können aber auch zahlreiche uninteressante und triviale Assoziationen resultieren. Aus diesem Grund sollen an dieser Stelle die Möglichkeiten zur Bewertung von Assoziationsregeln ausführlicher betrachtet und kritisch diskutiert werden. Neben den bereits bekannten Werten Support und Confidence wird mit dem sogenannten Lift ein weiteres Interessantheitsmaß vorgestellt.

Wie in Abschnitt 17.1 bereits aufgezeigt wurde, gibt der Support die Häufigkeit an, mit der eine Assoziationsregel in der Datenbasis D enthalten ist. Assoziationsregeln mit besonders hohen Supportwerten stellen dabei oft bereits bekannte Tatsachen dar, während Assoziationsregeln mit besonders kleinen Supportwerten zwar eher selten auftreten, aber dennoch interessante Zusammenhänge aufzeigen können. Häufig bergen die Assoziationsregeln mit mittleren Supportwerten neue Erkenntnisse. Eine allgemeingültige Aussage, welcher Supportwertebereich genauer untersucht werden sollte, kann allerdings nicht getroffen werden

Die Confidence stellt ein Maß für die Stärke des Zusammenhangs dar. Ausgehend von einer Assoziationsregel $X \rightarrow Y$ entspricht sie der bedingten Wahrscheinlichkeit von Y bei gegebenem X. Der große Nachteil der Confidence liegt darin, dass die Häufigkeit von Y nicht berücksichtigt wird. Dies kann letztendlich dazu führen, dass die Confidence einer Assoziationsregel $X \rightarrow Y$ der Häufigkeit von Y in der Datenbasis D entspricht und somit die Assoziationsregel keine zusätzlichen Erkenntnisse bringt.

Beispiel:

Wenn Joghurt und Schokolade jeweils in 80 Prozent aller Transaktionen eingekauft werden und der Einkauf von Joghurt als völlig unabhängig zum Einkauf von Schokolade erfolgt, dann sind in $0{,}8 \cdot 0{,}8 = 0{,}64$, also in 64 Prozent der Transaktionen beide Produkte gemeinsam zu erwarten. Die Assoziationsregel Schokolade $\rightarrow$ Joghurt weist dann eine Confidence von $0{,}64 / 0{,}8 = 0{,}8$ auf und entspricht damit der Häufigkeit von Joghurt in der Datenbasis. Dennoch würde diese Assoziationsregel aufgrund der vergleichsweise hohen Confidence als interessant eingestuft werden.

Ein Maß, mit dem das eben geschilderte Problem behoben wird, stellt der sogenannte **Lift** einer Assoziationsregel $X \rightarrow Y$ dar. Dieser ergibt sich gemäß

$$\text{lift}(X \rightarrow Y) = \frac{\text{conf}(X \rightarrow Y)}{\text{sup}(Y)} = \frac{\text{sup}(X \cup Y)}{\text{sup}(X) \cdot \text{sup}(Y)} \,.$$

Der Lift setzt also die Confidence einer Assoziationsregel $X \rightarrow Y$ ins Verhältnis zur relativen Häufigkeit von Y in der Datenbasis und damit zur naiven Prognose für Y. Bei einem Wert von 1 liefert folglich die Assoziationsregel im Vergleich zur naiven Prognose keine zusätzliche Erkenntnis. Demgegenüber gibt ein Lift von 2 für eine Assoziationsregel $X \rightarrow Y$ beispielsweise an, dass Y innerhalb aller Transaktionen, die X beinhalten, doppelt so oft vorkommt wie in der Datenbasis D. Ein Lift größer als 1 deutet also auf eine positive Korrelation hin, während ein Lift kleiner als 1 für eine negative Korrelation spricht. Kritisch anzumerken bleibt jedoch, dass der Lift der Assoziationsregel $X \rightarrow Y$ und der Lift der Assoziationsregel $Y \rightarrow X$ stets identisch sind.

Beispiel:

Für die im letzten Beispiel des vorherigen Abschnitts betrachteten sechs Transaktionen von Kunden eines Supermarkts können für die bereits ermittelten Assoziationsregeln noch die Werte für den Lift in Ergänzung bestimmt werden. Dabei resultieren die folgenden Werte:

Regeln mit Support $\geq$ 0,5	Support	Confidence	Lift
{Wein} → {Spaghetti}	0,67	0,8	1,2
{Spaghetti} → {Wein}	0,67	1	1,2
{Spaghetti} → {Tomaten}	0,5	0,75	1,5
{Tomaten} → {Spaghetti}	0,5	1	1,5
{Wein} → {Tomaten}	0,5	0,6	1,2
{Tomaten} → {Wein}	0,5	1	1,2
{Wein, Tomaten} → {Spaghetti}	0,5	1	1,5
{Spaghetti, Wein} → {Tomaten}	0,5	0,75	1,5
{Tomaten, Spaghetti} → {Wein}	0,5	1	1,2
{Spaghetti} → {Wein, Tomaten}	0,5	0,75	1,5
{Tomaten} → { Wein, Spaghetti}	0,5	1	1,5
{Wein} → {Spaghetti, Tomaten}	0,5	0,6	1,2

Beispielsweise ergibt sich der Lift für die Regel {Wein} → {Spagetti} gemäß

$$\text{lift}\big(\{\text{Wein}\} \rightarrow \{\text{Spaghetti}\}\big) = \frac{\text{conf}\big(\{\text{Wein}\} \rightarrow \{\text{Spaghetti}\}\big)}{\text{sup}\big(\{\text{Spaghetti}\}\big)} = \frac{\frac{4}{5}}{\frac{4}{6}} = \frac{6}{5},$$

d. h. Spagetti kommen in den Transaktionen, die auch Wein enthalten, um den Faktor 1,2 häufiger vor als in allen Transaktionen der Datenbasis. Wenn also Wein gekauft wird, dann werden in 80 % der Fälle auch Spagetti gekauft und damit 1,2-mal öfter als im Durchschnitt über alle Transaktionen.

17.4 Sequenzanalyse

Die einzelnen Transaktionen einer Datenbasis werden zunächst durch eine Itemmenge beschrieben. Darüber hinaus können aber auch zusätzliche Angaben über den Transaktionszeitpunkt vorliegen. Des Weiteren ist es möglich, dass Transaktionen mit einer Kundenidentifikationsnummer versehen sind. So lässt sich das Transaktionsverhalten eines einzelnen Kunden über die Zeit hinweg abbilden. Derartige personenbezogene Zusatzinformationen werden beispielsweise im Bereich der Warenkorbanalyse bei der Bezahlung mit einer Kredit- oder Kundenkarte erfasst. Aber auch im Bereich des Versand- und Internethandels werden solche Kundeninformationen mit jeder eingegangen Bestellung gesammelt.

Diese zusätzlichen Informationen über zeitliche Beziehungen zwischen einzelnen Transaktionen werden im Rahmen der Sequenzanalyse in die Assoziationsanalyse einbezogen. Im Gegensatz zur klassischen Assoziationsanalyse, welche sich auf Transaktionen eines einzelnen Zeitpunkts beschränkt, ist die Sequenzanalyse daher keine Zeitpunktanalyse, sondern eine Zeitraumanalyse. Dabei untersucht die Sequenzanalyse zeitliche Abfolgen von Transaktionen, sogenannte **Sequenzen**, die ein spezifisches Muster bilden.

Beispiel:

Ein Beispiel für ein solches Muster ist das Kundenverhalten in einer Videothek. Wenn sich ein Kunde beispielsweise den ersten Teil einer Film-Trilogie ausleiht, wird er sich mit ziemlich großer Wahrscheinlichkeit kurz darauf auch den zweiten und danach den dritten Teil dieser Trilogie ausleihen. Dabei spielt es jedoch keine Rolle, ob diese Filme direkt nacheinander ausgeliehen werden, oder ob in der Zwischenzeit noch andere Filme in der Videothek abgeholt werden. Des Weiteren kann es sich bei den Elementen eines Sequenzmusters sowohl um Einzelartikel als auch um Artikelmengen handeln.

Ausgangspunkt der Sequenzanalyse ist eine Datenbasis D, bestehend aus Kundentransaktionen, deren Transaktionszeitpunkte und Itemmengen mit Hilfe von Kundenidentifikationsnummern einem bestimmten Kunden zugeordnet werden können. Zu beachten ist dabei, dass kein Kunde mehrere Transaktionen zum selben Transaktionszeitpunkt tätigen kann und dass die Quantität der pro Transaktion gekauften Items nicht berücksichtigt wird. Eine Sequenz stellt eine geordnete Liste von Itemmengen dar und wird mit $s = <s_1, s_2, ..., s_n>$ bezeichnet, wobei s_j (mit $j = 1, ..., n$) eine Itemmenge bzw. eine Transaktion angibt. Alle Transaktionen eines Kunden können zu einer sogenannten Kundensequenz zusammengefasst werden. Dabei werden alle Transaktionen eines Kunden nach aufsteigender Transaktionszeit $T_1, ..., T_n$ geordnet. Eine Sequenz $<a_1, a_2, ..., a_n>$ ist **Bestandteil** einer anderen Sequenz $<b_1, b_2, ..., b_m>$ mit $m \geq n$, wenn ganze Zahlen der Form $i_1 < i_2 < ... < i_n$ existieren, so dass $a_1 \subset b_{i_1}, a_2 \subset b_{i_2}, ..., a_n \subset b_{i_n}$ gilt.

Beispiel:

Zur Illustration soll noch einmal das Beispiel einer Videothek herangezogen werden. Die Sequenz < {Film 1}, {Film 3, Film 4}, {Film 7} > eines Kunden A der Videothek ist in der Sequenz < {Film 9}, {Film 1, Film 7}, {Film 2}, {Film 3, Film 4, Film 6}, {Film 7} > eines anderen Kunden B enthalten, da a_1 = {Film 1} $\subset$ {Film 1, Film 7} = b_{i_1} mit i_1 = 2, a_2 = {Film 3, Film 4} $\subset$ {Film 3, Film 4, Film 6} = b_{i_2} mit i_2 = 4 und a_3 = {Film 7} $\subset$ {Film 7} = b_{i_3} mit i_3 = 5. Die Sequenz < {Film 3}, {Film 4} > eines Kunden C ist jedoch nicht in der Sequenz < {Film 3, Film 4} > eines weiteren Kunden D der Videothek enthalten, da in diesem Fall i_1 = i_2 = 1 ist.

Wenn eine Sequenz s in keiner anderen Sequenz enthalten ist, wird diese Sequenz als **maximal** bezeichnet. Des Weiteren spricht man davon, dass ein Kunde eine Sequenz s **unterstützt**, wenn diese in seiner eigenen Kundensequenz enthalten ist. Der Anteil der Kunden, die eine Sequenz unterstützen, stellt den Support dieser Sequenz dar. Eine Sequenz, welche den vorgegebenen Mindest-Support erfüllt, wird schließlich als **häufige Sequenz** bezeichnet. Das Ziel der Sequenzanalyse besteht nun darin, aus allen häufigen Sequenzen einer Datenbasis D die maximalen Sequenzen zu finden.

Der Ablauf der Sequenzanalyse lässt sich dabei in die folgenden fünf verschiedene Phasen einteilen:

- Sortierungsphase

- Generierungsphase

- Transformationsphase

- Sequenzphase

- Maximalphase

In der ersten Phase, der **Sortierungsphase,** wird die Datenbasis D zunächst nach Kundennummern und anschließend nach Transaktionszeitpunkten sortiert. Die Transaktionen werden so für jeden Kunden nach aufsteigendem Transaktionszeitpunkt zu Sequenzen zusammengefasst. In der **Generierungsphase** werden nun alle häufigen Itemmengen in der Datenbasis, die jetzt aus Kundensequenzen besteht, gesucht. Zur Entdeckung aller häufigen Itemmengen wird der Support benötigt, der sich im Rahmen der Sequenzanalyse durch den Anteil der Kunden bestimmt, welche ein Item bzw. eine Kombination von Items in irgendeiner ihrer Transaktionen erstanden haben. Dabei wird in der Sequenzanalyse, im Unterschied zur klassischen Assoziationsanalyse, für den Support jedes Item allerdings nur einmal pro Kunde gezählt, selbst wenn ein Kunde ein bestimmtes Item in mehreren Transaktionen gekauft hat. In der anschließenden **Transformationsphase** werden sämtliche Transaktionen der Datenbasis D durch die in ihnen enthaltenen häufigen Itemmengen ersetzt. Dadurch entsteht eine sogenannte transformierte Datenbasis D'. Sofern eine Transaktion oder gar eine ganze Sequenz jedoch keine häufigen Itemmengen enthält, entfällt diese. Der Kunde dieser Transaktion bzw. Sequenz wird bei der Ermittlung der Gesamtkundenzahl allerdings weiterhin mitgezählt. Aus dieser transformierten Datenbasis D' werden dann in der **Sequenzphase** die häufigen Sequenzen ermittelt. In der abschließenden **Maximalphase** werden schließlich aus der Menge der eben ermittelten häufigen Sequenzen alle maximalen Sequenzen bestimmt.

18 Entscheidungsbäume

Entscheidungsbäume dienen der Aufteilung von Objekten anhand geeigneter Merkmale in Gruppen im Hinblick auf eine vorgegebene Zielgröße. Grundsätzlich lassen sich Entscheidungsbäume in zwei Varianten unterteilen: Klassifikationsbäume und Regressionsbäume. **Klassifikationsbäume** werden bei nominal skalierten Variablen als abhängige Zielgröße eingesetzt, während bei **Regressionsbäumen** eine quantitative Variable als abhängige Zielgröße vorliegt. Im Folgenden stehen Klassifikationsbäume im Vordergrund der Betrachtung.

Ein Entscheidungsbaum hat eine baumartige Struktur, mit einer Wurzel, mehreren Blatt(knoten), inneren Knoten und Kanten. Jedem Blatt(knoten) ist eine Klasse zugeordnet; pro Klasse sind mehrere Blattknoten möglich. Jedem inneren Knoten ist ein Merkmal zugeordnet; pro Merkmal sind mehrere innere Knoten möglich. Daraus ergibt sich folgende Vorgehensweise: Will man ein Objekt mit einem Entscheidungsbaum klassifizieren, so startet man an der Wurzel und ordnet das Objekt so lange an den inneren Knoten einer neuen Unterteilung zu, bis das Objekt durch einen Blattknoten eindeutig klassifiziert wird. Praktische Anwendung können Entscheidungsbäume in vielen Bereichen finden, beispielsweise bei der Responseanalyse von Werbemitteln, bei der Prüfung der Wirksamkeit von Medikamenten oder bei der Kreditwürdigkeitsprüfung von Bankkunden.

18.1 Klassifikationsbäume

Klassifikationsbäume verfolgen das Ziel, einen zugrundeliegenden Datensatz, der zunächst nur auf Basis der abhängigen Zielvariablen unterteilt ist, mit Hilfe der gegebenen Merkmale (unabhängige Variablen) in immer kleiner werdende Klassen zu zerlegen, so dass am Ende die Blätter des Baumes hinsichtlich der Zielvariablen so homogen wie möglich sind. Um einen möglichst guten Klassifikationsbaum zu erzeugen, werden die bedingten Häufigkeitsverteilungen der Zielgröße in den durch die Unterteilungsmerkmale resultierenden Klassen bestimmt und bewertet. Daraufhin wird das Merkmal mit der besten Bewertung für die erste Unterteilung (Split) des Datensatzes ausgewählt und die Objekte werden entsprechend aufgeteilt. Anschließend wird dieses Verfahren rekursiv auf die sich ergebenden Teilmengen angewendet. Die Rekursion wird abgebrochen, wenn alle Objekte einer Teilmenge der gleichen Klasse angehören, wenn kein Merkmal zur Verbesserung der Klassifikation führt oder wenn keine Merkmale mehr für eine weitere Unterteilung zur Verfügung stehen.

Beispiel:

Ein Versicherungsunternehmen bietet zwei verschiedene Risikolebensversicherungen, Typ I und Typ II, an. Je nach Lebenssituation der Versicherungskunden ist jedoch nur einer der beiden Typen zu empfehlen. Damit liegt die Trefferquote, einem Kunden ohne weitere Informationen den richtigen Risikolebensversicherungstyp anzubieten, bei 50 %. Ziel ist es nun, aus den vorhandenen Versicherungskundendaten, die in einem sinnvollen Zusammenhang zum Risikolebensversicherungstyp stehen müssen, auf den jeweils richtigen Versicherungstyp zu schließen und somit die Trefferquote, den Kunden die richtige Risikolebensversicherung anzubieten, zu erhöhen. In der nachfolgenden Tabelle sind entsprechende Beispieldaten angegeben.

Nr.	Geschlecht	Alter	Einkommen	Versicherungstyp
1	männlich	20	mittel	I
2	weiblich	37	hoch	I
3	weiblich	48	hoch	I
4	männlich	29	mittel	I
5	weiblich	52	mittel	II
6	männlich	42	niedrig	II
7	männlich	61	mittel	II
8	weiblich	26	niedrig	II

Zur Konstruktion eines Entscheidungsbaums aus den Versicherungskundendaten werden nun die bedingten Verteilungen des zu empfehlenden Risikolebensversicherungstyps ausgehend von den verschiedenen Versicherungskundenmerkmalen untersucht. Die folgenden Tabellen zeigen die bedingten Verteilungen des zu empfehlenden Risikolebensversicherungstyps bei gegebenem Geschlecht (links), Alter (Mitte) und Einkommen (rechts) der Versicherungskunden. Bezüglich des Alters werden dabei die „bis 40-jährigen" und die „über 40-jährigen" Versicherungskunden unterschieden.

Nr.	Geschlecht	Typ		Nr.	Alter	Typ		Nr.	Einkommen	Typ
1	männlich	I		1	20	I		2	hoch	I
4	männlich	I		8	26	II		3	hoch	I
6	männlich	II		4	29	I		1	mittel	I
7	männlich	II		2	37	I		4	mittel	I
2	weiblich	I		6	42	II		5	mittel	II
3	weiblich	I		3	48	I		7	mittel	II
5	weiblich	II		5	52	II		6	niedrig	II
8	weiblich	II		7	61	II		8	niedrig	II

Wird nun in den Fällen, in denen die Versicherungskunden über ein mittleres Einkommen verfügen, das Alter der Kunden zusätzlich berücksichtigt, lässt sich der zu empfehlende Risikolebensversicherungstyp eindeutig bestimmen, wie die nachfolgende Tabelle zeigt.

Nr.	Einkommen	Alter	Versicherungstyp
2	hoch	37	I
3	hoch	48	I
1	mittel	20	I
4	mittel	29	I
5	mittel	52	II
7	mittel	61	II
6	niedrig	42	II
8	niedrig	26	II

Somit ergibt sich der folgende Entscheidungsbaum:

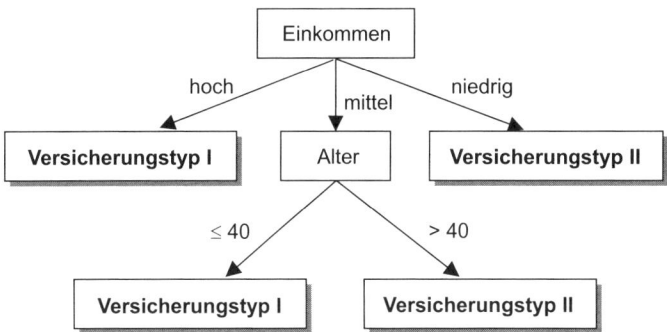

Zunächst wird das Merkmal Einkommen herangezogen. Ist das Einkommen hoch oder niedrig, kann der jeweils zu empfehlende Risikolebensversicherungstyp sofort abgeleitet werden. Ist das Einkommen allerdings im mittleren Bereich, wird zusätzlich das Alter des Versicherungskunden geprüft, wodurch auch in diesem Fall der entsprechende Risikolebensversicherungstyp angeboten werden kann.

Dieses einfache Beispiel hat bereits deutlich gemacht, wie wichtig die richtige Auswahl des geeigneten Merkmals zur Verzweigung des Entscheidungsbaums ist, um eine im Hinblick auf die Zielgröße möglichst gute Aufteilung der Objekte zu erhalten. Deshalb sollen im Folgenden einige Auswahlmaße näher vorgestellt werden.

18.2   Auswahlmaße

Ob das Entscheidungsbaumverfahren erfolgreich ist oder nicht, hängt in großem Maße vom verwendeten Auswahlmaß ab. Dieses entscheidet darüber, welche unabhängige Variable die Verschiedenheit der Objekte in einer Klasse im Hinblick auf die Zielgröße minimiert und so zur besten Klasseneinteilung führt. Als Auswahlmaße werden im Wesentlichen der χ^2-Unabhängigkeitstest, der bereits in Kapitel 11.5.3 beschrieben wurde, der Gini-Index und die Entropie herangezogen. Die beiden letzteren Auswahlmaße werden im Folgenden ausführlicher vorgestellt.

18.2.1   Gini-Index

Der Gini-Index gibt die Wahrscheinlichkeit an, dass bei der Auswahl zweier Objekte aus einer Klasse, die aus der Aufteilung des Datensatzes anhand der unabhängigen Variablen resultiert, die Zielvariable dieser beiden Objekte unterschiedliche Ausprägungen aufweist. Beträgt p_i die Wahrscheinlichkeit, ein Objekt mit der Ausprägung i bezüglich der Zielvariablen aus einer Klasse zu ziehen, dann ergibt sich die Wahrscheinlichkeit, zweimal ein Objekt mit der Ausprägung i bezüglich der Zielvariablen aus dieser Klasse auszuwählen mit p_i^2 (Ziehen mit Zurücklegen). Somit kann der **Gini-Index** über die Gegenwahrscheinlichkeit wie folgt formuliert werden:

$$G = 1 - \sum_{i=1}^{s} p_i^2$$

Dabei werden die Wahrscheinlichkeiten für die einzelnen Ausprägungen der Zielvariablen über die Gesamtanzahl s aller Ausprägungen der Zielvariablen aufsummiert. Handelt es sich um den Sonderfall, dass insgesamt nur zwei Ausprägungen der Zielvariablen existieren, kann der Gini-Index auch folgendermaßen berechnet werden:

$$G = 1 - (p_1^2 + p_2^2) = 1 - (p_1^2 + (1 - p_1)^2) = 2p_1(1 - p_1) \,.$$

Die beste Klassifizierung bei der Erzeugung eines Entscheidungsbaumes erreicht man, indem der Gini-Index in den einzelnen Klassen, die aus der Aufteilung anhand der unabhängigen Variablen resultieren, so weit wie möglich reduziert wird, da dann die Verschiedenheit der Objekte in Bezug auf die Zielvariable innerhalb der jeweiligen Klassen am geringsten wird.

Beispiel:

In der Kreditabteilung einer Bank sollen die Mitarbeiter durch einen Entscheidungsbaum bei der Auswahl der Kunden, die für einen Kredit in Frage kommen, unterstützt werden. Für eine kleine Auswahl von zwölf Bankkunden liegen die Daten hinsichtlich ihrer Kreditwürdigkeit (Zielvariable) sowie zum Alter, zum beantragten Kreditvolumen und zur Berufsgruppe vor, die nachfolgend dargestellt sind.

Kunde	Alter	Kreditvolumen	Beruf	kreditwürdig
1	37	niedrig	selbständig	ja
2	32	niedrig	selbständig	ja
3	30	mittel	Student	ja
4	42	mittel	Angestellter	ja
5	44	hoch	Angestellter	ja
6	53	hoch	Angestellter	ja
7	60	hoch	Angestellter	ja
8	20	niedrig	selbständig	nein
9	27	niedrig	Student	nein
10	23	mittel	Angestellter	ja
11	36	mittel	Student	nein
12	56	hoch	Angestellter	nein

Zunächst werden in den folgenden Arbeitstabellen die bedingten Verteilungen der Kreditwürdigkeit bei gegebenem Alter (links), Kreditvolumen (Mitte) und Beruf (rechts) der Bankkunden betrachtet, wobei bezüglich des Alters die „bis 35-jährigen" Bankkunden und die „über 35-jährigen" Bankkunden unterschieden werden.

Kunde	Alter	kredit-würdig	Kunde	Kredit-volumen	kredit-würdig	Kunde	Beruf	kredit-würdig
8	20	nein	1	niedrig	ja	3	Student	ja
10	23	ja	2	niedrig	ja	9	Student	nein
9	27	nein	8	niedrig	nein	11	Student	nein
3	30	ja	9	niedrig	nein	4	Angestellter	ja
2	32	ja	3	mittel	ja	5	Angestellter	ja
11	36	nein	4	mittel	ja	6	Angestellter	ja
1	37	ja	10	mittel	ja	7	Angestellter	ja
4	42	ja	11	mittel	nein	10	Angestellter	ja
5	44	ja	5	hoch	ja	12	Angestellter	nein
6	53	ja	6	hoch	ja	1	selbständig	ja
12	56	nein	7	hoch	ja	2	selbständig	ja
7	60	ja	12	hoch	nein	8	selbständig	nein

Ziel ist es nun mit Hilfe des Gini-Index das am besten geeignete Merkmal zur Entscheidung zwischen „kreditwürdig" und „nicht kreditwürdig" herauszufinden. Zunächst wird dazu der Gesamt-Gini-Index für die Kreditwürdigkeit (ja/ nein) der zwölf Bankkunden als Referenzwert der Unterschiedlichkeit der Objekte hinsichtlich der Zielvariablen in der Datenbasis berechnet:

$$\left.\begin{array}{l} p(\text{ja}) = \frac{8}{12} = \frac{2}{3} \\ p(\text{nein}) = \frac{4}{12} = \frac{1}{3} \end{array}\right\} \Rightarrow G = 1 - \left(\left(\frac{2}{3}\right)^2 + \left(\frac{1}{3}\right)^2\right) = 0{,}444 \; .$$

Nun wird der Gini-Index für die bedingten Wahrscheinlichkeiten der Kreditwürdigkeit bei gegebenem Alter (X_1), Kreditvolumen (X_2) und Beruf (X_3) der zwölf Bankkunden berechnet. Für das Merkmal Alter ergeben sich zunächst folgende Werte:

$$\left.\begin{array}{l} p(\text{ja} \mid X_1 \leq 35) = \frac{3}{5} \\ p(\text{nein} \mid X_1 \leq 35) = \frac{2}{5} \end{array}\right\} \Rightarrow G = 1 - \left(\left(\frac{3}{5}\right)^2 + \left(\frac{2}{5}\right)^2\right) = 0{,}480$$

$$\left.\begin{array}{l} p(\text{ja} \mid X_1 > 35) = \frac{5}{7} \\ p(\text{nein} \mid X_1 > 35) = \frac{2}{7} \end{array}\right\} \Rightarrow G = 1 - \left(\left(\frac{5}{7}\right)^2 + \left(\frac{2}{7}\right)^2\right) = 0{,}408$$

Der Gini-Index für die bedingte Wahrscheinlichkeit der Kreditwürdigkeit bei gegebenem Alters berechnet sich dann aus dem gewichteten Mittel der Gini-Indizes der einzelnen Klassen. Dazu werden die Gini-Indizes mit der Anzahl der in den jeweiligen Klassen enthaltenen Objekten multipliziert sowie über alle ermittelten Klassen aufsummiert und anschließend durch die Gesamtanzahl der Objekte in der Datenbasis dividiert:

$$G(X_1) = \frac{0{,}480 \cdot 5 + 0{,}408 \cdot 7}{12} = 0{,}438 \; .$$

Analog resultieren folgende Berechnungen für das Merkmal Kreditvolumen:

$$\left.\begin{array}{l} p(\text{ja} \mid X_2 = \text{niedrig}) = \frac{2}{4} \\ p(\text{nein} \mid X_2 = \text{niedrig}) = \frac{2}{4} \end{array}\right\} \Rightarrow G = 1 - \left(\left(\frac{2}{4}\right)^2 + \left(\frac{2}{4}\right)^2\right) = 0{,}500$$

$$\left.\begin{array}{l} p(\text{ja} \mid X_2 = \text{mittel}) = \frac{3}{4} \\ p(\text{nein} \mid X_2 = \text{mittel}) = \frac{1}{4} \end{array}\right\} \Rightarrow G = 1 - \left(\left(\frac{3}{4}\right)^2 + \left(\frac{1}{4}\right)^2\right) = 0{,}375$$

$$\left.\begin{array}{l} p(\text{ja} \mid X_2 = \text{hoch}) = \frac{3}{4} \\ p(\text{nein} \mid X_2 = \text{hoch}) = \frac{1}{4} \end{array}\right\} \Rightarrow G = 1 - \left(\left(\frac{3}{4}\right)^2 + \left(\frac{1}{4}\right)^2\right) = 0{,}375$$

Somit ergibt sich der Gini-Index für die bedingte Wahrscheinlichkeit der Kreditwürdigkeit bei gegebenem Kreditvolumen gemäß

$$G(X_2) = \frac{0{,}500 \cdot 4 + 0{,}375 \cdot 4 + 0{,}375 \cdot 4}{12} = 0{,}417$$

Schließlich erhält man für das Merkmal Beruf noch die folgenden Werte:

$$p(\text{ja} \mid X_3 = \text{Student}) = \tfrac{1}{3} \atop p(\text{nein} \mid X_3 = \text{Student}) = \tfrac{2}{3} \Bigg\} \Rightarrow G = 1 - \left(\left(\frac{1}{3} \right)^2 + \left(\frac{2}{3} \right)^2 \right) = 0{,}444$$

$$p(\text{ja} \mid X_3 = \text{Angestellter}) = \tfrac{5}{6} \atop p(\text{nein} \mid X_3 = \text{Angestellter}) = \tfrac{1}{6} \Bigg\} \Rightarrow G = 1 - \left(\left(\frac{5}{6} \right)^2 + \left(\frac{1}{6} \right)^2 \right) = 0{,}278$$

$$p(\text{ja} \mid X_3 = \text{selbständig}) = \tfrac{2}{3} \atop p(\text{nein} \mid X_3 = \text{selbständig}) = \tfrac{1}{3} \Bigg\} \Rightarrow G = 1 - \left(\left(\frac{2}{3} \right)^2 + \left(\frac{1}{3} \right)^2 \right) = 0{,}444$$

$$G(X_3) = \frac{0{,}444 \cdot 3 + 0{,}278 \cdot 6 + 0{,}444 \cdot 3}{12} = 0{,}361$$

Damit eignet sich das Merkmal des ausgeübten Berufs am besten zur Entscheidung zwischen „kreditwürdigen" und „nicht kreditwürdigen" Kunden, da durch die Wahl eines ersten Splits anhand dieses Merkmals eine Reduktion der Unterschiedlichkeit von 0,444 auf 0,361 erreicht wird.

18.2.2 Entropie

Als Entropie bezeichnet man das Maß für den Grad von Unordnung in einem System, die durch den Verlust von Informationen bedingt wird, wobei die Entropie bei abnehmender Ordnung höher wird. Für eine exakte Definition ist der Entropiebegriff der Informationstheorie nach Shannon[36] ausschlaggebend, in der die Entropie als die Anzahl notwendiger Entscheidungsfragen zur Reduktion der Unordnung bis zur vollständigen Ordnung interpretiert werden kann. Die Einheit der Entropie wird dabei in bit angegeben. Dies entspricht dem Informationsgehalt, der in einer Auswahl aus zwei gleich wahrscheinlichen Möglichkeiten einer Entscheidungsfrage enthalten ist.

Ziel eines Entscheidungsbaums ist es, möglichst viele Informationen durch die Kenntnis der Ausprägungen eines Merkmals zu erhalten und so die Unsicherheit zu reduzieren. Deshalb soll jeder Knoten in Bezug auf seine enthaltenen Informationen möglichst ordentlich sein, das heißt, Kindknoten sollen bezüglich der Klassenzugehörigkeit ihrer Merkmale reiner sein als die Elternknoten. Somit kann die Reduktion der Entropie im Entscheidungsbaumverfahren als Auswahlmaß bzw. Splittingfunktion, mit dem Ziel, den Informationsgewinn pro Knoten zu maximieren, eingesetzt werden.

Dazu wird zunächst die **Entropie** mit folgender Formel berechnet, wobei p_i die Wahrscheinlichkeit für eine bestimmte Ausprägung i ($i = 1, \ldots, s$) der Zielvariablen Y angibt:

$$H(Y) = -\sum_{i=1}^{s} p_i \cdot \log_2 p_i \, .$$

---

[36] Claude Elwood Shannon, 1916-2001, US-amerikanischer Mathematiker, Begründer der Informationstheorie

Die Entropie kann dabei Werte zwischen 0 und ∞ annehmen. Um jedoch ein normiertes Maß H_{norm} für die Entropie zu erhalten, muss zunächst die **maximale Entropie** H_{max}, die sich bei Gleichverteilung der Wahrscheinlichkeiten p_i für die Ausprägungen der Zielvariable ergibt, bestimmt werden. Diese resultiert mit

$$H_{max} = -\sum_{i=1}^{s} \frac{1}{s} \cdot \log_2 \frac{1}{s} = \log_2 s,$$

wobei s der Anzahl der Ausprägungen der Zielvariablen entspricht. Mit Hilfe dieser maximalen Entropie H_{max} ist nun eine Normierung der Entropie auf [0,1] möglich:

$$H_{norm}(Y) = \frac{H(Y)}{H_{max}} = -\sum_{i=1}^{s} p_i \cdot \frac{\log_2 p_i}{\log_2 s} = -\sum_{i=1}^{s} p_i \cdot \log_s p_i.$$

Ein Wert von Null für die **normierte Entropie** H_{norm} deutet eine vollständige Ordnung an, während ein Wert von Eins für eine völlige Unordnung spricht.

Als nächstes wird im Rahmen des Entscheidungsbaumverfahrens die **bedingte Entropie**, das heißt, die Ausprägung i ($i = 1,...,s$) der Zielgröße Y unter der Bedingung einer bestimmten Ausprägung j ($j = 1,...,r$) des Merkmals X, betrachtet. Diese ergibt sich mit $p(y_i \mid x_j)$ als Wahrscheinlichkeit für das Vorliegen der Ausprägung i bei der Zielgröße Y unter der Bedingung der Ausprägung j beim Merkmal X sowie mit $p(x_j)$ als Wahrscheinlichkeit für das Vorliegen der Ausprägung j beim Merkmal X mit

$$H(Y \mid X) = -\sum_{j=1}^{r} [p(x_j) \cdot \sum_{i=1}^{s} p(y_i \mid x_j) \cdot \log_2 (p(y_i \mid x_j))].$$

Ein Kindknoten entspricht der bedingten Verteilung der Zielvariablen durch Aufsplitten anhand der Ausprägungen des Merkmals X. Dadurch ergibt sich ein Informationsgewinn beim Übergang vom Eltern- auf den Kindknoten. Dieser **Informationsgewinn** $T(X)$ lässt sich wie folgt berechnen:

$$T(X) = H(Y) - H(Y \mid X).$$

Der Informationsgewinn kann dabei minimal den Wert 0 erreichen, wenn das Merkmal X keine weitere Information trägt. Maximal kann der Informationsgewinn den Wert von $H(Y)$ annehmen, was bedeutet, dass das Merkmal X die gesamte Information trägt und die bedingte Entropie 0 ist. Als Auswahlmerkmal wird das Merkmal mit dem größten Informationsgewinn gewählt.

Beispiel:

Im Folgenden wird die im Beispiel des vorherigen Abschnitts bereits betrachtete Problemstellung der Kreditwürdigkeitsprüfung für Bankkunden aufgegriffen. Die entsprechenden Angaben zum Alter, zum beantragten Kreditvolumen, zur Berufsgruppe und zur Kreditwürdigkeit der zwölf Bankkunden können der dort angegebenen Tabelle entnommen werden. Diesmal soll jedoch die Reduktion der Entropie, also der Informationsgewinn der drei Merkmale berechnet werden. Dazu wird zunächst die Gesamt-Entropie für die Kreditwürdigkeit (ja/ nein) der zwölf Bankkunden ermittelt. Diese ergibt sich durch die folgenden Berechnungen:

$$p(\text{ja}) = \frac{8}{12} = \frac{2}{3}, \ p(\text{nein}) = \frac{4}{12} = \frac{1}{3}$$

$$H(Y) = -\left(\frac{2}{3} \cdot \log_2 \frac{2}{3} + \frac{1}{3} \cdot \log_2 \frac{1}{3}\right) = 0{,}9183$$

Anschließend werden die Entropie für die bedingten Wahrscheinlichkeiten der Kreditwürdigkeit bei gegebenem Alter (X_1), Kreditvolumen (X_2) und Beruf (X_3) der zwölf Bankkunden sowie der durch den jeweiligen Split entstehende Informationsgewinn berechnet. Für das Merkmal Alter resultieren die folgenden Berechnungen:

$$p(X_1 \leq 35) = \frac{5}{12}, \ p(\text{ja} \mid X_1 \leq 35) = \frac{3}{5}, \ p(\text{nein} \mid X_1 \leq 35) = \frac{2}{5}$$

$$p(X_1 > 35) = \frac{7}{12}, \ p(\text{ja} \mid X_1 > 35) = \frac{5}{7}, \ p(\text{nein} \mid X_1 > 35) = \frac{2}{7}$$

$$H(Y \mid X_1) = -\left[\left(\frac{5}{12}\left(\frac{3}{5} \cdot \log_2 \frac{3}{5} + \frac{2}{5} \cdot \log_2 \frac{2}{5}\right)\right) + \left(\frac{7}{12}\left(\frac{5}{7} \cdot \log_2 \frac{5}{7} + \frac{2}{7} \cdot \log_2 \frac{2}{7}\right)\right)\right] = 0{,}9078$$

Somit ergibt sich durch die Wahl des Alters als Splitmerkmal ein Informationsgewinn von $T(X_1) = 0{,}9183 - 0{,}9078 = 0{,}0105$. Analog erhält man für das Merkmal Kreditvolumen die folgenden Werte:

$$p(X_2 = \text{niedrig}) = \frac{1}{3}, \ p(\text{ja} \mid X_2 = \text{niedrig}) = \frac{2}{4}, \ p(\text{nein} \mid X_2 = \text{niedrig}) = \frac{2}{4}$$

$$p(X_2 = \text{mittel}) = \frac{1}{3}, \ p(\text{ja} \mid X_2 = \text{mittel}) = \frac{3}{4}, \ p(\text{nein} \mid X_2 = \text{mittel}) = \frac{1}{4}$$

$$p(X_2 = \text{hoch}) = \frac{1}{3}, \ p(\text{ja} \mid X_2 = \text{hoch}) = \frac{3}{4}, \ p(\text{nein} \mid X_2 = \text{hoch}) = \frac{1}{4}$$

$$H(Y \mid X_2) = -\left[\left(\frac{1}{3}\left(\frac{2}{4} \cdot \log_2 \frac{2}{4} + \frac{2}{4} \cdot \log_2 \frac{2}{4}\right)\right) + \left(\frac{1}{3}\left(\frac{3}{4} \cdot \log_2 \frac{3}{4} + \frac{1}{4} \cdot \log_2 \frac{1}{4}\right)\right) \cdot 2\right] = 0{,}8742$$

Durch die Wahl des Kreditvolumens als Splitmerkmal beträgt der Informationsgewinn also $T(X_2) = 0{,}9183 - 0{,}8742 = 0{,}0441$. Schließlich resultieren für das Merkmal Beruf noch die folgenden Berechnungen:

$$p(X_3 = \text{Student}) = \frac{1}{4}, \ p(\text{ja} \mid X_3 = \text{Student}) = \frac{1}{3}, \ p(\text{nein} \mid X_3 = \text{Student}) = \frac{2}{3}$$

$$p(X_3 = \text{Angestellter}) = \frac{1}{2}, \ p(\text{ja} \mid X_3 = \text{Angestellter}) = \frac{5}{6}, \ p(\text{nein} \mid X_3 = \text{Angestellter}) = \frac{1}{6}$$

$$p(X_3 = \text{selbständig}) = \frac{1}{4}, \quad p(\text{ja} \mid X_3 = \text{selbständig}) = \frac{2}{3}, \quad p(\text{nein} \mid X_3 = \text{selbständig}) = \frac{1}{3}$$

$$H(Y \mid X_3) = -\left[\left(\frac{1}{2}\left(\frac{5}{6} \cdot \log_2 \frac{5}{6} + \frac{1}{6} \cdot \log_2 \frac{1}{6} \right) \right) + \left(\frac{1}{4}\left(\frac{1}{3} \cdot \log_2 \frac{1}{3} + \frac{2}{3} \cdot \log_2 \frac{2}{3} \right) \right) \cdot 2 \right] = 0{,}7842$$

Der Informationsgewinn beträgt in diesem Fall $0{,}9183 - 0{,}7842 = 0{,}1341$, so dass als Ergebnis festgehalten werden kann, dass sich der ausgeübte Beruf am besten zur Entscheidung zwischen „kreditwürdigen" und „nicht kreditwürdigen" Kunden eignet.

18.3   Entscheidungsbaumverfahren

Im Folgenden sollen noch kurz zwei spezielle Entscheidungsbaumverfahren vorgestellt werden, und zwar

- die CHAID-Methode und

- die CART-Methode.

Die Bezeichnung der **CHAID-Methode** bezieht sich auf die Anfangsbuchstaben von Chi-Squared Automatic Interaction Detection. Bei dieser Methode werden die Untersuchungsobjekte ausschließlich auf der Basis kategorial unabhängiger Merkmale zerlegt. Dabei geht man in zwei Schritten vor. Im ersten Schritt wird anhand des χ^2-Unabhängigkeitstests für jedes Merkmal mit mehr als zwei Kategorien überprüft, ob einzelne Kategorien zusammengefasst werden können. Im zweiten Schritt wird der χ^2-Unabhängigkeitstest zwischen den unabhängigen und der abhängigen Variablen durchgeführt. Die Teststatistik wird für alle unabhängigen Variablen ermittelt. Dann wird die Variable mit dem geringsten Testniveau ausgewählt und eine Verzweigung im Entscheidungsbaum erstellt, sofern das Testniveau geringer ist als das zuvor festgelegte Signifikanzniveau α. Dieser Vorgang wird für jeden einzelnen Folgeknoten wiederholt, wobei die zuvor gebildeten Zusammenfassungen der Kategorien wieder aufgehoben werden. Nach der Verzweigung werden diese beiden Schritte für alle Folgeknoten so lange wiederholt, wobei zuvor gebildete Zusammenfassungen von Kategorien ebenfalls wieder aufgehoben werden, bis keine weiteren Verzweigungen mehr möglich sind.

Ein weiteres spezielles Entscheidungsbaumverfahren stellt die **CART-Methode** dar. Die Bezeichnung leitet sich aus den Anfangsbuchstaben von Classification And Regression Trees ab. Wie bei der CHAID-Methode werden bei der CART-Methode ebenfalls binäre Bäume gebildet, d. h. ein Knoten hat stets genau zwei Folgeknoten. Im Vergleich zur CHAID-Methode können bei der CART-Methode jedoch nur jeweils genau zwei Untergruppen zu einem Knoten gebildet werden, während bei der CHAID-Methode mehr als zwei Untergruppen pro Knoten möglich sind. Bei der

CART-Methode soll die ursprüngliche Stichprobe unter Verwendung der erklärenden Variablen immer weiter in Teilstichproben zerlegt werden. Das Ziel ist eine Baumstruktur mit jeweils disjunkten Endknoten, also mit der geringsten „Verunreinigung" beziehungsweise der höchsten Homogenität. Als Auswahlmaß wird dazu in der Regel der Gini-Index verwendet. Gesucht ist stets die Aufteilung eines Knotens, die den Index so weit wie möglich reduziert, da dann die Verschiedenheit der Elemente in der jeweiligen Klasse am geringsten wird. Bei der CART-Methode können, im Gegensatz zur CHAID-Methode, sowohl kategoriale als auch metrische Merkmale verwendet werden.

18.4   Kritische Anmerkungen

Der vollständige Entscheidungsbaum wächst grundsätzlich so lange weiter, wie neue Aufteilungen gefunden werden können, die die Fähigkeit des Baumes unterstützen, einzelne Untersuchungsobjekte in geeigneter Form in einzelne Klassen aufzuteilen. Dies führt zum Problem des sogenannten **Overfitting**, d. h. zu einer Überspezialisierung des Entscheidungsbaums. Eine solche Überspezialisierung liegt vor, wenn die Untersuchungsobjekte in Klassen getrennt werden, die zwar für die vorliegenden Untersuchungsobjekte, nicht aber generell gelten.

Eine Klassenbeschreibung ist in Bezug auf eine Menge von Untersuchungsobjekten dann überspezialisiert, wenn es eine alternative Klassenbeschreibung gibt, die zwar in Bezug auf die Trainingsdaten eine höhere Fehlerrate als die überspezialisierte Klassenbeschreibung, aber in Bezug auf die Testdaten eine geringere Fehlerrate als die überspezialisierte Klassenbeschreibung hat. Ein Beispiel dafür ist ein Entscheidungsbaum zur Vorhersage der Größe von Versuchspersonen, bei dem ein Knoten bestehend aus einer großen Person mit Namen XY und vielen kleineren Personen mit anderen Namen anhand der Regel „Personen mit dem Namen XY sind groß" aufgeteilt wird. Diese Verzweigung würde zwar zu einer Verringerung der „Unreinheit" des Knotens in Bezug auf die vorliegenden Daten führen, aber bei Weitem nicht zwingend für die Grundgesamtheit gelten.

Um das Problem einer Überspezialisierung (Overfitting) des Entscheidungsbaums zu vermeiden, können beispielsweise zwei alternative Vorgehensweisen im Entscheidungsbaumverfahren angewendet werden: Pruning und Bonsai-Technik. Von **Pruning** spricht man, wenn der Entscheidungsbaum nach vollständiger Entwicklung ausgedünnt wird, indem Blätter und Äste, die nicht verallgemeinert werden können, entfernt werden. Auf diese Weise sollen die Performance des Entscheidungsbaums verbessert und ein Overfitting vermieden werden. Dabei basiert diese Methode auf zuvor ausgewählten Testdaten. Sobald die Fehlerrate in den Testdaten steigt, wird der Baum nicht mehr weiter untergliedert, wie in der Abbildung 18-1 illustriert ist.

Abbildung 18-1:   *Illustration zur Entscheidung über Pruning eines Entscheidungsbaums*

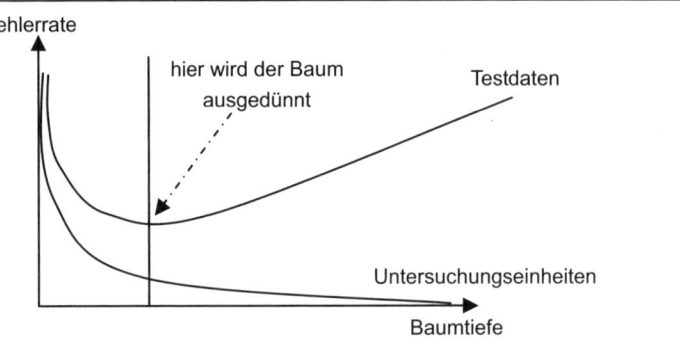

Bei der **Bonsai-Technik** dagegen wird das Wachstum des Baumes gebremst, bevor er sich zu stark unterteilt. Verschiedene Tests bei jeder Wurzel versuchen zu überprüfen, ob eine weitere Teilung sinnvoll ist. Problematisch ist dabei allerdings, dass diese Methode ausschließlich auf Tests anhand der Untersuchungsobjekte beruht.

Anhang

A Wahrscheinlichkeitstheorie

B Statistische Tafeln

A Wahrscheinlichkeitstheorie

A.1 Wahrscheinlichkeiten

A.1.1 Zufällige Ereignisse

Es sei Ω eine nichtleere Menge. Eine Menge $\mathfrak{A}$ von Teilmengen von Ω heißt **σ-Algebra**, wenn sie folgenden Axiomen genügt:

(A1) $\quad \Omega \in \mathfrak{A}$,

(A2) $\quad A \in \mathfrak{A} \Rightarrow \bar{A} \in \mathfrak{A}$ (dabei bezeichnet $\bar{A}$ die Koplementärmenge von A),

(A3) $\quad A_1, A_2, ... \in \mathfrak{A} \Rightarrow \bigcup_{i=1}^{\infty} A_i \in \mathfrak{A}$.

In der Wahrscheinlichkeitstheorie nennt man die Menge Ω **Ergebnismenge** und die Elemente ω von Ω fasst man als die möglichen Ergebnisse eines zufälligen Versuchs auf. Man kann sich vorstellen, dass bei der Durchführung eines Versuchs zufällig ein Ergebnis $\omega \in \Omega$ ausgewählt wird. Die Teilmengen von Ω, die zur σ-Algebra $\mathfrak{A}$ gehören, bilden die **zufälligen Ereignisse** des Versuchs. $\mathfrak{A}$ heißt deshalb auch **Ereignisfeld**. Ein zufälliges Ereignis A gilt genau dann als eingetreten, wenn das Ergebnis ω des zufälligen Versuchs zur Menge A gehört.

Jedes Ereignisfeld enthält zumindest die Ergebnismenge Ω selbst und die leere Menge $\varnothing$. Diese beiden besonderen Ereignisse nennt man das **sichere Ereignis** bzw. das **unmögliche Ereignis**. Bildet man von einem Ereignis A die Komplementärmenge, so erhält man das zu A **komplementäre Ereignis** $\bar{A} = \Omega \setminus A$. Es tritt genau dann ein, wenn A nicht eintritt.

Durch Vereinigung oder Durchschnitt mehrerer Ereignisse kann man neue Ereignisse bilden. Die Axiome (A1) bis (A3) sichern dabei, dass die neu entstehenden Mengen wiederum zum Ereignisfeld gehören, also tatsächlich Ereignisse sind. Folgende Interpretationen bieten sich an:

- $A \cup B$ tritt genau dann ein, wenn A oder B eintritt.

- $A \cap B$ tritt genau dann ein, wenn A und B eintreten.

- $\bigcup_i A_i$ tritt genau dann ein, wenn mindestens eines der A_i eintritt.

- $\bigcap_i A_i$ tritt genau dann ein, wenn alle A_i eintreten.

Weitere Sprechweisen: Zwei disjunkte Teilmengen $A, B \in \mathfrak{A}$ (d. h. $A \cap B = \varnothing$) heißen miteinander **unvereinbare Ereignisse**. Ist A eine Teilmenge von B ($A \subseteq B$), so **zieht** das Eintreten von A das Eintreten von B **nach sich**.

Zum Bilden von Komplementärereignissen können die aus der Mengenlehre bekannten **Formeln von De Morgan** hilfreich sein:

$$\overline{A \cup B} = \overline{A} \cap \overline{B} \quad \text{und} \quad \overline{A \cap B} = \overline{A} \cup \overline{B}.$$

A.1.2 Relative Häufigkeit

Wird derselbe zufällige Versuch n-mal unabhängig voneinander durchgeführt und tritt dabei genau m-mal das Ereignis A ein, so heißt der Quotient

$$h_n(A) = \frac{m}{n}$$

relative Häufigkeit des Ereignisses A in n Versuchen. Die relative Häufigkeit hat folgende Eigenschaften:

- $0 \leq h_n(A) \leq 1$ für jedes Ereignis A,

- $h_n(\Omega) = 1$ und $h_n(\varnothing) = 0$,

- $h_n(\overline{A}) = 1 - h_n(A)$ für jedes Ereignis A,

- $h_n(A \cup B) = h_n(A) + h_n(B)$ für zwei beliebige unvereinbare Ereignisse A und B.

In der folgenden axiomatischen Definition werden diese Eigenschaften der relativen Häufigkeit auf die Wahrscheinlichkeit von Ereignissen übertragen.

A.1.3 Axiomatische Definition der Wahrscheinlichkeit

Den Ereignissen aus $\mathfrak{A}$ ordnet man Wahrscheinlichkeiten zu, indem man sie geeignet misst. Im Folgenden wird ein solches Wahrscheinlichkeitsmaß axiomatisch definiert:

Eine reellwertige Funktion P auf $\mathfrak{A}$ heißt **Wahrscheinlichkeitsmaß**, wenn sie folgenden Axiomen genügt:

(B1) $P(A) \geq 0$ für alle $A \in \mathfrak{A}$,

(B2) $P(\Omega) = 1$,

(B3) $P(\bigcup\limits_{i=1}^{\infty} A_i) = \sum\limits_{i=1}^{\infty} P(A_i)$ für alle paarweise unvereinbaren $A_i \in \mathfrak{A}$.

Diese Definition stammt von Kolmogorow[37], der damit im Jahre 1933 die moderne Wahrscheinlichkeitstheorie begründete. Das Tripel $[\Omega, \mathfrak{A}, P]$ nennt man **Wahrschein-lichkeitsraum**. Es ist das mathematische Modell für einen zufälligen Versuch. Der Funktionswert $P(A)$ ist die **Wahrscheinlichkeit** des zufälligen Ereignisses A.

Aus den Axiomen (B1) bis (B3) lassen sich die folgenden Aussagen über Wahrscheinlichkeiten herleiten:

■ $P(\Omega) = 1$: Das sichere Ereignis tritt mit Wahrscheinlichkeit 1 ein.

■ $P(\varnothing) = 0$: Das unmögliche Ereignis tritt mit Wahrscheinlichkeit 0 ein.

■ $0 \le P(A) \le 1$: Eine Wahrscheinlichkeit liegt stets zwischen 0 und 1.

■ $P(A) + P(\overline{A}) = 1$: Die Wahrscheinlichkeiten eines Ereignisses und seines Komplements ergänzen sich zu 1.

Ein Ereignis, das mit Wahrscheinlichkeit 0 oder 1 eintritt, heißt **fast unmögliches** bzw. **fast sicheres** Ereignis.

Für zwei beliebige Ereignisse A und B gilt:

■ $A \cap B = \varnothing \;\Rightarrow\; P(A \cup B) = P(A) + P(B)$

■ $A \subseteq B \;\Rightarrow\; P(A) \le P(B)$

■ $P(A \cup B) = P(A) + P(B) - P(A \cap B)$

A.1.4   Formel von Laplace

Besteht die Ergebnismenge Ω aus endlich vielen Elementen $\omega_1, \omega_2, ..., \omega_m$, ist $\mathfrak{A}$ die Potenzmenge von Ω und haben die einelementigen Ereignisse alle dieselbe Wahrscheinlichkeit $P(\{\omega_i\}) = \dfrac{1}{m}$, so ergibt sich als Spezialfall zur Berechnung der Wahrscheinlichkeit eines Ereignisses $A \in \mathfrak{A}$ die folgende Formel:

$$P(A) = \frac{|A|}{|\Omega|} = \frac{\text{Anzahl der für } A \text{ günstigen Fälle}}{\text{Anzahl aller möglichen Fälle}} .$$

Dabei bezeichnet $|A|$ die Anzahl der Elemente der Menge A, entsprechend ist $|\Omega| = m$. Die obige Formel wurde schon lange vor Kolmogorow zur Berechnung von Wahrscheinlichkeiten benutzt. Sie war von Laplace[38] im Jahre 1812 veröffentlicht worden.

---

37 Andrei Nikolajewitsch Kolmogorow, 1903 – 1987, russischer Mathematiker
38 Pierre-Simon Laplace, 1749 - 1827, französischer Mathematiker und Astronom

A.1.5 Formeln der Kombinatorik

Zur Bestimmung der Anzahl der Elemente von Ereignissen sind oft Formeln der Kombinatorik nützlich. Das Anliegen der Kombinatorik besteht darin zu zählen, wie viele Möglichkeiten es gibt, aus n Objekten k Objekte auszuwählen und in eine Reihenfolge zu bringen. Dabei unterscheidet man

- **Permutationen**: Es wird keine Auswahl getroffen. Gezählt werden lediglich die unterschiedlichen Reihenfolgen, in denen man alle n Objekte anordnen kann.

- **Kombinationen**: Gezählt werden die unterschiedlichen Möglichkeiten, k Objekte aus n Objekten auszuwählen. Unterschiedliche Reihenfolgen erhöhen die Anzahl nicht.

- **Variationen**: Gezählt werden die unterschiedlichen Möglichkeiten, k Objekte aus n Objekten auszuwählen. Unterschiedliche Reihenfolgen der ausgewählten Objekte werden extra gezählt.

In jeder der drei genannten Kategorien kann man Wiederholungen zulassen oder auch nicht. Bei den Permutationen ist mit Wiederholungen gemeint, dass man die Menge der n Objekte derart in k Gruppen der Umfänge $n_1, n_2, \ldots$ bzw. n_k zerlegen kann, dass die Objekte innerhalb einer Gruppe nicht unterscheidbar sind. Werden in einer Anordnung Objekte miteinander vertauscht, die zur selben Gruppe gehören, entsteht somit keine neue Reihenfolge. Bei den Kombinationen und Variationen bedeutet „mit Wiederholung", dass zwar alle n Objekte unterscheidbar sind, aber jedes Objekt mehrfach (bis zu k-mal) ausgewählt werden kann.

Tabelle A-1: *Formeln der Kombinatorik*

Anzahl der	ohne Wiederholungen	mit Wiederholungen
Permutationen	$n!$	$\dfrac{n!}{n_1! \cdot n_2! \cdot \ldots \cdot n_k!}$
Kombinationen	$\dbinom{n}{k}$	$\dbinom{n+k-1}{k}$
Variationen	$n \cdot (n-1) \cdot \ldots \cdot (n-k+1)$	n^k

Die Formeln zur Berechnung der Anzahl aller Möglichkeiten sind in Tabelle A-1 angegeben. Dabei bezeichnet $n!$ das Produkt $n \cdot (n-1) \cdot \ldots \cdot 1$ und $0! = 1$. Der Binomialkoeffizient „x über k" kann nach der Vorschrift $\begin{pmatrix} x \\ k \end{pmatrix} = \dfrac{x \cdot (x-1) \cdot \ldots \cdot (x-k+1)}{k \cdot (k-1) \cdot \ldots \cdot 1}$ mit der Festlegung $\begin{pmatrix} x \\ 0 \end{pmatrix} = 1$ berechnet werden.

A.1.6 Unabhängige Ereignisse und bedingte Wahrscheinlichkeiten

Es seien $[\Omega, \mathfrak{A}, P]$ ein Wahrscheinlichkeitsraum und A und B zwei Ereignisse aus $\mathfrak{A}$. A und B heißen **unabhängig** voneinander, wenn $P(A \cap B) = P(A) \cdot P(B)$ gilt. Man kann zeigen: Sind A und B voneinander unabhängig, so sind es auch $\overline{A}$ und B, A und $\overline{B}$ sowie $\overline{A}$ und $\overline{B}$.

Es sei B ein Ereignis mit positiver Wahrscheinlichkeit. Dann heißt

$$P(A \mid B) = \frac{P(A \cap B)}{P(B)}$$

die **bedingte Wahrscheinlichkeit** von A unter der Bedingung B.

Es gelten folgende Aussagen: A und B unvereinbar $\Rightarrow P(A \mid B) = 0$,

$\qquad\qquad\qquad\qquad$ B zieht A nach sich $\Rightarrow P(A \mid B) = 1$,

$\qquad\qquad\qquad\qquad$ A und B unabhängig $\Rightarrow P(A \mid B) = P(A)$.

Zur Berechnung von Wahrscheinlichkeiten aus bedingten Wahrscheinlichkeiten sind zwei Formeln von besonderer Bedeutung. Es seien $B_1, \ldots, B_n \in \mathfrak{A}$ eine Zerlegung der Ergebnismenge Ω (d. h. $B_1 \cup \ldots \cup B_n = \Omega$ mit $B_i \cap B_j = \emptyset$ für $i \neq j$) mit positiven Wahrscheinlichkeiten $P(B_i) > 0$ und $A \in \mathfrak{A}$ ein beliebiges Ereignis. Dann gelten

▨ **die Formel der totalen Wahrscheinlichkeit**: $\quad P(A) = \displaystyle\sum_{i=1}^{n} P(A \mid B_i) \cdot P(B_i)$,

▨ **die bayessche Formel**: $\quad P(B_i \mid A) = \dfrac{P(A \mid B_i) \cdot P(B_i)}{\displaystyle\sum_{j=1}^{n} P(A \mid B_j) \cdot P(B_j)} \quad$ für $\quad i = 1, \ldots, n$.

A.2 Eindimensionale Verteilungen

A.2.1 Zufallsvariablen

Durch Zufallsvariable werden die Wahrscheinlichkeitsverhältnisse eines Wahrscheinlichkeitsraumes $[\Omega, \mathfrak{A}, P]$ auf die Menge der reellen Zahlen übertragen. Als Ereignisfeld $\mathfrak{B}$ auf der reellen Achse nimmt man die kleinste σ-Algebra, die alle halb offenen Intervalle der Gestalt $(-\infty; x]$ enthält.

Eine reellwertige Funktion X auf Ω heißt **Zufallsvariable**, wenn das Urbild $X^{-1}(B) = $ $= \{\omega \in \Omega : X(\omega) \in B\}$ jeder Menge B aus $\mathfrak{B}$ zu $\mathfrak{A}$ gehört. Durch die Vorschrift $P_X(B) = $ $= P(X^{-1}(B))$ wird auf $\mathfrak{B}$ ein Wahrscheinlichkeitsmaß P_X definiert, das die **Verteilung** von X heißt. Statt $P(X^{-1}(B)) = P(\{\omega : X(\omega) \in B\})$ schreibt man auch kurz $P(X \in B)$.

Die Verteilung einer Zufallsvariablen X wird vollständig beschrieben durch ihre **Verteilungsfunktion** F_X. Sie ist für jede reelle Zahl x definiert durch

$$F_X(x) = P(X \leq x) = P(\{\omega : X(\omega) \leq x\}) .$$

Jede Verteilungsfunktion F_X hat folgende Eigenschaften:

- $0 \leq F_X(x) \leq 1$ für alle $x \in \mathbb{R}$,

- F_X ist monoton wachsend,

- $\lim_{x \to -\infty} F_X(x) = 0$ und $\lim_{x \to +\infty} F_X(x) = 1$,

- F_X ist rechtsseitig stetig (d. h., es gilt $\lim_{y \to x+0} F_X(y) = F_X(x)$ für jedes $x \in \mathbb{R}$).

Die Wahrscheinlichkeit, dass X in einem Intervall $(a; b]$ Werte annimmt, kann unmittelbar aus der Verteilungsfunktion berechnet werden:

$$P(a < X \leq b) = F_X(b) - F_X(a), \quad P(-\infty < X \leq b) = F_X(b), \quad P(a < X < \infty) = 1 - F_X(a) .$$

A.2.2 Diskrete und stetige Verteilungen

Die meisten praktisch relevanten Wahrscheinlichkeitsverteilungen sind diskret oder stetig. Obwohl es auch Verteilungen gibt, die weder diskret noch stetig sind, werden im Weiteren nur diese beiden wichtigen Fälle behandelt.

Eine Zufallsvariable heißt **diskret verteilt**, wenn ihre Verteilungsfunktion F_X eine Treppenfunktion ist. Das heißt, F_X ist stückweise konstant mit Sprüngen an den Stellen $x_1, x_2, \dots$. In Abbildung A-1 ist eine solche Verteilungsfunktion exemplarisch dargestellt. Es kann endlich viele oder abzählbar unendlich viele Sprungstellen x_i geben. Eine solche Sprungstelle wird von der Zufallsvariablen mit positiver Wahrscheinlichkeit $P(X = x_i) = p_i$ angenommen, für alle anderen x gilt $P(X = x) = 0$. Für die **Einzel-wahrscheinlichkeiten** p_i muss stets $\sum_i p_i = 1$ gelten.

Abbildung A-1:   *Beispiel für die Verteilungsfunktion einer diskreten Verteilung*

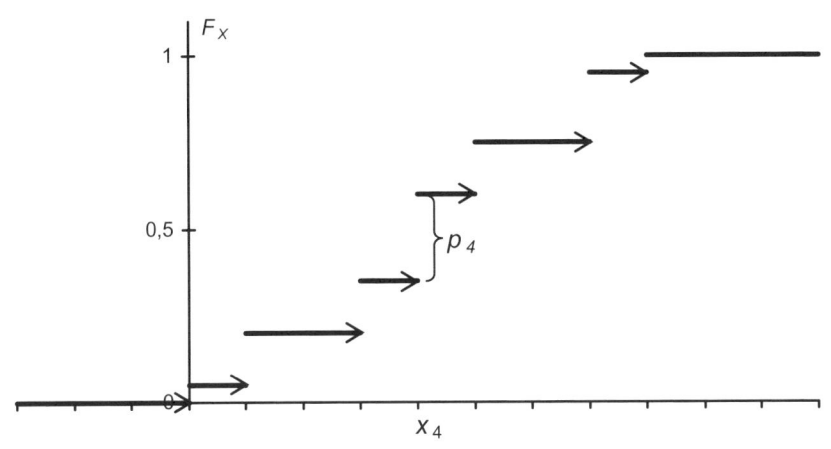

Eine Zufallsvariable X heißt **stetig verteilt**, wenn sie eine **Dichte** f_X besitzt. Das ist eine nichtnegative Funktion auf $\mathbb{R}$, für die $F_X(x) = \int\limits_{-\infty}^{x} f_X(y) dy$ gilt.

Jede Dichtefunktion f_X hat folgende Eigenschaften:

▨ $\int\limits_{-\infty}^{\infty} f_X(x) dx = 1$,

▨ $\int\limits_{a}^{b} f_X(x) dx = P(a \leq X \leq b) = P(a < X < b)$,

▨ $f_X(x) = \dfrac{d}{dx} F_X(x)$ für alle Stetigkeitspunkte x von f_X.

Eine stetige Zufallsvariable X kann einen konkreten Wert x_0 immer nur mit der Wahrscheinlichkeit 0 annehmen: $P(X = x_0) = 0$.

Ein Beispiel für eine Dichtefunktion ist in der folgenden Abbildung grafisch dargestellt.

Abbildung A-2: *Beispiel für eine Dichtefunktion*

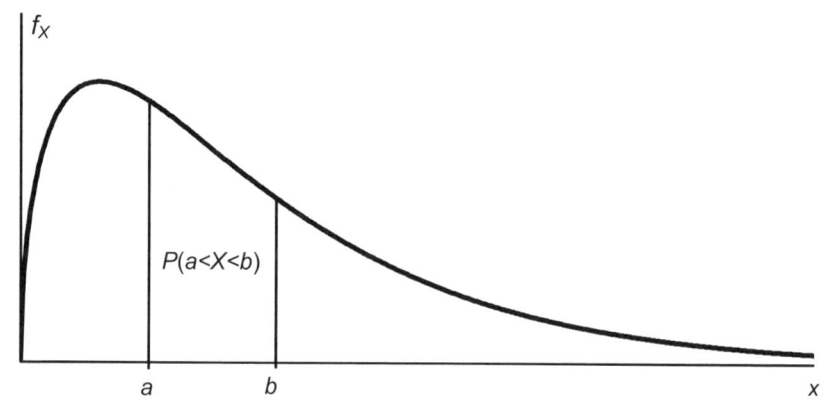

A.2.3 Momente von Zufallsvariablen

Der **Erwartungswert** $E(X)$ einer Zufallsvariablen X berechnet sich nach der Formel

$$E(X) = \sum_i x_i \cdot p_i \quad \text{bzw.} \quad E(X) = \int_{-\infty}^{\infty} x \cdot f_X(x)dx \,,$$

je nach dem, ob X diskret oder stetig verteilt ist. Er ist ein Lageparameter der Verteilung und würde bei einer Masseverteilung dem Schwerpunkt entsprechen.

Wenn X eine Zufallsvariable und $g: \mathbb{R} \to \mathbb{R}$ eine stetige Funktion ist, dann ist $g(X)$ ebenfalls eine Zufallsvariable. Ihr Erwartungswert berechnet sich nach

$$E(g(X)) = \sum_i g(x_i) \cdot p_i \quad \text{bzw.} \quad E(g(X)) = \int_{-\infty}^{\infty} g(x) \cdot f_X(x)dx \,.$$

Einen wichtigen Spezialfall liefert die Funktion $g(x) = (x - E(X))^2$, nämlich die **Varianz** (*auch* **Streuung** oder **Dispersion**) der Zufallsvariablen X:

$$Var(x) = \sum_i (x_i - E(X))^2 \cdot p_i \quad \text{bzw.} \quad Var(x) = \int_{-\infty}^{\infty} (x - E(X))^2 \cdot f_X(x)dx \,.$$

Die Wurzel aus der Varianz heißt **Standardabweichung**. Beides sind Streuungsparameter.

Erwartungswert und Varianz stellen spezielle Momente dar, deren allgemeine Definitionen in Tabelle A-2 angegeben sind.

Tabelle A-2:   *Momente k-ter Ordnung (k = 1, 2, 3, …) einer Zufallsvariablen X*

	X diskret verteilt	**X stetig verteilt**
Anfangsmoment $\mu_{Anf;k} = E(X^k)$	$\sum_i x_i^k \cdot p_i$	$\int_{-\infty}^{\infty} x^k f_X(x)dx$
Zentralmoment $\mu_{Zen;k} = E((X - E(X))^k)$	$\sum_i (x_i - E(X))^k \cdot p_i$	$\int_{-\infty}^{\infty} (x - E(X))^k f_X(x)dx$

Die Momente müssen nicht existieren. Wenn aber $\mu_{Anf;n}$ existiert, dann existieren auch $\mu_{Anf;k}$ und $\mu_{Zen;k}$ für alle $k \leq n$.

Erwartungswert und Varianz haben folgende Eigenschaften:

▨ Für alle reellen Zahlen a und b gilt

    ○ $E(a + b \cdot X) = a + b \cdot E(X)$, wenn $E(X)$ existiert,

    ○ $Var(a + b \cdot X) = b^2 \cdot Var(X)$, wenn $E(X^2)$ existiert.

▨ $Var(X) = E(X - E(X))^2 = E(X^2) - (E(X))^2$.

▨ Die **Ungleichung von Tschebyschew**[39]: Wenn das 2. Moment von X existiert, gilt
$P(|X - E(X)| \geq \varepsilon) \leq \dfrac{Var(X)}{\varepsilon^2}$ für jede positive Zahl $\varepsilon > 0$.

Bildet man aus einer Zufallsvariablen X eine neue Zufallsvariable Z, indem man von X den Erwartungswert subtrahiert und durch die Standardabweichung dividiert,

$$Z = \frac{X - E(X)}{\sqrt{Var(X)}},$$

so hat man X **standardisiert**. So werden Zufallsvariablen mit Erwartungswert 0 und Varianz 1 genannt. Das 3. und 4. Moment von Z heißt **Schiefe** bzw. **Exzess** von X,

$$\gamma_1 = \frac{\mu_{Zen;3}}{(\mu_{Zen;2})^{3/2}} = \frac{E(X - E(X))^3}{\left(\sqrt{Var(X)}\right)^3} \quad \text{und} \quad \gamma_2 = \frac{\mu_{Zen;4}}{(\mu_{Zen;2})^2} - 3 = \frac{E(X - E(X))^4}{(Var(X))^2} - 3.$$

A.2.4   Spezielle Verteilungen

Häufig benutzte diskrete Verteilungen sind die Binomialverteilung, die hypergeometrische Verteilung und die Poissonverteilung. Eine Zufallsvariable mit einer dieser

---

[39] genannt nach Pafnuti Lwowitsch Tschebyschew, 1821 – 1894, russischer Mathematiker

Verteilungen kann nichtnegative ganze Zahlen annehmen. Die Einzelwahrscheinlichkeiten sowie Erwartungswert und Varianz sind in der Tabelle A-3 angegeben.

Tabelle A-3:   *Spezielle diskrete Verteilungen*

Name der Verteilung	Parameter	Einzel-wahrscheinlichkeiten	Erwartungs-wert	Varianz
Binomial-verteilung	$n \in \{1,2,\ldots\}$ $0 < p < 1$	$\binom{n}{k} p^k (1-p)^{n-k}$ für $0 \leq k \leq n$	$n \cdot p$	$n \cdot p \cdot (1-p)$
hypergeo-metrische Verteilung	$N, M, n \in \{1,2,\ldots\}$ $0 \leq M \leq N$ $0 \leq n \leq N$	$\binom{M}{k}\binom{N-M}{n-k} / \binom{N}{n}$ $\max(0, n+M-N) \leq$ $\leq k \leq \min(M,n)$	$n \cdot \dfrac{M}{N}$	$n \dfrac{M}{N}\left(1-\dfrac{M}{N}\right)\dfrac{N-n}{N-1}$
Poisson-verteilung	$\lambda > 0$	$\dfrac{\lambda^k}{k!} \cdot e^{-\lambda}$ für $k = 0,1,2,\ldots$	λ	λ

Alle drei Verteilungen treten im Zusammenhang mit einem Versuchsschema auf, das als Urnenmodell bekannt ist. In einer Urne mögen sich N Kugeln befinden. M davon sind schwarz, die restlichen $N - M$ Kugeln sind weiß. Aus der Urne werden n Kugeln zufällig ausgewählt. Die Zufallsvariable X, um deren Verteilung es hier gehen soll, bezeichnet die Anzahl der schwarzen Kugeln in dieser Stichprobe. Die Verteilung von X hängt davon ab, wie der Ziehungsvorgang realisiert wird. Im **Urnenmodell mit Zurücklegen** wird von jeder gezogenen Kugel nur die Farbe notiert, die Kugel selbst aber sofort wieder in die Urne zurückgelegt. Bevor die nächste Kugel aus der Urne gezogen wird, muss noch gemischt werden, um identische Versuchsbedingungen und Unabhängigkeit zu gewährleisten. Die Verteilung von X ist dann die **Binomialverteilung**, die außer vom Stichprobenumfang n nur noch von der sogenannten Erfolgswahrscheinlichkeit $p = \dfrac{M}{N}$ abhängt. Wenn jede gezogene Kugel außerhalb der Urne verbleibt, verwendet man ein **Urnenmodell ohne Zurücklegen**. Die Zufallsvariable X hat jetzt eine **hypergeometrische Verteilung**. Die Poissonverteilung muss man sich als Grenzfall der Binomialverteilung vorstellen, in dem der Ziehungsumfang n immer größer, in gleichem Maße aber die Erfolgswahrscheinlichkeit p immer kleiner wird, so dass $\lim\limits_{n \to \infty} n \cdot p = \lambda > 0$. Die **Poissonverteilung**[40] hat nur diesen einen Parameter λ, der sowohl der Erwartungswert als auch die Varianz der Zufallsvariablen X ist.

Häufig benutzte stetige Verteilungen sind neben den für die schließende Statistik wichtigen Prüfverteilungen (s. Abschnitt 8.2.3) die Normalverteilung, die Exponentialverteilung und die gleichmäßige Verteilung. Die Dichtfunktionen und Parameter dieser Verteilungen können der Tabelle A-4 entnommen werden.

Tabelle A-4:   *Spezielle stetige Verteilungen*

Name der Verteilung	Parameter	Dichtefunktion	Erwartungswert	Varianz	Schiefe	Exzess
gleichmäßige Verteilung	$a,b \in \mathbb{R}$ $a < b$	$\dfrac{1}{b-a}$ für $a \leq x \leq b$ $\quad 0 \quad$ sonst	$\dfrac{a+b}{2}$	$\dfrac{(b-a)^2}{12}$	0	$-\dfrac{6}{5}$
Exponentialverteilung	$\lambda > 0$	$\lambda e^{-\lambda x}$ für $x \geq 0$ $\quad 0 \quad$ sonst	$\dfrac{1}{\lambda}$	$\dfrac{1}{\lambda^2}$	2	6
Normalverteilung	$\mu \in \mathbb{R}$ $\sigma^2 > 0$	$\dfrac{1}{\sigma\sqrt{2\pi}}\exp\left(\dfrac{-(x-\mu)^2}{2\sigma^2}\right)$	μ	σ^2	0	0

Wegen ihrer herausragenden Bedeutung soll hier die **Normalverteilung** gesondert behandelt werden. Ist eine Zufallsvariable X normalverteilt mit Erwartungswert μ und σ^2, so schreibt man kurz $X \sim N(\mu;\sigma^2)$. Das Bild der Dichtefunktion dieser Verteilung ist die gaußsche Glocke. Der Parameter μ ist der Wert, an dem die Glocke ihren Gipfelpunkt hat. Die Standardabweichung σ ist der Abstand der beiden Wendepunkte vom Gipfelpunkt (s. Abbildung A-3).

Die Dichtefunktion der Normalverteilung ist nicht geschlossen integrierbar. Das bedeutet, dass man Wahrscheinlichkeiten der Art $P(a < X < b)$ im Allgemeinen nur näherungsweise mit Hilfe numerischer Verfahren, Approximationsformeln oder Tabellenwerten bestimmen kann. Vertafelt ist die Verteilungsfunktion immer nur der standardisierten Normalverteilung. Das ist ausreichend, weil man jede normalverteilte Zufallsvariable X durch Standardisieren auf eine $N(0;1)$-verteilte Zufallsvariable Z linear transformieren kann. Es gilt nämlich die Äquivalenz

$$X \sim N(\mu;\sigma^2) \quad \Leftrightarrow \quad Z = \frac{X-\mu}{\sigma} \sim N(0;1).$$

---

[40] genannt nach Siméon Denis Poisson, 1781 - 1840, französischer Physiker und Mathematiker

---

Abbildung A-3:   *Dichtefunktion der Normalverteilung*

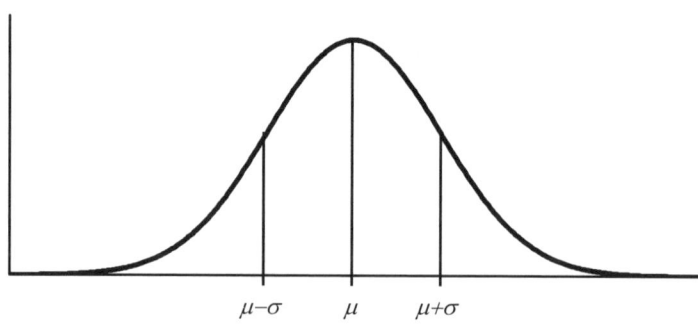

$$\mu{-}\sigma \qquad \mu \qquad \mu{+}\sigma$$

Die Verteilungsfunktion $\Phi(x) = \int\limits_{-\infty}^{x} \exp(\frac{-y^2}{2}) dy$ der standardisierten Normalverteilung ist im Anhang B in Tabelle B-1 vertafelt. Mit Hilfe dieser Tabelle kann man z. B. berechnen, wie groß die Wahrscheinlichkeit ist, dass eine normalverteilte Zufallsvariable X einen Wert annimmt, der zwischen den beiden Wendepunkten ihrer Dichtefunktion liegt. Das Ergebnis ist unabhängig von μ und σ^2: $P(\mu - \sigma \le X \le \mu + \sigma) = 2 \cdot \Phi(1) - 1$. Entsprechend berechnet man auch die Wahrscheinlichkeiten dafür, dass X innerhalb der 2-Sigma- oder 3-Sigma-Grenzen liegt:

$$P(\mu - \ \sigma \le X \le \mu + \ \sigma) = 2 \cdot \Phi(1) - 1 \approx 0,6827$$
$$P(\mu - 2\sigma \le X \le \mu + 2\sigma) = 2 \cdot \Phi(2) - 1 \approx 0,9545$$
$$P(\mu - 3\sigma \le X \le \mu + 3\sigma) = 2 \cdot \Phi(3) - 1 \approx 0,9973$$

A.3   Zweidimensionale Verteilungen

Es seien X und Y zwei Zufallsvariablen auf ein und demselben Wahrscheinlichkeitsraum $[\Omega, \mathfrak{A}, P]$. Der Vektor $\begin{pmatrix} X \\ Y \end{pmatrix}$, der von Ω in $\mathbb{R}^2$ abbildet, ist dann eine zweidimensionale Zufallsvariable oder eben ein **Zufallsvektor**. Auch hier sind diskrete und stetige Zufallsvektoren zwei wichtige Spezialfälle der möglichen Verteilungen von $(X,Y)^T$.

A.3.1 Diskrete Verteilungen

Es wird vorausgesetzt, dass X nur die Werte $x_1,...,x_k$ und Y nur die Werte $y_1,...,y_m$ mit positiver Wahrscheinlichkeit annehmen kann. Die Verteilung des Zufallsvektors $(X,Y)^T$ ist dann beschrieben durch die **Einzelwahrscheinlichkeiten**

$$p_{ij} = P(X = x_i, Y = y_j) = P(\{\omega : X(\omega) = x_i \text{ und } Y(\omega) = y_j\}) .$$

Es muss $0 \leq p_{ij} \leq 1$ für alle $i = 1,...,k$ und $j = 1,...,m$ und $\sum_{i=1}^{k}\sum_{j=1}^{m} p_{ij} = 1$ gelten. Wenn X und Y nicht allzu viele Werte annehmen, kann man die zweidimensionale diskrete Verteilung in tabellarischer Form wie in Tabelle A-5 angeben.

Tabelle A-5:   *Einzelwahrscheinlichkeiten eines zweidimensionalen Zufallsvektors*

X \ Y	y_1 y_2 $\cdots$ y_m	
x_1	p_{11} p_{12} $\cdots$ p_{1m}	$p_1 \bullet$
x_2	p_{21} p_{22} $\cdots$ p_{2m}	$p_2 \bullet$
$\vdots$	$\vdots$ $\vdots$ $\quad$ $\vdots$	$\vdots$
x_k	p_{k1} p_{k2} $\cdots$ p_{km}	$p_k \bullet$
	$p_{\bullet 1}$ $p_{\bullet 2}$ $\cdots$ $p_{\bullet m}$	1

Die Zeilen- bzw. Spaltensummen in dieser Tabelle beschreiben die sogenannten **Randverteilungen** des Zufallsvektors $(X,Y)^T$. Es sind

$$P(X = x_i) = p_i \bullet = \sum_{j=1}^{m} p_{ij} \quad \text{die Einzelwahrscheinlichkeiten von } X,$$

$$P(Y = y_j) = p_{\bullet j} = \sum_{i=1}^{k} p_{ij} \quad \text{die Einzelwahrscheinlichkeiten von } Y.$$

A.3.2 Stetige Verteilungen

Der Zufallsvektor $(X,Y)^T$ heißt stetig verteilt, wenn er eine **Dichte** $f_{X,Y}$ besitzt. Das ist eine nichtnegative Funktion auf $\mathbb{R}^2$ mit der Eigenschaft

$$P(X \le x, Y \le y) = \int\limits_{-\infty}^{x} \int\limits_{-\infty}^{y} f_{X,Y}(s,t)\,dt\,ds\;.$$

Es muss $\int\limits_{-\infty}^{\infty} \int\limits_{-\infty}^{\infty} f_{X,Y}(x,y)\,dy\,dx = 1$ gelten. Die **Randverteilungen** erhält man durch Integration über die jeweils nicht benötigte Variable:

- $f_X(x) = \int\limits_{-\infty}^{\infty} f_{X,Y}(x,y)\,dy$ ist die Dichte der Zufallsvariablen X allein,

- $f_Y(y) = \int\limits_{-\infty}^{\infty} f_{X,Y}(x,y)\,dx$ ist die Dichte der Zufallsvariablen Y allein.

A.3.3 Funktionen zweier Zufallsvariablen

Es sei $g\colon \mathbb{R}^2 \to \mathbb{R}$ eine stetige Funktion. Dann ist $g(X,Y)$ ein Zufallsgröße mit dem Erwartungswert

$$E(g(X,Y)) = \sum_{i=1}^{k} \sum_{j=1}^{m} g(x_i, y_j) \cdot p_{ij} \qquad \text{im diskreten Fall,}$$

$$E(g(X,Y)) = \int\limits_{-\infty}^{\infty} \int\limits_{-\infty}^{\infty} g(x,y) \cdot f_{X,Y}(x,y)\,dy\,dx \quad \text{im stetigen Fall.}$$

Speziell ist $E(X \cdot Y) = \sum\limits_{i=1}^{k} \sum\limits_{j=1}^{m} x_i \cdot y_j \cdot p_{ij}$ bzw. $E(X \cdot Y) = \int\limits_{-\infty}^{\infty} \int\limits_{-\infty}^{\infty} x \cdot y \cdot f_{X,Y}(x,y)\,dy\,dx$.

Weiterhin gilt allgemein

- $E(X + Y) = E(X) + E(Y)$, wenn die Erwartungswerte von X und Y existieren, und

- die **Cauchy-Schwarz-Ungleichung** $(E|X \cdot Y|)^2 \le E(X^2) \cdot E(Y^2)$, wenn die zweiten Momente von X und Y existieren.

A.3.4 Unabhängigkeit von Zufallsvariablen

Die Zufallsvariablen X und Y heißen **unabhängig** voneinander, wenn sich die Einzelwahrscheinlichkeiten bzw. die Dichte des Zufallsvektors $(X,Y)^T$ als Produkt der Randverteilungen schreiben lässt. Konkret ist damit gemeint:

$$p_{ij} = p_{i\bullet} \cdot p_{\bullet j} \quad \text{für alle } i = 1,\dots,k;\; j = 1,\dots,m \quad \text{im diskreten Fall,}$$

$$f_{X,Y}(x,y) = f_X(x) \cdot f_Y(y) \quad \text{für alle } x,\, y \in \mathbb{R} \quad \text{im stetigen Fall.}$$

A.3.5 Kovarianz und Korrelationskoeffizient

Wenn X und Y ein zweites Moment besitzen, dann existiert der Kennwert

$$Cov(X,Y) = E[(X - E(X))(Y - E(Y))],$$

der **Kovarianz** von X und Y heißt. Für die Kovarianz gelten folgende Gleichungen:

- $Cov(X,X) = Var(X)$,

- $Cov(X,Y) = Cov(Y,X)$,

- $Cov(X,Y) = E(X \cdot Y) - E(X) \cdot E(Y)$,

- $Var(X + Y) = Var(X) + 2 \cdot Cov(X,Y) + Var(Y)$.

Besser interpretierbar als die Kovarianz von X und Y ist die Kovarianz der standardisierten Variablen X und Y, der sogenannte **Korrelationskoeffizient**

$$\rho_{X,Y} = Cov\left(\frac{X - E(X)}{\sqrt{Var(X)}}, \frac{Y - E(Y)}{\sqrt{Var(Y)}} \right) = \frac{Cov(X,Y)}{\sqrt{Var(X) \cdot Var(Y)}}.$$

$\rho_{X,Y}$ ist ein Maß für den linearen Zusammenhang zwischen X und Y. Es gilt

- $-1 \le \rho_{XY} \le +1$,

- X,Y unabhängig $\Rightarrow \rho_{XY} = 0$,

- $\rho_{X,Y} = \pm 1$ ist äquivalent dazu, dass zwischen X und Y mit Wahrscheinlichkeit 1 eine lineare Beziehung der Art $Y = a + b \cdot X$ besteht. Das Vorzeichen des Anstiegs b ist dasselbe wie das von $\rho_{X,Y}$.

Haben zwei Zufallsvariablen X und Y die Kovarianz 0, so heißen sie **unkorreliert**. Für sie gilt dann

- $E(X \cdot Y) = E(X) \cdot E(Y)$ und

- $Var(X + Y) = Var(X) + Var(Y)$.

A.3.6 Zweidimensionale Normalverteilung

Ein stetig verteilter Zufallsvektor $(X,Y)^T$ mit der Dichte

$$f_{X,Y}(x,y) = \frac{(1-\rho^2)^{-1/2}}{2\pi\sigma_x\sigma_y} \exp\left\{ \frac{-1}{2(1-\rho^2)} \left[\frac{(x-\mu_x)^2}{\sigma_x^2} - 2\rho \frac{(x-\mu_x)(y-\mu_y)}{\sigma_x\sigma_y} + \frac{(y-\mu_y)^2}{\sigma_y^2} \right] \right\}$$

für x, $y \in \mathbb{R}$ heißt **normalverteilt**. Das Bild dieser Funktion ist eine gaußsche Glocke, wie sie z. B. in Abbildung A-4 zu sehen ist.

Die 5 Parameter dieser Verteilung sind $\mu_x = E(X)$, $\mu_y = E(Y)$, $\sigma_x^2 = Var(X)$, $\sigma_y^2 = Var(Y)$ und $\rho = \rho_{XY}$.

Für den normalverteilten Zufallsvektor $(X, Y)^T$ gilt:

$X \sim N(\mu_x; \sigma_x^2)$ und $Y \sim N(\mu_y; \sigma_y^2)$,

$X + Y \sim N(\mu_x + \mu_y; \sigma_x^2 + 2\rho\sigma_x\sigma_y + \sigma_y^2)$,

X und Y unabhängig $\Leftrightarrow$ X und Y unkorreliert.

Abbildung A-4: *Dichte einer zweidimensionalen Normalverteilung*

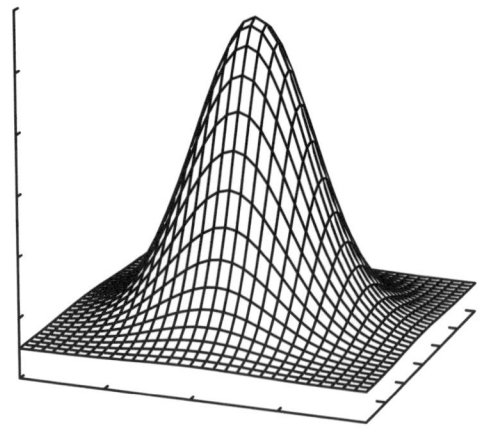

A.4 Grenzwertsätze

A.4.1 Approximation von Verteilungen

Die Ähnlichkeit der hypergeometrischen und der binomialen Verteilung, die beide aus dem Urnenschema hervorgehen, liegt auf der Hand. Wenn die Anzahl N der Kugeln (vgl. Anhang A.2.4) in der Urne immer größer wird, spielt es zunehmend keine Rolle mehr, ob ohne oder mit Zurücklegen gezogen wird. Auch die Poissonverteilung resultiert aus einem zumindest gedanklichen Grenzfall des Urnenmodells. Die beiden folgenden Aussagen haben zum Inhalt, dass die Einzelwahrscheinlichkeiten der hypergeometrischen Verteilung mit $N \to \infty$ gegen die der Binomialverteilung und diese wiederum mit $n \to \infty$ gegen die der Poissonverteilung konvergieren.

▪ $\lim\limits_{\substack{N \to \infty \\ \frac{M}{N} \to p}} \dfrac{\binom{M}{k}\binom{N-M}{n-k}}{\binom{N}{n}} = \binom{n}{k} p^k (1-p)^{n-k}$ für alle $k = 0, 1, \dots, n$,

▪ $\lim\limits_{\substack{n \to \infty \\ n \cdot p \to \lambda}} \binom{n}{k} p^k (1-p)^{n-k} = \dfrac{\lambda^k}{k!} e^{-\lambda}$ für alle $k = 0, 1, 2, \dots$

Tabelle A-6:   *Approximationsempfehlungen für Verteilungen*

Einzelwahr-scheinlichkeit	ersetze durch	wenn
$\dfrac{\binom{M}{k}\binom{N-M}{n-k}}{\binom{N}{n}}$	$\binom{n}{k} p^k (1-p)^{n-k}$ mit $p = \dfrac{M}{N}$	$0{,}1 < \dfrac{M}{N} < 0{,}9$ und $\dfrac{n}{N} < 0{,}05$
$\binom{n}{k} p^k (1-p)^{n-k}$	$\dfrac{\lambda^k}{k!} e^{-\lambda}$ mit $\lambda = n \cdot p$	$n \geq 1500 \cdot p$ und $n \cdot p \leq 10$
$\sum\limits_{k=l}^{m} \binom{n}{k} p^k (1-p)^{n-k}$	$\Phi\left(\dfrac{m + \frac{1}{2} - np}{\sqrt{np(1-p)}}\right) - \Phi\left(\dfrac{l - \frac{1}{2} - np}{\sqrt{np(1-p)}}\right)$	$n \cdot p \cdot (1-p) > 9$

Außerdem ist bekannt, dass die Binomialverteilung mit wachsendem n gegen eine Normalverteilung konvergiert (s. Anhang A.4.4). Somit hat man die Möglichkeit, bei der Berechnungen von Einzelwahrscheinlichkeiten diese näherungsweise durch einfacher bestimmbare zu ersetzen. Dabei sind jedoch Bedingungen an die Parameter einzuhalten, die eine ausreichende Nähe der zu approximierenden Verteilungen gewährleisten sollen. Die Tabelle A-6 enthält solche Bedingungen, die als Empfehlungen zu verstehen sind.

A.4.2 Konvergenzarten für Folgen von Zufallsvariablen

Es seien $X_1, X_2, \ldots$ eine Folge von Zufallsvariablen und X eine Zufallsvariable auf dem gemeinsamen Wahrscheinlichkeitsraum $[\Omega, \mathfrak{A}, P]$. Hier ist zu beachten, dass die Folge $X_1, X_2, \ldots$ keine gewöhnliche Zahlenfolge ist, sondern eine Folge von Funktionen. Es gibt verschiedene Möglichkeiten, die Konvergenz einer Folge von Funktionen zu definieren. Die drei in diesem Buch benötigten Konvergenzarten, die fast sichere Konvergenz, die Konvergenz in Wahrscheinlichkeit und die Konvergenz in Verteilung, sind nur einige von vielen.

Die Folge $X_1, X_2, \ldots$ heißt gegen X

■ **konvergent fast sicher,** wenn $P(\lim_{n \to \infty} X_n = X) = 1$ gilt,

■ **konvergent in Wahrscheinlichkeit,** wenn $\lim_{n \to \infty} P(|X_n - X| > \varepsilon) = 0$ für jede positive Zahl ε gilt,

■ **konvergent in Verteilung,** wenn für die Folge der zugehörigen Verteilungsfunktionen $F_1, F_2, \ldots$ die Konvergenz $F_n(x) \xrightarrow{n \to \infty} F_X(x)$ in jedem Stetigkeitspunkt x von F_X erfolgt.

Aus der Konvergenz fast sicher folgt die Konvergenz in Wahrscheinlichkeit und aus dieser die Konvergenz in Verteilung.

A.4.3 Gesetze der großen Zahlen

Als **Gesetz der großen Zahlen** werden Aussagen über die Konvergenz der arithmetischen Mittel

$$\frac{X_1 + X_2 + \ldots + X_n}{n}$$

einer Folge von Zufallsvariablen $X_1, X_2, \ldots$ gegen eine Konstante bezeichnet. Erfolgt die Konvergenz in Wahrscheinlichkeit, spricht man vom **schwachen** Gesetz der großen Zahlen, konvergiert die Folge fast sicher, handelt es sich um ein **starkes** Gesetz der großen Zahlen.

Das folgende starke Gesetz der großen Zahlen stammt aus dem Jahre 1930.

Das Gesetz der großen Zahlen von Kolmogorow

Wenn die Zufallsvariablen $X_1, X_2, \ldots$ voneinander unabhängig und identisch verteilt sind und der Erwartungswert $E(X_i) = \mu$ existiert, dann gilt fast sicher

$$\frac{X_1 + X_2 + \ldots + X_n}{n} \xrightarrow{n \to \infty} \mu \, .$$

Anhand dieses Satzes kann man sich leicht überlegen, dass die relative Häufigkeit eines zufälligen Ereignisses fast sicher gegen die Wahrscheinlichkeit dieses Ereignisses konvergiert. Diesen Sachverhalt kannte schon Jakob Bernoulli[41] (1713 postum veröffentlicht), allerdings erst in der Form des schwachen Gesetzes der großen Zahlen. Zur Herleitung stelle man sich einen Versuch vor, in dem ein zufälliges Ereignis A mit der Wahrscheinlichkeit $p = P(A)$ eintreten kann. Der Versuch wird beliebig oft unabhängig voneinander wiederholt. Die benötigten Zufallsvariablen X_i werden dann so definiert: X_i nimmt den Wert 1 an, wenn A im i-ten Versuch eintritt, und den Wert 0, wenn A im i-ten Versuch nicht eintritt. Die Zufallsvariablen X_i sind unabhängig voneinander und besitzen den Erwartungswert $\mu = E(X_i) = 1 \cdot p + 0 \cdot (1 - p) = p$. Die Summe $\sum_{i=1}^{n} X_i$ ist die zufällige Anzahl des Eintretens von A in n Versuchen. Folglich ist $h_n(A) = \frac{1}{n} \sum_{i=1}^{n} X_i$ die relative Häufigkeit des Ereignisses A, die nach Kolmogorows Theorem gegen die Wahrscheinlichkeit $p = P(A)$ konvergiert.

A.4.4 Zentrale Grenzwertsätze

Eine Folge $X_1, X_2, \ldots$ von Zufallsvariablen genügt dem **Zentralen Grenzwertsatz**, wenn es Zahlenfolgen (a_n) und (b_n) gibt, so dass

$$\frac{X_1 + X_2 + \ldots + X_n - a_n}{b_n}$$

in Verteilung gegen eine $N(0;1)$-verteilte Zufallsvariable konvergiert. Die ersten Formulierungen eines Zentralen Grenzwertsatzes stammen von de Moivre[42] (1733) und Laplace[38] (1812). Sie wiesen nach, dass die am Ende des vorigen Abschnitts beschriebene Folge 0-1-verteilter Zufallsvariablen dem Zentralen Grenzwertsatz genügt. Da in

---

[41] Jakob Bernoulli, 1655 – 1705, schweizerischer Mathematiker
[42] Abraham de Moivre, 1667 – 1754, französischer Mathematiker

diesem Fall die Summe $\sum_{i=1}^{n} X_i$ binomial verteilt ist, besagt der Zentrale Grenzwertsatz, dass die Binomialverteilung mit wachsendem n gegen eine Normalverteilung strebt. Hier soll ein etwas allgemeineres, aus den 1920er Jahren stammendes Resultat zitiert sein:

Der Zentrale Grenzwertsatz von Lindeberg[43]-Lévy[44]

Es sei $X_1, X_2, \ldots$ eine Folge unabhängiger, identisch verteilter Zufallsvariablen mit $E(X_i) = \mu$ und $Var(X_i) = \sigma^2 < \infty$. Dann konvergieren die Verteilungsfunktionen der Zufallsvariablen

$$\frac{X_1 + X_2 + \ldots + X_n - n \cdot \mu}{\sigma \cdot \sqrt{n}}$$

mit $n \to \infty$ in jedem Punkt der reellen Achse gegen die Verteilungsfunktion der standardisierten Normalverteilung.

Der Zentrale Grenzwertsatz hat auch große praktische Bedeutung. Er ist die theoretische Begründung dafür, dass viele Zufallserscheinungen der realen Welt, die durch additive Überlagerung vieler kleiner, voneinander unabhängiger Einflüsse entstanden sein könnten, sich in guter Näherung als normalverteilt erweisen.

---

[43] Jarl Waldemar Lindeberg, 1876 – 1932, finnischer Mathematiker
[44] Paul Pierre Lévy, 1886 – 1971, französischer Mathematiker

B Statistische Tafeln

Tabelle B-1:   *Werte Φ(z) der Verteilungsfunktion der standardisierten Normalverteilung*

z	0,00	0,01	0,02	0,03	0,04	0,05	0,06	0,07	0,08	0,09
0,0	0,5000	0,5040	0,5080	0,5120	0,5160	0,5199	0,5239	0,5279	0,5319	0,5359
0,1	0,5398	0,5438	0,5478	0,5517	0,5557	0,5596	0,5636	0,5675	0,5714	0,5753
0,2	0,5793	0,5832	0,5871	0,5910	0,5948	0,5987	0,6026	0,6064	0,6103	0,6141
0,3	0,6179	0,6217	0,6255	0,6293	0,6331	0,6368	0,6406	0,6443	0,6480	0,6517
0,4	0,6554	0,6591	0,6628	0,6664	0,6700	0,6736	0,6772	0,6808	0,6844	0,6879
0,5	0,6915	0,6950	0,6985	0,7019	0,7054	0,7088	0,7123	0,7157	0,7190	0,7224
0,6	0,7257	0,7291	0,7324	0,7357	0,7389	0,7422	0,7454	0,7486	0,7517	0,7549
0,7	0,7580	0,7611	0,7642	0,7673	0,7704	0,7734	0,7764	0,7794	0,7823	0,7852
0,8	0,7881	0,7910	0,7939	0,7967	0,7995	0,8023	0,8051	0,8078	0,8106	0,8133
0,9	0,8159	0,8186	0,8212	0,8238	0,8264	0,8289	0,8315	0,8340	0,8365	0,8389
1,0	0,8413	0,8438	0,8461	0,8485	0,8508	0,8531	0,8554	0,8577	0,8599	0,8621
1,1	0,8643	0,8665	0,8686	0,8708	0,8729	0,8749	0,8770	0,8790	0,8810	0,8830
1,2	0,8849	0,8869	0,8888	0,8907	0,8925	0,8944	0,8962	0,8980	0,8997	0,9015
1,3	0,9032	0,9049	0,9066	0,9082	0,9099	0,9115	0,9131	0,9147	0,9162	0,9177
1,4	0,9192	0,9207	0,9222	0,9236	0,9251	0,9265	0,9279	0,9292	0,9306	0,9319
1,5	0,9332	0,9345	0,9357	0,9370	0,9382	0,9394	0,9406	0,9418	0,9429	0,9441
1,6	0,9452	0,9463	0,9474	0,9484	0,9495	0,9505	0,9515	0,9525	0,9535	0,9545
1,7	0,9554	0,9564	0,9573	0,9582	0,9591	0,9599	0,9608	0,9616	0,9625	0,9633
1,8	0,9641	0,9649	0,9656	0,9664	0,9671	0,9678	0,9686	0,9693	0,9699	0,9706
1,9	0,9713	0,9719	0,9726	0,9732	0,9738	0,9744	0,9750	0,9756	0,9761	0,9767
2,0	0,9772	0,9778	0,9783	0,9788	0,9793	0,9798	0,9803	0,9808	0,9812	0,9817
2,1	0,9821	0,9826	0,9830	0,9834	0,9838	0,9842	0,9846	0,9850	0,9854	0,9857
2,2	0,9861	0,9864	0,9868	0,9871	0,9875	0,9878	0,9881	0,9884	0,9887	0,9890
2,3	0,9893	0,9896	0,9898	0,9901	0,9904	0,9906	0,9909	0,9911	0,9913	0,9916
2,4	0,9918	0,9920	0,9922	0,9925	0,9927	0,9929	0,9931	0,9932	0,9934	0,9936
2,5	0,9938	0,9940	0,9941	0,9943	0,9945	0,9946	0,9948	0,9949	0,9951	0,9952
2,6	0,9953	0,9955	0,9956	0,9957	0,9959	0,9960	0,9961	0,9962	0,9963	0,9964
2,7	0,9965	0,9966	0,9967	0,9968	0,9969	0,9970	0,9971	0,9972	0,9973	0,9974
2,8	0,9974	0,9975	0,9976	0,9977	0,9977	0,9978	0,9979	0,9979	0,9980	0,9981
2,9	0,9981	0,9982	0,9982	0,9983	0,9984	0,9984	0,9985	0,9985	0,9986	0,9986

z	0,0	0,1	0,2	0,3	0,4	0,5	0,6	0,7	0,8	0,9
3,0	,99865	,99903	,99931	,99952	,99966	,99977	,99984	,99989	,99993	,99995

Tabelle B-2:   *Quantile der Ordnung α der t-Verteilung mit f Freiheitsgraden*

f	α					
	0,90	**0,95**	**0,975**	**0,99**	**0,995**	**0,9995**
1	3,078	6,314	12,706	31,821	63,656	636,578
2	1,886	2,920	4,303	6,965	9,925	31,600
3	1,638	2,353	3,182	4,541	5,841	12,924
4	1,533	2,132	2,776	3,747	4,604	8,610
5	1,476	2,015	2,571	3,365	4,032	6,869
6	1,440	1,943	2,447	3,143	3,707	5,959
7	1,415	1,895	2,365	2,998	3,499	5,408
8	1,397	1,860	2,306	2,896	3,355	5,041
9	1,383	1,833	2,262	2,821	3,250	4,781
10	1,372	1,812	2,228	2,764	3,169	4,587
11	1,363	1,796	2,201	2,718	3,106	4,437
12	1,356	1,782	2,179	2,681	3,055	4,318
13	1,350	1,771	2,160	2,650	3,012	4,221
14	1,345	1,761	2,145	2,624	2,977	4,140
15	1,341	1,753	2,131	2,602	2,947	4,073
16	1,337	1,746	2,120	2,583	2,921	4,015
17	1,333	1,740	2,110	2,567	2,898	3,965
18	1,330	1,734	2,101	2,552	2,878	3,922
19	1,328	1,729	2,093	2,539	2,861	3,883
20	1,325	1,725	2,086	2,528	2,845	3,850
21	1,323	1,721	2,080	2,518	2,831	3,819
22	1,321	1,717	2,074	2,508	2,819	3,792
23	1,319	1,714	2,069	2,500	2,807	3,768
24	1,318	1,711	2,064	2,492	2,797	3,745
25	1,316	1,708	2,060	2,485	2,787	3,725
26	1,315	1,706	2,056	2,479	2,779	3,707
27	1,314	1,703	2,052	2,473	2,771	3,689
28	1,313	1,701	2,048	2,467	2,763	3,674
29	1,311	1,699	2,045	2,462	2,756	3,660
30	1,310	1,697	2,042	2,457	2,750	3,646
40	1,303	1,684	2,021	2,423	2,704	3,551
50	1,299	1,676	2,009	2,403	2,678	3,496
60	1,296	1,671	2,000	2,390	2,660	3,460
80	1,292	1,664	1,990	2,374	2,639	3,416
100	1,290	1,660	1,984	2,364	2,626	3,390
200	1,286	1,653	1,972	2,345	2,601	3,340
500	1,284	1,648	1,965	2,334	2,586	3,310
∞	1,283	1,645	1,960	2,326	2,576	3,290

Tabelle B-3:   *Quantile der Ordnung α der χ^2-Verteilung mit f Freiheitsgraden*[45]

f	α								
	0,005	**0,01**	**0,025**	**0,05**	**0,5**	**0,95**	**0,975**	**0,99**	**0,995**
1	-	-	0,001	0,004	0,455	3,84	5,02	6,63	7,88
2	0,010	0,020	0,051	0,103	1,39	5,99	7,38	9,21	10,6
3	0,072	0,115	0,216	0,352	2,37	7,81	9,35	11,3	12,8
4	0,207	0,297	0,484	0,711	3,36	9,49	11,1	13,3	14,9
5	0,412	0,554	0,831	1,15	4,35	11,1	12,8	15,1	16,7
6	0,676	0,872	1,24	1,64	5,35	12,6	14,4	16,8	18,5
7	0,989	1,24	1,69	2,17	6,35	14,1	16,0	18,5	20,3
8	1,34	1,65	2,18	2,73	7,34	15,5	17,5	20,1	22,0
9	1,73	2,09	2,70	3,33	8,34	16,9	19,0	21,7	23,6
10	2,16	2,56	3,25	3,94	9,34	18,3	20,5	23,2	25,2
11	2,60	3,05	3,82	4,57	10,3	19,7	21,9	24,7	26,8
12	3,07	3,57	4,40	5,23	11,3	21,0	23,3	26,2	28,3
13	3,57	4,11	5,01	5,89	12,3	22,4	24,7	27,7	29,8
14	4,07	4,66	5,63	6,57	13,3	23,7	26,1	29,1	31,3
15	4,60	5,23	6,26	7,26	14,3	25,0	27,5	30,6	32,8
16	5,14	5,81	6,91	7,96	15,3	26,3	28,8	32,0	34,3
17	5,70	6,41	7,56	8,67	16,3	27,6	30,2	33,4	35,7
18	6,26	7,01	8,23	9,39	17,3	28,9	31,5	34,8	37,2
19	6,84	7,63	8,91	10,1	18,3	30,1	32,9	36,2	38,6
20	7,43	8,26	9,59	10,9	19,3	31,4	34,2	37,6	40,0
21	8,03	8,90	10,3	11,6	20,3	32,7	35,5	38,9	41,4
22	8,64	9,54	11,0	12,3	21,3	33,9	36,8	40,3	42,8
23	9,26	10,2	11,7	13,1	22,3	35,2	38,1	41,6	44,2
24	9,89	10,9	12,4	13,8	23,3	36,4	39,4	43,0	45,6
25	10,5	11,5	13,1	14,6	24,3	37,7	40,6	44,3	46,9
26	11,2	12,2	13,8	15,4	25,3	38,9	41,9	45,6	48,3
27	11,8	12,9	14,6	16,2	26,3	40,1	43,2	47,0	49,6
28	12,5	13,6	15,3	16,9	27,3	41,3	44,5	48,3	51,0
29	13,1	14,3	16,0	17,7	28,3	42,6	45,7	49,6	52,3
30	13,8	15,0	16,8	18,5	29,3	43,8	47,0	50,9	53,7

---

[45] Bei mehr als 30 Freiheitsgraden kann man die Näherungsformel aus Abschnitt 8.3.3 benutzen.

Tabelle B-4:   Quantile der F-Verteilung mit (fz; fN) Freiheitsgraden der Ordnung 0,95

fN \ fz	1	2	3	4	5	6	7	8	9	10	11	12
1	161	18,5	10,1	7,71	6,61	5,99	5,59	5,32	5,12	4,96	4,84	4,75
2	199	19,0	9,55	6,94	5,79	5,14	4,74	4,46	4,26	4,10	3,98	3,89
3	216	19,2	9,28	6,59	5,41	4,76	4,35	4,07	3,86	3,71	3,59	3,49
4	225	19,3	9,12	6,39	5,19	4,53	4,12	3,84	3,63	3,48	3,36	3,26
5	230	19,3	9,01	6,26	5,05	4,39	3,97	3,69	3,48	3,33	3,20	3,11
6	234	19,3	8,94	6,16	4,95	4,28	3,87	3,58	3,37	3,22	3,09	3,00
7	237	19,4	8,89	6,09	4,88	4,21	3,79	3,50	3,29	3,14	3,01	2,91
8	239	19,4	8,85	6,04	4,82	4,15	3,73	3,44	3,23	3,07	2,95	2,85
9	241	19,4	8,81	6,00	4,77	4,10	3,68	3,39	3,18	3,02	2,90	2,80
10	242	19,4	8,79	5,96	4,74	4,06	3,64	3,35	3,14	2,98	2,85	2,75
11	243	19,40	8,76	5,94	4,70	4,03	3,60	3,31	3,10	2,94	2,82	2,72
12	244	19,41	8,74	5,91	4,68	4,00	3,57	3,28	3,07	2,91	2,79	2,69
13	245	19,42	8,73	5,89	4,66	3,98	3,55	3,26	3,05	2,89	2,76	2,66
14	245	19,42	8,71	5,87	4,64	3,96	3,53	3,24	3,03	2,86	2,74	2,64
15	246	19,43	8,70	5,86	4,62	3,94	3,51	3,22	3,01	2,85	2,72	2,62
16	246	19,43	8,69	5,84	4,60	3,92	3,49	3,20	2,99	2,83	2,70	2,60
17	247	19,44	8,68	5,83	4,59	3,91	3,48	3,19	2,97	2,81	2,69	2,58
18	247	19,44	8,67	5,82	4,58	3,90	3,47	3,17	2,96	2,80	2,67	2,57
19	248	19,44	8,67	5,81	4,57	3,88	3,46	3,16	2,95	2,79	2,66	2,56
20	248	19,45	8,66	5,80	4,56	3,87	3,44	3,15	2,94	2,77	2,65	2,54
30	250	19,46	8,62	5,75	4,50	3,81	3,38	3,08	2,86	2,70	2,57	2,47
40	251	19,47	8,59	5,72	4,46	3,77	3,34	3,04	2,83	2,66	2,53	2,43
50	252	19,48	8,58	5,70	4,44	3,75	3,32	3,02	2,80	2,64	2,51	2,40
100	253	19,49	8,55	5,66	4,41	3,71	3,27	2,97	2,76	2,59	2,46	2,35

Tabelle B-5:   *Quantile der F-Verteilung mit (f_Z; f_N) Freiheitsgraden der Ordnung 0,95 (Fortsetzung)*

f_Z / f_N	13	14	15	16	17	18	19	20	30	40	50	100
1	4,67	4,60	4,54	4,49	4,45	4,41	4,38	4,35	4,17	4,08	4,03	3,94
2	3,81	3,74	3,68	3,63	3,59	3,55	3,52	3,49	3,32	3,23	3,18	3,09
3	3,41	3,34	3,29	3,24	3,20	3,16	3,13	3,10	2,92	2,84	2,79	2,70
4	3,18	3,11	3,06	3,01	2,96	2,93	2,90	2,87	2,69	2,61	2,56	2,46
5	3,03	2,96	2,90	2,85	2,81	2,77	2,74	2,71	2,53	2,45	2,40	2,31
6	2,92	2,85	2,79	2,74	2,70	2,66	2,63	2,60	2,42	2,34	2,29	2,19
7	2,83	2,76	2,71	2,66	2,61	2,58	2,54	2,51	2,33	2,25	2,20	2,10
8	2,77	2,70	2,64	2,59	2,55	2,51	2,48	2,45	2,27	2,18	2,13	2,03
9	2,71	2,65	2,59	2,54	2,49	2,46	2,42	2,39	2,21	2,12	2,07	1,97
10	2,67	2,60	2,54	2,49	2,45	2,41	2,38	2,35	2,16	2,08	2,03	1,93
11	2,63	2,57	2,51	2,46	2,41	2,37	2,34	2,31	2,13	2,04	1,99	1,89
12	2,60	2,53	2,48	2,42	2,38	2,34	2,31	2,28	2,09	2,00	1,95	1,85
13	2,58	2,51	2,45	2,40	2,35	2,31	2,28	2,25	2,06	1,97	1,92	1,82
14	2,55	2,48	2,42	2,37	2,33	2,29	2,26	2,22	2,04	1,95	1,89	1,79
15	2,53	2,46	2,40	2,35	2,31	2,27	2,23	2,20	2,01	1,92	1,87	1,77
16	2,51	2,44	2,38	2,33	2,29	2,25	2,21	2,18	1,99	1,90	1,85	1,75
17	2,50	2,43	2,37	2,32	2,27	2,23	2,20	2,17	1,98	1,89	1,83	1,73
18	2,48	2,41	2,35	2,30	2,26	2,22	2,18	2,15	1,96	1,87	1,81	1,71
19	2,47	2,40	2,34	2,29	2,24	2,20	2,17	2,14	1,95	1,85	1,80	1,69
20	2,46	2,39	2,33	2,28	2,23	2,19	2,16	2,12	1,93	1,84	1,78	1,68
30	2,38	2,31	2,25	2,19	2,15	2,11	2,07	2,04	1,84	1,74	1,69	1,57
40	2,34	2,27	2,20	2,15	2,10	2,06	2,03	1,99	1,79	1,69	1,63	1,52
50	2,31	2,24	2,18	2,12	2,08	2,04	2,00	1,97	1,76	1,66	1,60	1,48
100	2,26	2,19	2,12	2,07	2,02	1,98	1,94	1,91	1,70	1,59	1,52	1,39

Tabelle B-6: Quantile der F-Verteilung mit(f_Z; f_N) Freiheitsgraden der Ordnung 0,99

f_Z f_N	1	2	3	4	5	6	7	8	9	10	11	12
1	4052	98,5	34,1	21,2	16,3	13,7	12,2	11,3	10,6	10,0	9,65	9,33
2	4999	99,0	30,8	18,0	13,3	10,9	9,55	8,65	8,02	7,56	7,21	6,93
3	5404	99,2	29,5	16,7	12,1	9,78	8,45	7,59	6,99	6,55	6,22	5,95
4	5624	99,3	28,7	16,0	11,4	9,15	7,85	7,01	6,42	5,99	5,67	5,41
5	5764	99,3	28,2	15,5	11,0	8,75	7,46	6,63	6,06	5,64	5,32	5,06
6	5859	99,3	27,9	15,2	10,7	8,47	7,19	6,37	5,80	5,39	5,07	4,82
7	5928	99,4	27,7	15,0	10,5	8,26	6,99	6,18	5,61	5,20	4,89	4,64
8	5981	99,4	27,5	14,8	10,3	8,10	6,84	6,03	5,47	5,06	4,74	4,50
9	6022	99,4	27,3	14,7	10,2	7,98	6,72	5,91	5,35	4,94	4,63	4,39
10	6056	99,4	27,2	14,5	10,1	7,87	6,62	5,81	5,26	4,85	4,54	4,30
11	6083	99,4	27,1	14,5	9,96	7,79	6,54	5,73	5,18	4,77	4,46	4,22
12	6107	99,4	27,1	14,4	9,89	7,72	6,47	5,67	5,11	4,71	4,40	4,16
13	6126	99,4	27,0	14,3	9,82	7,66	6,41	5,61	5,05	4,65	4,34	4,10
14	6143	99,4	26,9	14,2	9,77	7,60	6,36	5,56	5,01	4,60	4,29	4,05
15	6157	99,4	26,9	14,2	9,72	7,56	6,31	5,52	4,96	4,56	4,25	4,01
16	6170	99,4	26,8	14,2	9,68	7,52	6,28	5,48	4,92	4,52	4,21	3,97
17	6181	99,4	26,8	14,1	9,64	7,48	6,24	5,44	4,89	4,49	4,18	3,94
18	6191	99,4	26,8	14,1	9,61	7,45	6,21	5,41	4,86	4,46	4,15	3,91
19	6201	99,4	26,7	14,0	9,58	7,42	6,18	5,38	4,83	4,43	4,12	3,88
20	6209	99,4	26,7	14,0	9,55	7,40	6,16	5,36	4,81	4,41	4,10	3,86
30	6260	99,5	26,5	13,8	9,38	7,23	5,99	5,20	4,65	4,25	3,94	3,70
40	6286	99,5	26,4	13,7	9,29	7,14	5,91	5,12	4,57	4,17	3,86	3,62
50	6302	99,5	26,4	13,7	9,24	7,09	5,86	5,07	4,52	4,12	3,81	3,57
100	6334	99,5	26,2	13,6	9,13	6,99	5,75	4,96	4,41	4,01	3,71	3,47

Tabelle B-7: *Quantile der F-Verteilung mit(f_Z; f_N) Freiheitsgraden der Ordnung 0,99 (Fortsetzung)*

f_Z / f_N	13	14	15	16	17	18	19	20	30	40	50	100
1	9,07	8,86	8,68	8,53	8,40	8,29	8,18	8,10	7,56	7,31	7,17	6,90
2	6,70	6,51	6,36	6,23	6,11	6,01	5,93	5,85	5,39	5,18	5,06	4,82
3	5,74	5,56	5,42	5,29	5,19	5,09	5,01	4,94	4,51	4,31	4,20	3,98
4	5,21	5,04	4,89	4,77	4,67	4,58	4,50	4,43	4,02	3,83	3,72	3,51
5	4,86	4,69	4,56	4,44	4,34	4,25	4,17	4,10	3,70	3,51	3,41	3,21
6	4,62	4,46	4,32	4,20	4,10	4,01	3,94	3,87	3,47	3,29	3,19	2,99
7	4,44	4,28	4,14	4,03	3,93	3,84	3,77	3,70	3,30	3,12	3,02	2,82
8	4,30	4,14	4,00	3,89	3,79	3,71	3,63	3,56	3,17	2,99	2,89	2,69
9	4,19	4,03	3,89	3,78	3,68	3,60	3,52	3,46	3,07	2,89	2,78	2,59
10	4,10	3,94	3,80	3,69	3,59	3,51	3,43	3,37	2,98	2,80	2,70	2,50
11	4,02	3,86	3,73	3,62	3,52	3,43	3,36	3,29	2,91	2,73	2,63	2,43
12	3,96	3,80	3,67	3,55	3,46	3,37	3,30	3,23	2,84	2,66	2,56	2,37
13	3,91	3,75	3,61	3,50	3,40	3,32	3,24	3,18	2,79	2,61	2,51	2,31
14	3,86	3,70	3,56	3,45	3,35	3,27	3,19	3,13	2,74	2,56	2,46	2,27
15	3,82	3,66	3,52	3,41	3,31	3,23	3,15	3,09	2,70	2,52	2,42	2,22
16	3,78	3,62	3,49	3,37	3,27	3,19	3,12	3,05	2,66	2,48	2,38	2,19
17	3,75	3,59	3,45	3,34	3,24	3,16	3,08	3,02	2,63	2,45	2,35	2,15
18	3,72	3,56	3,42	3,31	3,21	3,13	3,05	2,99	2,60	2,42	2,32	2,12
19	3,69	3,53	3,40	3,28	3,19	3,10	3,03	2,96	2,57	2,39	2,29	2,09
20	3,66	3,51	3,37	3,26	3,16	3,08	3,00	2,94	2,55	2,37	2,27	2,07
30	3,51	3,35	3,21	3,10	3,00	2,92	2,84	2,78	2,39	2,20	2,10	1,89
40	3,43	3,27	3,13	3,02	2,92	2,84	2,76	2,69	2,30	2,11	2,01	1,80
50	3,38	3,22	3,08	2,97	2,87	2,78	2,71	2,64	2,25	2,06	1,95	1,74
100	3,27	3,11	2,98	2,86	2,76	2,68	2,60	2,54	2,13	1,94	1,82	1,60

Tabelle B-8: *Kritische Werte $b_{n;\alpha}$ für den Vorzeichentest[46]*

n	α				
	0,90	0,95	0,975	0,99	0,995
6	6	6	6	-	-
7	6	7	7	7	-
8	7	7	8	8	8
9	7	8	8	9	9
10	8	9	9	10	10
11	9	9	10	10	11
12	9	10	10	11	11
13	10	10	11	12	12
14	10	11	12	12	13
15	11	12	12	13	13
16	12	13	13	14	14
17	12	13	13	14	15
18	13	13	14	15	15
19	13	14	15	15	16
20	14	15	15	16	17
21	14	15	16	17	17
22	15	16	17	17	18
23	16	16	17	18	19
24	16	17	18	19	19
25	17	18	18	19	20

---

[46] Zur Verwendung der Tabellenwerte siehe Abschnitt 11.7.

Literaturverzeichnis

Literatur zur Statistik

AKKERBOOM, H. (2008): Wirtschaftsstatistik im Bachelor – Grundlagen und Datenanalyse, Gabler, Wiesbaden

BAMBERG, G.; BAUR, F. (2004): Statistik-Arbeitsbuch, 7. Auflage, Oldenbourg, München

BAMBERG, G.; BAUR, F.; KRAPP, M. (2006): Statistik, 13. Auflage, Oldenbourg, München

BLEYMÜLLER, J.; GEHLERT, G.; GÜLICHER, H. (2004): Statistik für Wirtschaftswissenschaftler, 14. Auflage, Vahlen, München

BOSCH, K. (1998): Statistik-Taschenbuch, 3. Auflage, Oldenbourg, München

BÖSELT, M. (1994): Statistik-Übungsbuch - Aufgaben, Hinweise und Lösungen, Oldenbourg, München

BÖSELT, M. (1999): Statistik, 2. Auflage, Oldenbourg, München

D'AGOSTINO, R. B.; STEPHENS, M. A. (1986): Goodness-of-fit techniques, Marcel Dekker, New York

ECKEY, H.-F.; KOSFELD, R.; DREGER, C. (2002): Statistik: Grundlagen – Methoden – Beispiele, 3. Auflage, Gabler, Wiesbaden

ECKEY, H.-F.; KOSFELD, R.; TÜRCK, M. (2005): Deskriptive Statistik, 4. Auflage, Gabler, Wiesbaden

ECKEY, H.-F.; KOSFELD, R.; TÜRCK, M. (2005): Wahrscheinlichkeitsrechnung und Induktive Statistik, Gabler, Wiesbaden

ECKSTEIN, P. (2006): Klausurtraining Statistik, 5. Auflage, Gabler, Wiesbaden

ECKSTEIN, P. (2006): Repetitorium Statistik, 6. Auflage, Gabler, Wiesbaden

FAHRMEIR, L.; KÜNSTLER, R.; PIGEOT, I.; TUTZ, G. (2007): Statistik – Der Weg zur Datenanalyse, 6. Auflage, Springer, Berlin

FISZ, M. (1971): Wahrscheinlichkeitsrechnung und mathematische Statistik, 6. Auflage, VEB Deutscher Verlag der Wissenschaften, Berlin

GNEDENKO, B. W. (1997): Lehrbuch der Wahrscheinlichkeitstheorie, 10. Auflage, Harri Deutsch, Frankfurt

HARTUNG, J.; ELPELT, B.; KLÖSENER, K.-H. (2005): Statistik – Lehr- und Handbuch der angewandten Statistik, 14. Auflage, Oldenbourg, München

KRÄMER, W. (2007): So lügt man mit Statistik, 8. Auflage, Campus, Frankfurt

LEHN, J.; WEGMANN, H. (2006): Einführung in die Statistik, 5. Auflage, Teubner, Stuttgart

LEHN, J.; WEGMANN, H.; RETTIG, S. (2001): Aufgabensammlung zur Einführung in die Statistik, 3. Auflage, Teubner, Stuttgart

MOSLER, K.; SCHMID, F. (2005): Beschreibende Statistik und Wirtschaftsstatistik, 2. Auflage, Springer, Berlin

MOSLER, K.; SCHMID, F. (2006): Wahrscheinlichkeitsrechnung und schließende Statistik, 2. Auflage, Springer, Berlin

MÜLLER, P. H. (Hrsg.) (1991): Lexikon der Stochastik, 5. Auflage, Akademie-Verlag, Berlin

NOLLAU, V.; PARTZSCH, L.; STORM, R.; LANGE, C. (1997): Wahrscheinlichkeitsrechnung und Statistik in Beispielen und Aufgaben, Teubner, Stuttgart

PFANZAGL, J. (1991): Elementare Wahrscheinlichkeitsrechnung, 2. Auflage, De Gruyter, Berlin

REICHARDT, H.; REICHARDT, A. (2002): Statistische Methodenlehre für Wirtschaftswissenschaftler, 11. Auflage, Gabler, Wiesbaden

RINNE, H. (2003): Taschenbuch der Statistik für Wirtschafts- und Sozialwissenschaften, 3. Auflage, Harri Deutsch, Frankfurt

SACHS, L.; HEDDERICH, J. (2006): Angewandte Statistik – Methodensammlung mit R, 12. Auflage, Springer, Berlin

SCHLITTGEN, R. (2003): Einführung in die Statistik. Analyse und Modellierung von Daten, 10. Auflage, Oldenbourg, München

SCHWARZE, J. (2005): Grundlagen der Statistik I – Beschreibende Verfahren, 10. Auflage, Neue Wirtschafts-Briefe, Herne

SCHWARZE, J. (2005): Grundlagen der Statistik II – Wahrscheinlichkeitsrechnung und induktive Statistik, 8. Auflage, Neue Wirtschafts-Briefe, Herne

STORM, R. (2007): Wahrscheinlichkeitsrechnung, mathematische Statistik und statistische Qualitätskontrolle, 12. Auflage, Hanser Fachbuchverlag, Leipzig

TUKEY, J. W. (1977): Exploratory data analysis, Addison-Wesley, Cambridge, MA

VOGEL, F. (2005): Beschreibende und schließende Statistik, 13. Auflage, Oldenbourg, München

Literatur zur Datenanalyse

ANDERSON, T. W. (2003): An Introduction to Multivariate Statistical Analysis, 3. Auflage, Wiley & Sons, New York

BACHER, J. (1996): Clusteranalyse: Anwendungsorientierte Einführung, Oldenbourg, München

BACKHAUS, K.; ERICHSON, B.; PLINKE, W.; WEIBER, R. (2006): Multivariate Analysemethoden, 11. Auflage, Springer, Berlin

BANKHOFER, U. (1995): Unvollständige Daten- und Distanzmatrizen in der Multivariaten Datenanalyse, Eul, Bergisch Gladbach

BAUSCH, T.; OPITZ, O. (1993): PC-gestützte Datenanalyse mit Fallstudien aus der Marktforschung, Vahlen, München

BLOBEL, V.; LOHRMANN, E. (1998): Statistische und numerische Methoden der Datenanalyse, Teubner, Wiesbaden

BOWERMAN, B.L.; O'CONNELL, R.T. (1993): Forecasting and time series, Duxbury Press

BRANDT, S. (1999): Datenanalyse: Mit statistischen Methoden und Computerprogrammen, 4. Auflage, Spektrum Akademischer Verlag

CHRISTENSEN, R. (2001): Advanced Linear Modeling: Multivariate, Time Series and Spatial Data - Nonparametric Regression and Response Surface Maximization, 2. Auflage, Springer, Berlin

ECKEY, H.-F.; KOSFELD, R.; RENGERS, M. (2002): Multivariate Statistik: Grundlagen - Methoden – Beispiele, Gabler, Wiesbaden

EVERITT, B. (2007): An R and S-Plus Companion to Multivariate Analysis, 2. Auflage, Springer, Berlin

EVERITT, B.; DUNN, G. (1991): Applied Multivariate Data Analysis, Arnold, London

FAHRMEIR, L.; HAMERLE, A. (1984): Multivariate statistische Verfahren, de Gruyter, Berlin

FAHRMEIR, L.; TUTZ, G.; HENNEVOGL, W. (2001): Multivariate Statistical Modelling Based on Generalized Linear Models, Springer, Berlin

FAHRMEIR, L.; HAMERLE, A.; TUTZ, G. (1996): Multivariate statistische Verfahren, 2. Auflage, de Gruyter, Berlin

FLURY, B. (1997): A First Course in Multivariate Statistics, Springer, Berlin

GAUL, W.; BAIER, D. (1993): Marktforschung und Marketing Management: computerbasierte Entscheidungsunterstützung, Oldenbourg, München

HANDL, A. (2008): Multivariate Analysemethoden: Theorie und Praxis multivariater Verfahren unter besonderer Berücksichtigung von S-PLUS, Springer, Berlin

HARTUNG, J.; ELPELT, B. (2007): Multivariate Statistik, 6. Auflage, Oldenbourg, München

KHATTREE, R. (2000): Multivariate Data Reduction and Discrimination with SAS Software, Wiley & Sons, New York

KOLLO, T.; VON ROSEN, D. (2005): Advanced Multivariate Statistics with Matrices, Springer, Netherlands

KRUSKAL, J. B. (1964): Nonmetric Multidimensional Scaling: A Numerical Method, Psychometrika, 39

LITTLE, R. L.; RUBIN, D. B. (2002): Statistical Analysis with Missing Data, 2. Auflage, Wiley & Sons, New York

LITZ, H. P. (2000): Multivariate Statistische Methoden und ihre Anwendung in den Wirtschafts- und Sozialwissenschaften, Oldenbourg, München

KOCKLÄUNER, G. (2000): Multivariate Datenanalyse - am Beispiel des statistischen Programmpakets SPSS, Vieweg, Wiesbaden

MORRISON, D. F. (2004): Multivariate Statistical Methods, Thomson

OPITZ, O. (1980): Numerische Taxonomie, UTB, Fischer, Stuttgart

JOBSON, J.D. (1991): Applied Multivariate Data Analysis, Volume I: Regression and Experimental Design, Springer, New York

JOBSON, J.D. (1992): Applied Multivariate Data Analysis, Volume II: Categorical and Multivariate Methods, Springer, New York

JOHNSON, R. A.; WICHERN, D. W. (2007): Applied Multivariate Statistical Analysis, 6. Auflage, Prentice Hall

MARINELL, G. (1998): Multivariate Verfahren, 5. Auflage, Oldenbourg, München

MERTENS, P.; RÄSSLER, S. (2004): PROGNOSERECHNUNG, PHYSICA, HEIDELBERG

REITER, G.; MATTHÄUS, W.-G. (2000): Marktforschung und Datenanalyse mit EXCEL, 2. Auflage, Oldenbourg, München

RINNE, H. (2000): Statistische Analyse multivariater Daten, Oldenbourg, München

RUDOLF, M.; MÜLLER, J. (2004): Multivariate Verfahren, Hogrefe, Göttingen

SCHLITTGEN, R. (2008): Multivariate Statistik, Oldenbourg, München

SCHUCHMANN, M.; SANNS, W. (2000): Multivariate Statistik mit Mathematica und SPSS, Der andere Verlag

SRIVASTAVA, M. S. (2002): Methods of Multivariate Statistics, Wiley & Sons, New York

Literatur zum Data Mining

AGRAWAL, R.; SRIKANT, R. (1994): Fast Algorithms for Mining Association Rules, in: Proceedings of the 20th VLDB Conference, Santiago

BANKHOFER, U. (2002): Data Mining mit Assoziationsregeln, in: Wirtschaftswissenschaftliches Studium, Heft 12, S. 43-47

BANKHOFER, U. (2004): Data Mining und seine betriebswirtschaftliche Relevanz, in: Betriebswirtschaftliche Forschung und Praxis (BFuP), Heft 4, 2004, S. 395-412

BERRY, M.J.A.; LINOFF, G.(1997): Data Mining Techniques, Wiley, New York

BERRY, M.; LINOFF, G. (2000): Mastering data mining, Wiley, New York

CABENA, P.; HADJINIAN, P.; STADLER, R.; VERHEES, J.; ZANASI, A. (1998): Discovering Data Mining – From Concept to Implementation, Prentice Hall, Upper Saddle River

CHAMONI, P.; GLUCHOWSKI, P. (HRSG.) (1998): Analytische Informationssysteme. Springer, Berlin

FREITAS, ALEX A. (2002): Data Mining and Knowledge Discovery with Evolutionary Algorithms, Springer, Berlin

HAN, J.; KAMBER, M. (2006): Data Mining: Concepts and Techniques, 2. Auflage, Morgan Kaufmann

HIPPNER, H.; ULRICH, K.; MEYER, M.; WILDE, K. (2001); Handbuch Data Mining im Marketing, Vieweg, Wiesbaden

KOHONEN, T. (1995): Self-Organizing Maps, Springer, Berlin

KÜPPERS, B. (1999): Data Mining in der Praxis. Lang, Frankfurt

LUSTI, M. (2002): Data Warehousing und Data Mining, 2. Auflage, Springer, Berlin

MATIGNON, R. (2007): Data Mining Using SAS Enterprise Miner, Wiley & Sons, New York

OLSON, D. L.; DELEN, D. (2008): Advanced Data Mining Techniques, Springer, Berlin

PETERSOHN, H. (2005): Data Mining: Verfahren, Prozesse, Anwendungsarchitektur, Oldenbourg, München

PUDI, V. (2008): Data Mining: Concepts and Techniques, Oxford University Press

RUDOLPH, A. (1999): Data Mining in action: Statistische Verfahren der Klassifikation, Shaker, Aachen

SÄUBERLICH, F. (2000): KDD und Data Mining als Hilfsmittel zur Entscheidungsunterstützung, Lang, Frankfurt

SCHINZER, H.; BANGE, C.; MERTENS, H. (1999): Data Warehouse und Data Mining, 2. Auflage, Vahlen, München

SCHLITTGEN, R. (1998): Regressionsbäume, in: Allgemeines Statistisches Archiv, 82, S. 291-311

SUMATHI, S.; SIVANANDAM, S. N. (2006): Introduction to Data Mining and its Applications, Springer, Berlin

WITTEN, I. H. ; EIBE, F. (2001): Data Mining, Hanser

ZHANG, C.; ZHANG, S. (2002): Association Rule Mining; Models and Algorithms, Springer, Berlin

Index

Gabler Statistik-Lehrbuch-Highlights

Günther Bourier
Beschreibende Statistik
Praxisorientierte Einführung
Mit Aufgaben und Lösungen
6., überarb. Aufl. 2005.
XII, 269 S. mit 107 Abb.
Br. EUR 27,90
ISBN 978-3-8349-0181-1

Günther Bourier
**Wahrscheinlichkeitsrechnung
und schließende Statistik**
Praxisorientierte Einführung
Mit Aufgaben und Lösungen
5., überarb. Aufl. 2006.
XII, 382 S. mit 103 Abb. u. 7 Tab.
Br. EUR 29,90
ISBN 978-3-8349-0310-5

Hans-F. Eckey | Reinhold Kosfeld |
Christian Dreger
Ökonometrie
Grundlagen – Methoden – Beispiele
3., überarb. u. erw. Aufl. 2004.
XXIV, 423 S. mit 21 Abb. u. 7 Tab.
Br. EUR 41,90
ISBN 978-43-409-33732-8

Hans Friedrich Eckey |
Reinhold Kosfeld | Matthias Türck
Deskriptive Statistik
Grundlagen – Methoden – Beispiele
4., neu bearb. Aufl. 2005. XXV, 277 S.
mit 84 Abb. u. 15 Tab.
Br. EUR 24,90
ISBN 978-3-409-42701-2

Hans-Friedrich Eckey |
Reinhold Kosfeld | Matthias Türck
**Wahrscheinlichkeitsrechnung
und Induktive Statistik**
Grundlagen – Methoden – Beispiele
2005. XXVI, 309 S.
mit 81 Abb. u. 46 Tab. Br. EUR 24,90
ISBN 978-3-8349-0043-2

Eckstein, Peter P.
Angewandte Statistik mit SPSS
Praktische Einführung für
Wirtschaftswissenschaftler
5., akt.. Aufl. 2006.
X, 366 S.
Br. EUR 32,90
ISBN 978-3-8349-0307-5

Peter P. Eckstein
Klausurtraining Statistik
Deskriptive Statistik – Stochastik – Induktive
Statistik. Mit kompletten Lösungen
5. akt. Aufl. 2006. VIII, 278 S.
Br. EUR 29,90
ISBN 978-3-8349-0308-2

Peter P. Eckstein
Repetitorium Statistik
Deskriptive Statistik – Stochastik – Induktive
Statistik. Mit Klausuraufgaben und Lösungen
6., akt. Aufl. 2006. X,
388 S. Br. EUR 31,90
ISBN 978-3-8349-0464-5

Agnes Reichardt
**Übungsprogramm zur
statistischen Methodenlehre**
7., durchges. Aufl. 2002. 197 S. mit 20 Abb.
Br. EUR 28,90
ISBN 978-3-409-73826-2

Helmut Reichardt | Agnes Reichardt
**Statistische Methodenlehre
für Wirtschaftswissenschaftler**
11., durchges. Aufl. 2002.
262 S. mit 50 Abb.
Br. EUR 37,90
ISBN 978-3-409-23761-1

Kurt Scharnbacher
Statistik im Betrieb
Lehrbuch mit praktischen Beispielen
14., akt. Aufl. 2004. 328 S.
Br. EUR 36,90
ISBN 978-3-409-47027-8

Änderungen vorbehalten. Stand: Januar 2008.
Erhältlich im Buchhandel oder beim Verlag
Gabler Verlag . Abraham-Lincoln-Str. 46 . 65189 Wiesbaden . www.gabler.de

GABLER

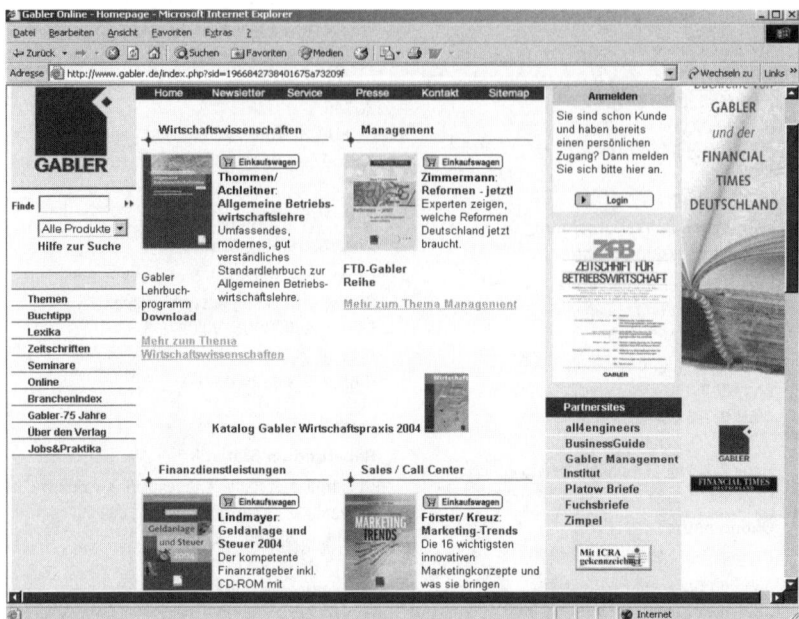